11-8

Christine Kirchner

9.4.92

D1931445

Almudena Grandes
Ich werde dich Freitag nennen

Almudena Grandes

Ich werde dich Freitag nennen

Roman

Aus dem Spanischen von
Christiane Rasche
und Harald Riemann

Galgenberg

Die Deutsche Bibliothek – CIP-Einheitsaufnahme

Grandes, Almudena:
Ich werde dich Freitag nennen : Roman / Almudena Grandes. [Aus dem Span. von Christiane Rasche und Harald Riemann]. – 1. Aufl. – Hamburg : Galgenberg, 1991
Einheitssacht.: Te llamaré Viernes ‹dt.›
ISBN 3-87058-102-6

Titel der Originalausgabe: Te llamaré Viernes
Aus dem Spanischen von Christiane Rasche und Harald Riemann
Lektorat: Susanne Wallbaum
Umschlaggestaltung: Johannes Nawrath
unter Verwendung eines Motives von María Izquierdo
Satzherstellung: Alphabeta Gerds GmbH, Hamburg
Gesetzt aus der Walbaum Antiqua
Titellithographie: Druckerei in St. Pauli
Druck und Bindung: Ebner Ulm
1. Auflage September 1991
ISBN 3-87058-102-6

Inhaltsverzeichnis

Ich werde dich Freitag nennen 13

1 Iris 21

2 Freitag 183

3 Manuela 391

4 Noch drei Tage, bis dieser Bau fertiggestellt ist 409

Für Alberto, ein Stadtkind, das Geschichten mit glücklichem Ausgang liebt.

Die Unschuld ist ein Aussätziger, blind und stumm, der sein Glöckchen verloren hat und arglos durch die Welt wandert.

Graham Greene, Der stille Amerikaner

Wer nicht weise ist, ist dumm; und die Dummen unterscheiden sich nicht voneinander.

Maxime aus den Lehren des
Pythagoras, zitiert von
Miguel Espinosa

Ich verstand ihn ganz gut und machte ihm begreiflich, daß ich mich sehr über ihn freue. Nach kurzer Zeit begann ich mit ihm zu sprechen und sagte ihm, daß sein Name »Freitag« sein solle, weil heute Freitag sei, der Tag, an welchem ich ihm das Leben gerettet habe; desgleichen lehrte ich ihn, »Herr« zu mir zu sagen; auch die Wörter »Ja« und »Nein« brachte ich ihm bei, sowie deren Bedeutung. Dann gab ich ihm in einem irdenen Topfe etwas Milch und zeigte ihm, wie ich diese trank und mein Brot eintauchte; ferner reichte ich ihm auch einen kleinen Laib Brot, damit er es ebenso mache wie ich.

Daniel Defoe, Robinson Crusoe

Kaum war er an jenem Morgen mit trockener, am Gaumen klebender Zunge aufgewacht, erschrak er über den Übelkeit erregenden Geschmack seines eigenen Atems. Langsam führte er eine Handfläche vor sein Gesicht und öffnete den Mund, um einen Hauch heißer Luft entweichen zu lassen. Der faulige Geruch prallte an seiner Haut ab, stieg gehorsam in seine Nase auf und machte das Gefühl des plötzlichen Ekels vollkommen. Da fiel ihm ein, daß er letzte Nacht ins Bett gegangen war, ohne sich die Zähne geputzt zu haben, und er verfluchte seine Faulheit. Den Bruchteil einer Sekunde überlegte er. Er flüchtete aus dem Bett und rannte, immer noch nackt, den Flur entlang zum Badezimmer. Dort schraubte er gierig die Zahnpastatube auf, strich eine übertriebene Menge der cremigen, rosafarbenen Paste auf die Bürste und widmete sich dem Zähneputzen mit ungewohnter Entschlossenheit. Er sah nicht eher in den Spiegel, als bis er zu der Gewißheit gelangt war, daß sein Mund Schaum spritzte wie der Schlund eines tollwütigen Hundes.

Ausführlich spülte er den Mund mit warmem Wasser aus, und erst dann, wieder mit fest auf den Spiegel geheftetem Blick, lächelte er. Dieses rituelle Lächeln, eine unbeabsichtigte, unwillkürliche und alberne Grimasse, war nichts anderes als der ungeschickte Versuch, weitere, kaum zu erwartende, vorteilhafte Anzeichen zu begünstigen, eine plumpe Falle, die er sich allmorgendlich selbst stellte – eine weitere Dummheit. Dann, während er noch immer lächelte und die beiden Reihen weißer, gesunder, schöner Zähne betrachtete, faßte er sich mit einer Hand an die Brust und streichelte den Sporn, die Spur seines

deformierten Brustbeins, das sich wie eine aggressive und verletzende Waffe unter der Haut abzeichnete; eine der Verspottungen seines Körpers, jener höhnische, ungewöhnliche Knochen, der nach außen und nicht nach innen gewachsen war. Vorsichtig berührte er die vertraute Erhebung und tastete mit den Fingerspitzen ihre Linien ab. Unterdessen betrachtete er sein Spiegelbild und dachte darüber nach, daß es für all das nun kein Heilmittel mehr gab, daß er nun nichts mehr für sein Gesicht tun konnte, auch nicht für seine Brust oder die Beine, die er nicht sehen konnte, die aber, wie er nur allzu gut wußte, so knochig und krumm waren wie Hühnerbeine, und die weißliche, schwammige Haut, die um seine Taille herum anfing, aufzuquellen und herabzuhängen, die im Sog ihrer Schwerkraft den Nabel immer tiefer zog, um seinem Körper, der von vornherein, bevor er wirklich existiert hatte, zur Häßlichkeit verdammt gewesen war, eine weitere Schmach, die des Alters, hinzuzufügen.
Aber die Zähne nicht, wiederholte er sich, der Mund nicht. Er konnte sich den Luxus, morgens üblen Mundgeruch zu haben, nicht erlauben.

Als er den linken Arm hochreckte, um eine Tasse vom obersten Bord des Schrankes zu nehmen, schüttelte ihn ein heftiger Hustenanfall, der Tribut, von dem er geglaubt hatte, er könnte ihn an diesem Morgen straflos umgehen. Niemals werde ich zu rauchen aufhören, murmelte er ein paarmal, wobei sich seine Lippen bewegten, als bete er eine monotone Litanei herunter, niemals werde ich zu rauchen aufhören; bis er spürte, wie die Wände seiner Lungen miteinander verklebten, ihm die Luft abschnürten und er nicht ein einziges Wort mehr herausbringen konnte, nur husten, die hartnäckigen Dämonen aus seiner Brust, diesem ungewohnt engen Organ, ausstoßen. Den Kopf eingezogen, hustete er, die Augen auf die alte Fettschicht gerichtet, die gleich einer glatten, glänzenden

Paste die unregelmäßige Oberfläche des gefliesten Bodens ebnete. Er hatte beide Arme ausgestreckt, seine Hände stemmten sich gegen die zerbrechlichen Türen des Küchenschrankes, als wollten sie das Möbelstück in Wirklichkeit durch die schmutzige gekachelte Wand drücken.

Niemals werde ich zu rauchen aufhören, sagte er wieder, immer noch keuchend; er konnte kaum seine Lippen bewegen. Dann sah er auf und bemerkte zum ersten Mal, daß seine Arme nicht mehr gleich waren. Lange Zeit betrachtete er verwirrt dieses unangenehme Phänomen, den Körper immer noch vorgebeugt, das gesamte Gewicht auf die Hände verlagert, wobei die Fingerspitzen von einem kribbelnden Gefühl durchzogen wurden. Die zehn ausgestreckten Finger bildeten ein vertrautes Diagramm von tröstlicher Symmetrie, aber ein Stück oberhalb der Handgelenke strebten die Linien seiner Arme auseinander.

Abrupt zog er sie von dem Schrank zurück und streckte sie von sich. Mit aller Kraft konzentrierte er sich auf die absurde Aufgabe, seinen linken Arm in die Länge zu ziehen – bis seine Muskeln zu zittern anfingen, es ihm aber nicht gelang, den unbegreiflichen Fehler, der den Ellbogen nach innen krümmte, zu korrigieren. Er schloß die Augen und ging ein paar Schritte mit ausgestreckten Armen, mit dem Spürsinn und der traumwandlerischen Sicherheit eines Blinden. Als er die Lider wieder hob, wußte er mit Sicherheit, daß seine Arme nicht mehr gleich lang waren. Da ließ er sich gegen die Wand fallen und seine Arme am Körper heruntersacken. Er spürte ihr Gewicht.

So verharrte er lange Zeit, genoß lustvoll die tiefe Demütigung, dieses unerwartete Vorspiel seiner eigenen Hinfälligkeit, und weigerte sich, nach irgendeiner beschönigenden Erklärung zu suchen für das, was nichts anderes war als Rheuma oder Arthrose, die schlichte Müdigkeit der

Knochen, die die Zielgerade des Alters avisierten, das einzig gewisse Schicksal.
Er war gerade einundvierzig geworden.

Der Toast brannte an, und er dachte an Auri, die wohl noch im Bett lag, glücklich über die Vorstellung, den ganzen Tag im Bett verbringen zu können, während sie ihn bei dem Kampf um irgendeinen dunklen Vertragsabschluß in Salamanca wähnte. Sie war sehr hübsch, seine Frau. Selbstverständlich taugt sie sehr viel mehr als du, hatte ihm sein Vater, als er sie kennenlernte, ins Ohr geflüstert und ihm dabei ein paarmal auf die Schulter geschlagen. Und sie hatte ein fast schon übernatürliches Gespür für exakt auf den Punkt getoastetes Brot entwikkelt, immer perfekt. Er vermißte sie nicht.
Manchmal war er sicher, daß sie alles wußte, denn ihr unerschütterlicher Gleichmut konnte nicht echt sein. Beamte, vor allem diejenigen, die wie er für eine große Stadt tätig waren, in der es mehr als genug Dienstleistungsunternehmen gab, hatten keinen Grund zu reisen. Das mußte sie wissen, denn sie hatte selbst im Rathaus gearbeitet; trotzdem hatte sie nie Verwunderung über seine Reisen gezeigt. Barcelona, Valencia, Vigo, einmal, am Anfang, als die Sehnsucht unerträglich wurde, sogar eine ganze Woche Frankfurt. Jetzt ertrug er es besser, und ihm reichten ein, zwei Tage in diesem schmutzigen Haus, das nach Feuchtigkeit zu riechen begann, das den ranzigen Geruch von Verlassenheit annahm. Danach empfing sie ihn stets mit offenen Armen. Er dachte daran, daß man ihn, seitdem sie zusammen waren, zweimal befördert hatte. Es gab keinen Grund für sie, etwas zu ahnen, etwas zu vermuten. Vielleicht war das das Schlimmste.
Der Toast war ihm angebrannt, seine Arme waren nicht mehr gleich lang, seine Knochen müde, sein ganzer Körper schritt unaufhaltsam dem Alter entgegen, seiner Erinnerung, seinem frühzeitig gealterten und angesichts

seiner Ergebenheit befriedigten Bewußtsein hinterher. In einem Anflug von Lebhaftigkeit, sich des Lächens, das dabei um seine Lippen zuckte, kaum bewußt, ergriff er mit einer ermüdeten Hand die Tasse mit Milchkaffee und trug sie vorsichtig über den Flur. Das Wohnzimmer war nicht mehr als ein dunkles, warmes und vertrautes Loch – wie ein mütterlicher Schoß. Mit der furchtsamen Aufmerksamkeit des ewig Ungeschickten wich er den wenigen Möbeln aus, steuerte direkt auf den Balkon zu, zog entschlossen den Vorhang beiseite und trank langsam. Lichttupfer sprenkelten seinen Körper, der Gefangener einer entfernten, schwachen Sonne war, die nicht mehr in der Lage schien, ihn bis ins Innerste zu wärmen. Sein Blick schweifte über die Straße, die gepflasterte Fahrbahn, die alten, schiefen, von der Zeit ausgewaschenen Bürgersteige aus weichem Stein und hielt an der zerbrechlichen Wand aus Metallplatten inne, die die Existenz des dahinter verborgenen Stückchens Erde unwirklich erscheinen ließ, das Vorhandensein jenes Wunders, das möglicherweise keines mehr sein würde, wenn Vernunft und Fortschritt triumphierten. Dort war im Laufe der Zeit ein urwüchsiger Garten gealtert, neben ihm, einen Tag nach dem anderen, und nun würde er vor ihm sterben.
Als er damals den Beginn dieser irreversiblen Agonie registrierte, hatte er sich auf vage Weise schuldig an dem Geschehen gefühlt; den Zerfall der Tomatenpflanzen, die Jahr um Jahr für ihn überlebt hatten, indem sie, entgegen aller Logik, mit der zarten Kraft ihrer grünen Blätter die schützenden Glasglocken zum Bersten gebracht hatten, hatte er seiner Untreue, der fortgesetzten Abwesenheit seines wachsamen Blickes zugeschrieben. Seine Hochzeit hatte nicht mehr als sechs Monate zurück gelegen. Es war ein Sonntag, es hatte geregnet. Bis dahin war es ihm gelungen zu widerstehen. Die Erkundung dieser Kulisse, deren dunkle Geheimnisse er mit der krankhaften Ausdauer eines Fanatikers zu ergründen suchte, kam ihm

heilsam vor. Nun aber hatte er alle Ecken durchstöbert, alle Schränke mit Fächern versehen, die Terrasse repariert, bis ins kleinste Detail die Anlage des Gartens aufgezeichnet und sogar ein mit Sonnenenergie gespeistes Heizungssystem installiert; es war ein Sonntag, es hatte geregnet, seit dem Tag seiner Hochzeit waren sechs Monate vergangen, und das Schicksal, das sich einmal in ans Groteske grenzender Weise großzügig ihm gegenüber gezeigt hatte, hatte ihn für immer vergessen, ihn allein zurückgelassen, allein mit seiner neuen Frau und seinem neuen, wunderschön eingerichteten Haus. Er hatte Auri gesagt, er ginge zum Fußball. Sie hatte ihn mit riesengroßen Augen angesehen. Nie zuvor war er zum Fußball gegangen, und auch später war er niemals hingegangen; seine späteren heimlichen Fluchten waren herrliche Präzisionsarbeit gewesen, ohne irgendein Risiko, immer millimetergenau berechnet, Barcelona, Valencia, Vigo, sogar Frankfurt. An jenem Nachmittag aber hatte er keine Zeit gehabt zu überlegen. Er hatte nicht genau gewußt, was er tun sollte, also hatte er den ebenfalls neuen Wagen genommen, sich auf den Weg gemacht, sich über seine früher bewiesene Schlauheit gefreut, diesen plötzlichen Impuls, der ihm eingegeben hatte, seine alte Mietwohnung zu behalten und sie nicht als gemeinsames Ehegut anzuführen. Es kostete ihn Mühe, einen Parkplatz zu finden, und er bereute schon, diesen absurden Ausflug unternommen zu haben. Als er noch dort lebte, hatte er kein Auto besessen, keines gebraucht. Bevor er in den Eingang trat, blickte er sich um, nahm jedoch nicht die geringste Veränderung wahr, auch wenn ihn das Treppensteigen größere Anstrengung als früher kostete. Er fand die Wohnung in einigermaßen annehmbarem Zustand vor. Bevor er damals weggegangen war, hatte er sie gründlich saubermachen lassen, und abgesehen von dem Staub, der sich überall angesammelt hatte, nahmen die fast leeren Zimmer ihn eines nach dem anderen wie eine Abfolge von freundlichen Gesten auf. Im Wohnzimmer warb eine grazile blonde Schlittschuhläuferin auf einem alten Reklameschild aus Weißblech für eine Schokoladenmarke aus Valladolid, die kupferfarbenen Ränder waren angerostet, die Schrift war verblaßt und zerkratzt, unleserlich. Er nahm das Schild sofort von der Wand und verwahrte es tief unten in einer Kiste, aus der er statt dessen eine alte Papierrolle, zwei Ohrringe – billigen Modeschmuck – und vier Reißzwecken hervorholte. Während er vorsichtig versuchte, das vulgäre Apfelsinen-Werbeplakat zu glätten, erblickten seine Augen einen hellen Fleck hinter den Balkonen, auf der anderen Straßenseite. Dort lag der Garten, unnahbar und unwahrscheinlich wie immer, aber über der Ziegelmauer, die ihn vor den Augen der Fußgänger verbarg, hatte jemand ein gelbes Metallschild angebracht, auf dem der Name eines Bauunternehmens prangte. Darunter war eine verwirrende Botschaft zu lesen, noch 923 Tage, bis dieser Bau fertiggestellt ist.

Damals, in jenem Moment, hatte er sich an der absehbaren Zerstörung des Wunders schuldig gefühlt. Jetzt aber, nachdem die Verbitterung über diese Entdeckung im Laufe der Zeit allmählich nachgelassen hatte, nach beinahe drei Jahren gleichförmigen Lebens, hatte er sich daran gewöhnt, daß alles dieser Ordnung, die man den Lauf der Dinge zu nennen pflegt, folgte. Während er seinen Kaffee austrank, heftete er seinen Blick fest auf das Schild, das das bevorstehende Ende des Baus einzig für ihn zu verkünden schien, nur noch vier Tage, weniger als hundert Stunden, eine viel zu kurze Frist; und sogar die Erinnerung an den Garten der Nonnen würde langsam zu sterben beginnen, um nach und nach unaufhaltsam zu verlöschen.

Da war es, als ihm zum ersten Mal eine wahnwitzige Idee kam.

1
Iris

Die Pantoffeln, deren Leder auf der Höhe des Spanns von einem Geflecht unzähliger feiner Risse durchzogen war, waren immer himmelblau und mit passend eingefärbten, weichen Federn besetzt, die sich beim leisesten Windhauch bewegten und krümmten und mit ihrem schwachen Zittern den schleimigen Fühlern ähnelten, mit deren Hilfe sich die blinden, durchsichtigen Monster der Hölle mühsam voranbewegten. Als er aber ein Kind war, gefielen sie ihm. Unzählige Male hatte er sich zu Boden geworfen, um die Knöchel seiner Mutter mit den Armen zu umschlingen und seine Wange auf ihre Füße zu legen. Dann hatte er den Kopf unmerklich bewegt und die zärtliche Liebkosung dieser nahezu unsichtbaren Federn genossen. Er lächelte und erhielt ein Lächeln zurück. Sie, seine Komplizin bei diesem unschuldigen Spiel, das ihr Ehemann entschieden mißbilligte, würde anschließend die Federn, die sich beim Gehen gelöst hatten, aufsammeln und für ihn aufbewahren. Vielleicht, um ihn für das baldige Ende dieses kleinen gemeinsamen Genusses zu entschädigen, in dem Wissen, daß binnen kurzem auf dem schmutzigen, kahlen Streifen nur die Erinnerung an die Federn bleiben würde, die abgenutzte Grenzlinie zwischen ihrer Haut und dieser so überaus feinen, rissigen, himmelblau gefärbten Lederhaut, bis der Wechsel der Jahreszeiten einen hinlänglichen Vorwand liefern würde, um ein neues Paar des immergleichen Modells einzuweihen. Dazu setzte sie sich in einen Sessel und steckte ihre leicht geschwollenen Füße in das, was ihr als einzig erschwinglicher Luxus all dessen, wovon sie als junges Mädchen geträumt hatte,

geblieben sein sollte, und bevor sie auch nur einen Schritt tat, rief sie ihn, um ihm ein neues Fest von Federn und Liebkosungen zu bereiten.
Die Pantoffeln seiner Mutter, mit den Absätzen, die sie stets an den bloßen Füßen trug und die, wie sie überzeugt versicherte, unverzichtbar waren, um anständig, ja vielmehr hübsch auszusehen, selbst bei der schmutzigsten Hausfrauenarbeit, schritten ihm auf der schmalen Dachstiege voran und erhellten ihm die beängstigenden Abschnitte, auf die er sich niemals allein vorgewagt hätte. Gleich darauf drehte sich der Schlüssel schwerfällig im Schloß, ein rostiger Schattenriß auf der grün angemalten Metallscheibe; und er betete hastig, flehte, daß keine der Nachbarinnen gerade diesen Moment ausgewählt hatte, um ihre Wäsche aufzuhängen. Die schlichte Gnade wurde ihm oftmals gewährt. Das Herz schlug ihm heftig in der Brust, während sie, einen großen, von feuchter Wäsche überquellenden Plastikkorb auf die linke Hüfte gestemmt, mit der verriegelten Tür kämpfte, bis sich der Treppenspalt mit Licht füllte. Und dahinter lag die Welt.
Getreu dem verzerrten Blickwinkel aus jenen Kindertagen würde er das Dach immer als eine riesige Fläche im Gedächtnis behalten, als einen großen rechteckigen Platz, den Innenhof eines Schlosses, sein Königreich. Um die Metallpfosten, an denen die Wäscheleinen des gemeinsamen Trockenplatzes befestigt waren, führte ein breiter Korridor. Stolz schritt er ihn ab, wobei er versuchte, im Schatten der weißgetünchten kleinen Mauer, die die Erde – sein Haus – und den Himmel trennte, eine absolut gerade Linie abzugehen. Seine Mutter hängte die Wäsche auf und sang, erzählte Geschichten mit ihrer dünnen Stimme, die regelmäßig bei den hohen Tönen brach; stets wiederholte sie dieselben Worte zu einander ähnelnden Melodien, Alkoven, Herz, Schmerz, Reue, dein Mund, ich sterbe, dunkles Mädchen. Wenn sie dann mit den Laken hantierte, wobei sie sorgsam darauf achtete,

daß nicht einer der weißen Stoffzipfel die staubigen Fliesen berührte, begab er sich heimlich zu der verbotenen Grenze, klammerte sich an der Mauer fest, mit beiden Händen, bis sie weh taten, und stellte sich auf die Zehenspitzen, um seinen Besitz in Augenschein zu nehmen. Er war auf gleicher Höhe mit den Wolken. Zu seinen Füßen lag Madrid, ein Ozean roter und brauner Dächer, der sich bis zum Meer, bis irgendwo dort hinten erstreckte. Er nahm das Zentrum ein, bis die Arme seiner Mutter, die ein leiser Ausruf des Schreckens ankündigte, ihn um die Taille faßten und jäh von seinem Aussichtsposten wegzogen. Die Schläge taten nicht weh. Er hätte einen weit höheren Preis für dieses einfache Vergnügen gezahlt. Jedenfalls machte es Spaß, in die Pfützen zu stapfen, zwischen den blütenweißen Wänden aus feuchtem Stoff, die sich im Wind aufblähten und sein Gesicht mit Tröpfchen sauberen Wassers bespritzten, es machte ihm Spaß, den kleinen Korb mit Klammern im Arm, den himmelblauen Pantoffeln zu folgen.

Bis eines Nachmittags die ewig gleiche Abfolge der Ereignisse auf unerklärliche Weise unterbrochen wurde. Immer noch nahm er die Mitte ein. Er hatte sich hinter der Mauer verschanzt; selbstsicher auf seinem Dach, betrachtete er mit vertrauensvollem Blick die Welt und lauschte dem Gesang seiner Mutter, als dieser ohne Vorankündigung mitten in einer Strophe abbrach. Er kniff die Pobacken zusammen und wartete ab, aber nichts geschah, kein Schrei, kein Schlag und auch keine Arme, die er hätte spüren können. Da bekam er Angst und rief nach ihr. Von weit her antwortete sie, mit ruhiger Stimme, so, als sei nichts passiert. Er wandte sich um und konnte sie nicht sehen. Die Wäscheleinen waren dicht mit weißen Laken behängt, es war Montag. Er erinnerte sich an die tausendfach erteilte Anweisung: Wenn du dich einmal verirrst, rühr dich nicht, bleib, wo du bist, ich werde dich finden. Wieder rief er, und wieder erhielt er eine teil-

nahmslose Antwort. Da kehrte er zu seiner Ausgangsposition zurück und redete sich ein, sie werde ihn schon finden, sobald sie begriffen hätte, daß er sich verirrt hatte, verirrt in seinem kleinen Königreich. Er schaute erneut auf sein vertrautes Land. Jetzt aber tanzten die Dächer nicht mehr für ihn, und das Sonnenlicht tauchte die roten und braunen Winkel in eine funkelnde Helligkeit, schneidend scharf wie Messer, niemals mehr würden sie die sanfte, amorphe Form von Wellen annehmen; plötzlich leuchteten ihm die Landkarten ein, die Angst schien seinen Kopf leerzufegen, und er wußte, daß Madrid nicht ans Meer grenzte, niemals daran grenzen würde, denn Madrid war nichts anderes als dieser verschwindend kleine schwarze Punkt, der kaum hervorstach aus der einheitlich in den Farben des Augusts gemalten ockerfarbenen Masse, bedrückend weit weg vom Blau; und er fühlte, daß sie allein waren, ganz allein, die Stadt und er, verschmäht von dem Meer in der Mitte der Erde.
Er konnte den Anblick des verräterischen Steins nicht länger ertragen, die Häuser, die plötzlich von Feldern abgelöst wurden, die engen, gekrümmten Straßen, die niemals zu irgendeinem Hafen führten; er drehte sich abrupt um, entschlossen, jegliche Verhaltensregel zu mißachten, und schrie noch einmal, rief verängstigt nach seiner Mutter. Aus ihrer Antwort hörte er seine eigene Angst heraus. Er glaubte zu wissen, daß sie am anderen Ende des Trockenplatzes auf ihn wartete, und von dieser einzigen Gewißheit geleitet, stürzte er sich zwischen die feuchten Laken. Das erste Mal war es einfach, es reichten ein paar weitausholende Riesenschritte, um eine immer noch wahrscheinliche, einschätzbare Entfernung zu überwinden, diesen schmalen Gang, durch den er lief, ohne die Wäsche zu streifen, ein grüner Wollpullover zwischen sauberen, schweigenden Wänden. Er blickte nach rechts, dann nach links, sah nochmals in beide Richtungen, und da hörte er sie. Seine Mutter rief ihn vom

anderen Ende des Daches, vielleicht lehnte sie an der Mauer, deren Schutz er niemals hätte verlassen dürfen, wenn du dich einmal verirrst, rühr dich nicht, ich werde dich finden; lächerliches Versprechen, unmöglich einzulösen, denn nun konnte er sich kaum noch von seiner Furcht, dem Drang zu laufen, dem Bedürfnis, bei ihr zu sein, freimachen. Er versuchte zu schreien, es gelang ihm nicht. Er warf die Arme hoch und schwenkte sie in der Luft, auch wenn er von vornherein um das Scheitern dieser unnütz dramatischen Geste wußte, dieser armseligen Botschaft, die dazu verurteilt war, an dem stummen und blinden Weiß abzuprallen; aber die körperliche Anstrengung der Verzweiflung löste den Knoten, und als er den Mund öffnete, spürte er, wie ihm ein schwacher Schrei entwich. Er hatte rufen wollen, hier bin ich, und hörte doch kaum mehr als ein kurzes, hilfloses Wimmern, das Entsetzen im Klagelaut eines verletzten, sich windenden Tieres. Schweigen, und wieder raste er zwischen den Wäschestücken entlang, fand aber den Weg nicht mehr, und verwirrt, wie er war, verlor er sich erneut in einem leuchtend hellen Labyrinth von glatten Trugbildern.

Er tanzte mit ihnen, kämpfte gegen sie an, schlug vergebens auf sie ein, wieder und wieder, ohne gegen die schweren Wasserpanzer anzukommen, und ab und an erspähte er für den Bruchteil eines Augenblicks die vertraute Gestalt, dort hinten war er, der Körper seiner Mutter, schwach angedeutet hinter den Mauern aus Stoff. Er schob die Laken mit den Händen auseinander, um zu ihr zu gelangen, während er wie eine monotone Leier seinen eigenen Namen vernahm, unablässig wie ein Echo aus verschiedenen Winkeln; und er kämpfte einsam gegen das Weiß an, um dann doch besiegt zu werden, Opfer schließlich seiner eigenen Erschöpfung und der Hinterlist unsichtbarer Arme, die ihn dazu antrieben, sich um sich selbst zu drehen, seinen Körper in ein feuchtes, nach Waschpulver riechendes Totentuch zu wickeln wie in eines dieser Hemden, die man den Verrückten anzieht. Da fiel er zu Boden und blieb still liegen. Und dann erst begann er zu weinen. Alles weitere geschah sehr schnell: jenes kleine, rhythmisch erklingende Geräusch, das er nicht identifizieren konnte, und das Licht, das auf geheimnisvolle Weise um ihn herum heller wurde. Als er schließlich vor den leeren Leinen seine Mutter entdeckte, aus Fleisch und Blut, blaue Pantoffeln auf dem mit feuchten Laken und hölzernen Wäscheklammern bedeckten Boden, dachte er, daß nichts einfacher gewesen wäre, als selbst am untersten Zipfel der Wäscheteile zu ziehen und sie herunterzureißen, oder, besser noch, sich gar nicht erst von seinem Platz zu entfernen, sich still zu verhalten und zu rufen, daß er sich verirrt habe. Und während ihn nervöse Hände vom letzten Zeugnis des ersten Sieges, den das Weiß über ihn errungen hatte, befreiten, ihm schließlich den feucht gewordenen grünen Wollpullover auszogen, fühlte er intuitiv, daß sie die Gründe für sein absurdes Verhalten niemals begreifen würde.

»Ist ja vorbei, mein König, ist ja vorbei...«

Seine Mutter kauerte am Boden und barg ihn in ihren Armen, umschloß ihn ganz, drückte ihn fest an sich und küßte ihn sanft auf den Kopf. Er genoß die Wärme und die Sicherheit dieser Umarmung, ahnte aber zugleich, daß er es niemals wieder wagen würde, auf das Dach zu steigen.

»Ist doch gar nichts passiert, stimmt's, war doch nur ein Schreck...«

Sie wiegte sich sanft vor und zurück, drückte ihn an sich. Er paßte sich jeder ihrer Bewegungen an, spielte die Farce des Babys, das er nicht mehr war, mit, so lange, bis beide sich wieder beruhigt hatten.

»Hilfst du mir, alles wieder aufzuheben?«

Er nickte eifrig, aber während er die auf dem Boden verstreuten Klammern einsammelte, wurde ihm bewußt, wie schwer ihm das Lächeln fiel.

Die Stadt und das Weiß hatten sich seiner bemächtigt.

Über viele Jahre sträubte er sich, das verräterische Meer kennenzulernen, geradezu genußvoll stattete er sich selbst mit der vagen Macht aus, es zu bestrafen, indem er Geringschätzung seinerseits mit Geringschätzung vergalt. Aber er konnte der Versuchung nicht widerstehen, ebenfalls mit einem Satz aus dem vollgeladenen Autobus zu springen, in dem eine Legion von Jugendlichen aus dem Landesinneren eine schier endlose Reise an die Küste unternahm, um das absehbare Ende der Abiturprüfungen ausgiebig zu feiern. Er tadelte sich selbst, während seine Füße immer tiefer einsanken in einen Boden, der bei jedem Schritt weniger Erde und mehr Sand wurde; während ein neuer Geruch seine Nase eroberte und eine fremde, süßliche, klebrige Luft hartnäckig die Kleidung mit seiner Haut verschmelzen ließ, bis er die flache Kuppe einer Düne erreicht hatte und, ohne jegliches Vorzeichen, ohne Ankündigung dessen, was ihn von dort oben erwartete, das Blau in seine Augen stach.
Er genoß das Privileg, das Meer im Winter kennenzulernen. So umwerfend ist es nun auch nicht, belog er sich mit Flüsterstimme und wußte immer noch nicht, was er denken sollte, ob er sich beglückwünschen oder bemitleiden sollte, weil die bunten Sonnenschirme fehlten, die brüllenden Eisverkäufer, die ballspielenden Kinder, die voll aufgedrehten Radios, die welken, vernachlässigten, schwabbeligen Körper, unter der dicken öligen Schicht Sonnenmilch noch unansehnlicher, träge, alte Tiere, die sich nach und nach in der Sonne rösten. So umwerfend ist es nun auch nicht, flüsterte er ein zweites Mal und hatte sich doch schon seinem Glück ergeben. Gleich dort ließ er sich nieder, in dem klumpigen Sand, den einige wenige nackte Pflanzenstengel spickten, oben auf der Kuppe der Düne, immer noch weit weg; und er betrachtete das Meer, das niemals bis nach Madrid reichen würde, niemals. Er beschloß, eine seinen Gefühlen, der freudigen Ergriffenheit, angemessene Haltung einzunehmen, als gebe er

sich einem Traum hin, an einem bitterkalten Tag wie diesem, und er versuchte zu meditieren, zu überlegen, an etwas Neues, Großes zu denken, aber bald schon verdroß es ihn, denn er war erst sechzehn Jahre alt. Die anderen spielten am Strand Fußball. Er stand nicht auf, sondern ließ sich zur Seite fallen, rollte den sanften Abhang der Düne hinunter und rannte auf die Fußballspieler zu. Schon damals scheute er körperliche Betätigung, die ihn sehr viel schneller und heftiger ermüdete als die meisten Jungen seines Alters; seine Reaktionen aber waren schnell, nahezu unfehlbar, und er erwies sich als guter Torhüter. So überließ ihm auch jetzt, bei seiner Ankunft am Strand, ein Mitschüler den Posten zwischen einem Felsen und dem Wasser, für jenen Morgen die Spannbreite seines Tors. Seine Fußsohlen sanken leicht in den feuchten Sand ein, brachen die oberste Schicht auf, die an der Sonne getrocknet war und an die Kruste eines Zwiebacks erinnerte, der gerade aus dem Ofen kam und beim Auseinanderbrechen ein herrliches Geräusch erzeugte, dumpf und krachend. Die Sonne schien, die Möwen hoben sich von dem hellen, klaren Himmel ab, flogen kurz auf und ließen sich am Boden nieder, um sich gleich darauf wieder in die Lüfte zu schwingen, aufgescheucht von dem Lederball, der von Zeit zu Zeit ihr Hoheitsgebiet durchflog. Er fühlte sich wohl, war erfüllt von einem seltsamen Wohlbefinden, das dem plötzlichen, sogar sein Spiel beeinflussenden Einklang, den er mit sich selbst, seinem Körper und seiner Umgebung verspürte, eine universelle Kraft verleihen konnte. Als jedoch die Stürmer der gegnerischen Mannschaft anfingen, sich über seine unfehlbare Sicherheit zu ärgern, beging er den Fehler, nach links zu schauen. Der Felsen, der als Pfosten fungierte, war von einer unheimlichen Kette spitzer Zacken überzogen, schwarzen, glatten und glänzenden Waffen. Der Ball streifte seinen Fuß, ohne daß er es überhaupt wahrnahm, denn seine Pupillen waren starr auf die über-

raschende Feindseligkeit der ihm so vertrauten Muscheln gerichtet.
Urplötzlich, wie ein heftiger Anfall, überwältigte ihn ein altbekanntes Gefühl, das er bis dahin niemals mit dem Wasser in Verbindung gebracht hatte, vielmehr mit der Erde, mit der ockerfarbenen Welt, in der er als Gefangener lebte, mit dem rötlichen Gefängnis, das sich vom Dach aus in alle Richtungen erstreckte, und mit der roten Festung aus Lehmhäusern, in die man ihn jeden Sommer verfrachtet hatte, mit dem Dorf seines Vaters. Dicht aneinander gedrängte Gebäude auf einer Anhöhe, Felder, eine schier endlose Folge, Weizenfelder, grün, später golden, kastanienbraun, trocken, im Frühling vereinzelt Klatschmohn, und unten, neben dem Fluß, der Pappelwald – die herrliche, unermeßliche Weite, die ihm als Erwachsenem das Herz zusammenziehen sollte, für das Kind aber, das er gewesen war, eine ziemlich langweilige Landschaft von dürrer Monotonie verkörpert hatte. Damals mochte er die Sonnenblumenfelder, diese gartenähnlichen Parzellen voller großer gelber Blumen, die von den Fenstern der Kornkammer aus in weiter Ferne zu erkennen waren. Die Fensterbretter waren mit einem dünnen Aluminiumblech versehen, das er, wenn er Sonnenblumenkerne hatte, mit den Schalen übersäte, denn es bereitete ihm großes Vergnügen, dort die getrockneten, salzigen Samen zu essen, die, wie es hieß, in jenen Blumen, die er nie von nahem gesehen hatte, gewachsen waren. Damals mochte er Sonnenblumen. Eines Morgens jedoch, als er mit seinem Vater von der Bäckerei zurückkehrte, rief eine freundliche Nachbarin von ihrem Fenster aus nach ihm und kam mit einer bereits getrockneten Blume auf die Straße hinaus. Lächelnd überreichte sie ihm die Blume: Hier, Benito, für dich, eine ganze Torte, und iß die Kerne auf mein Wohl. Er dankte ihr aufrichtig für dieses Geschenk, ja, er stellte sich sogar auf die Zehenspitzen, um seiner unverhofften Wohltäterin einen

Kuß aufzudrücken; aber als er sich von ihr losgemacht hatte, um seinem Vater, der ein paar Schritte weitergegangen war, nachzulaufen, sah er sich die Sonnenblume an und erblickte in ihrem Inneren nichts anderes als eine abstoßende kreisförmige Anordnung von bedrohlichen, spitzen Messern. Sofort schleuderte er die Blume weg und krümmte sich, sein schlaffer, kraftloser Körper zuckte unkontrolliert zusammen unter einer heftigen Übelkeit, die seine Knochen vollkommen außer Kraft zu setzen schien, sie zu einem Bündel schmutziger Wolle machte, ähnlich der, mit der man Marionettenkörper ausstopft. Er war wie in eine Puppe verwandelt und erwachte erst wieder zum Leben, als er das Frühstück mitten auf der Straße erbrochen, halbwegs wieder menschliche Gestalt angenommen und von seinem Vater zwei Ohrfeigen erhalten hatte, die ihn glücklich und jählings in die Realität und ans Sonnenlicht des Sommermorgens zurückbrachten.

Eines Tages würde er dieses Gefühl beherrschen können, seine Muskeln unter Kontrolle haben, wenn er den Ekel in seinem Hals aufsteigen spürte wie schlecht zerkleinertes Erbrochenes, jenes zähe und übersäuerte Püree, das, nachdem es jeden einzelnen seiner Därme gefüllt und sich unweigerlich zwischen seinen Eingeweiden – die von dem erschöpften Inneren bis zur Speiseröhre schon überquollen von der schleimigen Masse – eingenistet hatte, drohte, jeden Moment die dünne Sperre seiner Zähne, seiner Lippen zu durchbrechen, um für ewig aus seinem Mund zu quellen, schon Herr über seinen Körper, ihn selbst in einen einzigen Ekel verwandelnd. Aber er lernte, sich zu kontrollieren, sich aufrecht zu halten, die Übelkeit zu unterdrücken, den Blick auf die spitz zulaufenden Samen der verhaßten Blume zu heften, auf ihre messerscharfen Kanten. Immer Messer, sogar im Herzen jener lieblichen Pflanze, die so vielen Menschen als Nahrung diente, gelbe und grüne Sonnenblumen, mon-

ströse, gigantische Blumen, freundliche Kronen, trügerisch zarte Blüten, Nadeln, die sich manchmal in sein Zahnfleisch bohrten, von Pflanzen verursachter Schmerz, ein verschlüsseltes Vorspiel, ein durchsichtiger Schleier, der nur teilweise, nur für einige, für ihn, den verborgenen Ekel bloßlegte. Er lernte, sich aufrecht zu halten, die Übelkeit zu ertragen; aber nie stellte er sich die Frage, warum die Sonnenblumenfelder der Anfang des Sommers waren und auch dessen Ende, warum er, sobald er nur konnte, zu ihnen lief, um sich bei ihrem Anblick zu erleichtern, den Brei, die Brocken schlecht verdauten Essens aus seinem Innersten hervorzupressen. Er hatte sich schließlich an die Sonnenblumen gewöhnt, jedoch niemals geahnt, daß es außerhalb der ihm vertrauten Welt eine vergleichbare Bedrohung geben könnte.
Deshalb konnte er auch an jenem Wintermorgen, an einem unbekannten Strand, den Anblick der noch lebenden Miesmuscheln, die den Felsen so starr und dichtgedrängt bevölkerten wie eine gehorsame Armee, nicht ertragen. Wortlos verließ er seinen Posten, um weit vom Ufer entfernt, am Fuß einer Düne, das Frühstück zu erbrechen. Wieder einmal führte er sich auf wie ein verängstigtes Kind.
»Das kommt vom Rauchen, ich habe es euch gesagt... Ich wußte ja, daß so etwas passieren würde, so viele Stunden im Bus, mit dem Gestank von euren Zigaretten, so etwas mußte ja passieren... Auf jetzt, alle in den Bus! Mit dem Strand ist es für heute vorbei...«
Die unerwartete Standpauke des Lehrers, eines im allgemeinen schwermütigen, wortkargen Individuums, hallte in seinen Ohren nach wie der warme Klang einer Glocke, die das Ende des Kampfes einläutet. Als er mit geschlossenen Augen auf seinem Platz am offenen Fenster saß, den Luftzug auf seinen Wangen, seinen Lidern, auf allen Mulden seines Gesichtes spürte, mußte er wieder an die Messer denken und wußte, er war lediglich Opfer eines

weiteren Anfalls geworden. Folglich akzeptierte er die Aufnahme der Miesmuscheln am Felsen in die Liste der Übelkeit erregenden Dinge und dachte darüber nach, daß es nicht der Komik entbehrte, gerade heute diesen neuen Feind enttarnt zu haben, an diesem Ort. Am Rande des Meeres, dessen Abwesenheit seine erste Sinnestäuschung, sein erstes Entsetzen ausgelöst hatte, die Stadt und das Weiß, die vor den schwarzen Messern dagewesen waren, hinter dem kaum wahrnehmbaren, durchsichtigen Vorhang des Alltäglichen lauernde Feinde, unschuldig, sogar freundlich. Er stellte sich vor, wie es wäre, mit den Zähnen den öligen Körper eines Sonnenblumenkerns zu zermalmen, an einer Theke eine Muschel , den Bissen orangefarbenen Fleisches, kaum erkennbar in der farbig schillernden Essigtunke, hinunterzuschlingen und sich über die Sanftheit zu wundern, die ihm unbegreiflich war angesichts der zahllosen Messer, die ihn aus den großen gelben Blüten oder von einem feuchten, mit Zacken übersäten Felsen herunter anblickten.
Während seiner Jugend sollte er häufig an dieses Phänomen denken, seine sonderbare Phobie, und vergebens in seinen Erfahrungen nach Gründen forschen. Später, als er es aufgegeben hatte, einsam gegen diese Angst anzukämpfen, erklärte er sie zu einem jener Dinge, die so selbstverständlich sind, daß man nicht darüber nachdenkt – wie beispielsweise die Tatsache, daß man die Augen beim Aufwachen öffnet und sie beim Schlafen schließt.

An jenem Morgen hatte er ein blaßblaues Hemd ausgewählt, daran würde er sich stets erinnern, denn die Freude, die ihn erfüllt hatte, als er es zufällig auf dem Weg von der Arbeit entdeckte, würde er nie vergessen. Er hatte

sein neu erworbenes, helles Leinenjackett getragen, über dessen Preis er immer noch mit sich haderte, in der Tiefe seines Herzens, dieses feigen Eingeweides, das, nicht gänzlich zu seinem Verdruß, damit den Vorsatz untergrub, den er vor ein paar Jahren ausdrücklich gefaßt hatte. An seinem fünfunddreißigsten Geburtstag hatte er sich selbst das Versprechen abgenommen, sich zu jedem Jahrestag seiner Geburt ein großzügiges Geschenk zu machen. Als er sich also in zunehmendem Maße selbst zürnte, weil er ein im Verhältnis zur Nützlichkeit überaus teures Geschenk gewählt hatte, hatte er das Hemd in einem Schaufenster erblickt, leicht, beinahe durchsichig, mit zwei Taschen auf der Brust und kleinen, dunklen, kaum sichtbaren Knöpfen. Entschlossen hatte er das Geschäft betreten, das Hemd anprobiert, das Jackett darüber gezogen und sich in der Aufmachung eines Falangisten in Paradeuniform betrachtet. Perfekt.
Er hatte das blaue Hemd ausgewählt und war nicht zufrieden. Auch daran würde er sich stets erinnern. Kaum hatte er das Hemd das erste Mal getragen, war ihm, als verbrächte er die ödesten Ferien seines Lebens. Es war überhaupt nicht erfreulich, genau dann in Madrid zu bleiben, mitten im Oktober, wenn die Stadt sich wieder mit Menschen, Schulbussen und Einkaufstaschen schleppenden Hausfrauen füllte. In anderen Jahren, im August, hatte er es genossen, die Geisterstadt von neuem zu erobern, die leeren Häuser, die leeren Straßen zu erforschen, die schmucklosen Metallverriegelungen, die niemanden vor der Luft und vor der Hitze einsamer Tage schützten; wenn es sich anfühlte, als schwebte die schwärzeste Epidemie über dem stickigen Meer von roten und braunen Dächern, eine Epidemie, die alles besiegte, ihn für seine Hochstapelei bestrafte, seine Kräfte nach und nach verzehrte, ihn allmählich bis aufs Mark aussaugte – dann, ja, dann hatte er es genossen, jetzt aber wußte er nicht, was er tun sollte.

An jenem Morgen jedenfalls wollte er auf die Straße hinausgehen. Deshalb stand er vor dem Spiegel und schaute zu, wie das leichte Gewebe seines blauen Hemdes allmählich durchtränkt wurde und die kleinen, unregelmäßig geformten Spritzer, die es zunächst aufs Geratewohl gesprenkelt hatten, sich zu großen, feuchten Flekken ausbreiteten. Erst dann hörte er auf, vor seinem Gesicht eine dunkle, fast leere Glasflasche zu schwenken, auf der ein kunstvoll verziertes Etikett klebte. Darauf war zwischen zwei gewundenen und vergoldeten Säulen in einer verschnörkelten Handschrift die Handelsmarke zu lesen. Er stöpselte die Flasche zu, stellte sie auf die Konsole vor dem Spiegel und atmete tief durch. Während er seinen Parfümgestank einsog, diesen üblen, aber vertrauten Geruch, der jedwedem unerwünschten Gesprächspartner die erste unerfreuliche Information über seine Person zu bieten in der Lage war, dachte er voller Wehmut, daß dieses Duftwasser jederzeit vom Markt genommen werden könnte. Schon jetzt gestaltete es sich immer schwieriger, es überhaupt zu finden. Dieses Duftwasser zu ersetzen würde nicht einfach sein, eine andere, ebenso wirkungsvolle, ebenso dauerhafte Maske wie diese aufzutreiben, die, aus den Kommentaren seiner Witwe zu schließen, schon der Großvater benutzt hatte, um seine Achseln zu parfümieren – wobei eine Anwendung pro Monat ausgereicht hatte. Bei dem Gedanken daran lachte er kurz auf und fühlte sich besser. Er studierte sein begrenztes Arsenal an kosmetischen Produkten und wählte eine Tube Pomade; die in leuchtenden Farben bedruckte Banderole war notdürftig mit ein paar Tropfen Leim auf das mattsilberne, biegsame Metall geklebt, dessen Zerbrechlichkeit er als Kind so faszinierend gefunden hatte. Das aufgedruckte Bild strafte die moderne Verpackung Lügen, es erinnerte vielmehr an eine uralte Vorstellung von männlicher Schönheit, von der heute wohl niemand mehr sagen konnte, wann genau sie ihre Gültigkeit verloren hatte. Und wenn er sich auch jenem überholten Stil ebenso schlecht anpaßte wie dem gegenwärtig herrschenden, ja sogar im Grunde jeglichem westlichen, vielleicht auch universellen Schönheitsideal mißtraute, gefiel es ihm wegen der verblüffenden Wirkung doch, das Haar auf diese altmodische Weise anzuklatschen. Noch nie war es ihm gelungen, sein Haar zweimal auf die gleiche Weise zu frisieren. Er ließ Wasser in das Becken ein und tauchte den Kopf vollständig unter, um das Haar vollkommen naß zu machen. Anschließend verteilte er mit flinken Fingern die Pomade im Haar und förderte aus einer Schublade zwei Haarspangen zutage, die eigentlich für Frauen bestimmt waren. Nachdem er zunächst die Welle genau über der Stirn markiert hatte, gelang es ihm mit Müh und Not, sie mit Hilfe eines Kammes, den er mit der linken Hand dagegen drückte, zu halten, so lange, bis er die Spangen mit den Zähnen geöffnet hatte und die Welle, diese klebrige Strähne, die drohte, gleich auf seine Brauen herabzusacken, mit jeweils einer Drehung zu beiden Seiten befestigen konnte. Er betrachtete sich einen Augenblick und dachte an das schwarze Zahnfleisch in dem zahnlosen Mund der liebenswürdigen, geistig verwirrten Alten, die ihm vor vielen Jahren die beiden Spangen verkauft und diesen Trick gezeigt hatte, auf einer Bank in der Straße. Mit langsamen Schritten, als fürchtete er, das schlichte Kunstwerk zu zerstören, trat er an einen Frisiertisch und wühlte in einer der Schubladen nach einem kleinen, schmalen Pflaster. Er puderte seine Wangen und strich anschließend, wobei er sich vorbeugte, damit der überflüssige Puder auf den Boden fiel, ohne das feuchte Hemd zu streifen, mit den Fingerspitzen zärtlich über sein Gesicht, als wollte er die gepeinigte Oberfläche glätten, bis eine blasse, weißliche Schicht seine Haut in eine alte Porzellanmaske verwandelt hatte. Dann erst legte er vorsichtig das kleine Pflaster auf eine Wange, auf der nicht die kleinste Wunde zu erkennen war, und drückte es an den Enden fest. Weitere Minuten vergeudete er damit, die Tube mit der Pomade zuzuschrauben und sie zu der Flasche und dem Puder auf den Tisch zurückzustellen, auf dem noch einige wenige andere Objekte, die mehr vortäuschen sollten, sorgfältig verteilt waren. Er verschob die Gegenstände ein paarmal auf dem Glas, bis sie eine exakte Zickzacklinie bildeten. Dann kehrte er zum Spiegel zurück, betrachtete ein weiteres Mal eingehend seine Tolle und beschloß, die Spangen abzunehmen, wobei er geheimnisvoll mit den Fingerspitzen agierte. Die Welle hielt nun von allein, krönte sein Gesicht, ein pathetisches Diadem, die künstliche Marter einer steifen Haarsträhne. Er lächelte. Er gefiel sich. Vorsichtig zwängte er sich in sein Leinenjackett und zog aus der Außentasche eine Sonnenbrille mit dicken schwarzen Kunststoffgläsern, so dunkel, daß sie undurchsichtig schienen, und mit breiten, gerillten Bügeln. Er setzte sie auf und verzog den Mund zu einer Grimasse, die sich nach kurzem Zögern zu einem, wohl beabsichtigten, grausamen Ausdruck verfestigte. Der Spiegel warf ihm das Bild eines gefährlichen, beunruhigenden, eher finsteren als häßlichen Mannes zurück. Wieder lachte er in sich hinein. Er wußte, das war seine einzige Chance.

Im Türrahmen blieb er stehen, um sie anzuschauen, und sie erwiderte den Blick aus halbgeöffneten Augen, wobei ihr die mit einem fetten Mascarastift ungeschickt aufgetuschten Wimpern zu einem müden Gesichtsausdruck lasziver Herablassung verhalfen.
»Du siehst alt aus ...«
Mit der Zeit war sie gelbstichig geworden. Er mußte sich anstrengen, um sich der genauen Nuance ihrer goldenen Haut zu erinnern, die ihn seinerzeit auf offener Straße überwältigt hatte; ihrer runden Arme, die in einer unbeholfenen, schmachtenden Geste den Stamm eines Apfel-

sinenbaums umarmten; ihres unwiderstehlichen, festen, üppigen, vor Gesundheit strotzenden Fleisches. Der Tüll, der sie bedeckte, dramatisch um ihren Bauch gebauscht und aufreizend durchsichtig über den Rest ihres Körpers gespannt, war damals von einem bläulichen Weiß gewesen, glänzend wie die Gewänder einer Nymphe oder die einer gefallenen Frau, eine schmeichelnde Beleidigung für alle, die als Frau geboren waren. So war sie viel hübscher, eingehüllt in Falten, die der Staub grau und schmutzig gemacht und das Licht ausgebleicht hatte; aber ihre Haut war gelbstichig geworden, und ihre für alle Zeiten vergebens halbgespreizten Beine hatten ihren vormaligen Schimmer eingebüßt.

»Ich hätte dich einrahmen sollen. Unter Glas hättest du nicht ganz so gelitten.«

Er ging auf sie zu und berührte ihre Beine, hartnäckig hellbraunes Fleisch, das nicht gealtert war, niemals altern würde, solange der hölzerne Kleiderständer am selben Platz stehen bliebe, um ihr jeden Nachmittag, wenn die glühende Sonne die Luft in diesem Zimmer stickig machte, Schatten zu spenden; und wieder einmal bereute er, daß er sie nicht geraubt hatte.

Er hatte es versucht, hatte gefühlt, daß er sie rauben, sie von der Wand reißen und schnell weglaufen sollte, sie hatte ihm außerordentlich gefallen. So eine Frau ist nicht dafür geschaffen, daß sie dir jemand schenkt, du mußt sie rauben. Er wußte es. Sein Verhalten war aber so tolpatschig gewesen, daß, als er es schließlich wagte, auf sie zuzugehen, bereits alle im Geschäft Anwesenden seine Bewegungen beobachteten, sich still auf seine Kosten amüsierten, lachten über den verzauberten, mitten auf dem Bürgersteig vom Pfeil der Liebe getroffenen Jungen.

»Und du ... was möchtest du, mein Junge?«

Der Obstverkäufer schaute ihn aus freundlichen Augen an, ein verschwörerisches Lächeln um den Mund, den kleinen hageren Körper vornüber gebeugt, eine grüne

Schürze umgebunden. Mit dem Rücken zum Verkaufstisch, den sündigen Finger mit seinem ganzen Körper verdeckend, hatte er heimlich angefangen, an einem der Klebebandstreifen, die sie an der Wand festhielten, zu kratzen. Er drehte sich um, die Angst stand ihm ins Gesicht geschrieben, seine Wangen glühten vor Scham. Er blieb stumm, wußte nicht, was er sagen sollte.
»Was soll ich dir geben?«
Er wühlte in seinen Taschen und rechnete im Geist den Betrag der wenigen Geldstücke, die er ertasten konnte, zusammen. Als er den Mund aufmachen wollte, spürte er, daß seine Lippen wie versiegelt waren, daß er niemals wieder würde sprechen können. Nachdem sich die Panik gelegt hatte, sagte er das Erstbeste, das ihm durch den Kopf schoß.
»Haben Sie Kirschen?«
»Im März...? Nein, mein Junge, im März gibt es keine Kirschen...«
»Hm... Und von diesen da? Haben Sie davon mehr...?«
»Apfelsinen? Natürlich, der Laden ist doch voll davon... Siehst du das denn nicht? Wie viele willst du?«
»Nein, ich... ich meine, diese da...«
»Ich verstehe dich nicht.«
Er zeigte vage auf die Orangenblüten im Haar jener verwirrenden weltlichen Jungfrau. Als er das Grinsen, das um den Mund seines Gesprächspartners zuckte, bemerkte, richtete er den Zeigefinger schnell auf die mächtige Silhouette des Miguelete, des Turmes der Kathedrale von Valencia, die die Dekoration auf der rechten Seite vervollständigte, aber es war zu spät.
»Ach so, du meinst, du möchtest eine Frau wie die hier; er hat uns ganz schön verschaukelt, und auch mich...! Nein, mein Junge, ich schwöre dir, es tut mir leid, ich verkaufe keine Frauen, ich würde schon gern, aber die einzige, die ich hier habe, ist dieser Wal da, der im schwarzen Kleid, an der Kasse. Wenn du willst, kannst du sie gratis mitneh-

men, und ich gebe dir sogar noch was dazu... Empfehlen kann ich sie dir nicht, aber ihr macht es sicher nichts aus. Stimmt's Consuelo? Willst du mit diesem Burschen gehen...?«

Ein offenes, herzliches Lachen, die Antwort der Obstverkäuferin, übertönte den Chor höflichen Gelächters. Er hatte wohl gemerkt, daß dies nichts weiter war als ein gutgemeinter Scherz, aber er hätte ein Kreischen, eine unfreundliche, schroffe Antwort, ja sogar einen Schubs, der ihn aus dem Geschäft hinausbefördert hätte, vorgezogen. Er fühlte sich elend, klein und unfähig, noch länger aufzublicken; mit der Schuhspitze zerquetschte er ein gelb gewordenes, welkes Salatblatt, bis er es vollständig in die Ritzen zwischen den dunklen Fliesen des Fußbodens eingetreten hatte. Er wollte schon weglaufen, da spürte er einen sanften Druck auf seinen Schultern. Als er aufblickte, sah er, daß es die Hand des Obstverkäufers war.

»Na komm, sei mir nicht böse, ich habe dich nur ein bißchen auf den Arm genommen... Du möchtest das Plakat, nicht wahr?«

Er nickte, wagte aber immer noch nicht, etwas zu sagen. Da veränderte sich der Gesichtsausdruck des Mannes unmerklich, und als er wieder sprach, hatte seine Stimme nicht mehr den heiteren Klang, den sie am Anfang gehabt hatte, sondern einen neutralen Tonfall.

»Sag mir mal eines... Heißt deine Mutter nicht Paloma?«

»Meine Mutter ist gestorben, als ich klein war, aber es stimmt, sie hieß Paloma«, bestätigte er, irritiert über die Wendung, die diese Unterhaltung mit jemanden, den jemals kennengelernt zu haben er sich nicht erinnern konnte, angenommen hatte.

»Aber ja, natürlich... entschuldige«, sagte der Mann, auf einmal nervös, und wich seinem Blick aus. »Es ist eine Manie von mir, von den Toten zu sprechen, als lebten sie noch, tut mir leid.«

»Macht nichts, aber... Woher kennen Sie den Namen meiner Mutter?«
»Sie war vor vielen Jahren eine Kundin von mir. Manchmal kam sie mit dir, daher weiß ich, wer du bist. Wie alt bist du jetzt?«
«Vierzehn... Fast fünfzehn.«
»Na, dann bist du ja schon ein Mann...«, murmelte der Händler und löste unterdessen die Papierfrau mit wenigen gezielten Handgriffen von der gekachelten Wand. »Hier, nimm sie mit.«
Er wagte nicht, den Arm auszustrecken, reagierte mit ungläubigem Blick auf das Lächeln, mit dem der Mann ihm nun die dünne Papierrolle überreichte.
»Na, nimm schon, Junge, sei kein Dummkopf!«
So hatte er sie also nicht geraubt, man hatte sie ihm geschenkt, eine Frau wie diese, und er hatte sich nicht einmal bedankt. Denn kaum hatte er mit den Fingerspitzen nach ihr gefaßt, riß er sie schon an sich, zerdrückte sie zwischen seinen Händen und rannte hinaus, um so schnell wie möglich von diesem Ort wegzukommen, wo man seine Mutter gekannt hatte, wo man sich an ihren Namen erinnerte und wo man gesehen hatte, wie er, fast schon ein Mann, sich wie ein Schwachkopf, ein kleines, eigensinniges und schlechterzogenes Kind aufgeführt hatte. Während er sie so hielt, aufgerollt, die schlichte weiße Rückseite des Papiers nach außen, verfluchte er sie, um sich selbst zu verfluchen für seine Naivität, Merkmal eines Alters, dem man wehrlos ausgeliefert ist. Er beschloß, durch die Küchentür ins Haus zu gehen, um sie unverzüglich in den Müll werfen zu können. In dem kühlen, dunklen Eingang aber rollte er langsam ein Ende auf und befreite ihre nackten Füße. Obwohl er gegen das Bedürfnis ankämpfte, sie nochmals ganz zu sehen, begriff er auch, daß es jegliche Schamesröte wert war, denn sie gefiel ihm so gut, so überaus gut... Schließlich nahm er doch den Haupteingang und lief schnell über den Flur,

nicht einmal an der Küchentür blieb er stehen, als er seiner Großmutter laut schreiend mitteilte, daß er keinen Hunger habe und nichts zu Mittag essen wolle. Er machte sich nicht einmal die Mühe, die Tür seines Zimmers hinter sich zu schließen, nur weil er keine Zeit verlieren wollte. Begierig suchte er an der Wand nach einem Ehrenplatz, einem ihrer Schönheit würdigen Platz.
Ohne Wehmut beschloß er, sich von dem Poster der Nationalelf zu trennen. Kaum hatte er die zweite Reißzwecke mit der Kuppe des rechten Daumens in die Wand gedrückt, vernahm er schon unterdrücktes Gekicher, was ihn an die Vorteile geheimgehaltener Schätze denken ließ. Er wandte sich um und endeckte Belén, seine kleinere Schwester, die sich mitten auf dem Flur vor Lachen krümmte, während sie mit dem Finger auf ihn zeigte. Silvia, die ältere, kam eilig hinzu und fiel kreischend in das Gelächter ein. Er wußte, was die beiden dachten, erahnte die Adjektive, die sich unter ihren kränkenden Beschimpfungen verbargen, erahnte die Worte, die sie ausgesprochen haben würden, hätten sie sich getraut, über die altbekannten Bezeichnungen wie kitschig, geiler Bock und Blödmann hinauszugehen, ermüdende Stoßgebete einer langen Litanei. Folglich steckte er ihren Spott ein, denn er konnte ihnen die Wahrheit nicht erklären, daß es sich diesmal um etwas anderes handelte, daß er sich in ein Stück Papier verliebt hatte. Sein Vater würde es selbstverständlich ebensowenig verstehen. Und als dieser sich zu den Mädchen gesellte, nahm er die Papierfrau unverzüglich wieder von der Wand und hängte die Fußballer an ihren ursprünglichen Platz zurück. Das kann doch nicht wahr sein, Benito, hörte er den milden Tadel seines Vaters, du bist nun schon so groß, und nach wie vor bedenkst du nicht, daß deine Schwestern so etwas sehen könnten.
An jenem Abend blieb er nicht bei den anderen im Wohnzimmer vor dem Fernseher sitzen. Kaum hatte er

das letzte Stück der Banane heruntergeschluckt, die er extra als Nachtisch gewählt hatte, um das Essen so schnell wie möglich hinter sich zu bringen, erhob er sich, ohne um Erlaubnis zu bitten, vom Tisch und kehrte in sein Zimmer zurück. Diesmal drückte er die Tür fest ins Schloß. Er faltete das Plakat auf dem Bett auseinander und sah sie sich ausführlich an, versuchte, dem stillen Reiz nachzuspüren, über den sich die gesamte Familie einig gezeigt hatte; aber er konnte sie nicht erwecken, nicht mit Leben, auch nicht mit Bewegungen ausstatten, konnte sie nicht ertasten, sich nicht ihren Geruch vorstellen, nicht ihre Lippen kräuseln oder ihre Beine übereinanderschlagen, konnte sie nicht aus ihrem Nichts zu sich heranziehen. Er konnte es nicht, denn das war es nicht, war es nie gewesen, mit ihr war alles anders. Am Ende befestigte er sie an der Rückwand des Schrankes, genau in die Mitte des Holzpaneels, und um ihre Schönheit vor jeglicher Zerstörung zu bewahren, schob er die mit Kleidung behängten Bügel vor ihren halbnackten Körper, den außer ihm niemals wieder jemand zu sehen bekommen würde. Dann schloß er den Schrank und warf sich aufs Bett. Er blickte zur Uhr und stellte fest, daß es zum Schlafen noch zu früh war, fünf nach elf. Er schlief sofort ein.

Er strich mit der ganzen Handfläche über die brüchige und stumpfe Haut, die im Laufe der Zeit gelbstichig geworden war. Er rechnete aus, daß er seit dreiundzwanzig Jahren mit ihr zusammen war, das Alter eines erwachsenen Mannes.

»Wenn wir ein Kind gehabt hätten, wäre es schon aus dem Haus... Schade, nicht?«

Sie, taub, stumm und blind, vielleicht perfekt, die Papierfrau, war das einzige, was er all diese Jahre hindurch aufbewahrt hatte. Und immer noch gefiel sie ihm. Er beschloß, sie niemals von der Wand zu nehmen, sie dort verwelken zu lassen, einen Tag nach dem anderen, dem

Licht und dem Staub ausgesetzt, bis zu seinem eigenen Tod. Da spürte er, daß das Duftwasser ihn nicht mehr schwindelig machte, und er erschrak, als er das blaue, vollständig getrocknete Hemd berührte. Er sah auf die Uhr, ihm blieb nicht mehr viel Zeit. Trotz alledem hatte er es nie gewagt, zu spät zu kommen.

»Es tut mir leid, ich muß gehen.«

Im Vertrauen darauf, daß weder seine sentimentale Anwandlung noch die ausführliche Maniküre, zu der er sich an jenem Morgen gezwungen hatte, seine Verabredung zunichte gemacht hatte, schlug er die Tür zu, rannte die Treppen hinunter und durchschritt das Portal.

Er lehnte sich an die Fassade und spürte den heißen Stein in seinem Rücken. Wie angenehm die Sonne ist, dachte er, während er die Augen schloß und sich den unsichtbaren Armen der beinahe unnatürlichen, aber barmherzigen Wärme dieses Oktobermorgens hingab. Er ahnte im voraus, daß er wieder einmal für nichts und wieder nichts pünktlich gewesen war. Er hegte keine großen Hoffnungen mehr, sie wiederzusehen, beschloß jedoch, ein wenig länger, nur ein paar Minuten noch, auf sie zu warten, um sich selbst in seinem Vertrauen darauf, daß ihm ein verächtliches Los beschieden war, zu bestärken.

Sie kam nicht. Vielleicht hatte ihre Mutter sich geweigert, ihr die weiterführende Schule zu bezahlen, und jetzt studierte sie Informatik, Stenographie oder Sprachen in einem dieser heruntergekommenen, stinkenden Privatinstitute an der Puerta del Sol. Vielleicht hatte sie sich auch, ihrem Vorsatz untreu geworden, in einer Lehranstalt eingeschrieben. Oder sie war schlicht und einfach zu Hause, nur wenige Meter von ihm entfernt, saß in der winzigen Pförtnerloge und schaute sich im Fernsehen eine dieser pathetischen, dramatischen, tragischen, wollüstigen, inzestuösen, dummen amerikanischen Serien an. Er war versucht, hinzugehen und sich davon zu überzeugen. Es war nur ein Katzensprung, aber bevor er auch nur einen Muskel gerührt hatte, verwarf er den Gedanken, weil er nicht wußte, was er tun, was er sagen, wo er sich verstecken sollte, falls er sie tatsächlich antraf. Es war nichts sonderlich Beklagenswertes, lediglich das willentlich herbeigeführte Wiederaufleben eines Irrtums, und dabei war der, den er beim ersten Mal begangen hatte, schon irreparabel gewesen.

»Besser, sie nicht zu kennen«, pflegte Teresa vor vielen Jahren in der Bar der Fakultät zu sagen, wobei sie bedächtig mit einem Löffel in ihrem Kamillentee rührte, dem ein Schuß Anislikör beigemengt war. »Besser, sie nicht zu kennen, oder man verabschiedet sich gleich vom Leben; ernsthaft, hör auf mich, wenn du dich nicht daran hältst, steckst du nur eine Tracht Prügel ein...«

Die arme Teresa hatte recht. Sie konnte es nicht lassen, sie verliebte sich unentwegt und verfügte über eine pittoreske Sammlung lebender Mythen – Schriftsteller, vor allem Regisseure, hochmütige Genies, stadtbekannte Alkoholiker, alleinstehende Privatmänner. Sie liebte sie, und ihre Liebe war aufrichtig, sie hätte sich jedem von ihnen vorbehaltslos und für immer hingegeben, hätte auch nur einer ihr das leiseste Zeichen gegeben. Aber trotz der Hartnäckigkeit, mit der sie ihnen fieberhaft nachsetzte; trotz der Dutzende von Briefen, die sie immer wieder an hypothetische Adressen schickte und die kein einziges Mal beantwortet wurden; trotz der Hunderte von Stunden, die sie in den Sitzgarnituren nahezu sämtlicher Hotelhallen von Madrid zugebracht hatte; trotz der Liter von Kaffee, die sie sich nach und nach, Tasse für Tasse, an den bestplaziertesten Tischen der gerade angesagten Cafés einflößte; trotz der erzwungenen Begegnungen und der vermeintlichen Spontaneität ihrer Begrüßungen, die sie bis zur Erschöpfung einübte, Nacht für Nacht vor dem Spiegel erprobte, erreichte sie nicht, daß auch nur einer sie jemals beachtete.

»Wenn du verschnupft bist und kein Taschentuch zur Hand hast, sag mir Bescheid.«
Niemals würde er diese Worte vergessen; die Eifersucht hatte ihn getroffen wie ein grausamer Hieb, hatte sein Blut zum Sprudeln gebracht; nie würde er die Flamme vergessen, die bei diesen Worten in seinen ordinären Eingeweiden eines häßlichen und unglücklich verliebten jungen Mannes aufgelodert war; wenn du verschnupft bist und kein Taschentuch zur Hand hast, sag mir Bescheid. Das Patent für eine unendliche Überlegenheit, genaugenommen ziemlich eingebildet, aber überaus heilsam. Teresa stand da, mit glühenden Wangen, und reichte dem Mann ein weißes, viermal gefaltetes Stück Papier, ihre Adresse und ihre Telefonnummer. Diesem farblosen Dummkopf, der nach Paris gekommen war, um Karriere zu machen; als ob einer nicht auch in Ferrol, Venta de Baños oder in Almuñécar schreiben könnte, wo zum Teufel er geboren war, dieser Schwachkopf, der sie vor dem Eingang seines Hauses kuhäugig anglotzte und nicht begriff, daß er just auf den Steinplatten stand, auf denen sie in jener eiskalten Nacht und in den vorangegangenen Nächten geschlafen hatte. Er hätte schreien sollen, es ihm ins Gesicht schleudern, hier hat sie drei Nächte lang geschlafen, auf der Straße, nur weil sie auf dich gewartet hat, darauf gewartet hat, dein dummes Gesicht zu sehen; und wenn er sich nicht vollkommen sicher gewesen wäre, daß sie es ihm niemals würde verzeihen können, hätte er sich vor dem Typen aufgebaut und ihm die dämliche Visage, diese Fratze eines wichtigtuerischen Intellektuellen im Exil, in Stücke gehauen.
»Ich weiß nicht, wovon Sie sprechen.«
Er sprach diese Worte mit einer seltsamen Betonung aus, einem nicht genau einzuordnenden Akzent, einer Mischung aus Französisch und Argentinisch, dann drehte er sich halb um und verschwand ohne ein weiteres Wort im Haus.

»Alles in allem bleibt dir nur noch Proust, und der war, abgesehen davon, daß er tot ist, schwul...«

Teresa beichtete, von Mal zu Mal ein bißchen betrunkener, immer auf seine Kosten; und er, der bis dahin keine Vorstellung davon gehabt hatte, wie teuer es war, sich in Paris zu betrinken, bezahlte ihre Getränke und sah sie an, zufrieden mit seiner Rolle als Seelentröster; und das, obwohl sie ihn nicht einmal gerufen hatte, er war sicher, sie wäre nie und nimmer auf die Idee gekommen, ihn zu rufen. Ihm aber genügte es, daß er ihr gefolgt war, seine eigenen Reisepläne über den Haufen geworfen hatte; aufzehrende Tage auf Posten an immer derselben Ecke, Nächte unter freiem Himmel. Ihm brannten schon die Augen, so oft hatte er sie angesehen, seine Ohren drohten ihm abzufrieren, und halbtot vor Kälte rief er den Teufel an, flüsterte hastig, als betete er, nimm meine Seele, irgendwo werde ich schon eine haben, sie soll für immer und ewig dein sein, aber gib mir diese Frau, gib sie mir jetzt sofort, denn ich kann nicht mehr. Am Ende dann konnte er sich doch nicht einer gewissen Erleichterung darüber erwehren, daß er nicht erschienen war; von klein auf hatte er große Angst vor der Hölle gehabt. Um vier oder fünf Uhr morgens trottete er hinter ihr her zum Hotel, mit hoch erhobenem Kopf, denn er hatte nichts getan, dessen er sich hätte schämen müssen – außer daß er sie begehrte. Er empfand sogar Mitleid mit ihr, litt an ihren Enttäuschungen und Niederlagen wie an den eigenen. Er hoffte nicht auf mehr, nicht einmal darauf, sie wirklich zu besitzen, noch nicht, so lange nicht, wie es ihm ausreichte, hinter ihr herzugehen und sie anzusehen, sie eingehend zu studieren, um sie hinterher, wenn er allein war, wieder zu erschaffen, nach seinem Maßstab. Einfach deshalb, weil er sie begehrte, kam er aus seinem Versteck hervor, tat so, als sei er ihr zufällig begegnet. Hallo, was tust du hier? Bist du nicht mit den anderen ins Musée de l'Homme gegangen? Nein, ich hatte keine Lust, ich will lieber bummeln. Und du? Ich auch. Und er strengte sich an, Haltung zu bewahren, obwohl seine Augen in Tränen schwammen. Ich vertrete die These, daß nur die Straßen den Geist einer Stadt atmen, meinst du nicht auch? Und er nickte, zutiefst gerührt über diesen unerwarteten Ausbruch von Eloquenz, mit dem seine naive Angebetete zu versuchen schien, ihre Selbstachtung wieder aufzubauen. Es muß sehr hart sein, sich als Fußabtreter zu Boden zu werfen und zu merken, daß niemand darauf treten will, dachte er und fragte nicht weiter. Sie faßte ihn am Arm und weinte ein bißchen, nicht viel. Sie tranken zusammen, sie erzählte ihm, die Bücher dieses Schwachkopfes hätten sie verführt; er erzählte ihr nicht, daß er in sie verliebt war. In der letzten Bar hingen Fotos von Hemingway an der Wand, bis dorthin ließ er sich führen, und dort gab er seinen letzten Franc aus; nun blieben ihm nur noch Peseten, und dennoch setzte er alles daran, sie an der Hotelrezeption zu wechseln, ungeachtet ihrer Proteste. Er würde nicht zulassen, daß sie ihn einlud; er würde sich den Genuß zu zahlen nicht nehmen lassen, auch wenn man ihn beim Wechseln so offenkundig betrog. Sie nahmen ein letztes Getränk an der verwaisten Bar, während ein junger maghrebinischer Kellner die Stühle auf die Tische stellte, um den Boden zu fegen, und ihm von weitem zulächelte; seine Zähne funkelten unter dem dichten, schwarzen Schnurrbart. Er hielt diesem Blick stand und dachte, uff, Junge, wenn ich dir sagen würde, daß ich mit der hier nichts habe. Aber er konnte der Versuchung nicht widerstehen, ebenfalls seinen Mund zu verziehen, und er genoß die Vorstellung, daß ein weitaus schönerer Mann als er selbst ihn um den Besitz einer Frau, die er nie bekommen würde, beneidete.

Als er schließlich zwischen die Laken glitt, allein und vollständig ruiniert, konnte er seinen Mangel an Mut nicht ernsthaft bedauern. Besser, es nicht zu versuchen,

wie Teresa sagte. Er hätte sie zumindest gern geküßt, aber er hatte sich nicht getraut, und so war es gut. Die Großmutter würde bei seiner Rückkehr ein fürchterliches Spektakel veranstalten; er besaß keinen Pfennig mehr, um ihr etwas zu kaufen, und wenn es eine dieser entsetzlichen Plastikreproduktionen von Notre-Dame gewesen wäre; er würde sich Geld leihen müssen, um vom Flughafen aus mit dem Bus nach Hause zu fahren, und dann würde er das Jammern und Schluchzen ertragen, jeden Tag schufte ich mich in diesem Haus zu Tode, und das in meinem Alter, und so lohnst du es mir, bringst mir nichts mit, nicht einmal eine Kleinigkeit. Na und? Wenn schon. Das Geld gehört ihm; zum Teufel mit der Großmutter, wenn er es doch vorgezogen hatte, sich damit das Recht zu erkaufen, weiterhin zu warten.
In jener Zeit, er konnte sich nicht mehr genau erinnern, aber er war damals um die Zwanzig, war es für ihn noch ganz klar gewesen, es ist besser, sie nicht zu kennen, nichts von ihnen wissen zu wollen, von diesen Wesen, die aufhören, wirklich zu sein, wenn andere, weitaus grauere Wesen anfangen, sie zu begehren, Wesen wie er, wie die arme Teresa, die systematisch gegen die Regel, die sie selbst aufgestellt hatte, verstieß, um einmal, zweimal, dreimal, immer das vorletzte Mal daran zu scheitern; die ihr Elend immer wieder heldenhaft ertrug, sich dem perfiden konkaven Spiegel stellte, der ihr nach einer kurzen, schmerzlosen Turbulenz das Bild einer dicken, kurzbeinigen Zwergin zeigte, ein Spiegelbild, das sie unter Schmerzen und in dem Bewußtsein, es wohl oder übel annehmen zu müssen, betrachtete.

Es ist besser, sie nicht zu kennen. Darum hatte er die Entwicklung, fast könnte man sagen das Heranwachsen, der kleinen Tochter der Pförtnersfrau von Nummer 9 aus der Entfernung verfolgt, seit jenem Sommernachmittag, an dem er sie Gummitwist spielen sah. Ihr Gesicht, ihre

Haare, die sich aus dem sanft wippenden Zopf lösten, ihre von Schweiß feuchte Stirn, die von der Anstrengung geröteten Wangen tauchten in regelmäßigen Abständen über dem Rand der Zeitung auf und verschwanden wieder, über dem Rand der Zeitung, die er in immer schlaffer werdenden Händen hielt, um sie schließlich ganz auf seine Knie sinken zu lassen, damit er das Mädchen vollständig sehen konnte. Eine aufgekrempelte, verschwitzte weiße Bluse, dazu ein schlecht gekürzter Schottenrock, der sie eindeutig als Schülerin auswies. Aber hat sie das Schuljahr nicht schon beendet, fragte er sich und war plötzlich verstimmt. Nein, sie konnte es noch nicht beendet haben, denn auf dem Bürgersteig stapelten sich Bücher und Mappen, die in Fotos von Sängern und in Hochglanzbilder eingeschlagen waren – ein letztes ikonographisches Argument der Werbeslogans für überflüssige Dinge. Zerstreut warf er einen Blick darauf, während die kleine Amazone auf durchaus zufriedenstellende Weise ihre verzwickte Übung beendete, aufseufzte und sich dabei das Haar aus der Stirn strich, um sich aufs neue in das Spiel zu stürzen. Mit einem furiosen Satz hüpfte sie in den engen Zwischenraum, den das um die Waden ihrer beiden Kameradinnen – zweier absolut gewöhnlicher Mädchen – gespannte schwarze Gummi ließ.
Er berechnete das Flattern ihres Rockes und kam zu dem Schluß, daß es sinnlos war, auf Atemberaubenderes zu hoffen. Sie müßte mindestens über Kniehöhe kommen, denn die Kreaturen, deren Beine als Pfosten fungierten, waren nicht sehr groß. Ein Wortfetzen drang schwach an seine Ohren, er verstand nicht genau, was es war, irgend etwas wie Oliven. Trotz der beachtlichen Länge ihrer Beine scheint sie nicht übermäßig beweglich zu sein, sagte er sich entmutigt; sie keucht zuviel, höchstwahrscheinlich ermüdet sie vorzeitig. Wieder glaubte er etwas zu hören, immer Oliven. Ihr Knöchel verwickelte sich kurz in dem undurchschaubaren Gummigeflecht, was sie

aus dem Gleichgewicht zu bringen drohte. Vielleicht fällt sie hin, dachte er und fand, daß das etwas für sich hätte, schämte sich dieses Gedankens aber gleich darauf ein wenig, nur ein wenig, während sie das Wunder vollbrachte, dem Gewirr unversehrt zu entkommen, indem sie sich mit einem energischen Sprung aus dem schwarzen Spinnengewebe befreite. Da erhielt er einen Stoß in den Rücken, der seinen Oberkörper nach vorn warf.

»Was ich dir als Häppchen geben soll, verdammt noch mal!«

Er wandte sich langsam um, verblüfft über den Fluch, der den Satz beendet hatte. Polibios Lippen entschlüpften nur äußerst selten Schimpfworte, in seiner Gegenwart ebenso selten wie in der anderer. Er pflegte es ihm zuweilen vorzuwerfen. Warum bist du so pedantisch, Poli? Und er erhielt stets dieselbe Antwort. Nenn mich nicht Poli, sei so gut. Du weißt, wie sehr ich diese Abkürzung hasse, und außerdem bin ich nicht pedantisch, ich beschränke mich nur darauf, korrekt zu sprechen.

»Bring mir, was du willst...«, antwortete er, als er ihn neben sich stehen sah, in der einen Hand zwei halbleere Gläser Wermut, deren Inhalt er wahrscheinlich bei dem Stoß verschüttet hatte, und in der anderen eine kleine Schale mit Oliven.

»Sehr wohl«, antwortete Polibio gutmütig und stellte zunächst Teller und Gläser auf dem Tisch ab, bevor er die Rockschöße seiner zerlöcherten weißen Schürze, einer Art schmutzigen Lakens, das seinen Körper beinahe vollständig, vom Schlüsselbein bis zu den Knöcheln, bedeckte, sorgfältig anhob, um sich neben ihn zu setzen.

»Also Oliven. Um die Wahrheit zu sagen, ich bin dir sehr verbunden, denn ich fürchte, ich habe bei der letzten Bestellung zuviel geordert, und jetzt müssen sie dringend verbraucht werden. Ich weiß, du magst sie nicht, aber keine Sorge, ich werde sie mit Genuß an deiner Stelle verzehren...«

Er sah Polibio an und mußte lächeln. Der graue, zerfaserte Bart bewegte sich langsam im Takt des Kiefers, würdevoller Ausdruck des gemessenen Genusses, den ein spartanischer Krieger verspürte, wenn er seine einzige Tagesration verzehrte. Er war überrascht, wie sehr er ihn mochte.

Erst vor kurzer Zeit hatte er ihn kennengelernt, an einem Nachmittag wie diesem. Bei Einbruch der Dämmerung pflegte er eine Runde um den Platz zu drehen, wobei er immer dieselbe Strecke nahm. Folglich war ihm die Neueröffnung einer Bar, »Zum Unbeirrbaren«, sofort ins Auge gefallen. Der Name sprach ihn nicht besonders an, heutzutage war es keineswegs einfach, durch Originalität zu bestechen. Er hatte es sich zur Gewohnheit gemacht, alle Bars auszuprobieren, also trat er schließlich ein und fand sich allein in einem ziemlich großen und so schlecht erleuchteten Lokal, daß er sich über die Theke lehnen mußte, um den Sinnspruch, der, handgeschrieben und gerahmt, an der gegenüberliegenden Wand über einer Reihe von nagelneuen Flaschen hing, entziffern zu können: »Nirgends gibt es eine andere Welt, und diese ist nur eine Sinnestäuschung.« Daneben zeigte ein großes Foto die nackte Vanessa Redgrave, in einem Rahmen aus buntem Holz, der ihn unwillkürlich an Kirchenschmuck denken ließ. Noch während er das Foto anschaute, sprach ihn Polibio an, ohne sich jedoch vorzustellen.
»Sie ist hier, um zu beweisen, daß das Talent und, mehr noch, die Ideologie nicht im Widerspruch zu körperlicher Schönheit stehen müssen.«
»Das ist kein großer Trost für mich«, antwortete er und betrachtete aus den Augenwinkeln die außergewöhnliche Aufmachung seines Gesprächspartners.
»Ja, Sie sind sicherlich nicht mit Schönheit geschlagen ...« Er fuhr sich mit der Hand an den Bart und knetete ihn einen Augenblick. »Aber wenn es Ihnen hilft, werde ich

Ihnen bekennen, daß auch mir ein solches Axiom nicht viel sagt, denn ich gehe nur Beziehungen zu Prostituierten ein, und die, obgleich sie nicht immer über bestimmte Talente verfügen, entbehren im allgemeinen jeglicher ideologischen Ausbildung und, was letzten Endes weitaus schlechter ist, manchmal auch der körperlichen Schönheit.« Er reichte ihm die Hand. »Ich heiße Polibio.«

»Ich Benito«, stellte er sich vor und drückte die ihm dargereichte Hand.

»Dann sollten wir uns darauf einigen, daß ein Unglück selten allein kommt...«

Er lud ihn zu einem ersten Getränk ein und berichtete ihm ausführlich von dem komplizierten Vorgang der Einrichtung des Lokals. Im Laufe der folgenden halben Stunde betrat niemand diesen großen, trostlosen Raum. Die Flüsterstimme des Besitzers, die trotz der vollständigen Abwesenheit unerwünschter Zuhörer mehr und mehr erlosch, schürte in ihm das unbehagliche Gefühl zu stören, statt mit seinem Verzehr förderlich zu sein. Er sann schon nach irgendeiner eleganten Abschiedsfloskel, als seine Aufmerksamkeit auf ein weiteres Foto gelenkt wurde, einen kleinen Rahmen, der hinter der Theke neben einem Eisbehälter gegen ein Regal gelehnt war. Eine ebenfalls nackte Frau, aber nicht so schön wie die Redgrave, zeigte sich, im Profil, in einem großen Kognakschwenker. Sie hatte die Arme vor den Brüsten gekreuzt und die Spitzen ihrer gespreizten Finger berührten einander – es war die ungeschickt nachgestellte Pose einer thailändischen Tänzerin. Ihre gekreuzten Beine verdeckten ihr Geschlecht vollständig. Um den einen Knöchel trug sie ein schmales goldenes Kettchen, um ihre Stirn war ein buntes, geflochtenes Band geschlungen, das die Aufmerksamkeit des Betrachters mindestens so auf ihr Gesicht lenkte wie das übertriebene Lächeln, das ihr Pferdegebiß verzerrte. Er erkannte sie augenblicklich wieder, auch wenn er nur schwer glauben konnte, daß sie in so kurzer Zeit so sehr gealtert war; sie konnte doch kaum älter als dreißig sein.

»Kennen Sie sie?« fragte Polibio, der hinter der Theke stand, mit einem zweideutigen Lächeln.

»Tja ... ich weiß nicht.«

»Das ist meine Freundin.«

»Dann kenne ich sie natürlich nicht«, beeilte er sich, mit einer Geste der Entschuldigung abzustreiten. »Sie ähnelt nur meiner kleinen Schwester sehr.«

Sein Gesprächspartner lachte laut auf und stützte sich auf die Theke, um ihn direkt anzusehen; dabei sprach er seelenruhig weiter.

»Doch, Sie kennen sie, aber natürlich, und ich versichere Ihnen, daß es mir nicht das geringste ausmacht. Sie ist schon lange auf der Straße. Ein schlaues Mädchen, angenehm, mit Sinn für Humor. Sie arbeitet auf eigene Rechnung. Warum sollten Sie sie nicht kennen? Vielleicht sind Sie ihr sogar schon früher über den Weg gelaufen als ich? Ich unterhalte ausschließlich Beziehungen zu Prostituierten, das sagte ich ja bereits. Die übergroße Mehrheit aller anderen Kreaturen läßt mich absolut kalt; und dies ist eine der Freuden, die der Beruf mit sich bringt, und nicht einmal eine der unerquicklichsten.« Er legte eine kurze Pause ein und zeigte ihm eine tiefe Narbe, die seine rechte Augenbraue von einem Ende zum anderen durchzog. »Vielmehr veranlaßt sie mich zur Solidarität, glauben Sie mir ...«

Diese ausgefallene Rede machte ihm deutlich, daß dieses Individuum ihm gefiel, und das animierte ihn zu reden, ihm mehr oder weniger die Wahrheit zu erzählen, an die er sich dennoch nur langsam herantastete, stets auf der Hut vor einem unvorhergesehenen Wutausbruch.

»Ich habe sie eines Nachmittags auf der Straße aufgelesen, vor einigen Jahren, an einer Ecke der Capitán Haya ... Ich kam zufällig dort vorbei, ich meine, ich war nicht auf der Suche nach Frauen, und sie hielt mich mitten auf dem Bürgersteig an und fragte mich, ob ich einen Wagen hätte oder etwas Ähnliches... Es war ungewöhnlich, um diese Uhrzeit von einer Nutte angesprochen zu werden, also, ich meine... na ja, das, ich weiß nicht, es war ungefähr fünf oder sechs Uhr nachmittags, ich erinnere mich nicht mehr genau, aber selbstverständlich überraschte mich die Tageszeit ziemlich und ihre Aufmachung ebenfalls. Sie wirkte wie ein ganz gewöhnliches Mädchen, ich brauchte ziemlich lange, um sie einzuordnen, mir darüber klar zu werden, was sie wollte, deshalb fing ich an, mit ihr zu reden...«

»Und sind Sie sich einig geworden?«

»Also, hm, ja...«

»Und was dann?«

»Was, was dann?«

»Was wollten Sie noch sagen? Ihnen lag doch noch etwas auf der Zunge?«

»Nein, ganz bestimmt nicht...«

»Erzählen Sie es mir, ich bitte Sie darum! Es stört mich nicht im geringsten, es interessiert mich vielmehr, ich liebe es, die Geschichte der Leute, die mir gefallen, aufzurollen.«

»Also... was ich sagen wollte, ja, wir sind uns einig geworden, weil sie sehr billig war...«

»Na, sehen Sie! Das ist doch eine schöne Tugend, kein Fehler.«

»Wie können Sie nur so zynisch sein?« kam es blitzschnell aus ihm heraus, ohne daß er noch über seine Worte hätte nachdenken können. Das breite, unverhohlene Grinsen, mit dem Polibio ihn betrachtete, empfand er als leise Provokation.

»Es ist kein Zynismus, glauben Sie mir, das ist es bestimmt nicht... Sehen Sie, ich bin weder jung noch schön noch besonders potent, das heißt, das, was ihr gefällt, kann ich ihr nicht bieten, aber ich kann reden, mit ihr habe ich gelernt zu reden. Was Sie als Zynismus bezeichnen, ist nichts anderes als die erste Lektion, die erste Etappe in einem langen und schmerzhaften Lernprozeß. Am Anfang habe ich das auch nicht begriffen, aber sie, alle, die ich im Laufe meines Lebens kennengelernt habe, haben mich dasselbe gelehrt. Die wahre Errungenschaft ist die Schamlosigkeit der Worte, die Sprache ist das letzte Schlachtfeld. Es hört sich wie altkluges Geschwätz an, aber es stimmt, sie empfinden es so. Einen Unbekannten auf der Straße anzusprechen, ihn in ein Hotelzimmer abzuschleppen, sich auf ein Bett zu werfen und ihn zu empfangen, ohne auch nur zu wissen, wie er heißt, ist zweifelsohne sehr hart, aber auch einfach. Das Schwierige ist, es auszudrücken und sich selbst gegenüber so viel Liebe zu bewahren, daß man sich am nächsten Morgen aus dem Bett erheben, fünfzehn, sechzehn Stunden auf der Straße zubringen und sich nachts wieder ins Bett legen kann, ohne an irgendeiner Ecke einen abgeschleppt zu haben. Und das schafft man nur, wenn man zu sprechen lernt. Ich habe bei ihnen das Sprechen gelernt, das ist alles, der Preis gehört zu ihrer Arbeit wie andere Dinge auch.«

»Ja… Entschuldigen Sie, ich habe Sie nicht beleidigen wollen.«

»Keine Sorge. In Wirklichkeit gefällt mir der Gedanke, ich sei ein Zyniker, vielleicht nicht gerade auf diesem Gebiet, aber letztendlich ist das eine Bezeichnung, die mich nicht stört.«

»Es ist nur, als ich sie kennenlernte, es war nur ein Nachmittag, aber sie erzählte mir, daß sie einen Freund habe und heiraten wolle… Sie vermittelte mir das Gefühl, ich weiß nicht genau, jedenfalls, daß sie nicht ihr ganzes Leben auf der Straße zubringen würde. Sie vögelte nicht einmal mit ihren Kunden, das hat sie gleich klargestellt.«

»Hm. Tja, die Dinge haben sich sehr geändert… Warum bleiben Sie nicht noch ein Weilchen? Sie muß gleich kommen, wir können hier in der Nähe essen gehen. In Anbetracht des Gedränges hier habe ich beschlossen, den heutigen Abend nicht als offizielles Eröffnungsdatum zu deklarieren, es brächte mir Unglück, wir können es als eine Art Voreröffnung für intime Freunde ansehen und feiern gehen. Was meinen Sie?«

»Tja, ich weiß nicht...«

»Da kommt sie.« Benito blickte durch die sperrangelweit offenstehende Tür und sah nichts. »Ich meinte nur, ihr Wagen ist vorbeigefahren. Sie wird gleich hereinkommen. Wollen Sie unterdessen noch ein Getränk?«

Er nickte stumm. Als er sein Glas bereits zur Hälfte geleert hatte, fiel ihm ein, daß er, da er ja zu bleiben beschlossen hatte, ein entscheidendes Detail noch zu klären hatte. Ein wenig furchtsam fragte er: »Wie heißt sie?«

»Wer?«

»Ihre Freundin. Ich habe sie nie nach ihrem Namen gefragt.«

»Ach so. Nun, sie heißt Francisca, was keineswegs ein häßlicher Name ist, obwohl er sicherlich auf französisch besser klingt oder auf italienisch. Zu Hause wurde sie immer Paquita genannt. Aber sie besteht darauf, daß sie Samanza heißt, genau so, wie es klingt, mit Z. In diesem Punkt habe ich mich stets unnachgiebig gezeigt, und ich versuche nach wie vor, sie mit allen möglichen Mitteln davon zu überzeugen, daß sie von diesem albernen Anglizismus Abstand nehmen sollte, aber da ist nichts zu machen. Sie sollten sie besser Samanza nennen. Das wird sie glücklich machen.«

»Einverstanden.«

Aber er nannte sie bei gar keinem Namen, denn sie, immer noch eine Frau von undefinierbarem Äußeren, weder groß noch klein, weder häßlich noch hübsch, weder dick noch schlank, kam durch das Lokal, küßte ihren Freund, und als er selbst ihre Hand drückte, beantwortete sie seinen Gruß mit einem Stirnrunzeln,

einem offenkundigen Anzeichen von Verblüffung. »Kennen wir uns?«
Benito war verblüfft, wußte nicht, was er sagen sollte. Polibio kam ihm zu Hilfe.
»Ich glaube, ja. Er hat dich auf dem Foto wiedererkannt.«
»Ach so. Dann werden wir uns wohl kennen, obwohl ich mich nicht erinnere ...«
»Vielleicht ist es auch ein Irrtum meinerseits«, unterbrach Benito sie und ignorierte vorsichtshalber Polibios kurzen Lachanfall.
»Nein, wer weiß, vielleicht haben wir uns auch auf einer Party gesehen oder an einem Ort, wo viele Leute waren. Ich habe ein sehr schlechtes Gedächtnis für Gesichter.«
»Ich auch«, gab er schnell zu, überzeugt davon, daß sie sich nicht an ihn erinnerte. Es wäre auch nicht logisch gewesen.
Sie gingen ein paar Schritte auf die Tür zu, während Polibio aufräumte. Als sie an der Türschwelle angekommen waren, stieß sie ihn in die Rippen und blickte ihn lächelnd an. Sie wußte wohl, daß der Verkehrslärm alles übertönte.
»Und wie geht es dir denn jetzt so, alter Junge?«
Er sah sie verdutzt an.
»Ja, aber, du erinnerst dich an mich?«
»Aber klar doch erinnere ich mich. Das ist auch kein Zufall, ich habe nur wenige derart grandiose Niederlagen erlebt wie mit dir.«
»Ach ...«
»Aber du brauchst jetzt nicht rot zu werden, alter Junge, das macht doch nichts ...«
»Nein, ich werde ja auch nicht rot. Und du, wie geht es dir?«
»Na, du siehst doch, nicht so gut, wie man sagt. Wenigstens habe ich Poli ... Na ja, man schlägt sich durch.«
»Und dieser Freund, den du hattest? Hast du ihn verlassen?«

»Ich? Dieses alte Miststück, ein Typ zum Abgewöhnen. Nein, mein Sohn, ich habe etwas weitaus Schlimmeres gemacht. Erinnerst du dich an diesen Arbeiterpriester, von dem ich dir erzählt habe?«
»Der, der deinem Vater das Guernicabild geschenkt hat?«
»Genau. Na ja, ich habe mich mit ihm eingelassen, so wahr ich hier stehe, mir fiel nichts Gescheiteres ein, als mich mit ihm einzulassen, der Teufel soll ihn holen... Aber klar, so, wie der mich anstierte. Der ist fast vergangen dabei, und auf dem Flur ist er mir nachgestiegen, hat mich gegen die Wand gepreßt und mir Sachen gesagt, daß ich Gänsehaut bekam... Die Haare standen mir zu Berge, bei dem, was der Typ mir gesagt hat, ich schwöre dir, diese Sätze hatte der bestimmt aus irgendeinem Buch, denn manchmal waren es Reime und so, kurz und gut, was willst du also, er hat mich den ganzen Tag heißgemacht, und, klar, zum Schluß habe ich mich mit ihm eingelassen, und alles ging zum Teufel, denn stoßen, was man so stoßen nennt, das konnte er wie kein zweiter, aber dann überfiel ihn die Krise...«
»Die Krise...? Religiös, meinst du?«
»Ach, Junge, was weiß ich denn, was das für eine Krise war! Jedenfalls sagte er, ein wahrer Christ wie er könne nicht zulassen, daß ein Mädchen wie ich ein Leben führe, wie ich es tat. Und ich sagte ihm, na gut, heirate mich, und Schluß damit, aber da hat er es mit der Angst bekommen, verstehst du? Und er behauptete, das sei nicht die Lösung, denn ich sei eigentlich ein Opfer der kapitalistischen Ausbeutung, und das sei die Wurzel des Problems, und so ging das zwischen uns, vom wahrhaften Christentum zum rohen Kapitalismus, alle lieben Tage dasselbe, aber mir im Bett Predigten zu halten, das war es, was ihm gefiel, verstehst du?«
»Natürlich, so jemand, den sollte man umbringen...«
»Genau, du sagst es, das hätte ich auch tun sollen, denn mich zu heiraten, nein, dazu war er nicht Manns genug,

aber um mir das Leben zu versauen, ja, dazu ja, um zu meinem Vater zu gehen und alles auszuposaunen, so daß ich schließlich sehen konnte, wo ich abblieb. Er schrieb mir einen Brief. Sein Gewissen erlaube es ihm nicht, weiterhin zu schweigen, die Gewissensbisse ließen ihn nicht mehr schlafen. Tja, das hat man gesehen. Wie findest du das, Benito, hä?«
»Reizend.«
»Kurz und gut, es wird welche geben, die schlimmer dran sind als wir...«
Er schwieg, wußte nicht, was er sagen sollte, und hoffte nur, daß die Tränen, die von Zeit zu Zeit in ihren Augen schimmerten, nicht zu fließen begännen. Er spürte, daß er etwas auf ihre bitteren Worte erwidern sollte.
»Als du gegangen warst, habe ich das Guernicabild von der Wand abgenommen und in den Müll geworfen«, sagte er schließlich.
Sie blickte ihn an und lachte.
»Na also, das wurde ja auch Zeit.«
In diesem Moment war das scheppernde Geräusch von Metall zu hören. Polibio ließ die Rolläden herunter. Als er sich zu ihnen gesellte, hängte sich Paquita an seinen Arm und berichtete, Benito und sie hätten sich daran erinnert, wann und wie sie sich kennengelernt hätten. Dann schlug sie ein chinesisches Restaurant vor. Polibio protestierte ein wenig, ließ sich aber schließlich darauf ein. Sie aßen vorzüglich und lachten viel. Benito machte es sich zur Gewohnheit, häufig »Zum Unbeirrbaren« zu gehen. Über eine lange Zeitspanne sollte es der Schauplatz seiner Nächte sein.
»Weißt du was, Alter?« würde er Polibio eines Tages, als das zwischen ihnen gerade erst entstandene Vertrauen noch ein zartes Pflänzchen war, beichten. »Im Grunde ärgert es mich zutiefst, daß ich mich mit dir befreundet habe. Das mit dem Weisen als Barbesitzer ist ja nicht neu. Ich weiß nicht, ich habe das Gefühl, mein Leben ist dabei,

sich in einen Roman zu verwandeln, und das behagt mir nicht ...«

Polibio, der äußerst widerwillig mit einem schmutzigen Lappen über den dreckigen Marmortresen wischte, nutzte die Gelegenheit, um seine Tätigkeit sofort abzubrechen. Den Lappen über der Schulter, sah er ihn an.

»Das verstehe ich, sieh mal ... Ich wage jedoch, zu bedenken zu geben, daß du möglicherweise das Problem aus einer falschen Perspektive betrachtest. Versuch einmal, die Tradition unserer Nationalliteratur zu vergessen, und stell dir beispielsweise vor, du wärest der Held eines deutschen Romans. Mit Sicherheit würdest du das besser ertragen, in Deutschland gibt es weniger Bars, und die Leute arbeiten gern.«

Damit schien das Thema für ihn erledigt, aber nur wenige Minuten später kam er mit einer vollen Flasche und zwei leeren Gläsern an seinen Tisch, und beim Einschenken sprach er weiter.

»Zu deiner Beruhigung werde ich dir des weiteren bekennen, daß ich keineswegs ein Weiser bin. Ich habe nur Philosophie studiert, ein ausgezeichnetes Mittel, um die Zeit zu vergeuden. Ich vergeude mit Begeisterung meine Zeit. Darum habe ich auch eine Bar. Wenn irgend jemand mit Feingefühl in jener melancholischen Festung von irredentistischen Thomisten fähig gewesen wäre, sich wenigstens für das Thema zu interessieren, das ich für meine Doktorarbeit vorgeschlagen hatte, eine vergleichende Studie über das Sexualleben der großen europäischen Philosophen des 19. Jahrhunderts und darüber, wie sich dieses auf ihre jeweiligen Gedankensysteme ausgewirkt hat – du weißt schon, die Schiene der klassischen Polemik, daß Marx gut gevögelt hat und Lenin schlecht und es dementsprechend der Arbeiterbewegung ergangen ist –, dann wäre ich höchstwahrscheinlich immer noch dort, mit dunklem Anzug und Krawatte, und würde die Dämonen der Dunkelheit und des Aberglaubens von

einer rigoros innovativen Position aus bekämpfen. Aber niemand wollte meine Arbeit absegnen, und ich verzichtete aus zwei Gründen darauf, neue Hypothesen zu formulieren. Erstens ist die Entwicklung von Projekten eine Arbeit, die mich unendlich ermüdet. Und zweitens bedrückte mich die Gewißheit, daß ich nie wieder ein anderes, dermaßen leicht zu bewältigendes Thema finden würde, denn, unter uns gesagt, ob nun gut oder schlecht, die Philosophen vögeln grundsätzlich wenig, und im 19. Jahrhundert noch viel weniger. Folglich habe ich mich auf meine intellektuelle Würde zurückgezogen und den schmerzensreichen Weg des Dissidententums eingeschlagen, der mich auf demselben verworrenen, steinigen Wege wie viele andere an den Busen des nationalen Gaststättengewerbes geführt hat – das gerade so viel abwirft, daß ich mein Auskommen habe, ohne daß meine Gesundheit aufgrund exzessiver Anstrengung angegriffen wird, was auf jeden Fall zu bedauern wäre ...«
Da erst erhob er sich, um ans Telefon zu gehen, das zum zweiten Mal derart eindringlich klingelte, daß beide sofort, ohne einen Blick auszutauschen, Polibios Mutter an der Leitung vermuteten. Benito wußte von ihr nicht mehr, als daß es sie gab, was sich in den »Ja, Mama«, »Nein, Mama«, »Besser ein andermal, Mama« und abschließend dem unveränderlichen »Machs gut, Mama« offenbarte, und daß sie regelmäßig die Harmonie ihrer Abende störte. Während er sich fragte, wie jene Frau wohl war – hübsch oder häßlich, jung oder alt, reich oder arm –, die einen so brillanten Plauderer wie seinen Freund an die Grenze der Sprachlosigkeit zu treiben vermochte, wurde ihm bewußt, daß die Vertraulichkeiten, die Polibio ihm gegenüber bekundet hatte, in Wirklichkeit der einzige objektive Anhaltspunkt waren, auf den er zurückgreifen konnte, wenn er den Versuch unternahm, Polibios Leben zu begreifen. Darum beschloß er, noch bevor Polibio sich wieder hingesetzt hatte und lange

überlegen konnte, ihn mit einer Frage zu überfallen.
»Hör mal, wie heißt du?«
»Polibio.« Neben der im Grunde erwarteten Antwort empfing er einen erstaunten Blick.
»Nein, ich meine es ernst, deinen wirklichen Namen will ich wissen, komm schon. Polibio war nicht einmal ein Philosoph, er war ein Geschichtsschreiber, ein halber Schriftsteller, niederes Volk...«
Ein heftiger Lachanfall verzerrte einen Augenblick lang Polibios Gesicht, das sich ihm mit einem ironischen Blick näherte. Tiefe Furchen zeigten sich rund um die unendlich hellen, klaren, grauen Augen, die Adlernase krauste sich in Falten, deren feine, weiße Linien kaum zu sehen waren, wenn er nicht lachte. Zum ersten Mal fragte Benito sich neugierig nach seinem Alter und schätzte ihn um die Fünfundvierzig, ungefähr zehn Jahre älter als sich selbst.
»Ich heiße Francisco de Borja, nach dem Heiligen des Tages. Alles andere ist eine lange Geschichte und könnte eine dieser wunderschönen traurigen Schlachten sein, von denen die Transvestiten erzählen. Im Alter von neunzehn Jahren beschloß ich, den Krieg gegen meinen Namen aufzunehmen. Ich erwartete nichts Außergewöhnliches, ich beabsichtigte nicht einmal, meinen Personalausweis ändern zu lassen. Ich bat nur schlicht und einfach alle darum, mich in Zukunft Paco zu nennen. Meine Mutter war nicht im entferntesten bereit, sich auf so eine Änderung einzulassen. Sie nannte mich von klein auf an Borja, Borjita. Ich vermute mal, um öffentlich den abgestandenen katholischen Glauben einer seit Gedenken konservativen Familie zu betonen, und das, wo sie doch den Krieg gewonnen haben, da wäre doch soviel Prahlerei gar nicht mehr notwendig gewesen, meine ich jedenfalls. Auf alle Fälle lehnte ich es ab, mich weiterhin so zu nennen. Borja ist ein Tuntenname, deshalb ist er wahrscheinlich jetzt so in Mode. Mir gelang es schließ-

lich, meine zögerliche Haltung zu überwinden. Ich nannte mich nicht mehr Paco, was mir im Grunde auch überhaupt nicht gefallen hatte, und nahm eine radikale Metamorphose in Angriff. Aristarchos gefiel mir ganz gut, und ich nahm diesen Namen für eine Weile an. Aber kein Mädchen sprach ihn richtig aus, sie nannten mich Arisparchos, was genaugenommen nicht sehr schmeichelhaft ist. Es war nicht einfach. Um die Wahrheit zu sagen, habe ich mich an Platon nicht heran gewagt, an Aristoteles noch viel weniger, das hätte ich nicht einmal auf dem Sterbebett gewagt; Prinzipien sind nun einmal Prinzipien. Heraklit klingt zu stark nach Herakles und seinem lateinischen Equivalent Herkules, dem Namen eines muskulösen Helden. Und man sollte stets im Auge behalten, daß die Menschen roh sind; mit Epikur geschah etwas Ähnliches, es hat mich doch sehr erzürnt festzustellen, daß der Arme in der öffentlichen Meinung nichts anderes als einen Abklatsch des Marquis de Sade, nur in kurzer Tunica, darstellt. Parmenides ist lang und häßlich, Pythagoras zu hochgestochen, hat einen schlechten Ruf, ist zu einem offiziellen Synomym für Streber geworden, und die Pythagoräer strebten nicht, sondern trachteten nach der Weisheit... Letztendlich habe ich die Philosophen verworfen und versuchte mein Glück mit den Polygraphen. Als ich Polibio in Erwägung zog, bekannte mir schließlich die Schwester eines Kommilitonen, die sowohl wegen ihrer Freizügigkeit als auch wegen ihrer fortschrittlichen Einstellung gefeiert wurde, während sie ihren Körper, nicht aber ihren Geist, dem Gewicht meines Körpers unterwarf, ich hätte sie niemals getäuscht, sie vermute schon seit längerem, daß mein wirklicher Name Polikarp sei. Als ich wieder Herr meiner Gedanken war, beschloß ich, daß die Vorsehung durch ihre Lippen gesprochen hatte, und nahm den Namen Polibio als ein Zeichen des Einverständnisses mit meinem Schicksal an. Bis heute. Alles in allem ist es mir nicht schlecht damit ergangen.«

»Aber… warum Griechen?« Sein Lächeln prallte an dem Ausdruck absoluten Erstaunens, den Polibios Gesicht angenommen hatte, ab, und er beeilte sich, es besser zu erklären. »Ich meine, warum ausschließlich Griechen?«
»Wie warum?« Er nahm eine leichte, vielleicht nur vorgetäuschte Veränderung in der Stimme des auf einmal ernsten Polibios wahr. »Und wo, meinst du, hätte ich nach einem meiner würdigen Namen suchen sollen? Im Verzeichnis der polnischen Heiligennamen?«
»Nein, natürlich nicht, du hast recht… Jetzt, nachdem du mir das alles erklärt hast, glaube ich, daß du deines Namens zur Genüge würdig bist. Wirklich, in dieser Aufmachung wirkst du wie ein alter Grieche…«
Er war glücklich, als er das breite Lächeln betrachtete, das nun das Gesicht eines ostjüdischen Händlers aus Warschau mit der dunklen Haut eines Bauern aus Jaén, dem gelblichen Weiß der Augen eines Tuareg unter dem zerzausten, graumelierten Haar eines Bettlers aus Lahore und mit dem allgemeinen Aussehen eines maoistischen Guerilleros aus Peru erleuchtete.
»Ja, das stimmt. Ich sehe aus wie ein griechischer Philosoph. Ich muß dir gestehen, daß mir das schon oft gesagt worden ist…«

Seit jenem Tag hatte er nichts weiter über Polibios Leben wissen wollen. Aber an diesem Nachmittag, während die überraschend aufgetauchte Nymphe im Schottenrock sie beide vor dem Rest der Sterblichen auszeichnete, indem sie, nach einem reizenden, kleinen Schwanken, geruhte, die ersehnte Grenze der fremden Kniekehlen zu überwinden, beglückwünschte er sich dazu, eine Verbindung zwischen seinem Freund, diesem messerscharfen Geist, der die Dinge in aller Ruhe mit seiner beißenden Ironie zersetzte, und der klassischen Welt hergestellt zu haben, in die dieser hätte geboren werden sollen – auch wenn die Verbindung lediglich in dem Appetit bestanden hätte, der

in beiden, in den alten Griechen, weise durch Recht und Geburt, und in ihm, weise zur Unzeit, Grieche aus Wunsch und Berufung, durch schlichte Oliven geweckt wurde.
Die kleine Göttin Artemis, die in sich die noch nicht erblühte Aphrodite barg, wie es Polibio eines Tages definieren sollte, verfehlte unter viel Gekreische einen Sprung und zappelte mit dem rechten Bein in der Luft, ohne das Gummi zu erwischen. Beiden entwich einstimmig ein atemloser Seufzer. Sie setzte sich auf die Bordsteinkante, zog sich die Kniestrümpfe hoch, umschlang mit beiden Armen ihre Knie und wartete ab, bis sie wieder an der Reihe war.
»Wie viele spielen eigentlich?« fragte Polibio.
»Keine Ahnung, ich habe nicht darauf geachtet, es müssen aber mindestens sechs oder sieben sein. Hier läuft ein ganzer Haufen von ihnen herum...«
»Wieder einmal muß man auf die Barmherzigkeit der Götter vertrauen... Weißt du, wer sie ist?«
»Sie?« Mit der aufgerollten Zeitung deutete Benito auf die Kleine und erhielt ein Nicken als Antwort. »Nein, ich kenne sie nicht.«
»Ihr seid beinahe Nachbarn.« Polibio räkelte sich in dem metallenen Klappstuhl und stützte die Füße auf die Querbalken des Tisches. Benito stellte sich auf eine längere Ausführung ein.
»Sie ist die Tochter der Señora Perpe, dieser Fetten, die immer so kreischt, du mußt sie schon einmal gesehen haben, sie ist die Pförtnerin des Hauses, das gerade renoviert worden ist, dieses Haus, dessen Fassade man lila mit hellgelben Simsen getüncht hat. Möge Gott der himmlische Hüter dort oben ständig die Modernen mit seinen Werken verwechseln. Es muß direkt gegenüber von deinem Haus liegen, nicht?«
»Meine Wohnung geht zum Konventgarten hinaus...«
»Na, ist egal, da jedenfalls ist es. Erfahren, wie du in den

sündhaften Kriterien bist, nach denen sie ihre Rehabilitierung in Angriff genommen haben, ist es unmöglich, daß du in Zukunft nicht auf das Haus aufmerksam wirst. Jedenfalls sind beide, Mutter und Tochter, wenn auch besonders letztere, ein bemerkenswertes Beispiel für die pittoreske und alte These, die einen Ursache-Wirkung-Zusammenhang zwischen den Eigennamen der menschlichen Wesen und ihrem intellektuellen, ethischen und sozialen Verhalten herstellt, wobei wir selbstverständlich solche wie mich außer acht lassen, die wir in der verspäteten Absicht, uns für die ungerechte Auferlegung eines absolut verfehlten Namens zu entschädigen, in eine Krise gestürzt sind. Im Grunde muß man auch Paquita, die ihre Namen wie die Unterwäsche wechselt, ausnehmen. Kannst du mir folgen? Gut. Auch wenn es heutzutage unglaublich scheinen mag, fand dieses absurde Dogma viele Anhänger unter den europäischen Intellektuellen des ersten Drittels unseres Jahrhunderts; es waren schwachsinnige Gemüter, besessen von der Eugenik bis hin zur Übernahme der theoretischen Prinzipien des Nazismus, Geisteskranke wie die Mutter von Hildegart, dem spanischen Wunderkind, das erst mit eineinhalb Jahren beim Standesamt eingetragen wurde, wie du wohl weißt... Wußtest du nicht? Egal. Gut, also eine zufällig von der Señora Perpe und einem anonymen Beamten der Regierung angeführte Gruppe hat, ungeachtet der Meinung der internationalen Wissenschaftsgemeinde und ohne sich dessen überhaupt bewußt zu sein, was offensichtlich um so verdienstvoller ist, eine ähnliche Heldentat vollbracht; denn wenn es Hildegart gelang – ohne daß es Klagen gegeben hätte –, ein ›Garten der Weisheit‹ zu sein, so verleiht diese hier ihrem Namen zweifelsohne mehr als genug Ehre.«

»Und welcher ist das?«

»Was?«

»Wie heißt sie?«

Polibio blickte ihn schmunzelnd an, bevor er mit leiser, verschwörerischer Stimme sagte:
»María der immerwährenden Empfängnis.«
»Nein...!«
»Doch.«
»Aber, das ist doch nicht möglich...« Benito beantwortete Polibios vertrauliche Information mit einer kleinen Komödie, indem er den Kopf zwischen den Schultern verbarg, den Körper vornüber warf und mit den Fäusten auf den Tisch trommelte. »Hör auf, bitte! Das ertrage ich nicht, ich schwöre, ich sterbe gleich, ich sterbe hier, auf der Stelle, Gnade...«
Das Gejohle und Gelächter, mit dem Polibio darauf reagierte, weckte die Aufmerksamkeit einiger reiferer Damen, die am Nebentisch saßen. Gleichgültig gegenüber den Reaktionen seiner mutmaßlichen Gäste, sprach Polibio weiter und umklammerte eisern Benitos linken Ellbogen, damit der ihn wieder ansah. Dann setzte er in feierlichem Tonfall seine Rede fort.
»Doch, doch ich spreche weiter, und warte ab, denn das Beste habe ich dir noch gar nicht erzählt. Die Mutter der Ursache unserer derzeit schlaflosen Nächte beschwerte sich mir gegenüber vor kurzem über den Angestellten des Standesamtes... Und was wollen Sie?«
Eine der Damen vom Nebentisch stand neben ihm, ein wenig verunsichert angesichts der barschen Frage.
»Zwei Spiegeleier und eine Portion Pommes frites.«
»Dann gehen Sie an den Tresen, gute Frau! Oder haben Sie noch nicht bemerkt, daß ich gerade eine private Unterredung mit einem engen Freund führe?«
Die Frau entfernte sich mit langsamen Schritten und drehte sich dabei nach ihnen um.
»Gut, und dann also...«
»Entschuldige, aber wer ist denn am Tresen?« Benitos Zwischenfrage wurde mit einem müden Schnauben aufgenommen.

»Keiner, wer sollte denn da sein? Bestenfalls ist sie verärgert, und sie hauen endlich ab... Nun laß mich mal zu Ende erzählen... Also, der Standesbeamte irrte sich bei der Niederschrift des Namens, und äußerst weise verstümmelte er die schmachvolle Bezeichnung ›Unbefleckte‹, so daß unser Engel in Wirklichkeit nur María der befleckten Empfängnis heißt, aus Unterlassung, und dazu ›immerwährend‹, ist das nicht schön?« Er nickte grinsend. Je weiter Polibios Erzählung gedieh, desto mehr mußte er lachen. »Und um bei so einer ausgefallenen Folge von Titulierungen konsequent zu bleiben – du wirst nicht darauf kommen, wie sich diese Dirne nennen läßt. Nicht Conchita, was eine einer ehrbaren Frau würdige Abkürzung wäre, auch nicht Concha, noch schlichter, auch nicht Conce, was an einen nicht gänzlich unangenehmen Geruch nach Äpfeln und selbstgebackenem Brot denken läßt, auch nicht Concepción, der vollständige Name, ernster Schmuck einer möglicherweise angehenden Novizin, nein, nichts davon, keinesfalls. Ihr gefällt es, sich Conchi rufen zu lassen. Conchi! Klingelt es da nicht bei dir, Benito? Zeugt nicht solch eine Wahl davon, daß sie sich, bewußt, dazu berufen fühlt, die Herzen der zukünftigen Männer zu brechen? Verletzt sie uns nicht schon jetzt zutiefst mit ihrer Manie, so schlecht Gummitwist zu spielen, daß wir ihre Schenkel nie zu Gesicht bekommen? Denk mal darüber nach, Alter...«
»Selbstverständlich, Sie täten besser daran zu arbeiten, statt den Mädchen hinterherzusehen wie ein paar alte Lüstlinge, denn nichts anderes sind Sie...«
»Und was wollen Sie, meine Dame?« Polibio blickte starr auf die Frau, die er zuvor an den Tresen geschickt hatte, eine errötete Fünfzigjährige, die sich nun den Mantel zuknöpfte und sich dabei anstrengte, mit all ihren Gesten Verachtung kundzutun. »In unserem Alter und in unserer Lage brauchen wir irgendeine Entspannung... Oder glauben Sie etwa, wir geben unseren letzten Pfennig auf

der Liege irgendeines Psychoanalytikers vom Río de la Plata aus? Was für ein Mangel an Mitgefühl!«

So informierte er sich über alles, was er nur über sie in Erfahrung bringen mußte, ihren Namen, die Uniform ihrer Schule, das Haus, in dem sie lebte. Und eine Zeitlang verhielt er sich vernünftig, dem alten, unfehlbaren Gesetz gehorchend, demzufolge es besser war, es nicht zu versuchen, demzufolge es besser wäre, sie nicht kennenzulernen, sie nur anzusehen, ihr zu folgen, unauffällig ihrer Mutter zu schmeicheln, wenn er ihr auf dem Markt begegnete, sorgfältig mit Polibio ihren Schulalltag zu rekonstruieren, systematisch ihr Leben unter die Lupe zu nehmen, um haargenau die Stunden, Minuten und Sekunden zu berechnen, in denen sie die Straße überquerte, und ihr zufällig zwei-, viermal am Tag zu begegnen. Drei Jahre lang war alles gutgegangen, etwas mehr als drei Jahre, bis zu jenem unheilvollen, noch nicht lange zurückliegenden Morgen im Bäckerladen, als das Kartenhaus mit einem Schlag in sich zusammenfiel, dem leisesten Druck der Wirklichkeit nicht standhalten konnte. Obwohl er es wollte, konnte er sein Leben nicht von der monströsen Ebene loslösen. Seither war noch gar nicht viel Zeit verstrichen, nur ein Sommer, sie aber war verschwunden. Ihre erste Berufung ist es, die Männer schlecht zu behandeln, hatte Polibio ihn gewarnt. Sie läßt sich gern Conchi nennen. Jetzt war es egal, wie sie sich nannte, denn er sah sie nicht einmal. Sie studiert wohl in einem Institut in der Nähe von Sol, redete er sich ein, oder sie wird nach all dem doch zu einer höheren Schule gegangen sein; unmöglich, ohne jeglichen Anhaltspunkt einen neuen Stundenplan zu entwerfen, zwecklos, am Alten festzuhalten, sich jeden Tag selbst zu betrügen, sich vergebens zu festgelegten Stunden einen Vorwand zu liefern, auf die Straße hinunterzugehen, um sie nicht zu sehen, um nicht zu begreifen, um sie nicht zu verlieren.

Er hatte schon beschlossen, sie um jeden Preis wiederzugewinnen, den neuen Urlaubstag der freudigen und bitteren Alchimie zu weihen, die sie ihm vielleicht, zumindest teilweise, noch einmal geben könnte, als eine unbekannte Frau an ihm vorbeiging und nur wenige Meter entfernt vor dem Schaufenster einer Eisenwarenhandlung stehenblieb. Er betrachtete sie und erblickte ziemlich breite Hüften unter den zerfransten Spitzen einer dicken, dunklen Haarmähne, glänzend und gewellt wie das Haar einer Heiligen von Berruguete, eines aus der Mode gekommenen Modells. Augenscheinlich betrachtete sie mit großem Interesse die hinter dem Glas, in dem sie sich nicht spiegelte, ausgestellten Objekte; er aber konnte nicht das kleinste Detail ihres Gesichtes erhaschen, obwohl sie hartnäckig im Profil zu ihm stehenblieb. Ihre Mähne fiel über die linke Schulter, verdeckte sie, bewegte sich kaum, als sie den vergoldeten Handlauf, der quer über die mit Holz eingefaßte Glastür verlief, aufdrückte. Er war neugierig und ging ihr nach. Er stellte sich genau dorthin, wo sie eben noch gestanden hatte, vor ein geschmackloses Stilleben von Türklinken und Schrauben, über das sich nun die Mähne erneut beugte. Er konnte sehen, wie sie einen Spritzbeutel aus dem halben Dutzend, das der Verkäufer auf dem Ladentisch aufgebaut hatte, wählte und in die Hand nahm. Einen Spritzbeutel füllt man mit gezuckerter Sahne, um Torten zu dekorieren. Sie steckte eine Hand in die Tüte aus durchlässigem Stoff. Er vermutete, daß sie dagegen drückte, um die Haltbarkeit zu testen. Dann ging sie rechts hinüber zur Kasse, zahlte höchstwahrscheinlich und drehte sich schließlich um, ein kleines Paket zwischen den Zähnen. Er konnte ihr Gesicht noch immer nicht sehen, es war jetzt über einen riesigen Beutel gebeugt, an dessen Reißverschluß sie mit einer Hand mühsam herumfummelte, denn zwischen dem anderen Arm und ihrem Körper hielt sie mit Müh und Not eine große Zeichenmappe, die in wassergrünes Papier eingeschlagen war. Wie die Polizisten in Filmen stieß sie mit der Schulter die Tür auf, und beim Hinausgehen schaffte sie es endlich, den Reißverschluß aufzuziehen, und indem sie den Beutel dicht unter ihrem Mund hielt, spuckte sie den gerade getätigten Kauf hinein. In dem braunen Papier hatten sich ein paar ihrer Haare verfangen, und als sie sich vorbeugte, erhaschte er einen Blick auf ihre kleine Nasenspitze. Frauen sollten kleine Nasen haben, dachte er. Langes Haar ist aus der Mode, aber Maria Magdalena wusch die Füße Jesu Christi und trocknete sie mit ihrem Haar, und badete dann ihr langes Haar in duftenden Ölen, um seine Haut zu parfümieren. Sie wandte sich, als sie neben ihm stand, rasch um und ging ein paar Schritte, entfernte sich von ihm. Mitten auf dem Bürgersteig blieb sie dann stehen, lehnte die Mappe an eines ihrer Beine, ließ den Beutel zu Boden fallen, tauchte beide Hände in ihr Haar, um es nach hinten zu werfen, und legte ihr Gesicht frei, das er, in ihrem Rücken, nicht sehen konnte. Sie nahm ihre umfangreichen Besitztümer wieder auf und ging hastig weiter, setzte ihre Füße energisch voreinander und erzeugte dabei einen seltsamen optischen Effekt, den jemals zuvor gesehen zu haben er sich nicht erinnern konnte. Sie trug einen langen Rock, marineblauer Grund, bedruckt mit farbigen Blumen, so altmodisch wie der Rest, wie alles an ihr war; es sah nach billiger Kleidung aus. Vielleicht lag es einfach nur daran, daß der Rock schlecht gekürzt war, daß der Saum den Umrissen der untersten Blumen einen irrtümlichen, falschen, unnatürlichen Schrägschnitt verlieh, so daß diese verschwanden, wenn sich der Stoff an ihre Haut schmiegte, und wieder erschienen, direkt am Rocksaum, wenn sie das andere Bein vorsetzte. Niemals zuvor hatte er etwas Ähnliches gesehen, es schien wie Magie, Farbe, die sich in der Dunkelheit auflöste, um gleich darauf an derselben Stelle wieder zu leuchten. Sie hatte einen seltsamen Gang, diese Frau, die ihm jetzt mit schnellen Schritten davoneilte, sich schon dicht an der Ecke San Andrés befand. Wenn sie um die Ecke biegt, werde ich sie aus dem Blick verlieren, und da bemerkte er, daß er sich bereits in Bewegung gesetzt hatte, hinter ihr herging, ohne es beabsichtigt zu haben, und er dachte wieder daran, daß Conchi nicht erschienen war, daß er Urlaub und nichts Besseres zu tun hatte. Er beschleunigte seinen Schritt.

Sie fuhr wahrscheinlich oft mit der Metro. Als glückliche Besitzerin einer dieser farbigen Karten, die wie verschämte Platzausweise den wahren Bürger vom Pöbel unterscheiden, der sich weigert, zum Glanz der öffentlichen Transportmittel beizutragen, wurde ihr augenblicklich die Gnade zuteil, die Metallschranke zu passieren. Gleich darauf verlor sie sich in einem kleinen Labyrinth von Gängen, weit hinter dem Spalier der Metallsperren, die die Bahnhofsvorhalle zu einem modernen Viehbetrieb mit maschineller Abfertigung gemacht hatten. Er, ein städtischer Beamter, bemühte sich, immer zu Fuß zu gehen, und bei den seltenen Gelegenheiten, bei denen er sich gezwungen sah, das Zentrum zu verlassen, griff er stets auf Taxis zurück – um das Verkehrschaos zu fördern und etwas von den Taxifahrern zu lernen, die häufig interessante Geschichten zu erzählen haben. Außerdem hatte er kein Kleingeld bei sich. Die Kassiererin zahlte es ihm hinterhältig heim, indem sie ihn für seinen großen Schein mit der Rückgabe eines Haufens neuer Münzen strafte, winziger silberner Scheiben, die sie eine nach der anderen auf den Schalter häufte und mit lauter Stimme seelenruhig abzählte, um seine Nerven endgültig zu zerreißen. Jeder andere hätte gemerkt, wie nervös er war, wie eilig er es hatte.

Endlich mit einer einstweiligen Erlaubnis versehen, jenes zweifelhafte Paradies zu betreten, entfernte er sich mit Riesenschritten von der Kasse und lief den Gang zu seiner Rechten entlang, bis er unversehens zu einer Gabelung gelangte. Er blieb stehen, dachte an gar nichts, bis er das Geräusch eines Zuges vernahm, der an dem Bahnsteig zu seiner Linken einfuhr. In diese Richtung stürzte er die Treppe hinauf und vertraute darauf, daß er noch über ein paar Minuten Spielraum verfügte, um den möglichen Fehler korrigieren zu können. Aber er sah sie, ihr Haar und ihre grüne Mappe, weit hinten am Bahnsteig, wie sie sich gerade inmitten einer wildgewordenen Menschenmenge zwischen die Türen des ersten Wagens quetschte. Zu laufen war zwecklos, also schubste auch er diejenigen, die vor ihm standen, gnadenlos und zwängte sich schließlich in einen der Wagen hinein. Geschickt glitt er zwischen den dicht gedrängten Körpern hindurch, bis er einen Platz direkt vor der Tür erobert hatte. An der nächsten Haltestelle stieg er als erster aus und lief den Bahnsteig entlang, wobei er darauf achtete, nicht zu sehr zu hetzen, denn schließlich könnte sie ihn von einem Fenster aus sehen, und sein Keuchen würde ihn überdies als einen Mann mit schwacher Kondition verraten. Unmittelbar bevor sich die Türen schlossen, stieg er in den ersten Wagen ein. Die Maschine fuhr an und nahm ihren schwerfälligen, rhythmischen Gesang wieder auf. Einen Augenblick heftete er seinen Blick auf den Boden, dann hob er den Kopf und sah das listige Mädchen dort, in der hintersten Reihe, sitzen.

Er beschloß, daß sie ihm allein schon deshalb gut gefiel, weil sie das Kunststück vollbracht hatte, an einem Wochentag, zu dieser Uhrzeit, in der Linie Eins einen Sitzplatz zu erwischen. An der nächsten Haltestelle aber begann er zu zweifeln, war beinahe entschlossen, seine Meinung zu ändern, sogar, die sinnlose Verfolgung aufzugeben, weil der Kopf dieser Frau starr nach unten gerich-

tet blieb, das kleine, spitze Kinn auf die Brust gedrückt, die unsichtbaren Augen auf den Schoß geheftet; das Haar ergoß sich über ihre Wangen, ihren Hals, ihre Schultern, bedeckte alles wie eine verwegene, ganz ihrer Wirksamkeit vertrauende Maske. Er unternahm eine letzte Anstrengung, versuchte, sich in sie hineinzuversetzen, ihre Haltung vollkommen nachzuempfinden, ihre geheimnisvolle Konzentration, und kam zu dem Schluß, daß sie möglicherweise las, vertieft war in die dramatischen Erlebnisse der kleinen Floristin, die jeden Tag eine rote Rose an einen geheimnisvollen Herrn mit grauen Schläfen verkaufte, der so distinguiert, so elegant war, trotz seiner Ringe unter den traurigen Augen, daß sie es nicht einmal wagte, sich vorzustellen, daß niemand ihn liebte, daß er, verheiratet mit einer bösen, unfruchtbaren und kranken Frau, im stillen nur sie liebte, so wie sie ihn liebte, ohne daß sie jedoch zu hoffen wagte, daß genau er der Mann ihres Lebens sein würde, ein Aristokrat mit bewegter Vergangenheit, entschlossen, auf Seite 542 um ihre Hand zu bitten; auf Seite 546 endete das Buch mit der Liturgie einer angemessen romantischen Hochzeitsnacht, angemessen pikant, genug, um in der naiven Leserin das unstillbare Bedürfnis zu wecken, das nächste Buch der Autorin, einer rührigen Alten, zu kaufen, sobald es in den Kiosken und Buchhandlungen des ganzen Landes erhältlich sein würde.
Langsam ging er auf sie zu, durchquerte den Wagen von einem Ende zum anderen, in mehreren Etappen, bis es ihm gelang, sich mit dem Rücken an ein Fenster zu lehnen, ihr direkt gegenüber. Er hatte sie im Profil vor sich, als sie in Sol ankamen. Jetzt, dachte er, wird sie aufblicken, Sol ist die Mutterstation, der Uterus aller Linien. Eine kleine Menschenmenge stand dicht gedrängt auf dem Bahnsteig und wartete, die Fahrgäste im Wagen rotteten sich vor den Türen zusammen. Erst aussteigen lassen. Sie rührte sich endlich, blickte aber

nicht in seine Richtung, sondern nach draußen; sie sah lieber aus dem Fenster, statt einen Blick auf ihre nächste Umgebung zu werfen, wie er es erwartet hatte. Dafür ließ sie kurz die rechte Hand auf ihren Rock fallen; die entspannten, vielleicht erschöpften Finger hielten mit Mühe ein Taschenbuch mit zwar mehr als 500 Seiten, aber einem in schlichten Farben gehaltenen Einband. Kein blondes Mädchen mit langen falschen Wimpern und einer Rose an der Wange, sondern nur einige wenige große Buchstaben, die in drei Gruppen angeordnet waren, er brauchte sich nicht anzustrengen, um sie zu entziffern, es waren Großbuchstaben, Thomas Mann, *Der Zauberberg*, Band I. Verdammt, dachte er, tu mir das nicht an, du bist eine Intellektuelle...

Das hatte gerade noch gefehlt, eine Intellektuelle, deshalb schleppte sie diese riesige Zeichenmappe mit sich herum, wohl eine Künstlerin. Noch schlimmer, womöglich fertigte sie im Kaufhaus Preciados Schnellporträts an, baute ihren Stand strategisch günstig vor den Türen der großen Warenhäuser auf, verlangte zudem jedem Kunden die Tortur ab, ihr zuzuhören, strafte ihn mit einer unerträglich langweiligen Rede über die Kommerzialisierung der Kunst, über den Numerus clausus in der Akademie der schönen Künste, über das unsagbare Leiden, das sie hier auf sich nahm, um von ihrem bisher unentdeckten Talent leben, wenigstens frühstücken zu können. Der Zug fuhr an, und er bedauerte, daß er nicht ausgestiegen war. Sie versteckte sich wieder hinter sich selbst, hinter der Mauer aus dunklem Haar, der Mähne einer barocken Heiligen, dem unerschütterlichen Wall, der ihr Antlitz vor der Welt schützte. Sie nahm das Buch in die linke Hand und heftete den Blick auf das Papier, während sie mit dem rechten Zeigefinger langsam die Zeilen entlangfuhr, von links nach rechts, wobei sie ab und an innehielt, als ob es ihr schwerfiele, jede Zeile durchzulesen. Ihm fiel nichts mehr ein.

Die Intellektuellen kochen gut, das ist jetzt Mode, allerdings machen sie Blätterteigpasteten, gefüllt mit Linsenpüree, und solche Sachen, vielleicht noch Limonenmousse, aber keine Sahnetorten. Die Intellektuellen lesen nicht den *Zauberberg*, der ist nicht mehr in Mode, zu lang, zu bedrückend, zu traurig. Nächste Haltestelle Atocha. Sie erhob sich und ging an ihm vorbei. Er sah sie nicht an, er war zu sehr damit beschäftigt, in seinem Gedächtnis zu graben; die Großmutter hatte beim Lesen den Finger zu Hilfe genommen, sie hatte einen grauen Star und war sechsundneunzig, da war es logisch. Sonst fiel ihm niemand ein. Er stieg nach ihr aus, und im Sog der farbigen Blumen, die unaufhörlich an ihrem Rocksaum starben und wiedergeboren wurden, trat er auf die Straße hinaus.

Das Wasser war eiskalt. Mit Schrecken dachte er daran, daß der Preis, den er für die Beseitigung der trügerischen Puderspuren von seiner Haut zu zahlen hatte, sich aus einer beachtlichen Menge roter, Frostbeulen ähnlicher Quaddeln zusammensetzen würde, die seine Wangen wie Striemen von Peitschenhieben überzogen. Dennoch fing er etwas von dem sprudelnden Wasser des Springbrunnens mit der Hand auf, und nachdem er das Pflaster mit einem Ruck von seiner unverletzten Wange abgezogen hatte, hielt er den Kopf vollständig unter den Wasserstrahl. Sie hatte rauhe Haut, Hände wie eine frischgebakkene Hausfrau; zwar ohne die Stigmen der professionellen Putzfrau, aber an den Fingerspitzen zeigte sich doch die rosafarbene Schmach der häuslichen Chemie. Kein Zweifel, sie scheuerte ohne Gummihandschuhe und kaute Fingernägel. Er betrachtete sie aus der Entfernung. Sie lehnte an der Statue von Murillo, die Mappe an ihren Körper gepreßt, die Hände in einem kleinen dunklen Sack, vermutlich aus Samt, vergraben. Er ging auf sie zu und frottierte sich dabei unablässig das Haar, um die letzten Reste der Pomade zu entfernen. Die Welle, die seine Stirn krönte, zog er nun mit derselben Sorgfalt glatt, mit der er sie nur wenige Stunden zuvor geformt hatte. In jenem Augenblick glaubte er, instinktiv zu handeln, später begriff er, daß es nichts anderes als eine Versöhnungsgeste war, Erfüllung der ersten Klausel eines unbekannten Paktes, der noch gar nicht geschlossen war; ich entblöße mich für dich, hier hast du mich, aber nun enthülle mir auch dein Gesicht. Sie verstand ihn, sie tat es, denn noch bevor er sich neben sie an den Sockel des Sevillaners gelehnt hatte, wandte sie ihm plötzlich ihr Gesicht zu und fragte sanft:

»Kannst du mir zehn Duros geben?«

Er nickte angestrengt und langte mit einer Hand in die Tasche, unerschütterlich in seiner Entschlossenheit, sich von der plötzlichen Enttäuschung, daß er eine häßliche Frau vor sich hatte, nicht entmutigen zu lassen. Es lag eine grausame Häßlichkeit in diesem Gesicht mit den großen, schönen, haselnußfarbenen Augen, der geraden Nase, dem derben, aber abgesehen von den gekräuselten Mundwinkeln nicht vollkommen abstoßenden Mund und dem kleinen, vielleicht ein wenig zu spitzen Kinn. Aber er hatte schon häßlichere Gesichtszüge gesehen – unregelmäßige, schiefe, unharmonische.

»Ich wußte nämlich nicht, daß man für diesen Park Eintritt bezahlen muß, ich dachte, er sei gratis wie die anderen auch, und ich bin ohne Geld aus dem Haus gegangen ...«

Die Natur irrt manchmal, und auch ihr gegenüber ist sie nicht gerecht gewesen, dachte er und konnte dennoch seine Augen nicht von diesem Gesicht wenden, das wie skizziert, unfertig wirkte, wie von einer böswilligen Hand entworfen, das Werk eines dummen oder blinden Geistes, der damit gespielt hatte, aufs Geratewohl Elemente miteinander zu verbinden, die niemals miteinander harmonieren. In einer unbarmherzigen Anwandlung hatte die-

ser Geist Augen, Nase und Mund in den Schädel dieses Mädchens gestreut und sich um das Ergebnis seiner Arbeit nicht mehr gekümmert. Es ist nicht gerecht, sagte er sich. Es war nicht gerecht. Seine eigene Häßlichkeit erschien ihm in sich stimmig, vollendet, echt, sie jedoch hätte sich retten können, sie befand sich an der Grenze zu einer gewissen Schönheit.
Sie hatte eine schöne Stimme und das Haar der Magdalena.
»Aber natürlich«, antwortete er endlich und reichte ihr ein paar Münzen. »Hier.«
»Danke.«
Er fürchtete, daß es dabei bliebe, hier, danke, denn sie richtete sich schnell auf, umklammerte die grüne Mappe und ging auf das Gitter zu, ohne sich noch einmal nach ihm umzusehen. Es gelang ihm, den Zauber des bunten Stoffes zu durchbrechen, und er zwang sich, sie genau zu betrachten. Zerbrechlich zarte Fesseln, anmutig wie die schlanke Taille, schön geformte Waden, ein dicker Hintern. Sie scheint zum körperlichen Widerspruch verdammt zu sein, sagte er sich, immer noch trunken vor Mitleid. Dann folgte er ihr bis zur Tür, zahlte Eintritt und lief ein paar Meter, bis er auf gleicher Höhe mit ihr war. Die vorgestreckten zehn Duros verliehen ihm ein gewisses Recht, eine banale Unterhaltung anzufangen.
»Wie heißt du?«
»Iris.« Sie lächelte ihn an, mit ihrem derben Mund, der die Umrisse sehr spitzer Schneidezähne erkennen ließ. »Und du?«
Augenblicklich kam ihm Polibios Lächeln ins Gedächtnis.
»Aristarchos.«
»Ah, Arisparchos... Nicht schlecht, klingt aber sehr sonderbar.«
»Dein Name ist auch nicht besonders geläufig.«
»Stimmt, aber das liegt daran, daß ich ihn selbst ausgewählt habe, es ist nicht mein Taufname, verstehst du? Er

gefällt mir wegen des schillernden Bogens, du weißt schon, wenn die Sonne nach dem Regen zum Vorschein kommt; der Name schien mir ein… ein… mir fällt im Moment nicht ein, wie es heißt, irgend etwas mit Optimismus.«

»Personifizierung?«

»Ja, genau, Personifizierung. Eine optimistische Personifizierung, darum habe ich ihn ausgewählt, ich bin eine sehr optimistische Person, weißt du.«

»Das ist der Name einer Göttin niederen Ranges…«

»Wie?«

»Iris war eine Göttin niederen Ranges. Sie lebte im Olymp und fungierte als Botin für die Götter. Das war ihre Aufgabe.«

»In Griechenland?«

Er nickte, sie lächelte ihn an.

»Das wußte ich nicht.«

»Ich habe einen griechischen Freund, der eine Menge darüber weiß. Er heißt Polibio. Den solltest du kennenlernen, er könnte dir bestimmt eine Geschichte über deinen Namen erzählen. Er ist ein Weiser…«

»Und du?«

»Ich, was?«

»Was du… was du machst? Bist du auch ein Weiser?«

»Nein, ich bin Beamter. Ich arbeite bei der Stadtverwaltung.«

»Ach!« rief sie höchst befriedigt aus. »Das ist noch viel besser. Ich werde mich mit dir anfreunden, damit du mir behilflich bist, wenn ich mal wieder Ärger mit der Genehmigung habe…«

Sie legte die Mappe auf einer Bank ab und ließ sich danach auf den Holzsitz fallen. Sie warf den Kopf nach hinten, hielt die Augen geschlossen, streckte die Beine aus und gab sich genießerisch der Sonne hin, die immer noch so intensiv wärmte wie im Sommer. Er verstand, sie erwartete, daß er es ihr nachmachte. Er setzte sich neben sie, überrascht von der Fülle an Dingen, die er in einer so kurzen Unterhaltung erfahren hatte. Sie aber brach abrupt ihr Sonnenbad ab, richtete sich auf, reckte sich vollkommen unbefangen und sah sich aufmerksam in dem nahezu verwaisten Park um.

»Soll ich dir mal was sagen? Das hier ist ein merkwürdiger Ort. Man muß Eintritt bezahlen, man sieht keine Kinder, keine Alten, nur kleine Schildchen neben den Pflanzen...« Sie drehte sich zu ihm um. »Wozu sind die da...?«

»Das hier ist der Botanische Garten. Carlos III. hat ihn gegründet, um die Pflanzen, die aus Amerika mitgebracht wurden und hier unbekannt waren, zu pflegen; deshalb sind die Schilder da, auf jedem einzelnen steht der Name der Pflanze, wie alt sie ist, solche Sachen eben...« Damit dieses Mädchen jedoch nicht ein weiteres Mal vermutete, er sei weise, log er. »Ich weiß das, weil meine Arbeit mit der Städtebauverwaltung zu tun hat.«

Sie schenkte seinen Worten kaum Beachtung. Sie fuchtelte wild mit den Händen und blickte so abwesend vor sich hin, als erlebe sie eine Sinnestäuschung.

»Erzähl mir nicht, daß dies hier der Botanische Garten ist!«

»Doch«, bestätigte er in einem Tonfall, in den sich keinerlei Erstaunen mischte, denn an ihr erstaunte ihn gar nichts außer ihr selbst. »Wußtest du das nicht?«

»Aber nein, Alter, keine Ahnung...! Neulich, als ich aus der Metro kam, dachte ich, ich könnte mal einen Blick hinter dieses schwarze Gitter werfen, und ich stellte fest, daß es ein Park war. Ich beschloß, es hier mal zu probieren, sonst gehe ich fast immer in den Retiro, und weil er so nahe liegt...«

»Du meinst, du gehst zum Arbeiten in die Parks?«

»Ja, klar. Besser, als zu Hause zu bleiben, zumindest bei so gutem Wetter wie heute... Warum lachst du jetzt?«

Ihm war wieder Polibio eingefallen, das hemmungslose Entzücken in seinem Gesicht, in seinen nervösen Händen, als er sich zum Überbringer der frohen Botschaft erhob, die er, hinter dem Tresen stehend, voller Euphorie lauthals verkündete: Das Ende war nahe, die Nutten hatten sich nicht nur geweigert, mit diesen Kretins von der Stadtverwaltung zusammenzuarbeiten – dich meine ich damit nicht, natürlich nicht, ich weiß ja, was für ein sensibler Mensch du bist –, hatten sich nicht nur heroisch geweigert, ihre Lehen von Ballesta aufzugeben – deren Verlust andererseits eine historische Ungerechtigkeit bedeutet hätte –, sondern sie wurden auf mysteriöse Weise täglich mehr, in einem so rasenden Tempo, daß nicht einmal er in der Lage war, den Überblick zu behalten. Nun hatten sie die Parks erobert, um die Apostel der ökologischen Ära zu verhöhnen, die Zeitungen hatten das recherchiert, es war veröffentlicht worden, der Sieg hatte aufgehört, ein bloßes Versprechen zu sein, er war zu einer unwiderruflichen Wirklichkeit geworden. Da stehen sie, vom frühen Morgen an, leiden unter Hitze und Kälte wie die Wackeren in der Tiefebene von Marathon; schon haben sie den Park des Westens in Besitz genommen und die Kreuzwege in der Casa de Campo, morgen wird der Retiro fallen, da wird bald kein Kraut mehr wachsen, sie reißen alles aus, auf Schritt und Tritt, gelobt sei die große Mutter Babylon, das ist das Ende, Alter, das Ende, das Debakel der Gerechten, gesegnet seien sie, meine armen Mädchen ...

Er dachte an Polibio und betrachtete aufmerksam die unregelmäßigen Züge dieser Frau mit dem Namen einer Göttin niederen Ranges, die ihn ihrerseits erforschte. In ihrem Gesicht lag ein Ausdruck von Verblüffung, der allmählich in Wut überging. Er beschloß, es zu riskieren. Er erzählte ihr die Geschichte. Sie blieb einen Moment lang stumm, unentschlossen, als hätte sie nicht richtig verstanden. Dann grinste sie.

»Ach so ... Das heißt also, heutzutage kann man sagen, ›in den Park gehen‹ statt ›auf den Strich gehen‹, nicht?«

»Stimmt, nichts anderes, ist nur ein Scherz… Das hat nichts mit deinen Zeichnungen zu tun.«
»Was für Zeichnungen?« Wieder zeichnete sich Verwirrung auf ihrem Gesicht ab.
»Na … die da.« Mit einer lässigen Handbewegung deutete er auf ihre grüne Mappe. »Was du mit dir herumträgst … Sind das keine Zeichnungen?«
»Ach so, das meinst du …«
Sie brach in übertriebenes Gelächter aus, langte nach der Mappe, legte sie auf ihre Knie und löste die Bänder, mit denen sie zugehalten wurde. Sie lachte unaufhörlich.
»Das sind keine Zeichnungen, Mann, das ist Schmuck…«
Von dem schwarzen Samt, an dem eine Unmenge dünner, gewöhnlicher Haken befestigt war, funkelte ihm der billige Glanz von Fälschungen entgegen – große Metallteile, versilberte und vergoldete Ohrringe in überwiegend geometrischen Formen, Kreise, Rhomben, Trapeze und Spiralen.
»Ich mache sie mit ein paar Freunden, weißt du. Ich teile mir eine Wohnung mit ihnen, wir teilen uns alles, Ausgaben und Einkünfte, wir verkaufen die Sachen nachts in den Bars, auch tagsüber, na ja, wenn man uns läßt. Wir haben uns in der Fuencarral-Straße an den Kinoausgängen aufgestellt, aber jetzt sind die Stadtbeamten auf die Idee gekommen, uns die Stände zu verbieten. Das ist schon mehrmals vorgekommen, darum habe ich dir vorhin das mit der Genehmigung erzählt, falls du uns das nächste Mal behilflich sein könntest.«
Er nickte stumm, zufrieden, weil sie keine Intellektuelle war und weil ihm gefiel, was sie erzählte, diese Kommune von Schmuckherstellern, das hatte was, so etwas Veraltetes; vielleicht praktizierten die sogar noch die freie Liebe. Sie fragte ihn, ob der Schmuck ihm gefalle. Er nickte zerstreut und fragte sich, wie viele wohl alle naselang in ihr Bett stiegen, ob sie es einer nach dem anderen taten oder, besser noch, in kleinen Gruppen, um dem Gemein-

schaftsgeist Genüge zu tun. Sie blickte ihn wieder an und machte eine einladende Handbewegung.
»Nimm dir welche, die, die dir am besten gefallen. Du kannst sie deiner Freundin schenken...«
»Ich habe keine Freundin.«
»Na, dann deiner Frau...«
»Ich bin nicht verheiratet.«
Ein schlecht verhohlenes Grinsen belohnte ihn für diese Erläuterung, vielleicht, damit er der Liste von durchsichtigen Dingen ein weiteres Faktum hinzufügte.
»Egal, nimm welche, die, die du möchtest...«
Er beugte sich über die Mappe und studierte den Inhalt. Es kostete ihn Mühe, sich zu entscheiden, denn die meisten dieser Ohrringe waren ziemlich häßlich und, schlimmer noch, riesengroß, seine zarte Dame würde das Gewicht nicht aushalten. Schließlich entschied er sich für zwei kleine, schlichte goldene Scheiben. Und dann war sie es, die sich täuschte.
»Das da... kommt das von den Pocken?«
»Was meinst du?« Er starrte sie an, nur um sie zu quälen, um sie zu zwingen, sich deutlicher auszudrücken, vielleicht, weil ihn die ungeschickte, direkte Frage, mit der sie das unvermeidliche Thema angeschnitten hatte, amüsierte. Er hatte nur zu gut verstanden, genoß es aber, sie anzustarren, während sie ihre Hände knetete und ihre unangebrachte Neugier mit Sicherheit innerlich verfluchte.
»Die Pick... Nein... ich meine, die Narben im Gesicht... Hattest du als Kind Pocken?«
»Nein, das waren keine Pocken. Im Grunde weiß ich nicht, was es war, ich vermute Pubertätsakne, ich war übersät von Pickeln, und ich liebte es, sie auszudrücken, mir die Haut mit den Fingernägeln aufzuritzen, damit ich sehen konnte, wie die kleinen weißen Strahlen herausquollen, wie Würmer, verstehst du? Schleimig und fettig, wie kleine Tierchen...« Er lächelte sie einen Moment an,

denn er wollte sie nicht erschrecken. Trotz ihrer Körperfülle wirkte sie verletzlich. »Ich spürte früh, wie sie mich befielen, kaum waren sie auf der einen Gesichtshälfte verheilt, bildeten sie sich auf der anderen neu; als sei ich innerlich verfault. Ich konnte der Versuchung nicht widerstehen, mir all die schwarzen Mitesser und eitrigen Pickel auszudrücken, dabei habe ich nicht an die Narben, die Krater gedacht, die ich mir einhandelte. Später dann war nichts mehr zu ändern.«

»Klar.« Sie erwiderte das so langsam, als hätten seine Worte sie bei einem wichtigen Gedanken gestört. »Deshalb bist du so häßlich. Ich glaube, eigentlich ist es nicht das Gesicht, auch wenn du so kleine Augen hast, es ist eher diese vernarbte Haut...«

Er lächelte. Niemand außer seinen Schwestern, und das lag lange zurück, hatte ihm jemals direkt ins Gesicht gesagt, er sei häßlich.

»Und du kommst vom Lande?« fragte er.

»Ja, ich bin aus Veguellina de Orbigo, einem Dorf bei León. Warum? Merkt man mir das an?«

»Ja. Du besitzt die Art Intelligenz, die nur Frauen vom Lande haben.«

»Meinst du?« Sie wirkte eher geschmeichelt, als beleidigt. »Das hat man mir noch nie gesagt, eher das Gegenteil, meine Freunde behaupten, ich sei ziemlich dumm. Wir sind in einer alternativen Theatergruppe, weißt du. Ich... ich betrachte mich nicht als gute Schauspielerin, aber es gefällt mir. Im Grunde kann ich eigentlich gar nichts richtig, mal von den Ohrringen abgesehen. Im allgemeinen bin ich mit den Stücken, die unser Regisseur aussucht, nicht einverstanden, sie gefallen mir nicht, ich verstehe sie nicht. Darum beachten sie mich auch nicht besonders, und vielleicht ist das auch besser so...«

Sie machte eine Pause und sah ihn an, musterte ihn gründlich. Er ließ es furchtlos über sich ergehen, ohne ein Wort zu sagen. Sie begriff, er wollte mehr erfahren.

»Einmal habe ich im Fernsehen einen Film gesehen, der mich begeistert hat. Es ging um einen Typen, der Comics zeichnete und allein auf einer winzigen Insel lebte – mit seinem Hund, der hieß Melampo. Dann kam ein blondes Mädchen auf die Insel, ihr Geliebter hatte sie von der Luxusjacht ausgesetzt... Hast du den gesehen?«
»Nein.«
»Zu dumm! Niemand hat ihn gesehen, es war ein italienischer Film, nicht sehr bekannt, ich glaube, ich hatte nie zuvor etwas davon gehört oder gelesen, der Titel war wie der Name des Mädchens, ich erinnere mich nicht mehr genau... Jedenfalls, an dem Abend, als der Film lief, war unser Haus voller Leute, und wenn mir schon einmal ein sonderbarer Film gefällt, dann gefällt er niemandem sonst. Na ja, ich bin wohl ein bißchen anders gestrickt oder altmodisch, wer weiß...«
»Und das Buch, das du gerade liest? Gefällt es dir?«
Sie blickte ihn erschrocken an, so, als argwöhnte sie, er könnte ihre Gedanken lesen. Dann wandte sie den Kopf und erblickte ihre offenstehende Tasche. Der Titel war beinahe vollständig zu lesen. Sie seufzte, fuhr sich mit einer Hand an den Ausschnitt und sah ihn wieder lächelnd an.
»Das? Na ja, das hat uns die Literaturlehrerin zu lesen aufgegeben...«
»Welche Lehrerin?«
»Die von der Theatergruppe. Neben den Proben für die Stücke absolvieren wir noch einen theoretischen Kurs, verstehst du? Geschichte des Theaters, Ästhetik, zeitgenössische Literatur und andere Fächer. Hast du es gelesen?«
»Ja, vor vielen Jahren.«
»Gefiel es dir?«
»Ja, sehr.«
»Hm... ich weiß nicht. Ich denke, ich verstehe es, mehr oder weniger, obwohl es anstrengend ist. Ich komme nur

sehr langsam voran, und manchmal finde ich es langweilig, na ja, um die Wahrheit zu sagen, langweile ich mich ziemlich, ich weiß nicht, ob ich es zu Ende lesen werde... Es ist nicht das erste Mal, das mir so etwas passiert, weißt du. Letztes Jahr haben sie mich durchfallen lassen, weil ich so einen fürchterlichen, schrecklich langweiligen Quatsch nicht durchgelesen habe. Ich habe nicht einmal dreißig Seiten geschafft, und alle haben im Chor auf mich eingeredet, das mußt du lesen, egal wie, du mußt es lesen. Ich habe es voller Erwartung angefangen, weil es hieß wie der Held aus einem anderen Buch, das wir früher in der Schule gelesen haben. Das ja, das habe ich in einem Rutsch durchgelesen, sogar mehrmals. Es handelte von einem Griechen, der bei der Rückkehr von einem Krieg Schiffbruch erlitt. Eine Sirene raubte ihn, verliebte sich in ihn und ließ ihn nicht weiterziehen, am Ende gab sie ihm ein Schiff, und wieder erlitt er Schiffbruch, und er erlebte viele wundersame Dinge, aber nie gelang es ihm, nach Hause zu kommen. Sein Sohn hatte sich schon auf die Suche nach ihm begeben, weil seine Frau viele Verehrer hatte, die sich in den Palast eingeschlichen hatten und ihr einfach alles wegaßen... Das habe ich nie begriffen, warum die sich so um ihr Essen sorgten, sie waren doch Könige, hätten doch sehr reich sein müssen, dein Freund, der Grieche, wird es wohl wissen, oder?«

»Bestimmt.«

»Du mußt mich ihm einmal vorstellen. Sicher weißt du, von welchem Buch ich rede, es war wunderschön, herrlich, und am Ende hat er seine Feinde einen nach dem anderen erledigt, mit einem einzigen Pfeil. Jedesmal, wenn ich es las, ging es mir durch Mark und Bein, es ging mir zu Herzen, verstehst du. In dem Buch war alles großartig, die Menschen, die Götter, die Helden, die Bösen, Liebe und Haß, groß und stark... Es gefiel mir wirklich sehr, nie wieder habe ich ein Buch wie dieses gefunden. Es heißt die *Odyssee.* Hast du es gelesen?«

»Ja, in der Schule.«
»Es war phantastisch...«
»Der *Quijote* würde dir gefallen.«
»Ja, glaubst du?«
»Ja, da ist auch alles großartig.«
»Ich werde ihn lesen.«
»Wie heißt du?«
Sie zögerte einen Augenblick, mit ihrem antiken Scharfsinn hatte sie die Tragweite dieser sinnlosen, banalen, schon einmal gestellten Frage erfaßt...
»Manuela. Aber zu Hause nennen sie mich Manoli.« Sie schenkte ihm ein unbeholfenes Lächeln. »Und du?«
»Ich heiße Benito, Benito Marín... Komm, ich lade dich zu einem Bier ein.«
Sie nahm die Mappe, erhob sich und ging hinter ihm her. Leben und Tod tanzten erneut auf ihrem Rock.

Später, als er sich ihre erste Begegnung ins Gedächtnis zurückrief, als er versuchte, sich davon zu überzeugen, daß sie in Wirklichkeit niemals so existiert hatte wie in seiner Erinnerung, weil er sich selbst bemitleiden, sich selbst darin bestätigen wollte, daß es ein entscheidender Irrtum gewesen war, kam ihm der Verlauf der Ereignisse an jenem Morgen selbstverständlich vor, denn allein und gefangen in einer dunklen, unbekannten Falle, die ihn einer mit einem trügerischen Mythos getarnten Frau den Hof machen ließ, hatte er nichts wissen, nichts am Ablauf der Dinge ändern können. Das aber war erst später, als es bereits keinen Weg zurück mehr gab, als es nur noch einen schmalen, dornenreichen Pfad gab, auf dem ihm nichts blieb als die Flucht nach vorn. Zuvor jedoch, als sie noch fleischliche Masse war, die man küssen, schlagen, in die man eindringen und die man berühren konnte, schmerzte es ihn, daß er keinen Ausweg gefunden, nicht eine andere Richtung eingeschlagen hatte, daß er der Versuchung nicht hatte widerstehen können, die Maschi-

nerie in Gang zu setzen, das Spiel im Spiel zu spielen. Auf jeden Fall war es zuviel Kultur für einen einzigen Morgen gewesen.
Langsam spazierten sie zwischen den Bäumen und Statuen entlang, sie schaute sich alles aufmerksam an. Er ging davon aus, daß ihr nicht alles, was sie sah, unbekannt war, denn so blickte sie schon die ganze Zeit drein. Er hatte keine Lust zu reden, beantwortete einsilbig einige Fragen, gebot schließlich Schweigen. Dieses Viertel gefiel ihm nicht. Obwohl er es so gut kannte, fühlte er sich dort nicht sicher. Aufgeschwollene aristokratische Zyste mitten im Herzen einer hybriden Stadt, Ordnung und Harmonie, die Vorspiegelung des Meeres, das er sich dort immer hatte vorstellen wollen, dort, am Ende der großen Allee, wenn er mit seiner Mutter jenen sympathischen Herrn besuchen kam, der ihm jeden Tag etwas schenkte, zunächst nur Bonbons, später Spielzeug, einmal sogar einen richtigen kleinen Degen aus Metall, den er sich selbst aus den Vitrinen des Geschäftes ausgesucht hatte, Spanisches Kunsthandwerk, Gold von Toledo, Lockmittel für die unzähligen Touristen, die schon auf ganz andere Lockmittel hereingefallen waren, Barock und Flamenco, die Macht der Tourismusliteratur; Lockmittel auch für einen kleinen Jungen, der glaubte, in die Verkäuferin verliebt zu sein, eine blondgefärbte Mollige, die ihn jeden Nachmittag zu Schokolade und Schmalzkringeln in eine Cafeteria an der Ecke mitnahm, ein unermeßlich großes Lokal, modern, mit Wänden aus Glas ohne eine Spur von Holz, so anders als die Cafés, die in seinem Viertel allmählich verfielen, dort, im alten und authentischen Teil der Stadt, der ihn niemals betrog, denn dort waren Wasser und Salz nicht zu ahnen, nur der Staub des Flachlandes, dahin gehörte er, und dort verschanzte er sich später, indem er vor der künstlichen Schönheit floh, die der König der Städteplaner, auch ein Gescheiterter, erschuf; denn Madrid reichte nicht ans Meer, würde es

niemals tun. Besser so. Hochmut hilft überleben. Damals aber, als er mit der Stadt den Mittelpunkt der Erde teilte und jene Verkäuferin, die sich zum Starlet berufen fühlte, seine erste offenbarte Liebe, ihn dazu animierte, ordentlich von den Schmalzkringeln zu nehmen, und noch eine Portion, nur um Zeit zu schinden, fühlte er sich gerade richtig in dieser rechtwinkligen, prächtigen Kulisse, in der er doch kaum die Rolle eines kleinen Statisten spielte. Breite Alleen, gerade Straßen, Bäume und Gärten, Brunnen und Statuen: Lüge, alles Lüge, wie das Lächeln seiner Mutter, wenn sie ihn mit einem Kuß und einer Umarmung wieder in Empfang nahm, keuchend, mit leicht gerötetem Gesicht, leicht aufgelöster Frisur, und er sich verabschiedete wie ein wohlerzogenes Kind, vielen Dank und bis zum nächsten Mal. Es bedrückte ihn, sich vom Meer auf immer enger und dunkler werdenden Straßen, zwischen immer kleineren und schmutzigeren Gebäuden zu entfernen, auf dem Rückweg nach Hause, jener elenden Wohnung in der Hochebene, während seine Mutter ihm den Schwindel des Tages eintrichterte, und vor allem erzählst du dem Papa nichts, aber auch gar nichts, hm? Das ist unser Geheimnis, und er nickte überzeugt, nichts zu Papa, ich habe einen geheimen Pakt mit Mama, und Geheimnisse sind heilig, ich bin kein Petzer, ich werde niemals etwas sagen. Mama liebt mich mehr als die anderen, mit den Mädchen hat sie keine Geheimnisse; es lebte sich so herrlich im Mittelpunkt...
»Was ist das große Gebäude da? Ein Ministerium?«
Manuela war mitten auf dem Bürgersteig stehengeblieben und sah ihn überrascht an, mit dem ausgestreckten rechten Arm zeigte sie auf das Gebäude im Hintergrund. Er verspürte große Lust, es ihr ins Gesicht zu schreien, nichts, verstehst du? Es erscheint unmöglich, aber dieses Gebäude ist nichts, ist eine Lüge, vier Fassaden aus Pappmaché, die man mit einem Streich auseinandernehmen kann; zurück bleibt ein freies Feld, ein trockener

karger Steinhaufen, und wir scharren mit den Fingernägeln in der Erde. Aber er konnte nicht, das durfte er ihr nicht sagen, er hätte sich nicht da hineinsteigern dürfen, denn auch das war Lüge. Er blickte ihr in die Augen und mußte sich anstrengen, um mit ruhiger Stimme zu antworten.

»Nein. Das ist der Prado.«

Sie schloß die Augen und ballte die Fäuste, ihr Körper schwankte, so heftig, daß er befürchtete, sie würde gleich hinschlagen. Dann endlich kam der erwartete Ausruf; allerdings hatten ihre Worte den unschuldigen Glanz verloren, die unverfälschte Überraschung, die reine Freude an einer neuen Erkenntnis, wie sie Kindern eigen ist, die Gabe, eine Neuigkeit als ein unverhofftes Geschenk zu begreifen. Ihre Stimme klang niedergeschlagen, beinahe kläglich, war kaum zu hören.

»Sag nicht, daß das der Prado ist!«

»Doch.«

»Na, da siehst du, wie dumm ich bin...« Sie heftete ihren plötzlich stumpf gewordenen Blick auf die Gehwegplatten. Er glaubte, Tränen zwischen ihren Wimpern glitzern zu sehen, und verspürte den Impuls, sie hier auf der Stelle zu umarmen, sich an sie zu drücken und so zu tun, als schütze er sie; ihr die Wahrheit ins Ohr zu flüstern, mach dir keine Sorgen, komm, lach doch mal, nichts davon ist wirklich, es ist nur eine Dekoration, die Welt ist etwas anderes. Sie hob den Kopf und blickte ihn an. Sie sprach leise und fuchtelte nervös mit den Händen. »Ich weiß nicht, was du jetzt über mich denkst... doch, doch, ich weiß es, du denkst das gleiche wie alle anderen, daß ich nämlich ein Dummkopf bin. Ich lebe seit neun Jahren hier, weißt du. Neun Jahre. Und ich dachte, dies sei ein Ministerium, es mag unglaublich klingen, ich hätte nur ein bißchen genauer hingucken müssen, jetzt wird mir klar, daß ich noch nie in meinem Leben so viele Japaner auf einem Haufen gesehen habe, und eine Stierkampfarena ist es natürlich auch nicht, ich mag Stiere sehr, weißt du, klar, wo ich doch so roh bin...« Er lächelte, aber es gelang ihm nicht, sie ebenfalls zum Lächeln zu bringen. »Gut, ich gehe jetzt. Tschüs.«

»Wohin gehst du?« Seine alten Pförtnerreflexe erlaubten es ihm, sie am Arm zu packen und damit zum Umdrehen zu zwingen, ehe sie auch nur einen Schritt vorwärts hatte machen können. »Warum willst du gehen? Soweit ich weiß, ist das keine Sünde...«

»Nein...«, flüsterte sie und blickte ihn wieder unsicher an. »Ich weiß, aber... Es ist nur, ich hatte immer geglaubt, ich sei schon im Prado gewesen. Das war bei der Geschichte mit dem *Guernica*-Bild, ich habe mir *Guernica* angesehen, wie alle, es hing in einem kleinen Gebäude, ein kleines Stück weiter die Straße hinauf, an der Tür war ein Schild angebracht, auf dem deutlich Prado stand, und ich dachte...« Auf einmal huschte ein Leuchten über ihr Gesicht, als ahnte sie, daß ihr noch ein Hoffnungsschimmer bliebe, ein zarter, vager zumindest, ein einziger nur, aber ein echter. »Gefällt dir *Guernica*?«

»Nein.«

»Mir auch nicht...!« Endlich lächelte sie.

»Hast du deinen Ausweis dabei?«

»Nein...«

»Macht nichts. Es ist nicht teuer.«

»Was ist nicht teuer...?«

»Das Museum. Wir gehen hinein.«

»Ja?«

»Ja.«

»Gut...«

Er versuchte schnell zu denken, mal sehen, sich einen besonderen Rundgang für eine häßliche Frau zu überlegen, eine Göttin niederen Ranges, die aus Orbigo bei León kommt, eine Straßenhändlerin und absolute Debütantin. Flamen, viele Flamen, auch eine dicke, blonde, aufgrund ihrer Trägheit zugängliche Venezianerin; Holländerinnen nicht, die könnten zu übertrieben wirken und sie durch ihre Anspielungen verletzen; das kleine Ungeheuer von Carreño wird ihr gefallen, die Zwerge von Velázquez sicherlich auch. Sie folgte ihm schweigend, sah sich alles an. Bestimmt behagt ihr das alles ganz und gar nicht, dachte er, aber da ich nun einmal, ohne es zu wollen, den Kreuzzug gegen die sieben Zwerge der Kommune angetreten habe – was soll es also, Cervantes oder Joyce, der *Heuwagen* oder *Guernica*. Er war sich nicht allzu sicher. Sie aber folgte ihm nach, immer einen Schritt hinter ihm, schaute sich alles an. Er reichte ihr die Eintrittskarte und fragte sie, womit sie anfangen wolle, sie zuckte die Achseln, entscheide du. In Ordnung, dachte er, du hast es so gewollt, also entscheide ich. Die *Kreuzabnahme Christi* faszinierte sie, das hatte er sich schon gedacht, darum führte er sie auch vor allen anderen Bildern zu diesem. Unglaublich, sagte sie immer wieder, ziemlich laut, ihre Gesichtszüge waren vor Verblüffung wie erstarrt, so viel Gold, das muß wahnsinnig teuer sein, und wie hübsch, sieh mal, die da rechts, wie sie weint, eindrucksvoll. Maria Magdalena, bestätigte er, und ein Schauer lief ihm über den Rücken; sie liebte Jesus, sie salbte ihm die Füße mit ihren Haaren. Ja, weiß ich, sie nickte, das hat man mir in der Schule erzählt, sie war sehr hübsch und sehr nuttig, nicht? Er lachte, eine Dame drehte sich nach ihnen um, ja, mehr oder weniger, schön und nuttig, nicht schlecht, nein, wirklich nicht. Komm, ich werde dir Bosch zeigen. Ja? Und woher kam der? Flame, genauso wie der hier. Hör mal, du weißt viel, nicht? Na ja, das weiß ich durch meine Arbeit im Rathaus; sie warf ihm einen mißtrauischen Blick zu, arbeitest du nicht in dem Ding da, wie heißt es doch gleich, für Städteplanung? Er verstummte einen Augenblick, er war davon ausgegangen, daß sie ihm vorhin nicht zugehört hatte, gefährliches Gedächtnis, vermerkte er und erklärte deutlicher, ja, in der Verwaltung für Städteplanung, aber dazu gehören auch die Museen. Ja? Sie gab sich damit zufrieden. Und ich glaubte, ihr beschäftigt euch damit, wie viele Stockwerke jedes Haus haben muß... Ihr gefiel Patinir, seine ungestüme *Estigia*, der Typ war verrückt, sieh doch mal, das Wasser in solchen Farben zu malen, und die winzigen Sünder, die sich in den kleinen Kristallphiolen vergnügen, in den Kronen der riesigen Blüten, in den Armen dieser korrupten Kleriker, die wie verfluchte Samen aus einem Wald stachliger Mißgeburten hervortreten. Unvorstellbar, sie schaute sie sich lange an, trat dicht an das Gemälde heran, bis sie es beinahe mit der Nase streifte, wobei sie ihre schönen, kurzsichtigen Augen zusammenkniff. Dann drehte sie sich, fast ein wenig erschrocken, zu ihm um, du, hör mal, der hier war aber auch verrückt... Er faßte sie am Arm und führte sie zum Ausgang. Er gab ihr recht, ja, vollkommen verrückt. Und wer kaufte ihm die Bilder ab? Er lächelte, hör mal, ich weiß nicht alles, ich glaube aber, daß es Isabel die Katholische war. Unglaublich! rief sie, aber war die nicht sehr fromm? Ja, da kannst du mal sehen... Sie kamen zum Hauptflur und gingen langsam weiter. El Greco nicht, dachte er, El Greco ist düster und traurig. Weißt du was? Sie unterbrach ihn mit ihrer hellen, lauten und festen Stimme, die sie als nicht Dazugehörige, als Fremde im Parnaß entlarvte. Er lächelte, weil ihm genau das gefiel, nein, sagte er, ich weiß nicht, was du mir sagen willst. Sie fing wieder damit an, na, daß ich mir das Haar abschneiden werde, denn ich stelle gerade fest, daß mein Haar aussieht wie das einer Heiligen, wie bei all denen hier, und ich weiß nicht... Auf keinen Fall, flüsterte er. Was? Ich sagte, auf keinen Fall, du hast wunderschönes Haar, das Haar der Magdalena. Sie blieb stehen und blickte ihn ironisch an, ja, aber sie war schön, und ich bin es nicht. Er trat dicht an sie heran und strich mit seinen Fingern über ihr Haar, bevor er mit der Faust eine dicke Strähne packte, wie man in die

Mähne einer Stute greift. Er sprach leise, das ist nichts weiter als ein sekundäres Merkmal. Wie bitte...? Seine Hand fuhr langsam über ihren Hinterkopf, vom Nacken nach oben, seine Finger kämpften gegen das Weiche des dicken Haares an, seine Handfläche widerstand der Versuchung, sich erneut zur Faust zu ballen. Seine Faust hatte, als sie sich fest um die eine Strähne schloß, schon genug von ihrer altertümlichen, heidnischen Heiligkeit gewaltsam zerstört. Vergeblich sträubte er sich gegen den Wunsch, zuzudrücken, er konnte sich dem Verlangen nicht widersetzen, ihren Kopf immer weiter nach hinten zu ziehen; er schloß die Augen und hielt sie in dieser Position fest, während sie es geschehen ließ und ihn mit einem dumpfen, beklommenen Flüstern bedrängte; ich habe nicht verstanden, was du gerade gesagt hast. Ihr Gesicht war zur Decke gewandt, die Haut straff gespannt, aber für eine Sekunde hatte die Situation an Intensität verloren. Er spürte, daß das Ausmaß an krankhaftem Gefühl, das er ihr zeigte, ihr unheimlich zu werden begann, und er beschloß umzukehren, zur Einhaltung der Höflichkeitsregeln zurückzukehren, sich vor ihr zu verleugnen. Als wäre dies eine lebenswichtige Notwendigkeit, zwang er sich, ruhig zu werden, während er, wenn auch voller Wehmut, seinen Griff allmählich lokkerte. Bah, antwortete er schließlich, in seiner Stimme schwang wieder der freundliche Tonfall des Beamten mit, des Retters in der Not, wenn es mit der Genehmigung für den Straßenverkauf Schwierigkeiten geben sollte. Er hüstelte ein wenig und sprach dann weiter. Das ist Polibio, seine Verachtung für Aristoteles und seine Art zu reden haben schließlich auf mich abgefärbt. Sie richtete ihren Kopf auf, ließ ihn ein paarmal kreisen und massierte sich den Nacken, als schmerze er. Er verspürte einen seltsamen Schauer, der aber dem Vortrag des Pedanten keinen Abbruch tat, er blieb der harmlose, progressive Beamte, der weiterhin in einem sonderbaren

Code sprach. Was ich meine, ist, daß Magdalena in erster Linie langes Haar hatte und erst in zweiter Hinsicht die Frau war, die Jesus die Füße gewaschen hat, ob sie nun schön war oder nicht, ist unerheblich. Ach, antwortete sie, und ein Leuchten huschte über ihr Gesicht. Da faßte er sie am Arm und führte sie, beinahe im Laufschritt, zu einer dunklen Leinwand. Wetten, daß du nicht weißt, wer das ist? Sie ging in die Falle, und während sie angestrengt überlegte, krauste sich ihr Gesicht in Falten. Sie trat einen Schritt vor, Ribera, rief sie, nein, das ist der Maler, ich frage dich nach dem Herrn in Schwarz, he, nicht auf das Schild sehen, Schwindlerin, errat es, wenn du kannst. Sie dachte einen Augenblick nach und wandte sich mit triumphierendem Blick zu ihm um: ein Bettler. Aber nein, mein Fräulein, das ist Archimedes. Der mit der Badewanne? Genau, der mit der Badewanne, gefällt es dir? Ja, sehr, es ist sehr hübsch, aber so habe ich mir Archimedes nicht vorgestellt, eher mit einer Tunika... Gut, gehen wir, du wirst müde sein. Nein, gar nicht, mir gefällt es außerordentlich gut, ich möchte mehr sehen. In Ordnung, willigte er ein, wenn du möchtest. Gleichzeitig sagte er sich, daß er es wenigstens versucht hatte, und schützte sich damit vor sich selbst, flehte seine Klassiker um Beistand an, schwor dem Weiß ab. Sieh mal dieses da, das ist sehr wertvoll. Ja? Mal sehen, was da steht, diese Inschriften sind nämlich so sonderbar... schließlich entzifferte sie sie, Buchstabe für Buchstabe. Hoffentlich trägt sie nie Kontaktlinsen, eine Brille dagegen würde ihr gut stehen. Rembrandt, *Selbstbildnis,* sie schien sich zu wundern. Und warum ist das so viel wert? fragte sie, wenn es doch so klein ist... Weil es falsch ist, antwortete er, absolut falsch, seit Jahrhunderten hängt es hier, als hätte Rembrandt es tatsächlich einmal gemalt. Unglaublich, wisperte sie, wie komisch, und sie lächelte, bevor sie ihn verdammte. Sag mal, sind hier nicht auch die *Majas*? Er tat so, als habe er nicht gehört, sie wiederholte die Frage, und nun konnte er sie nicht länger ignorieren. Ja, schon, aber die Goya-Säle werden gerade umgebaut, man kann nichts sehen. Sicher? fragte sie nach. Er schüttelte vage den Kopf. Ich werde den Herrn da mal fragen, entgegnete sie entschlossen, und der Wärter sagte ihr die Wahrheit. Lächelnd kehrte sie zurück. Stimmt nicht, verkündete sie, die Umbauten sind seit mehr als einem Jahr beendet, los, gehen wir sie angucken, weißt du, die nackte Maja fasziniert mich, sie hat so merkwürdige Brüste... Gut, sagte er sich, sehen wir sie uns an. Sie gingen die Treppe hinunter, und es geschah alles, was niemals hätte passieren dürfen. Der alte, marineblau gekleidete Aufseher begrüßte ihn mit dem üblichen Wohlwollen, seit so vielen Jahren schon kannte er ihn. Ach, Benito, wieder einmal hier, das ist doch wirklich eine sonderbare Manie von dir, hm, zweimal innerhalb einer Woche hier. Er antwortete mit einem verärgerten Knurren, ich habe Urlaub, erklärte er im Vorbeigehen. Sie reagierte augenblicklich, die Neugier trieb sie gleich einer unsichtbaren Sprungfeder an. Was meint dieser Herr? Heißt das, du kommst oft hierher? Er versuchte seinen Arm aus der Umklammerung ihrer Hände zu befreien, ihre Fingernägel bohrten sich durch den Stoff seiner Jacke. Ja, antwortete er, ich komme ab und zu hierher... Ach. Sie blickte ihn erstaunt an, und warum hast du mir das nicht gleich gesagt? Er zuckte mit den Achseln und erhielt eine weitere Frage, und wozu kommst du her? Er war es allmählich leid und antwortete schroff, zum Essen... oder was glaubst du? Sie zuckte zusammen und wagte nicht, noch mehr zu fragen. Er fand, daß es so schlimm nun auch nicht war, und beschloß, ihr eines der harmlosesten seiner Geheimnisse anzuvertrauen. Ich komme, um mir ein Gemälde anzusehen. Ein einziges? Ja, ein einziges, ich... also, ich habe nicht besonders viel zu tun, verstehst du? Manchmal langweile ich mich zu Hause, und dann komme ich hierher, um mir dieses Bild anzusehen. Zeig es mir. Es wird dir nicht gefallen. Nein? Warum? Weil darauf nicht eine einzige Brust zu sehen ist. Ist doch egal, Dummkopf, zeig es mir, komm schon. Langsam ging er auf den von seinen eigenen Schritten abgetretenen Fliesen entlang, seine absurde Wallfahrt, Jahr für Jahr, er konnte sich nicht mehr an das erste Mal erinnern, vielleicht war er da noch ein Kind gewesen, es war auch egal. Er langte nach einem kleinen Stuhl, der vage an die Renaissance denken ließ, der Stuhl stand für einen gerade abwesenden Aufseher da, und er durfte ihn benutzen. Alle hier kannten ihn. Er stellte ihn zielsicher genau an die richtige Stelle, direkt gegenüber der Bildmitte, setzte sich und rief nach ihr. Sie kam, setzte sich auf seine Knie und betrachtete die Leinwand. Seine dünnen Schenkel spürten das schwere Gewicht, er war beinahe versucht zu bereuen, aber sie war weich, sanft und heiß und begann zu flüstern, wie es Kinder in großen, mit Kerzen erleuchteten Kirchen tun. Dieses ist das Bild, das dir so gefällt? Die Menschen vollführten Bewegungen, als gingen sie, aber sie kamen nicht voran, denn die unsichtbare Kraft der Luft stieß sie zurück, hinderte sie an jeglicher Fortbewegung, indem sie die Falten ihrer weißen Umhänge aufblähte, mühsames Flügelschlagen in einer abstoßenden, gläsernen Atmosphäre. Er erkannte sie wieder und bestätigte, ja, das ist es. Der Hund war verrückt, er bellte vor Hunger, vor Kälte und Angst, er bellte gegen den Tod an, roch ihn, sein dünnes, nacktes Körperchen wand sich im Wahnsinn, seine Sinne waren durch den sicheren, aber nicht greifbaren Terror verstört. Der Hund bellte, verrückt, wahnsinnig geworden an den Drohungen des durchsichtigen Horizonts. Sie überlegte, das ist kein besonders berühmtes Bild, stimmt's? Sie schien sich schließlich ihrer Erkenntnis sicher, und er grinste hinter ihrem Rücken, nein, nein, es ist nicht berühmt. Das Weiß wurde dunkel, nahm die Farbe des Todes an, unsichtbares Eis, Schnee, der das Leben mit sich fortreißt, die Klarheit offenbarte sich als ein zu fürchtendes, gefährliches Mysterium, ein reines Universum, in dem es keinen Platz für Menschen gibt, auch nicht für verrückte Hunde. Und... warum gefällt es dir so? Weil es die erste schwarze Malweise ist. Das verstehe ich nicht, wenn es ein Schneefall ist, ist doch alles weiß... Das Weiße ist nichts anderes als eine Maske, ein Zeichen des Todes, alle werden sterben und wissen es auch. Ja? Bist du sicher? Ja, das Gewicht des Weißen erdrückt sie, das Weiße ist immer kalt und feucht, durchdringt ihre Kleider, kündigt sich jenseits des feuchten Stoffes, auf der Haut, an; und dann setzen die Messerstiche ein, anfangs noch schwach, erträglich, wie ein feines Ziepen, winzig kleine Messer aus Eis, die immer schneller zustechen, immer schmerzhafter, am Ende tödlich... Verdammt, was du für merkwürdiges Zeug redest, du fängst an, mir angst zu machen... Nein, er konnte darauf kaum etwas anderes erwidern als nein, hab keine Angst, wirklich... Dann improvisierte er einigermaßen glaubwürdig: Es ist nur, als kleiner Junge bin ich einmal beim Skilaufen gefallen, ich brach mir ein Bein, ich geriet in eine Lawine, fast wäre ich krepiert, verstehst du? Darum macht mir der Schnee angst, auch wenn ich ihn mag, ich weiß nicht... Ja, ich verstehe. Sie verstand. Er seufzte erleichtert auf. Ich laufe auch Ski, in León liegt im Winter viel Schnee. Was für Stiefel hast du? Puh, keine Ahnung, solche französischen, ganz ausgefallene, an den Namen erinnere ich mich nicht... Also, weißt du was? Jetzt, wo du mir das alles erzählt hast, also, da glaube ich, es stimmt, wenn es viel schneit, kommt es dir so vor, als kröchen dir die Flocken unter die Haut, als grüben sie sich in die Haut ein, ja, wirklich, ein Gefühl wie Nadelstiche. Nein, keine Nadeln, dachte er und wußte, er würde fortan keinen einzigen Ton mehr von sich geben. Messer, immer sind es Messer, deren Schneide in das vertrauensselige, getäuschte, sich seiner Beschaffenheit kaum bewußte Fleisch eindringt; Messer, die den kurzfristigen Widerstand, den die Haut ihnen entgegensetzt, überwinden, um dann, mit einem kalten Schauer, die Verwundbarkeit der lebenden Organismen zu beweisen; Messer, Instrumente der Lust und der Macht. Ein Bild, das ihn von Kindheit an gepeinigt hatte, oftmals hatte er es ausprobiert, indem er die Spitze des scharfen Seziermessers an die Innenseite seines Armes gedrückt hatte, gegen die unregelmäßigen Linien der violetten Venen; am Anfang widersteht das Fleisch, es verteidigt sich und spiegelt nur ein schwaches Zeichen, einen farbigen Punkt auf der hellen Oberfläche, bis in einem bestimmten Moment die Struktur bricht, indem sie ihre Gesetze denen des Stärkeren unterwirft; ein Metallblatt mit gewetztem Rand, das sie streift und wie ein leidenschaftlicher Liebhaber in sie eindringt; eine Liebe, die er sich nur ausmalen konnte, denn niemals war es ihm vergönnt gewesen, diesen Sieg selbst kennenzulernen. Das Messer tötet, dachte er und schlang seinen rechten Arm um Manuelas Taille, streckte seine Finger aus, um das Gewicht einer ihrer Brüste zu erfühlen, das Messer würde sie töten, würde sie lehren, daß das Leben eine unerträgliche Arbeit war, und ihre Unschuld würde sich innerhalb eines Augenblicks wie eine mächtige Waffe gegen sie selbst kehren. Dann beugte er sich ein wenig vor, um sein Gesicht in ihrem Haar einer barocken Heiligen, das nach Kindershampoo, dem zeitgenössischen Moschus, roch, zu verbergen; er spürte, daß sein Geschlecht wuchs, und er begann, sich langsam zu schaukeln, mit ihr, gegen sie, wiegte sich selbst, während er in einen sonderbaren Frieden eintauchte. So könnte es das ganze Leben sein, sagte er sich stumm, fast überrascht von seinem Wohlbefinden; aber als er gerade im Begriff war, in ihr die verlorene Gelassenheit wiederzugewinnen, als er begann, die Zärtlichkeit des Wassers auf seinen Füßen zu spüren, dort, in seinem verlorenen Königreich, auf gleicher Höhe mit den Wolken, die gesamte ihn umgebende Welt zu seiner Verfügung, alle

Messer zerbrochen und verrostet durch die Gewißheit, die Unsterblichkeit derjenigen, die sich geliebt wissen, da hörte alles abrupt auf, genauso wie in den Träumen.
Sie löste sich aus seiner Umarmung und sprang mit einem Satz auf. Zornig sah sie ihn an, und einen Augenblick lang kamen ihm ihre Augen rot vor.
»Du bist ein Schwein.«
Sie spuckte ihm diese Worte ins Gesicht und rannte davon.

Es gelang ihm nicht, Bedauern über ihren Verlust zu empfinden, denn trotz alledem und obwohl er wußte, daß er es niemals hätte versuchen dürfen, bewahrte er immer noch in seinem Mund, an seinen Fingern, auf seiner Haut den herrlichen Duft der vergessen geglaubten Heimat. Dennoch mußte er sich eingestehen, daß Schamröte ihn überzog, sein Gesicht, seinen Körper; sein rotes, tiefrot aufwallendes Blut glühte vor Farbe; und indem er die Scham einen Augenblick beiseite drängte, versuchte er all seine Energie auf das Funktionieren seines Organismus zu konzentrieren, um die gewohnte Blässe und Lockerheit zurückzugewinnen. Er dachte an etwas anderes, schlug die Beine betont übereinander und stützte mit argloser Miene sein Kinn in die hohle rechte Hand. Sein Blick zeugte von einem unentschiedenen, besessenen Kampf gegen die weiße, weiß bemalte Leinwand, die stumm geblieben war, die sich auflöste und wie vereistes Kristall beschlug.
»Wie dreckig ist doch dieses Bild!« sagte er laut und um den Tonfall eines Experten bemüht. Und er fühlte sich besser.
Ein paar weitere Minuten verharrte er regungslos, ging in Gedanken die Einkaufsliste durch, bis sein Geschlecht sich ergeben hatte und diskret geschrumpft war. Da erhob er sich und näherte sich mit langsamen Schritten der Tür. Immer noch hatte er den Geschmack der Mitte

auf der Zunge, und obwohl ihn niemand im Saal anblickte, sah er zu, daß er sich still und leise davonschlich.

An der Theke der erstbesten Bar, auf die er im Vorbeigehen stieß, verschlang er drei Tortillaspieße hintereinander. Er verspürte keine Lust, für sich allein zu kochen, nicht nach den Ereignissen dieses Morgens. Der Kaffee verbrühte ihm den Hals, trotzdem stürzte er ihn mit einem Schluck hinunter, um schnell bezahlen und gehen zu können, um auf die Straße zurückzukehren, wo die Sonne wärmte, um langsam nach Hause zu gehen, sich nach all den Jahren ein weiteres Mal vom Meer zu entfernen, um das Elend einer so schmerzhaft erworbenen Vernunft, so mühsam aufrechterhalten durch sein Bewußtsein eines einsamen Mannes, zurückzugewinnen.
Es gestaltete sich nicht besonders schwer für ihn, darin war er geübt. Als er Barceló erreichte, glaubte er bereits, daß es besser gewesen wäre, sie nicht kennengelernt zu haben; die vergebens bewiesene Kühnheit hatte ihm kostbare Zeit geraubt, er hatte das zweite und das dritte Treffen versäumt. Manuela war so häßlich, wenn auch amüsant, und Conchi hätte sehr wohl gerade diesen Nachmittag wählen können, um erneut aufzutauchen; hätte ihr Haus verlassen können, noch lustlos den letzten Bissen des Nachtischs kauend, vielleicht noch einen angebissenen Apfel in der Hand, und hätte hastig vorbeieilen können, dicht an der Lehmmauer des Konvents entlang, der nackten Mauer, mit abwesendem Blick. Niemals hätte er seine Welt wegen des Zipfels einer anderen, von der er wußte, wie verloren und unwiederbringlich sie war, vernachlässigen dürfen.
Die Straße war verwaist. Trotzdem bog er vorsichtig in sie

ein, zwang sich, aufmerksam jeden Eingang, jede Ecke, jede Auffahrtsrampe der Garagen zu beobachten, aber vergebens. Er verzichtete darauf, neben dem ständig tropfenden Abflußrohr der Dachrinne, seinem üblichen Beobachtungsposten, stehenzubleiben, denn er hatte fast eine Stunde Verspätung. Sie würde nicht auftauchen, es war zwecklos, noch mehr Dummheit für nichts und wieder nichts zu verschwenden. Langsam stieg er die Treppen hoch. Als er in seinen Taschen nach den Schlüsseln suchte, stießen seine Fingerspitzen auf zwei kleine Scheiben, und er fühlte sich etwas zufriedener mit sich selbst. Zumindest bist du als Gewinnerin daraus hervorgegangen, verkündete er mit einem kaum hörbaren Murmeln, sobald er die Tür geschlossen hatte und sich allein mit ihr im Flur befand. Sie war alt, rissig und vergilbt, der Moment war gekommen, ihr behilflich zu sein, ihr dazu zu verhelfen, daß sie den einstmaligen Glanz wiedergewann – mit den ureigenen Hilfsmitteln älterer Damen, verwelkter Frauen an der Schwelle zum Alter, genau wie sie, nur noch der blasse Abglanz der Schönheit, die ihr einmal zu eigen gewesen war.

»Die Nacktheit ist äußerst waghalsig. Und du hast nun das Alter überschritten, in dem man nackt in der Gegend herumläuft.«

Er lächelte, während er ihr mit einer Stecknadel Löcher in die Ohrläppchen stach.

»Kaum zu glauben, in deinem Alter immer noch ohne Ohrlöcher, wie wenig kokett du doch bist . . .«

Es war lustig. Er nahm die beiden Reißzwecken, die das monotone Szenario ihres ärmlichen Lebens fest an der Wand hielten, kurz ab und stach die beiden Ohrringe durch das Papier, vorsichtig, um es nicht zu zerreißen. Dann trat er ein wenig zurück und schaute sie, nun durch den Glanz des billigen Metalls verwandelt, an. Die Ohrringe standen ihr gut, sie war hübscher als vorher. Er sagte es ihr.

»... und beklag dich nicht, heute habe ich mich sehr um dich gekümmert ...«
Dann blieb er mitten im Zimmer stehen, zögerte. Er hatte bereits viel Zeit verloren. Und doch würde ihm nichts anderes einfallen, was er in den widerwärtigen Stunden eines weiteren sinnlosen Nachmittags anfangen könnte. Er redete sich außerdem ein, sein Körper verlange danach, denn anders konnte er sich die absurden Gefühle nicht erklären, die ihn an diesem Morgen umgetrieben und schließlich seine Selbstkontrolle endgültig zunichte gemacht hatten. Er war es sich schuldig. Entschlossenen Schritts betrat er das Wohnzimmer, schloß die Rolläden und ließ sich gegenüber einer Wand nieder, die gleichmäßig mit einem gelbstichigen Anstrich überzogen war – nur in der Mitte befand sich ein regelmäßiger, weißer, sauberer Fleck, auf den er unverzüglich seinen Blick richtete, auf den er sich konzentrierte, um durch ihn hindurch zu sehen, wie man durch ein Fenster sieht.

Seit jenem Nachmittag, an dem er sie das erste Mal gesehen hatte, damals, als sie mit ihren Freundinnen Gummitwist gespielt hatte, war noch nicht allzu viel Zeit vergangen, etwas mehr als ein paar Jahre. Aber wie Polibio prophezeit hatte, hatte ihr Körper eine radikale Veränderung durchgemacht. Eine erblühte Aphrodite, runde Formen umgaben die ehemals spitzen Knochen. Unauffällig verfolgte er sie, paßte seinen Tagesablauf dem wechselnden Rhythmus des ihren an und wartete; er war entschlossen, so lange wie notwendig zu warten. Niemals hätte er geglaubt, daß er ein so feines Gehör besaß. An jenem Morgen im Frühling, als er sie schon von weitem erkannte, wie sie die Steigung heraufkam, in jeder Hand eine Tüte, nahm er keine wesentlich andere Erscheinung wahr als die, die er unzählige Male betrachtet hatte. Er war daran gewöhnt, sie in diesen spitzen Schnürstiefeln, die sich eng an die Knöchel schmiegten,

und einem superkurzen, mit üppigen Volants gesäumten Jeansrock zu sehen. Nach der Häufigkeit zu urteilen, mit der sie ihn trug, schien er ihr Lieblingsstück zu sein. Nichts war anders, außer dem hartnäckigen Wind, der ihr unentwegt zusetzte, indem er bei jedem Schritt ihre Schenkel entblößte. Sie erhaschte den aufflatternden Stoff nie rechtzeitig, da ihre Arme durch das Gewicht der mit Lebensmitteln prall gefüllten Plastiktüten bewegungsunfähig waren. Vielleicht war es der Wind, der Anblick des bis dahin verborgen gebliebenen schmalen Streifens Fleisch, oder es waren ihre rührenden Versuche, Haltung zu bewahren, die Anstrengung, die ihren Unterkiefer verzerrte und Schweiß auf ihr Gesicht trieb, ein feuchter Glanz auf der Oberlippe; vielleicht war es auch nichts anderes als Pech, denn auch früher, wenn sie an ihm vorbeigegangen war, waren ihm obszöne Stoßgebete entschlüpft, gemeine Sätze, aufrichtig und eindringlich, die er genaugenommen nur an sich selbst richtete, denn sie besaßen die Macht, die drohende Gefahr zu bannen, indem sie die Begierde und die tiefe Scham, sich hier zu wissen, ihr aus dem sicheren Schutz, den ihm die Mauer seines eigenen Hauses bot, nachzuspionieren, abtöteten.
»Schau mal an, wie beschwingt du heute daherkommst . . .«
Es war ihm schon weitaus Schlimmeres herausgeplatzt, diesmal jedoch hörte sie ihn. Anfangs bemerkte er es nicht, aber während sie mit ihrem drallen Körper und erhobenem Kopf an ihm vorbeiging, ihre Haut vor seinen immer noch leuchtenden Augen schimmerte, vernahmen seine Ohren laut und deutlich einen Schwall von Beleidigungen, die unerwartete Antwort, die diese so junge Frau, bis dahin eher ein stummes Mädchen, deutlich zwischen ihren Zähnen hervorstieß, ohne ihn dabei anzublicken.
»Rüpel, Schwein, geiler Bock, Hurensohn.«
Der Schreck ließ augenblicklich alle Farbe aus seinem

ohnehin blassen Gesicht weichen und provozierte ihn zu einer Reaktion, kurz bevor sie den Eingang ihres Hauses erreicht hatte.
»Hau ab, du dummes Lästermaul!« schrie er ihr mit trotziger Miene hinterher.
Conchi drehte sich um, und mit einem überraschenden Lächeln machte sie die Verblüffung ihres ewigen Zuschauers vollkommen.
»Selber, mein Süßer . . .«

Am nächsten Nachmittag sah er sie wieder. Es geschah nichts, denn er wagte nicht einmal, in ihrer Gegenwart den Mund aufzumachen. Dieselbe Szene wiederholte sich vierundzwanzig Stunden später unter genau den gleichen Bedingungen. Diese minimale Wiederherstellung des gewohnten Rhythmus genügte ihm, um sich davon zu überzeugen, daß ihre Kommunikation für immer unterbrochen war. Darum erschrak er auch so, als er sie hörte, denn sie war es, die ihn ansprach, als er ihr eines Morgens unvermutet am Eingang der Bäckerei begegnete.
»Mensch Alter, was bist du nur häßlich . . .!«
Er spürte, wie sein Herz kämpfte, wie es die dünne Wand seiner alten Rippen durchbrechen wollte und ihm in die Hose rutschte. Als er sich nach ihr umdrehte, um sie anzusehen, blickte sie ihn mit einem hinterlistigen Lächeln an. Es stand ihr durchaus, jedes Lächeln hätte ihr gestanden. Dabei steckte sie einen sauren Brauselutscher, der aus einem kleinen Papiertütchen ragte, in den Mund, um einen Moment lang gierig daran zu saugen und dann den Vorgang zu wiederholen. Steif, wie gelähmt, stand er mit einem Fuß auf der Schwelle und kam nicht umhin, ihr weiter zuzuhören.
»Wirklich, ich sehe dich an und kann es nicht glauben, keine Ahnung, wie jemand so schrecklich aussehen kann, im Ernst, du kannst einem leid tun, wirklich, dich müssen sie in einer Nacht gemacht haben . . .«

»In einer Gewitternacht, in der man nichts sehen konnte, ja, weiß ich.« Sie war jung, immer noch so jung, vielleicht zwanzig Jahre jünger als er. Er war daran gewöhnt, sie sich als ein mächtiges und grausames Wesen vorzustellen, der Gedanke gefiel ihm, aber sie entpuppte sich doch nur als eine Göre, eine Hexe. Als er das begriffen hatte, fühlte er sich auf einmal sicher. »Das ist eine uralte Geschichte, die habe ich schon Hunderte von Malen gehört, sie ist nicht besonders witzig, außerdem, da du nun schon ein Fräulein bist, solltest du wissen, daß man Kinder auch bei Tag und ohne Licht machen kann.« Er blickte ihr ins Gesicht und grinste, als er ihre Verwirrung sah. »Sieh mal, viel hübscher ist doch die Tatsache, daß du geboren bist, es muß schließlich von allen welche geben. Daran solltest du das nächste Mal, wenn du mich siehst, denken. Und jetzt, wenn es dir nichts ausmacht, laß mich bitte vorbei, ich bin hier, um Brot zu kaufen.«
Mit entschlossenem Schritt und, für den Fall, daß sie in der Tür stehenbleiben würde, mit einem Ausdruck von, wie er hoffte, unbestechlicher Würde ging er zum Verkaufstisch. Aus demselben Grund entschloß er sich im letzten Moment, auch ein paar dieser ekelhaften, blubbernden Brauselutscher zu kaufen. Bevor er sich umwandte, blickte er in den Spiegel, der das oberste Drittel der Wand einnahm und die Straße widerspiegelte. Er stellte fest, daß sie immer noch dort stand und ihn ansah. Als er an ihr vorbeiging, reichte er ihr die Süßigkeiten mit einer Miene, die unbekümmert wirken sollte.
»Hier, damit du eine Erinnerung an mich hast . . .«, und ging weiter, ohne sich umzublicken.
Es kostete ihn einige Mühe, sich davon zu überzeugen, daß das klappernde Geräusch von Absätzen nur das seiner eigenen Schritte war.
»Hör mal, es tut mir leid . . .« Mit leicht zerknirschtem Gesicht und vom Laufen noch außer Atem, zog sie ihn am Ärmel, damit er sich zu ihr umwandte.

»Was?«
»Na das ... was ich über die Gewitternacht gesagt habe. Das ist mir so rausgerutscht.«
»Mach dir keine Sorgen.« Er setzte den linken Fuß vor, um weiterzugehen, versuchte aber, den Rest seines Körpers nicht einen Millimeter vorwärts zu bewegen, in der vagen Hoffnung, sie möge seinen Arm nicht loslassen und neben ihm hergehen.
»Ich bin daran gewöhnt. Um Verzeihung sollte eher ich bitten, wegen neulich ...«
»In Ordnung.« Sie betrachtete ihre Schuhspitzen, die Hände hielt sie hinter dem Rücken verschränkt. »Um die Wahrheit zu sagen, ich bin daran gewöhnt, daß man mir Sachen hinterherruft ...«
»Das wundert mich nicht ...«
»Na ja, ich kann darin keinen Reiz entdecken, ehrlich. Komplimente mag ich schon, die sind lustig, manchmal lache ich und so, aber daß man nicht in Ruhe an einer Baustelle vorbeigehen kann, das geht zu weit, also, das begreife ich nicht ... Du zum Beispiel. Arbeitest du denn gar nicht, Alter? Du hast doch nichts anderes zu tun, als hier rumzustehen, lehnst an einer Mauer und wartest darauf, daß ich herauskomme.« Sie schenkte ihm ein provozierendes Lächeln, erhielt aber keine Antwort. »Das ist unglaublich, ich meine, ich sage das nicht nur deinetwegen, aber ich glaube, ihr seid ein paar Unglücksvögel. Wenn ihr es nicht ertragen könnt, eine hübsche Frau über die Straße gehen zu sehen, dann doch nur, weil ihr euch nicht mal mehr daran erinnern könnt, wann ihr es das letzte Mal mit einer Frau gemacht habt.«
»Ach was ...!« Er sah ihr in die Augen und wiederholte sich standhaft, daß er zwanzig Jahre älter war als sie. »Das ist es doch nicht, wirklich ... Wie heißt du?«
»Conchi, und ich glaube doch, Alter, das ist es doch, das sagt auch meine Mutter, die Männer reden immer über dasselbe, aber dann, ph!«

»Wie alt bist du?«
»Sechzehn.«
»Zum Glück ...«
»Zum Glück, warum?«
»Na, weil ich dich jetzt getroffen habe und nicht erst in fünfzehn Jahren, wenn du mit einem Maschinengewehr herumläufst ...«
Sie lachte herzlich auf.
»Weißt du, wo ich gedenke in fünfzehn Jahren zu sein?«
Er schüttelte den Kopf, heiter, ihr Lächeln hatte ihn angesteckt.
»In einem supertollen Haus, mit einem philippinischen Dienstmädchen, die Kinder in einem Internat in Irland, und dazu so einen Trottel in blauem Anzug und Krawatte, der achtzehn Stunden am Tag arbeitet, um mich zufriedenzustellen, nicht mehr und nicht weniger.«
»Das ist Liebe.«
»Nein, Liebe ist etwas anderes und bringt nichts als Scherereien.«
»Die du dir suchst ...«
»Ich?« Ihre Lippen formten sich zu einer sarkastischen Grimasse, ihre Pupillen weiteten sich, fingierten eine plötzliche Sinnestäuschung. »Nein, Mann, ich bin doch nicht blöd, du kennst mich nicht.«
»Doch, ich kenne dich, ich habe andere wie dich kennengelernt.« Jetzt sprach er mit einer ungewohnten Weisheit, ohne die Stimme zu heben, vollkommen sicher, daß er angehört wurde, als ob die Worte, die er langsam formulierte, seit dem ersten Tag der Ewigkeit in seinem Mund gewesen wären. »Die Hübschesten, die Schlauesten, die, die geboren sind, um die Welt zu erobern, um die Männer zu beherrschen, um sich vorteilhaft in Szene zu setzen, sind diejenigen, die sich am meisten anstrengen, sich ihrem Schicksal zu widersetzen, und die am schlimmsten enden ...«
»Das meinst du!«

»Ja, das meine ich, du bist hoffnungslos verloren. Weil du weder schweigen noch deinen Zorn herunterschlucken kannst, weil du nicht über deine Beleidigungen nachdenkst; du wirst niemals einen Trottel in blauem Anzug und Krawatte lange genug ertragen können, um Kinder zu haben und sie nach Irland zu schicken, du wirst dich maßlos in den Mann verlieben, der am wenigsten zu dir paßt, ein schwächliches, kränkliches Individuum, er wird dich ungeduldig nennen, wenn du aufrichtig bist, unsensibel, wenn du aufrichtig bist, hart, wenn du aufrichtig bist, und Nutte, wenn du aufrichtig bist; und am Ende läßt er dich wegen einer Klavierschülerin sitzen, genauso schwächlich und falsch wie er, mach dir nichts vor. Und das noch im besten Fall, denn die andere Variante, der offenkundig harte Mann, der dich wegen seiner Sicherheit fasziniert und dich verführen wird, um dich als ein weiteres Schmuckstück in seiner Sammlung vorzuführen, wird dich noch eher in den Alkohol treiben und dich zu einer Stammkundin in der Nervenklinik machen. Es lohnt nicht die Mühe, sich wegen einer Klavierschülerin verrücktzumachen, denn sie wird ihn schließlich doch kriegen, da kannst du sicher sein. Hat dir deine Mutter nicht erzählt, daß die Männer immer die faden, grauen Mäuse heiraten? Und danke Gott dafür, daß du eine Mutter hast, sonst würdest du auf der Straße landen, und er würde sich eine fade Nutte holen, die gibt es nämlich auch ...«

»Was für ein Quatsch!« Ihre Stimme verlor für einen Augenblick ihre Hitzigkeit, aber da sie noch blutjung war, hatte sie sich sogleich wieder in der Gewalt. »Das sagst du, weil du ganz genau weißt, was dich erwartet, du redest, als wolltest du dich rächen, aber ich habe weder Schuld daran, daß du so häßlich bist, noch daran, daß du so wenig und so schlecht anbändelst.«

»Aber ich habe recht, du wirst schon sehen.«

»Na schön, ich denke nur nicht daran, noch mehr Zeit mit deinem Unsinn zu vergeuden ...«

»Werd nicht böse«, unterbrach er sie im einschmeichelnd weichen Tonfall des Rückzugs. »Das war doch nur literarische Theorie.«

Polibio hatte wiederholte Male mit den Augen geblinzelt, als er ihre Umrisse im Gegenlicht ausmachte, ganz so, als wollte er sich weigern, sich die Ungeheuerlichkeit einer solchen Sinnestäuschung einzugestehen. Er verhehlte sein Erstaunen nicht, als sie schließlich vor ihm standen, er ihre Gesichter auf der anderen Seite der Theke nicht mehr ignorieren konnte.

»Mensch, Conchita! Was machst du denn hier . . .? Hat der Onkel dir vor der Schultür ein Bonbon gegeben?«

Benito entfuhr ein müdes Schnauben, er kam jedoch nicht dazu, den Mund aufzumachen. Sie war es, die die Initiative ergriff und heftig zum Gegenangriff überging.

»Ach nein, was meint der denn . . .? Er mag ja ein enger Freund von dir sein, aber ein bißchen schwachsinnig wirkt er doch, nicht?« Er nickte und sah dabei Polibio an. Sie waren quitt. Sie blickte Polibio ebenfalls an und wandte sich herausfordernd an ihn. »Na, wollen wir doch mal sehen. Woher wissen Sie meinen Namen, wenn man das erfahren darf?«

»Oh, ich kenne Ihre Frau Mutter . . .« Nach einer langen Pause begann bei jeder Silbe das Volumen seiner Stimme auf alarmierende Weise zu schrumpfen. »Ich wollte Ihnen nicht zu nahe treten, entschuldigen Sie, normalerweise ist es nicht meine Art, Kommentare über meine Gäste zu machen, ich weiß nicht, diese Vertraulichkeiten . . .«

Benito grinste. Es war ihm unmöglich, ihm längere Zeit böse zu sein. Auch ihr Gesichtsausdruck entspannte sich, und als sie sprach, klang ihre Stimme weich.

»Na gut, du brauchst dich nicht so anzustellen . . . Du kannst mich duzen, Alter.«

»Schön . . . Und was darf es sein?«

»Einmal Tintenfisch mit Mayonnaise.«

Ihre Bestellung, laut und deutlich, traf sie beide vollkommen unvorbereitet.
»Was ist los?« hakte sie mit überraschter Miene nach. »Ist das zu teuer?«
»Nein.« Es war Benito, der ihr antwortete. »Das ist es nicht. Aber normalerweise bestellt man vorher etwas zu trinken.«
»Gut, dann also einmal Tintenfisch mit Mayonnaise, eine Coca-Cola, und als Häppchen nehme ich zwei Miesmuscheln. Von Spießchen bekomme ich immer Sodbrennen.«
»Für mich ein Bier . . .«
»Und Brot!« Sie schrie es Polibio hinterher, als der durch die Tür hinter der Theke verschwand. Diesmal haben wir es dem Ärmsten nicht leicht gemacht, dachte Benito, überrascht von der Entschlossenheit, mit der sie einfach Essen bestellt hatte, ohne überhaupt darauf zu achten, daß höchstens drei oder vier Dosen mit gefüllten Oliven zwischen den Flaschen zu sehen waren. »Die sind nämlich äußerst gewitzt, du bestellst eine kleine Portion, und die vergessen einfach, die Häppchen hinzustellen, darum erinnere ich sie immer daran.«
Er sah sie eine Weile lächelnd an. Schließlich und endlich könnte er sich allein schon aufgrund der Tatsache, daß Polibio jetzt alle Bars am Platz abklapperte, um die vielfältigen Zutaten für ihre üppige Bestellung zusammenzusuchen, glücklich schätzen. Er spürte, daß ihm nicht allzu viel Zeit mit ihr allein blieb.
»Sieh mich nicht so an, Alter . . . Du bist auf dem Holzweg, verstehst du? Du hast nicht die geringste Ahnung, wer ich bin.«
»Eine gefährliche Frau, hm?«
Sie antwortete mit einer Grimasse, die er nicht zu deuten wußte.
»Denk, was du willst, aber . . .« Sie verstummte plötzlich. Gleich darauf erhellte sich ihr Gesicht, als hätte sie

gerade das alles schlagende Argument gefunden. »Hat man dir als Kind nicht das Märchen vom Goldsternchen erzählt?«

»Keine Ahnung. Der Name kommt mir bekannt vor, aber ich erinnere mich nicht.«

»Macht nichts, ich werde es dir erzählen. Es war einmal ein Haus, in dem zwei Stiefschwestern lebten, eine gute und eine böse. Die Böse war die Lieblingstochter der Frau, die ihre Mutter war, die Gute dagegen war Waise, so ... genauso wie Aschenputtel, die den ganzen Tag arbeiten mußte. Eines Morgens ging sie zum Wäschewaschen an den Fluß, und dort begegnete ihr eine Greisin, die sie um etwas zu essen bat, weil sie großen Hunger hatte. Und weil sie so gut war, gab sie der Alten die Hälfte von ihrem Essen ab, das ohnehin nicht mehr als ein Bissen war. Da belohnte sie die Alte, die in Wirklichkeit eine Fee war, indem sie auf ihrer Stirn einen goldenen Stern wachsen ließ und sie mit der Gabe versah, daß immer, wenn sie sprach, aus ihrem Mund Geldstücke und herrliche Edelsteine kamen. Als sie nach Hause zurückkehrte und die beiden Hexen merkten, was geschehen war, beschloß die Frau, am nächsten Tag solle ihre eigene Tochter, also die böse, waschen gehen. Und so geschah es. Anstelle von Laken gab sie ihr zwei Taschentüchlein, damit sie nicht so ermüdete, und bereitete ihr ein riesiges Festessen zu, mit Huhn und Torte und allem. Die Alte kam gerade dann am Ufer daher, als sie zu essen beginnen wollte, aber weil sie so gefräßig war und die Fee nicht erkannte, wollte sie ihr nicht einmal einen Kanten harten Brotes abgeben. Da beschloß die Fee, sie zu bestrafen, indem sie auf ihrer Stirn einen Eselsschwanz wachsen ließ; und sie beschloß, daß jedesmal, wenn sie sprach, sich ihr Mund mit Kröten und Schlangen füllen sollte.«

»Wie bei dir neulich ...«

»Nein, Mensch«, lachte sie, »ich meine mit richtigen Kröten und Schlangen. Kurz und gut, so stand es also. Der

Prinz des Königreiches beschloß zu heiraten und schickte einen Gesandten aus, der von Haus zu Haus gehen und nach heiratsfähigen Mädchen Ausschau halten sollte. Den Schluß erzähle ich dir nicht, denn den sollst du erraten. Bist du bereit?«

»Ja.«

»Gut. Fest steht also, daß von den beiden Stiefschwestern eine hübsch, sehr hübsch, und die andere sehr häßlich, absolut häßlich war. Welche, glaubst du, wird die Hübsche sein, die Gute oder die Böse?«

»Die Gute.«

»Und mit welcher hat sich der Prinz verheiratet?«

»Mit der Hübschen.«

»Und welche wurde überaus reich und überaus glücklich und hatte fünfzig Enkelkinder, bis sie im Alter von über hundert Jahren in ihrem Bett starb und direkt in den Himmel kam?«

»Sie.«

»Genau. Und hast du die Moral von der Geschichte begriffen?«

»Ja, aber ich könnte dir jetzt einen Haufen Geschichten erzählen, die genau anders herum enden. Und die sind weitaus moderner.«

»Ach ja? Welche denn?«

»Na, zum Beispiel, *Vom Winde verweht.* Hast du den gesehen?«

»Natürlich nicht.«

»Warum natürlich?«

»Na, weil das ein schauderhafter Film ist, finde ich jedenfalls.«

»Und woher weißt du, daß er schauderhaft ist, wenn du ihn nicht gesehen hast?«

»Weil ich das weiß, alle Welt weiß das, ein schauderhafter Streifen, in dem alle sterben und so ...« Sie sah ihn aufmerksam und mit einem Ausdruck blanken Entsetzens an. »Erzähl mir nicht, du hättest ihn gesehen!«

»Doch«, nickte er. »Mehrmals, das erste Mal vor vielen Jahren. Teresa gefiel er sehr.«
»Wer ist Teresa?«
»Das ist eine alte Geschichte . . .«
»Hat sie dir Hörner aufgesetzt?«
»Nein, was denkst du denn, nicht einmal das . . .«
»Aha. Mit was für einem Gesicht du das gesagt hast . . . Und warum gefiel er ihr so?«
»Weil es nicht irgendein Film ist. Es ist die Geschichte einer sehr, sehr hübschen, wunderschönen Frau, die stark und intelligent ist und sich in ein ihrer nicht würdiges Individuum verliebt, ein blasses, schwächliches und kränkliches Wesen, das obendrein noch mit einer liebreizenden aber vollkommen unerotischen Frau verheiratet ist. Scarlett, die Heldin, war absolut erotisch und Teresa auch, auch sie verliebte sich immer unglücklich, immer in den falschen Mann, sie konnte nicht anders. Ich vermute, deshalb gefiel ihr der Film so . . .«
»Und ich . . . wie bin ich? Bin ich erotisch oder nicht?«
In diesem Augenblick kehrte Polibio zurück und lachte ihnen keuchend zu. Zweifelsohne war er sehr mit sich zufrieden, denn er war mit all den Tellern in den Händen nicht aus dem Gleichgewicht gekommen. Er stellte alles auf dem Tresen ab und machte sich daran, die Getränke zu servieren. Sie wartete jedoch nicht auf ihre Coca-Cola. Kaum stand der Tintenfisch in ihrer Reichweite, zog sie mit einem entschlossenen Handgriff den Teller zu sich heran, legte schützend den linken Arm darum, ah, endlich, und begann zu essen, als hätte sie nie zuvor Gelegenheit dazu gehabt. Immer abwechselnd aß sie einen Bissen von diesem weißlichen, elastischen Monstrum und große Stücke des Brotes, die sie ohne jegliches Schamgefühl in die Soße tunkte. Polibio sah ihr fasziniert zu, dabei hielt er eine Flasche in der Hand. Benito dachte, alles an ihr ist stimmig, auch ihr Appetit paßt dazu. Schließlich antwortete er flüsternd.

»Du bist die Erotik in Person. Deshalb gibt es für dich kein Entrinnen, und du wirst leiden, das ist dein Schicksal, ganz sicher.«
Sie geruhte, in ihrem Kauen innezuhalten, und sah ihn belustigt an, als falle es ihr in der Fülle ihrer Lust, mit dem prall gefüllten Bauch, unendlich schwer, sich weiterhin aufnahmefähig zu zeigen, und nachdem sie ihre Zungenspitze ausgestreckt hatte, um einen Tropfen Mayonnaise aus dem Mundwinkel abzulecken, mußte sie sich anstrengen, um mit dem immer noch vollen Mund halbwegs verständlich zu sprechen.
»Und was meinst du?« Sie tippte Polibio an, der augenblicklich jeglichen Ansatz einer Tätigkeit aufgab und sich schwer auf den Schanktisch stützte. Das Kinn in den Händen, sah er sie an. »Ob ich dazu geboren bin, wegen der Männer zu leiden, wie der da behauptet, oder um sie fertigzumachen, wie ich glaube ...?«
Benito nahm eine stumme, verzweifelte Bitte um Gnade wahr, bevor er die voraussehbare Antwort, formuliert in dem voraussehbaren philosophischen Tonfall vernahm.
»Na ja, normal wird sein, daß du im Laufe deines Lebens in beiderlei Hinsicht deine Erfahrung machst.« Sie verzog skeptisch den Mund, und er beeilte sich, sich besser auszudrücken. »Ich will sagen, wegen irgendeines Mannes wirst du leiden, daran wirst du nichts ändern können, Mädchen, das kommt immer wieder vor. Aber ich glaube, im wesentlichen wirst du dir schon zu helfen wissen, um nach deinem Belieben mit ihnen umzuspringen, du wirst dich durchsetzen, das habe ich so im Gefühl ...«
»Hörst du?« Sie schrie beinahe, hielt es aber nicht für notwendig, ihren Feind überhaupt nur anzusehen. Vielmehr vertiefte sie sich in ihre Aufgabe, den Teller mit dem letzten Stück Brot auf Hochglanz zu bringen. »Und dein Freund ist älter als du, er weiß eine Menge ... Ach, wie gut das war! So liebe ich Tintenfisch ... Ich könnte eine ganze Schüssel davon essen.«

»Möchtest du mehr?« fragte Benito, ohne auf Polibios warnende Gebärden hinter dem Tresen zu achten.
»Kann ich?«
»Natürlich kannst du . . .« Und er lächelte, als er den Kontrast zwischen dem dankbaren Blick, den sie ihm dafür schenkte, und der plötzlichen Härte in den Augen, die ihn aus der Entfernung anfunkelten, wahrnahm.
Mit finsterem Blick schickte Polibio sich an, noch einmal loszugehen. Da bist du schön beschäftigt, du alter Gauner und Lügner, dachte er, als er ihn mit schleppenden Schritten hinausgehen sah, wobei er mit Sicherheit still vor sich hin seine klassischen Flüche abließ. Nichts ahnend von der Tragödie, die die kurze Polemik über ihr Schicksal ausgelöst hatte, widmete sich Conchi ihm mit einem Ausdruck ungewohnten Wohlgefallens.
»Sag mal . . . du hast wahrscheinlich viele Bücher zu Hause, stimmt's?«
»Warum fragst du das?« Er war nicht bereit, auch nur eine einzige Antwort zu verschenken, denn er wollte sie solange wie möglich hinhalten.
»Weiß nicht . . . weil du dir Filme mehrmals ansiehst, und Leute, die sich Filme mehrmals ansehen, gehen oft ins Kino, und Leute, die oft ins Kino gehen, haben immer eine Menge Bücher, nicht?«
»Nicht alle, glaub das bloß nicht . . .«
»Gut, aber hast du nun Bücher oder nicht?«
»Ein paar.«
»Die Sache ist die, daß ich eines brauche, ein Buch, verstehst du? Für die Schule, meine Mutter hat mir schon angekündigt, daß sie mich, wenn sie mich dieses Jahr in Spanisch durchfallen lassen, von der Schule nimmt und arbeiten gehen läßt, so daß . . .«
»Du hast noch nicht mit dem Abiturkurs angefangen?«
»Nein, ich habe drei Kurse wiederholt, macht das was? Man braucht nicht so viel zu lernen, nur um einen dummen, reichen Mann zu finden . . .«

»Nein, das nicht ...«
»Also, jedenfalls habe ich die Knete schon für etwas anderes ausgegeben, das heißt, ich kann es mir nicht mehr kaufen, wenn du es mir also leihen könntest ...«
»Welches Buch ist es?«
»Eines, das *Die drei Zylinderhüte* heißt.«
»Ach das, von Alarcón!«
»Nein. Mir ist das ja egal, aber es ist von einem anderen, mit einem Stiernamen ...«
»Ach ja, natürlich, da habe ich mich geirrt«, bekannte er. Dabei lauschte er der Folge von Geräuschen, die die unmittelbar bevorstehende Rückkehr von Polibio ankündigten. Er sammelte sich, um überzeugend zu lügen. »Aber klar, ich glaube, ich habe es. Wenn du willst, gehen wir gleich, ich wohne hier um die Ecke.«
Die leeren Teller wurden durch volle ersetzt. Das schmutzige Geschirr wurde laut scheppernd in der Spüle aufeinandergestapelt. Sie stürzte sich erneut auf ihren Tintenfisch und täuschte nicht mehr vorhandenen Hunger vor. Jetzt kaute sie diszipliniert, schon ein wenig angeekelt. Er vermutete, daß sie zu jener Sorte von unglückseligen Personen gehörte, die, von einem sonderbaren Kodex angetrieben, niemals eine Möglichkeit ausschlugen, Lust zu gewinnen, und sei sie noch so hypothetisch; selbst wenn sie in dem Moment, in dem sich eine Gelegenheit dazu bietet, gar nicht das konkrete Bedürfnis danach verspürten, nur um aus einer zumindest theoretisch lustvollen Betätigung einen einzigen wohligen Schauer tatsächlicher Lust zu gewinnen. Deshalb empfand er so etwas wie Mitleid, bewunderte aber auch die Selbstdisziplin, mit der sie ihre selbst auferlegte Aufgabe ausführte, indem sie hastig, methodisch und lustlos aß, den Blick auf den Teller geheftet, und das nur für ihn, denn Polibio, der immer noch böse war, hatte sich an das andere Ende der Theke zurückgezogen und tat so, als läse er aufmerksam die Zeitung.

»Wo wohnst du?« Nachdem sie energisch den letzten Bissen in Richtung ihres malträtierten Verdauungsapparates gezwängt hatte, gelang es ihr endlich, die Frage herauszubringen.
»In Divino Pastor, ungefähr drei Minuten von hier.«
»Allein?«
»Nein, mit meiner Mutter.«
Sie nahm nichts Außergewöhnliches in seiner Stimme wahr, und mit einer selbstzufriedenen Miene, die nur mühsam ihre Erleichterung verbarg, ergriff sie ihre Tasche, die sie zuvor auf dem Fußtritt der Theke abgelegt hatte, hängte sie sich über die Schulter und bereitete so ihren Aufbruch vor.
»Klar, ein Typ wie du muß ja mit seiner Mutter zusammenleben.«
Sie drehte sich um und ging mit der größten Selbstverständlichkeit auf die Tür zu. Sie machte keinerlei Anstalten, auf ihn zu warten. Als er sich anschickte, ihr zu folgen, hielt ihn Polibio mit einem Aufkreischen zurück.
»Heh ... Willst du obendrein noch abhauen, ohne zu bezahlen?«
»Schreib es an, ich gebe es dir später ...«
»Nein. Du gibst es mir jetzt.«
»In Ordnung. Wieviel ist es?«
Ohne zu mucksen, zahlte er eine ungewöhnliche, unerwartete Summe, eine ungeheure Gebühr, nur für das schwache Aufflackern eines Glanzes, der für kurze Zeit das düstere Leben, das sie, zu beiden Seiten der Theke, so gut kannten, erhellt hatte. Sein Einverständnis mit dem Preis, das Fallen der Scheine auf die feuchte, noch immer mit Mayonnaise bespritzte Oberfläche, löste die Zunge des verräterischen Freundes, der begann, halbherzige Entschuldigungen zu stammeln, Mann, bei all dem Hin- und Hergelaufe, zu dem du mich gezwungen hast, scheint es mir nur gerecht, und außerdem weißt du doch, irgendein Gewinn muß auch für mich abfallen. Er antwortete

nicht, aber am Ende konnte er doch ein Lächeln nicht unterdrücken. Möge Gott dir Glück schenken, wünschte ihm Polibio, als er schon im Gehen begriffen war. Fick dich doch ins Knie, brüllte er von der Straße, ohne sich umzublicken. Und dann sah er sie, sie kauerte in einer Ecke und versuchte vergeblich, auch ohne Brotkrümel Tauben anzulocken.

»Was ist los, willst du nicht einmal deinen Anteil bezahlen?«

»Nein.« Behende erhob sie sich und lächelte ihn an. »Nie. Das ginge gar nicht, ich esse immer am meisten.«

»Ja, das glaube ich gern . . .« Er zeigte mit einer ungeschickten Handbewegung auf sein Haus, und sie marschierten langsam los. Sie wählte die Bordsteinkante, um besser bewundert werden zu können, mit ausgebreiteten Armen wie eine Seiltänzerin und kleinen Trippelschritten wie ein kleines Mädchen setzte sie auf dem schmalen Streifen einen Fuß vor den anderen. Er beobachtete sie aus den Augenwinkeln und sprach weiter.

»Also, das ist kein sehr emanzipiertes Verhalten . . .«

»In Geldangelegenheiten bin ich auch nicht sehr emanzipiert, das hättest du schon merken können . . .« Und wieder lachte sie. »Das lohnt nicht.«

Da war es, als er zu zweifeln begann und, kurz darauf, alles zu bereuen. In jenem Augenblick, als es keine Rückzugsmöglichkeit mehr gab, spürte er, wie gern er diesen Spaziergang in die Länge gezogen hätte. Darum auch fühlte er beinahe körperlich einen feinen, schmerzhaften Stich, als ihn die feuchte, schmutzige Kälte in dem dunklen Eingang seines Hauses anfiel. Er bestand nachdrücklich darauf, daß sie vor ihm ging, aber er konnte ihre Schenkel nicht sehen, weil das Treppenlicht immer noch nicht repariert worden war. Sein Handgelenk zitterte ein wenig, als er den Schlüssel in das Schlüsselloch steckte. Es gelang ihm jedoch, sich zu beruhigen, indem er daran dachte, daß all dies wirklich geschah und es deshalb

unangebracht war, auf etwas Außergewöhnliches zu hoffen. Sie nahm seine Panik gar nicht wahr, dafür war sie viel zu jung. Schüchtern ging sie hinein, betrug sich endlich wie ein wohlerzogenes Mädchen.
»Guten Tag . . .«
»Hier ist keiner.« Er ging schnell vor, um die Schlafanzughose vom Boden aufzuheben und das Frühstückstablett wegzubringen. »Mama ist in Lourdes . . .«
»Wo?«
»In Lourdes, in Frankreich. Auf Wallfahrt.«
»Ist sie krank?«
»Nein, aber sehr fromm.« Er öffnete die Wohnzimmertür und bat sie hinein. »Möchtest du etwas trinken?«
»Nein.«
Mama ist in Lourdes, sagte er sich, warum also sollte sie Danke sagen. Aber weder bedankte sie sich, noch bat sie um etwas. Er lächelte in sich hinein und begab sich in die Küche, um ein Bier zu holen. Als er zurückkam, stand sie so versunken an der Balkontür, daß sie sich nicht einmal nach ihm umdrehte. Er näherte sich ihr langsam und war zufrieden. Das war mehr, als er zu hoffen gewagt hatte.
»Gefällt es dir?« flüsterte er dicht neben einem wunderschönen, faszinierten Gesicht, einem offenen Mund und den auf dem Fensterglas gespreizten Händen.
»Es ist wunderschön.« Die Ergriffenheit verlieh ihrer Stimme einen Hauch der Zerbrechlichkeit, auf die er so lange gewartet hatte. »Wunderschön . . . Hast du ein Glück! Mein ganzes Leben lang wohne ich schon in dieser Straße, meine Mutter wurde schon hier geboren, und ich hatte keine Ahnung, daß dies hier existiert.«
Ein alter Mann, dessen ausgemergelter Körper nur knapp von einem riesigen, im Wind aufgeblähten, blauen Overall zusammengehalten wurde, pflegte hingebungsvoll die Tomatenstauden, prüfte eingehend die Blätter, prüfte das Gewicht der Früchte und stemmte eine Hand in die Seite, während er irgendein Unkraut ausriß. Es war ein gutes

Jahr für die Tomaten gewesen. Die Kohlköpfe machten hingegen keinen prachtvollen Eindruck. Ihre schlappen, farblosen Blätter streckten sich wie tot auf der gehätschelten Erde jenes magischen Gartens hin.

»Im Frühling ist es noch viel schöner, in der Ecke dort bei dem Schuppen wachsen Stiefmütterchen und Nelken, solche, die wie kleine Flammen funkeln, und die beiden Mandelbäume und die Rosenstöcke an der Mauer dahinten blühen.«

»Wem gehört er?«

»Der Garten? Keine Ahnung, ich nehme an, den Nonnen vom Konvent.«

Sie drehte sich um und lächelte ihn an. Dann wandte sie sich wieder dem Wunderwerk zu.

»Weißt du, wie oft ich an dieser Mauer vorbeigegangen bin, ohne etwas zu sehen, etwas zu wissen oder mich zumindest zu fragen, ob überhaupt etwas dahinter sein könnte? Hunderte, Tausende von Malen. Das ist unglaublich.«

Er nickte stumm. Er wußte besser als jeder andere, wie unglaublich die Kraft jenes kleinen Überlebenden war, des Gartens, der jedes Jahr wieder grünte, zwischen all dem Rauch, dem Lärm und dem Müll, der in den Plastikpapierkörben überquoll und sich auf die Bürgersteige ergoß; die Kraft dieses unwahrscheinlichen Grüns, das ihn für das abwesende Blau des Wassers entschädigte. An einigen dunklen Tagen im tiefsten Winter hatte er sogar gezweifelt, hatte, in eine Decke gewickelt, stundenlang das zarte Gestrüpp angeschaut, das aus der gefrorenen, ausgedörrten Erde sproß, aber immer waren seine Zweifel überflüssig gewesen, und die Farben waren triumphierend zurückgekehrt, um die Bäume und die Furchen zu erleuchten.

»Gut, gib mir das Buch.«

Sein immer noch gedankenverlorener Blick traf auf einmal den ihren, der nun bar jeglicher Schwärmerei war.

»Ich habe es nicht«, bekannte er. »Ich habe es nie gehabt.« Zunächst antwortete das Mädchen nicht. Einen Augenblick sah sie auf die Straße hinaus, mit zusammengekniffenen Lippen, als versuche sie, schnell eine Entscheidung zu treffen. Dann schweiften ihre Augen zur Decke, suchten das Licht und ruhten wieder auf ihm.
»Und ... warum hast du mich hierher geschleppt?«

Um dich zu besitzen, nein, besser, um dich zu unterwerfen, das hätte er ihr gesagt, um dich zu unterwerfen. Denn in meinem ganzen Leben habe ich nichts und niemanden so begehrt wie dich jetzt, in diesem Augenblick. Sie hätte gelächelt, ach, komm schon, hätte sie geantwortet, laß mich in Ruhe, du Idiot. Das wäre ihre Antwort gewesen und für ihn der beste Vorwand, um in schaudererregendes Gelächter auszubrechen. Ich gehe, würde sie sagen und es auch versuchen, die Ärmste. Er aber hatte schon so lange auf diesen Augenblick gewartet. Mühelos hielt er sie zurück, indem er einfach den linken Arm ausstreckte und sie mit Gewalt an sich zog wie in einer Parfümreklame. Dann erhob er seine rechte Hand. Er hörte den Aufprall seiner Fingerspitzen auf der glatten Haut ihrer jugendlichen Wangen. Sie funkelte ihn wütend an. Ihre großen Augen weiteten sich vor Wut, und genau das, diese dunklen, zornigen Augen, erregte ihn noch heftiger. Er schlug sie ein weiteres Mal. Sie schwankte nicht, ertrug es und versuchte dann, sich auf ihn zu stürzen, warf sich mit aller Kraft auf ihn, mit geballten Fäusten. Er lachte immer noch, preßte ihre Handgelenke zusammen und umklammerte ihre Beine mit seinen eigenen. Er fühlte sich unendlich stark, unsterblich. Und da begann er, die Worte herauszuschleudern, die sie schließlich als erstes und letztes Urteil, als unwiderruflichen Ausdruck ihres Schicksals zu akzeptieren hatte. Du bist eine Dirne, hätte er ihr gesagt. Das war es doch, worauf du so lange schon gewartet hast. Ich wirke vielleicht wie ein armer Wicht, aber das bin ich nicht, das bin ich ganz und gar nicht, und das sollst du zu spüren bekommen. Es tut mir leid. Es gelang ihm, ihre zarten, schmalen Handgelenke mit einer Hand zu umklammern, mit der freien Hand streichelte er ihren Hals. Du bist dafür geboren, daß ein Mann dich leiden läßt, und dieser Mann werde ich sein. Das ist mir ein wenig zu feierlich geraten, dachte er, denn denken konnte er immer noch. Sie spuckte ihm ins Gesicht. Das hättest du nicht tun sollen, das hättest du nicht tun sollen. Und wieder schlug er sie mit der geballten Faust, einmal, und noch einmal und noch einmal, bis er spürte, wie ihre Knie einknickten. Da überließ er sie ihrem Schicksal. Sie sackte zu Boden und brach in Tränen aus. Eine Blutspur floß von ihren Lippen, aber immer noch vertraute sie darauf, mit heiler Haut davonzukommen. Das merkte er, las es in ihrem Gesicht, erkannte es an ihrem falschen Lächeln. Er war vorbereitet. Mühsam erhob sie sich. Ich fand dich schon immer attraktiv, sagte sie und kam mit wiegenden Schritten auf ihn zu. Diesen Gang hielt sie wohl für verführerisch, sie schwenkte ihre Hüften wie eine frühzeitig gealterte Nutte. Er empfand Befriedigung angesichts der ganz gewöhnlichen Angst, die hinter ihrer plumpen Heuchelei zu erkennen war. Sie hat immer noch nicht begriffen, sagte er sich, während er eine Hand ausstreckte und sie am Kragen ihrer Bluse packte. Als er sie so vor sich hatte, schrie er, das ist eine Lüge, und zerriß den Stoff, ohne es überhaupt zu merken, so übermächtig stark waren seine Finger. Das ist eine Lüge, du Dirne, ich bin nicht attraktiv, und das weißt du, aber egal. Er hielt sie fest an den Ellbogen gepackt und zwang sich, auf ihre Brüste zu starren, denn sie war immer noch eine Jugendliche, und dieser Blick würde sie verletzen, so, wie er eine erwachsene Frau niemals verletzen könnte. Sie versuchte sich zu befreien, um sich mit den Händen zu bedecken. Er aber vereitelte ihr Vorhaben, indem er sie heftig oberhalb der Taille packte, seine Finger bohrten sich immer erbitterter in die Zwischenräume ihrer Rippen, seine Daumen preßten das runde, helle Fleisch ihrer Brustwarzen nach innen, als wollten sie sie in die dunkle Tiefe des Körperinneren pressen und für immer ihre erhabenen Formen zerstören. Endlich entwich ihr ein Schmerzensschrei, und er wußte, daß er sie nun loslassen mußte. Es reichte. Er löste den Druck, die Berührung. Sie fing an, sich genauso zu verhalten, wie er es erwartet hatte. Schließlich und endlich war sie ein kluges Mädchen, und ihr blieb gar keine andere Möglichkeit. Deshalb, weil sie das wußte, fiel sie auf die Knie, und obwohl ihr eigenes Verhalten sie anekelte, blieb sie regungslos knien. Er empfand eine grenzenlose Lust, als er ihre Umarmung spürte. Er schloß die Augen, um sich den Händen hinzugeben, die über die Außenseiten seiner Schenkel strichen, und er fühlte die streichelnde Wange, den Wangenknochen, der über den Stoff seiner Hose glitt. Er öffnete die Augen und sah sie dort unten, zu seinen Füßen. Er blickte sie an, und sie erwiderte seinen Blick, die verletzte Lippe, die tränenumflorten Augen, die unbegreiflich blasse Haut, der stumpfsinnige und zugleich durch ein grausames Glänzen feierliche Blick, die wankelmütige Verzweiflung derjenigen, die sich gerade selbst erkannt hat und nicht akzeptiert. Er streckte eine Hand aus und streichelte über ihr Haar, und dann hatte er keine Kräfte mehr.

»Und . . . warum hast du mich hierher geschleppt?«
Hinterher fühlte er sich klein und elend, ein armseliger Mensch wie immer.
»Und . . . warum hast du mich hierher geschleppt?«
Seltsam, diese thermischen Eigenheiten des menschlichen Samens, innerhalb des eigenen Körpers noch so heiß, explosiv, und kurz darauf, wenn er sich auf einem Zentimeter der ahnungslosen, durch die eisige Berührung erschauernden Haut niederließ, schon so kalt.

»Und . . . warum hast du mich hierher geschleppt?«
»Keine Ahnung . . . Weil ich gern mit dir zusammen bin . . .«
Der Teufel erschuf einen Spiegel, der all die schönen und guten Dinge so widerspiegelte, als seien sie schrecklich und bösartig. Als er ihn, um sich ein wenig zu vergnügen, den Engeln brachte, zerbrach seine Erfindung, denn der Himmel wird sich niemals in die Hölle verwandeln können, nicht einmal auf dem milchigen Belag eines Spiegels. Der Spiegel zerbarst in tausend Stücke, wie ein verfluchter Regen gingen sie auf die Erde nieder. Einige der Scherben wurden für Brillen verwendet, durch die die perversen Menschen die Welt betrachten; andere dienten dazu, die Fenster, durch die die Gesichter der traurigen Kinder blicken, zu erhellen; andere bohrten sich in die Augen, in die Haut oder in das Herz derjenigen, die niemals wieder unschuldig sein würden, und ließen das Leben in ihnen zu Eis erstarren.
»Ich . . . ich wollte, daß du den Garten siehst . . .«
Und ich? Habe ich auch solche Gläser, Mama? Nein, mein Liebling, du nicht, das ist nur ein Märchen. Die aus ihm herausgespritzte Flüssigkeit ließ das Leben auf seiner Haut gefrieren. Sein ganzer Körper fühlte sich wie der Spiegel an, in dem sich die traurigen Menschen anblikken. Damals, vor so vielen Jahren hatte er es noch nicht verstanden. Aber . . . war die Schneekönigin wirklich schön, Mama? Aber ja, mein Sohn, natürlich war sie schön. Und wie kann das sein?
»Hör mal . . . Du wirst mir doch nichts tun?«
Er stand schwerfällig auf und knöpfte sich mit der unbefleckten Hand geschickt zu, als hätte er Angst, jemand könnte ihm zuschauen. Das hat nichts miteinander zu tun, hatte ihm seine Mutter geantwortet, schöne Menschen müssen nicht unbedingt gut sein. Auch nicht schlecht, dachte er jetzt, während er gewahr wurde, daß er unweigerlich in eine gefährliche Spirale geraten

mußte, denn er hatte nicht einmal Zeit gehabt, ihr die blauen Pantoffeln überzuziehen, nicht einmal das. Sie hatte ausgeharrt, so, wie er sie nun gegen seinen Willen erinnerte, so, wie er sie an jenem Morgen gesehen hatte. Er stellte fest, daß sie zitterte. Du wirst mir doch nicht weh tun? Sie zitterte vor Angst, stand kurz vor einem Tränenausbruch, und er erschrak vor sich selbst, vor ihr und vor der Welt und wünschte, niemals geboren worden zu sein oder, besser noch, erst jetzt geboren zu werden, rot und verschrumpelt, schuppig und häßlich, so häßlich wie alle Neugeborenen sind.
»Nein, natürlich nicht . . .«
Und was bedeutet dieses Märchen, Mama? Ich verstehe dich nicht . . . Was ist die Moral? Liebe bringt das Eis zum Schmelzen. Jetzt wußte er es, die Liebe vermag alles. Sie jedoch hatte eine so schlichte Lüge nicht für ihn entschlüsseln wollen. Ach, mein Sohn, was weiß ich denn . . . Dieses Märchen ist aus einem Buch, wenn es eines von denen wäre, die mir meine Mutter erzählt hat, wüßte ich es, aber so . . . Ich weiß nicht, die Moral ist wohl, daß man niemals seine Freunde im Stich lassen soll, glaube ich . . . Ich liebe dich, Mama. Beginn und Ende aller Tage, Worte, so zuverlässig wie eine letzte Zufluchtsstätte.
»Ich möchte jetzt gehen.«
Ruhig hielt er beide Hände unter den heißen Wasserstrahl, ertrug die Hitze und den abstoßenden Anblick der feuchten Härchen, die aus seinen geöffneten Poren zu quellen schienen; aber sein Herz erwärmte sich nicht, es war für immer durch jenes Glasstückchen erkaltet, das einmal, als er sehr, sehr klein war, unter seine Haut geschlüpft war, ohne daß es jemand bemerkt hatte.
»Aber . . . was ist denn los mit dir?«
Er kehrte ins Wohnzimmer zurück und stellte sich an den Balkon. Es nieselte, der Garten lag verwaist da. Er sah zur Uhr und stellte fest, daß es immer noch sehr früh war, viel zu früh. Wieder setzte er sich in den Sessel und versuchte,

nicht auf den Fleck an der Wand zu schauen. Es gelang ihm nicht. Er streckte sich bequem im Sessel aus und schloß die Augen.

»Es ist spät geworden.«

Er konnte sie immer noch sehen, wie sie allmählich ihre Unbescholtenheit und den Glanz wiedererlangte, damals wie heute unwissend, was seine dummen Spiele anbelangte, diese trostlosen Zeremonien, die immer mit demselben unerträglichen Gedanken endeten, merkwürdig, die thermischen Eigenheiten des menschlichen Samens.

»Warte bitte einen Moment . . .«

Es ist besser, sie nicht zu kennen. Das wußte er, aber er hatte einen Fehler begangen, einen einzigen, den er nicht mehr rückgängig machen konnte. Und jetzt war er alt, deshalb tröstete ihn die Gewißheit nicht, daß er dieses trügerische Wesen, das dazu geboren war, wegen der Männer zu leiden, niemals hätte lieben können. Er wußte, daß er sie niemals hätte lieben können, denn sie hatte nicht einen Augenblick gezögert, auf seinen Ruf zu antworten. Jederzeit konnte er ihr Gesicht in sich hervorrufen. Er schloß die Augen und sah sie dort, zu seinen Füßen, mit verletzter Lippe, tränenüberströmten Augen, die Haut unbegreiflich blaß, vor dem Irrtum und danach, wie eine Ausnahme von der Regel.

». . . gib mir einen Kuß.«

Aber nein, es wäre besser gewesen, sie nicht kennengelernt zu haben, denn jetzt war die Kälte noch intensiver geworden. Selbstverständlich hätte er sie niemals lieben können. Er erinnerte sich an Teresa, die Sinnestäuschung, die für immer zerplatzte, als die Gewißheit der aufrichtigen Liebe, erhabenes und reines Gefühl, Scheiße, schließlich den trügerischen Schein der kränklichen Begierde ersetzte. Und Teresa, die Teresa, die er in sich trug, die einzige, die wirklich existierte, die einzige, die ihm etwas bedeutete, starb damals für immer. Diese nicht, diese ertrug es, ertrug ohne großes Klagen das ganze Gewicht seiner Schwäche. Gib mir einen Kuß, hatte er ihr gesagt. Und sie hatte ihm gehorcht, seiner Begierde nachgegeben. Das aber tröstete ihn nicht, denn jetzt war er alt, und die Kälte war intensiver geworden. Er sah sie nicht mehr, wie sie die Straße hinauf- und hinunterging, zwei-, viermal am Tag.

»Nein . . . Wozu?«

Er fühlte sich klein und elend, wie immer, während er sich an sie erinnerte. Sie hatte ihre Würde wiedergewonnen, war leichtfüßig die Treppenstufen hinabgestiegen und hatte sich dabei den Rock mit einer Hand glattgezogen.

Als kleiner Junge von sieben oder acht Jahren ging er jeden Samstag mit seiner Mutter zum Einkaufen. Sobald er die Klingel hörte, die das Ende des Unterrichts ankündigte, den Beginn des eigentlichen Morgens, stürzte er die Treppen hinunter, ohne überhaupt auf die Stufen zu achten, und rannte als erster auf den Hof hinaus. Sogar in den kältesten Januartagen hielt er den Dufflecoat in der Hand, sein Pulli war schmutziger denn je, lustig gezeichnet von festgetrockneten Resten von Aquarellfarben, Plastilin und Bleistiftminen, die im Laufe der Woche ihre Spuren auf den blauen und weißen Streifen hinterlassen hatten. Er war der erste, der durch das halbgeöffnete Eisengitter trat, um sich an den bordeauxroten Mantel mit dem Kragen aus Kunstleder und Wolle – Imitation schwarzen Persianers – zu schmiegen, der ihn immer am selben Platz erwartete. Seine Mutter reagierte nie unwillig auf seine heftige Umarmung. Sie nahm seinen Kopf zwischen ihre behandschuhten Hände, granatfarbenes Leder, das mit der Zeit und durch das häufige Tragen weich wie Stoff geworden war, tauchte ihre Nase in sein kurzes Haar und verkündete, heute riechst du nach Radiergummi oder nach Wachsstiften oder nach Gummiarabikum, welches ihr Lieblingsgeruch war. Deshalb auch gefiel es ihm so, wenn sie etwas ausschneiden und kleben mußten, denn anschließend haftete seinem Haar der Geruch von Gummiarabikum an. Wenn er dann seine Hand in die seiner Mutter geschoben hatte, bestand er hartnäckig darauf, den kleinen Einkaufswagen aus Aluminium und Schottenmustertuch ziehen zu dürfen. Dieses avantgardistische Machwerk, dessen Erwerb die Großmutter aufs heftigste kritisiert hatte, zog er auf dem kurzen Stück des Bürgersteigs bis zum Eingang des Barcelómarktes, wo sie dann manchmal auf dem Rückweg, wenn noch Geld übrig war, anhielten, um irgend etwas von irgendeinem der Straßenhändler zu kaufen, die lauthals ihre Waren anpriesen. So war es geschehen. Während seine Mutter ein paar farbige Garnspulen zum günstigen Preis erstand, verliebte er sich auf unerklärliche Weise in eine gelbe Ente, eine tolpatschige und schüchterne Kreatur, die ihn aus ihrem Käfig auf dem Klapptisch, den ein Zigeuner gleich dort, mitten auf der Straße, aufgebaut hatte, anstarrte. Er spürte, wie ihm diese Ente aus ihrem stummen Schnabel etwas zurief. Er kauerte sich auf den Boden, schaute sie an und versuchte herauszufinden, was er für sie tun könnte. Seine Mutter hatte die Szene beobachtet und bot ihm an, die Ente zu kaufen; vielleicht, um ihn über den Verlust seines Kindermädchens hinwegzutrösten. Eine im Grunde lächerliche Tragödie; ein junges und gesundes Mädchen war von einem Fahrrad angefahren worden. Ihre Beine waren für immer vom Körper abgetrennt worden von jener dummen Maschine, die in ihrer Zerbrechlichkeit die Macht hatte, Schmerz und Abschied in den Erfahrungshorizont eines Kindes zu bringen. Placida war für immer in ihr Dorf zurückgekehrt, und Benito fragte ununterbrochen, wie es denn möglich war, daß sie den Rest ihres Lebens im Sitzen verbringen mußte. Jetzt aber löste sich dieser quälende Gedanke angesichts des unerwarteten Ausbruchs mütterlicher Großzügigkeit auf. Strahlend versprach er, das Entlein zu pflegen, es zu säubern, zu baden, ihm jeden Tag zu essen zu geben und ihm ein Haus aus einem Pappkarton zu bauen. Und da geschah etwas Schreckliches. Der Zigeuner weigerte sich, ihm die Ente zu verkaufen. Sie ist krank, sagte er, deshalb ist sie so dick, ihr Bauch ist aufgeschwollen, sie macht es nur noch ein paar Tage. Seine Mutter maß dem Zwischenfall keine weitere Bedeutung zu, sie dankte dem Verkäufer für seine Ehrlichkeit und forderte das Kind auf, ein anderes Tier auszusuchen. Leise brach er in Tränen aus, ohne Gezeter und Zittern, ein stilles Weinen, dicke Tränen. Er wollte keine andere Ente, er wollte diese Ente, weil sie zu ihm sprach, mit ihm redete. Zunächst erklärte er es mühsam, beinahe erstickt von seinem dumpfen Leid, sie ist nicht krank, kreischte er dann voller Verzweiflung, sie ist nicht krank, wenn sie mit mir kommt, wird sie wieder gesund, ich mach sie gesund, sie redet mit mir, Mama, sie spricht mit mir. Seine Mutter sah ihn besorgt, beinahe ängstlich an, verlor sich in dem Abgrund, den sie in den Augen ihres Sohnes erblickte, eines so kleinen Kindes. Und sie kaufte die Ente trotzdem, trotz der Warnungen des Verkäufers, der es wagte, ihre Schwäche zu verurteilen. Sie ließ sich von den Launen eines Kindes treiben, und obwohl sie ein neues Unheil vorausahnte, das nochmalige Erleben von Schmerz und Abschied, das drohte, sich als gestirntes Wesen in das Leben dieses so häßlichen und so geliebten Sohnes einzunisten, kaufte sie die Ente und überreichte sie ihm mit einem Lächeln. Dann nahm sie ihn in die Arme und drückte ihn heftig an sich, so wie damals, wenn er gefallen war und blutete, so heftig. Er nahm die Ente in die Hände und drückte sie an seinen Mund, um sie zu küssen. Er küßte sie still und sagte ihr immer wieder, daß sie nicht sterben werde, daß sie ruhig sein solle, weil er sie nach Hause bringen, sie pflegen und heilen werde und sie beide glücklich sein würden. Seine Mutter setzte ihn wieder ab und nahm ihn an die Hand. Und da sah er, daß sie weinte, und er verstand nicht, warum sie weinte. Aber er wollte nicht fragen, er preßte ihre Hand an seine Wange, drückte die Ente noch fester an sich und glaubte, so könnten die beiden spüren, wie sehr er sie liebte. Und auf einmal fühlte er sich sicher.

Als er zu Hause ankam, hatte er schon gemerkt, daß der Körper des Tieres in seiner Hand kalt geworden war. Der gebrochene Hals der Ente hing leblos zwischen seinen Fingern. Seine Mutter nahm sie ihm vorsichtig aus der Hand und erinnerte ihn daran, was der Verkäufer schon gesagt hatte, wie krank nämlich das arme Entlein war. Da dachte er laut und sagte, am besten sei es, niemanden zu lieben, denn dann könnte man auch keinen Schmerz erleiden. Seine Mutter blickte ihn mit feuchten Augen an und bat ihn, niemals wieder so etwas zu sagen, niemals wieder so etwas zu denken, denn um glücklich zu sein, müsse man manchmal auch traurig sein, man müsse auch etwas riskieren, so ist das Leben, mein Kind. Und er dachte, daß sein Vater recht hatte, daß sie mit ihrem ewigen Gejammer unerträglich war, Mama, immer am Weinen, und ständig putzte sie sich die Nase mit diesem zerknitterten Taschentuch, das sie immer in ihrem Blusenärmel versteckte, in der letzten Zeit, wirklich, konnte sie niemand mehr aushalten.

In jenem Sommer fuhren sie nicht gemeinsam in die Ferien. Er fuhr mit der Großmutter und seinen Schwestern in das Dorf. Jeden Nachmittag zwangen sie ihn, Mittagsschlaf zu halten. Eines Abends traf ein Herr ein, der weder Arzt noch Rechtsanwalt noch sonst etwas war, nur ein Freund seines Vaters, den er, obwohl er ihn bis dahin nur vom Sehen kannte, auf immer und ewig hassen würde, weil er in jenem entscheidenden Moment die Verkleinerungsform benutzt hatte. Er sagte zu ihm,

Mama ist gestorben, Benito, sie ist in den Himmel gekommen wie dein kleines Entchen. Seitdem tröstete er sich mit dem Gedanken, daß nichts von dem, was geschah, wirklich war.
Er träumte im Wachzustand, und er träumte, daß er und die Welt, die ihn umgab, Städte, Häuser, Menschen, Tiere, Dinge, Tatsachen, an einem mysteriösen Ort lebten, in dem Vorraum zu einer Wirklichkeit, die urplötzlich ohne Ankündigung hereinbrechen und die trügerischen Nebel der Erinnerungen, Empfindungen, Gedanken, der Lust und des Schmerzes, all dessen, was an jenen falschen Zustand der Präexistenz erinnerte, zerstören würde. Am Ende wartete er sogar auf seine eigene Geburt in einer anderen Welt, wartete auf die erträumte Wirklichkeit, die niemals begann.
Die weiteren Ereignisse linderten allmählich jenen heftigen Wunsch, und die Phantasien von einer früheren Existenz, flüchtige Lehrjahre, die sich in irgendeinem dunklen Zwischenuniversum auflösten, wichen dem ewigen Wechselspiel von Traum und Leben. Damals stellte er sich vor, er würde an einem beliebigen Morgen beim Aufwachen begreifen, daß nichts von dem, woran er sich erinnerte, in Wirklichkeit geschehen war; stellte sich vor, eine neue Welt würde sich, nur für ihn, entblößen, würde vor seinen schläfrigen Augen die Fallen und die Vorteile eines unbekannten, anderen Spiels entfalten, eine freundliche Herausforderung für den schönen, unwiderstehlichen Jungenkörper, den er an jenem Morgen um sein Ich vorfinden würde, den Körper, der seinen Geist und sein Bewußtsein zwischen den Laken seines eigenen Bettes auf harmonische Weise stützte.
Sehr viel später hörte er eine alte Geschichte, die Qual einiger in einer Höhle, mit dem Rücken zur Welt, gefesselter Männer. Nur ein grausames Licht warf Schatten an die Wand, die sich vor ihren Augen erstreckte. Gleichgültig gegenüber der Intention, die sich hinter jener Parabel

verbarg, zog er es vor, in ihren Worten das bittere Gefühl desjenigen wiederzuerkennen, der immer noch zweifelt; seine Phantasie richtete sich auf die Zerbrechlichkeit eines Gliedes in der Kette, auf die entfernte Möglichkeit zu gähnen, die Muskeln zu dehnen und wegzulaufen, aufzuwachen, um sich lustvoll der Welt zu stellen, die ihn außerhalb der Höhle erwartete. Und er verlor alle Hoffnung, denn er fand seine Furcht in der Furcht jenes Mannes wieder, dessen Knochen sich schon ganz und gar in Staub aufgelöst hatten, und er streckte sich, geschüttelt von der Gewißheit, daß es ein einziges Leben und einen einzigen Tod gab, dem die Menschen seit Beginn aller Zeiten zu entfliehen versuchen, indem sie sich in Träume verlieren, sie mit der Wirklichkeit verwechseln und diese schließlich ganz verlieren.

Kinder lassen sich noch nicht von ihren eigenen Geschichten anrühren, weil sie noch nicht wissen, daß sie sterben werden, dachte er später, während er sich aus reinem Instinkt an das Endgültige seiner intimsten Geschichten klammerte, an eine verrückte Phantasie, der triumphierenden Epik seiner eigenen Zeit verhaftet, eine Phantasie, die das gesamte Universum in ein winzig kleines Puppenhaus verwandelte, das Lieblingsspiel eines monsterhaften, außerirdischen Kindes, in dessen innerer Uhr die Jahrtausende kaum den Sekundenzeiger zu bewegen vermochten und dessen Intelligenz sogar die unbedeutendsten Ereignisse, die die Tage und Nächte der Erde ausfüllten, umfaßte. Ein ungeheuerliches, riesenhaftes Kind, aber ein Kind immerhin, das sich damit vergnügte, an den unsichtbaren Fäden zu ziehen, die die Zeit und das Schicksal eines jeden Menschen beherrschen, ein Kind, dem die Geschichte der Menschheit kaum mehr als ein Zeitvertreib ist, ein vergängliches Hilfsmittel, um die Langeweile eines verregneten Nachmittags zu vertreiben, dort, auf dem phantastischen und unerreichbaren Planeten, den kein menschliches Wesen

jemals finden würde, weder lebend noch tot, schlafend oder wach, den er aber bald schon mit anderen Kindern bevölkern würde, Besitzer anderer Universen, Geschwister und Freunde jenes abwesenden Monsters, das Gott zu nennen er immer vermied.
Später füllte das Alter die Hohlräume aus, enthüllte die Tricks, schnitt endgültig jene sichernden Fäden ab, die Nabelschnur, die sein Schicksal mit den immer noch unerfahrenen Daumen des galaktischen Herrn verband, dieser unsichtbaren Kreatur, die für alles zu beschuldigen war, solange man noch einen Platz in ihrem elenden Papptheater einnahm.
Niemals war er fähig gewesen, an etwas wirklich zu glauben, aber manchmal vermißte er jenen unschuldigen Mythos und die Fäden, die ihm eine Ruhepause bescherten, bevor sie fast so geheimnisvoll starben, wie sie eines Tages auch geboren worden waren.

Vielleicht war nichts anderes als die Sehnsucht nach diesen Fäden, der heftige Widerwille gegen die Verzweiflung, das Motiv, das ihn dazu trieb, diese alberne Korrespondenz aufzunehmen. Denn als er schon weit in den Dreißigern war, mangelte es ihm an jeglichem Impuls, ernsthaft an den Beginn eines anderen Lebens zu glauben, sich wenigstens an einen anderen Ort zu träumen, in einen anderen Raum. Er erklärte sich das natürlich ganz anders. Es war nur ein Spiel, ein Laster ohne größere Bedeutung, das Ergebnis der Neugier, ein unschuldiger Zeitvertreib. Während des ersten Jahres wiederholte er sich diese Maximen regelmäßig und mit unerschütterlicher Überzeugung – um sich selbst zu beruhigen, um die Furcht aus seiner krankhaften Empfindsamkeit des psychischen Hypochonders zu verscheuchen, um die Zweifel loszuwerden, die ihm diese sich abzeichnende Stabilität einflößte, diese Kontinuität einer Praxis, die als ein privater Scherz, ein einfacher Witz ohne Lösung, begonnen hatte und nun drohte, mehr als eine Gewohnheit zu werden, einer der wenigen Faktoren zu werden, die seinen Tagen einen bestimmten Rhythmus verleihen konnten. Aber so war es nur während des ersten Jahres.

Immer würde er sich an den genauen Text seiner ersten Botschaft erinnern können. Großer, junger, attraktiver Herr sucht schöne, unterwürfige, gehorsame Sklavin. Ich bin unerbittlich. Ich werde Dir nicht eine Möglichkeit lassen. Du wirst glücklich sein. Schreibe Einzelheiten und melde Dich unter folgender Chiffre: 3.028. Die Anzeige aufzusetzen war ziemlich einfach gewesen, genauso wie einen verzweifelten Liebesbrief zu schreiben, einen, von dem man weiß, daß man es nie wagen wird, ihn in den Briefkasten zu werfen, ja nicht einmal, ihn in einen Umschlag zu stecken, und das schon lange, bevor man zu schreiben beginnt. Es war nur ein Spiel, ein unschuldiger Zeitvertreib. Sonntag nachmittag, Langeweile. Warum eigentlich nicht? Mal sehen, was passiert. Anzeigen dieser Art unterzeichnet man nicht. Ebensowenig waren all die Briefe, die er seitdem erhielt, unterschrieben.

Azalea, Laila, Eine unzufriedene Ehefrau, Für immer, Gefesselte. Bei den ersten schüttete er sich vor Lachen aus, zu etwas anderem taugten sie nicht. Alle ähnelten einander, sie wirkten, wie alle von einer Vorlage abgeschrieben, aus einem jener Briefsteller aus dem neunzehnten Jahrhundert, so trivial, daß er versucht war, das Ganze zu lassen. Bis er eines Tages im Briefkasten einen kleinen Umschlag fand, blutorange, ganz anders als all diese zartrosa oder zartlila Farbtöne, an die er sich fast schon gewöhnt hatte, und darin ein kurzes, stilvoll abgefaßtes, überzeugendes und entschieden anonym gehaltenes Schreiben, eine unverblümte Einladung zu einem ernstgemeinten Spiel. Auch wenn er die Sorte Frau nicht zu erraten vermochte, die sich hinter jener Handvoll sorgfältig überlegter Worte verbarg, so verwarf er doch

zumindest von vornherein die Möglichkeit, daß es sich um eine jener Unglücklichen handeln könnte, die auf verschlungenen Wegen nach einem offiziellen Verlobten suchten. Eine Eigenschaft, die bislang allen seiner Briefpartnerinnen zu eigen gewesen war, den bedauernswerten, alleinstehenden, braven Mädchen, die wie er spielten, allerdings nicht wissend, daß dieses Spiel weitaus gefährlicher werden könnte als alle anderen.
Es war das erste Mal, daß er eine Verabredung annahm. Aus reiner Neugierde, sagte er sich. Weitaus nervöser, als es seiner Meinung nach angebracht war, wählte er einen unauffälligen Platz im Schatten einer buschigen Zimmerpalme mit langen und schmalen Wedeln wie Nadeln, das beste Versteck, das er an dem vereinbarten Ort finden konnte, der Vorhalle eines großen Einkaufszentrums in Azca. Beruhigt über diesen zufällig vorgefundenen Schützengraben, setzte er sich auf eine niedrige Mauer, die einen kleinen, künstlichen Tropengarten begrenzte. Er warf einen bewußt zerstreuten Blick in die Runde, ganz im Vertrauen darauf, daß er zu früh da war; absichtlich hatte er sich fast eine halbe Stunde eher eingefunden. Aber nur wenige Minuten später erblickte er eine Frau, deren Kleidung mit der im Brief angekündigten übereinstimmte. Sein Blick ruhte auf ihr, auf dem Kragen ihrer dunklen Jacke erkannte er eine schlichte Brosche, einen länglichen, schmalen, zylindrisch geformten Silberstab, das vereinbarte Erkennungszeichen. Dann musterte er sie eingehender und versuchte an ihren Gesichtszügen, ihrer Frisur, an ihren Händen und ihrer Kleidung die Gründe zu erraten, die sie in eine Situation wie diese, in die er sich nach wie vor nicht gänzlich involviert fühlte, geführt haben mochten. Er vermutete, daß sie sich problemlos in die Gattung attraktive Frauen einfügen ließ, obwohl sie nach seinem Geschmack ein bißchen zu dünn war. Der modische, aber nicht allzu auffällige Kurzhaarschnitt, das außer den unverschämt roten Lippen diskrete

Make-up und ihre Aufmachung, ein ziemlich weit ausgeschnittenes T-Shirt unter der Lederjacke, ein superkurzer Rock und zum T-Shirt passende dunkelviolette Strümpfe, verleiteten ihn im ersten Moment dazu, sie für wesentlich jünger zu halten. Erst später konnte er anhand der unverwechselbaren Erschlaffung der unteren Linie ihrer Pobacken feststellen, daß sie wohl an die Dreißig war. Insgesamt sah sie ziemlich gut aus, und auf jeden Fall war es weit mehr, als er hatte erhoffen können. Und als er sah, daß sie anstelle einer Umhängetasche eine hübsche Ledertasche unter dem rechten Arm trug, teuer, sehr groß und dem Anschein nach auch ziemlich schwer, jedenfalls genug, um ihn ohne weitere Beweise auf den Gedanken zu bringen, daß sie nicht nur arbeitete, sondern auch Geld verdiente, fragte er sich, wie er reagieren sollte. Verschanzt hinter seinen Lügen, die er von Anfang an als fromme Maske ausgewählt hatte, der Geschichte vom großen, jungen und attraktiven Herrn, fühlte er sich sicher, während er sie wie verloren herumschlendern sah. Ihre hochhackigen Pumps verursachten ein lautes, unregelmäßiges Klappern auf den glänzenden, erst kürzlich gebohnerten Fliesen; am Handgelenk trug sie eine grelle Uhr, die sie hin und wieder mit kurzen, fast hysterischen Blicken konsultierte. Er überlegte immer noch, traute sich nicht, eine, und sei es nur eine vorläufige, Entscheidung zu treffen, als sie, als hätte sie ihn bis dahin nicht gesehen, ein paar Schritte auf ihn zu machte und ihn mit großen Augen anblickte, das ganze Gesicht eine einzige Frage. Er reagierte mit einer albernen, abwehrenden Handbewegung, sprang mit einem Satz auf und eilte mit raschen Schritten auf den Ausgang zu. Dabei zwang er sich, nicht zu laufen. Es gelang ihm, weil es nur ein paar Schritte bis auf die Straße waren.

Das dritte Lokal auf der Straßenseite war eine Bar. Er ging hinein und bestellte einen Drink. Er leerte das Glas und bestellte noch eins. Er begann, sich besser zu fühlen, sein

Herz schlug allmählich langsamer; dennoch mußte er sich eingestehen, daß der Schreck, der ihn, als sie ihn ansah, wie ein Schauer überlaufen hatte, ihn an die unsichtbaren Zangen erinnerte, die ihm, als er klein war, die Eingeweide zusammengepreßt hatten, an die nackte Angst, die ihn schon im ersten Abschnitt des Flurs überfallen hatte, sobald seine Mutter ihn etwas aus der Küche holen schickte; dieses unerreichbare Ziel, erleuchtet von weißem Neonlicht, das ihm noch gaukelhafter erschien, weil es sich kaum erspähen ließ am Ende des langen Dielenwegs, der von gelblich schimmernden Deckenlampen beleuchtet wurde, deren schwacher Glanz nie ausreichte, um das ewige Halbdunkel zu erhellen, das Halbdunkel, wichtigstes Merkmal jener bedrohlichen Landschaft, in der es so mühsam war, die genauen Umrisse der Türen zu erkennen, die unvorhersehbaren Verstecke für ein kleines, aber wahrscheinliches Heer blutgieriger, bewaffneter Diebe. Mit mehr als fünfzehn Jahren kämpfte er immer noch gegen diesen Abschnitt, der Wohnzimmer und Küche miteinander verband, an, indem er Lieder trällerte, um wenigstens seine eigene Stimme zu hören. Er erinnerte sich nur zu gut daran, denn vor wenigen Minuten erst war er vor dieser Frau weggelaufen, und dabei hatte er leise gesungen.
Jetzt, Tor für Valencia, Jubel in den heimischen Stadien, lautstarke Enttäuschung unter den Trinkern, die die Theke von beiden Seiten umlagerten und so wenig daran gewöhnt waren, Madrid verlieren zu sehen, und sei es nur im Fernsehen. Er tadelte sich selbst für diese überzogene Reaktion, als wäre es ihm auch nur einmal möglich gewesen, sie zu steuern. Entnervt von dem Geschrei der Leute, die nun mit immer zorniger werdenden Stimmen den Kopf des Gegners forderten, zahlte er und trat auf die Straße hinaus. Aber das half ihm ebensowenig, sein inneres Gleichgewicht wiederzufinden. Mit aller Kraft wünschte er, Valencia möge Madrid fertigmachen, und

ging weiter. Er beschloß, zu Fuß nach Hause zu gehen, ein ziemlich weiter Weg.
Die regelmäßig wiederkehrenden Stiche eines bekannten Schmerzes, verbunden mit einer nicht nur körperlichen Erschöpfung, bemächtigten sich zunächst seiner Fußsohlen, um sich dann in immer kürzer werdenden Intervallen in den unteren Muskeln seiner Waden fortzusetzen. Entschlossen kletterten sie seine Beine hinauf, als er endlich zu Hause ankam. Seine rechte Hand drückte bereits die Tür auf, als er Licht in der Bar sah, die gerade am Platz eröffnet worden war. Er dachte an den Besitzer, der ihm so gelassen anvertraut hatte, daß er sich nur mit Huren einließ. In jenem Augenblick fühlte er sich diesem Individuum zutiefst verbunden, das, ebenso wie er und sicher ebenso gegen den eigenen Willen, ausgeschlossen war von den Mechanismen, die die Begierde jener Art von Frauen, die man schlicht und einfach nur Frauen nennt, der gewöhnlichen Frauen, beherrschen. Plötzlich verspürte er den unwiderstehlichen Drang zu wissen, wie er, der Barbesitzer, die Regeln seines bedeutungslosen Spiels, seines eigenen unschuldigen Zeitvertreibs für sich selbst formulierte. Er hatte ihn als eine viel zu exzentrische Person im Gedächtnis, als daß er die klassische dumme Ausrede von ihm erwartet hätte – die reine Wahrheit ist, daß keiner die Frauen erträgt, deshalb ist das beste eine Nutte, du legst sie flach, bezahlst sie, und so weiter. Folglich verwarf er, nicht ohne eine gewisse Trauer, den Gedanken an eine bis zum Rand mit dampfend heißem Wasser gefüllte Badewanne, das einzige Mittel, das zumindest teilweise sein Unwohlsein hätte lindern können, und ging entschlossen auf das zu, was bald schon sein wahres zweites Zuhause werden sollte, auf der Suche nach irgendeiner Lösung, einem einfachen Patent für die Normalität, das ihm endlich einen angenehmen Platz in einer konkreten Gesellschaft garantierte, selbst wenn sie nur aus zwei Personen bestehen sollte.

Polibio bediente eine zahlenmäßig kaum größere Kundschaft als am Abend der offiziellen Einweihung des Lokals, die später zur Vor-Einweihung für intime Freunde erklärt worden war; ein offenkundig ruinöser Standard, der für ihn dennoch ausreichend war und den er wohl nie steigern würde. Er begrüßte ihn ohne große Begeisterung, stellte das Getränk, das er bestellt hatte, auf den Tresen und kehrte zu seinem Stuhl zurück, um die Schachpartie fortzusetzen, die er mit einer im Denken äußerst langsamen Maschine spielte. Er war ein wenig enttäuscht über dieses Desinteresse und zugleich unfähig, übergangslos ein Gespräch wie das neulich anzufangen. Auf der Suche nach einem Aufhänger schaute er sich um. Schließlich verrückte er seinen Barhocker und stellte ihn genau gegenüber dem Foto der Redgrave auf. Er beugte sich weit nach vorn, als hätte er nie zuvor etwas Vergleichbares gesehen. Er studierte ihren Körper von oben bis unten mit einer Konzentration, wie sie ähnlich nur in den Augen eines Kindes liegt, das zum ersten Mal einen Ameisenhaufen betrachtet. Seine kleine Parodie zeitigte eine blitzartige Wirkung. Bevor seine Pupillen zu schmerzen anfingen, stand Polibio schon neben ihm und zeigte sich äußerst befriedigt angesichts seiner Verehrung.

»Ich habe noch genau so eines von Jane Fonda. Aber vor Jahren schon habe ich sie an die Rückwand eines Kleiderschrankes gepinnt, und da lasse ich sie auch nicht mehr raus. Das war, als sie mit Aerobic anfing. Das hat mir gar nicht gefallen, all diese Verrenkungen und dazu diese dicken Wollstrümpfe über den Waden, und dann diese Posen, wie der Akrobat in einem Dorfzirkus, also wirklich ... Ich fand, sie war es nicht mehr würdig, an der Wand zu hängen und eine axiomatische Wahrheit zu verkünden.«

»Eine sehr vernünftige Handlungsweise ...«

»Ja ... Die da, also, die hat auch das eine oder andere Mal

so manche Dummheit begangen, aber was wollen Sie, schließlich sind sie Schauspielerinnen, ihre Produzenten zwingen sie ja direkt dazu, Thema für die Zeitungen zu werden, man sollte auch nicht zuviel von ihnen erwarten ...«

»Nein, natürlich nicht ... Ich frage mich, ob es überhaupt Sinn hat, etwas von einer Frau zu erwarten.«

»Nur von den Prinzessinnen.«

»Was für Prinzessinnen?«

»Erzähle ich Ihnen gleich ... Noch ein Glas?«

»Ja, bitte. Ich fürchte, heute ist mir nach allen Getränken zumute, die Sie mir anbieten ...«

Polibio hatte diese Worte schon nicht mehr gehört. Er hatte sich vor dem elektronischen Schachbrett aufgebaut und setzte einen fremden weißen Bauern; nach ein paar Sekunden des Überlegens setzte er einen seiner schwarzen Läufer und schlug damit einen Springer. Dann kehrte er zu ihm zurück.

»Mal sehen, ob dieses verdammte elektronische Wesen meinen Zug jetzt akzeptiert ... Ja, bei denen weiß man nie. Das, was man so über die Frauen sagt, sollte man nur auf die Schachmaschinen übertragen. Ich habe mir diese hier angeschafft, weil der Typ, der sie mir verkauft hat, schwor, er habe Fischer programmiert. Aber das muß eine Lüge sein, man braucht doch nur zu sehen, wie sie bei den Damenopfern reagiert, die schluckt sie fast alle. Und dennoch ist sie unberechenbar. Offen gesagt, sie besiegt mich oft ... Spielen Sie Schach?«

»Nein.«

»Wie schade! Ich spiele lieber mit Menschen.«

»Darin war ich noch nie gut. Ich habe es oft ausprobiert, aber ich bin unfähig, mehr als zwei oder drei Züge vorauszudenken.«

»Kurz und gut ... Reden wir über die Prinzessinnen, oder, besser, ich habe das Gefühl, die sind das einzige, was Sie heute nacht interessiert ...« Er grinste, als er Benitos

Nicken bemerkte, und legte eine kleine Pause ein, bevor er weitersprach. »Gut, ich vermittle Ihnen jetzt eine der wenigen originellen Ideen, vielleicht die einzige, die ich in meinem Leben gehabt habe, obwohl ich in Wahrheit nicht einmal glaube, daß sie besonders originell ist. Fangen wir an, aber vorher möchte ich Sie um etwas bitten. Kann ich Sie duzen?«

»Ja, natürlich.«

»Danke. So fühle ich mich behaglicher. Also ... Wie magst du die Frauen?«

»Dunkel.«

»Nein, Mann, die Haarfarbe ist egal. Ich meine andere Merkmale, solche, die man nicht färben kann.«

»Zum Beispiel?«

»Zum Beispiel die schlauen Frauen, die so trinken können wie Männer.«

»Ach so.«

»Gefallen sie Ihnen? Ich meine, gefallen sie dir?«

»Solche Frauen ...? Ich glaube, ja; ja, die gefallen mir. Teresa war ein bißchen so ...«

»Sehr gut. Also, Teresa, wer auch immer das ist, ein Umstand, der mich nichts angeht und auf den ich folglich nicht weiter eingehen werde, war aus dem täuschenden Material der Prinzessinnen geschaffen. Warum täuschend? Weil es nicht sichtbar wird, solange kein Alkohol in ihren Adern fließt. Nüchtern sind sie ganz durchschnittlich; zäh, sogar fleißig, in allen Dingen vernünftig. Bevor sie aus dem Haus gehen, bereiten sie Kummer, aber ihre Mütter wissen, daß man sie allein gehen lassen kann. Wenn man ihr mangelndes Interesse an der kosmetischen Wissenschaft nicht mit fehlender Weiblichkeit verwechselt, denn vielleicht sind sie sogar die weiblichsten unter allen Frauen, gibt es an ihrem Äußeren nichts, was sie von den anderen unterscheidet. Bis du ihnen ein Getränk hinstellst. Entschuldige, ich seh mal nach, ob die Maschine mir schon geantwortet hat ...«

Ein heftiger Fußtritt begleitete den plötzlichen Zornesausbruch und bekundete Benito, daß die Maschine nicht nur reagiert hatte, sondern sich außerdem geweigert hatte, den Zug zu akzeptieren. Polibio überlegte nur kurz. Dann zerrte er jäh an dem Kabel, zog unter der Theke einen Koffer hervor, warf das Brett und alle Figuren kurzerhand hinein, verschloß den Koffer und schob ihn wieder in sein Versteck zurück. Er grinste befriedigt in sich hinein und kam schließlich händereibend zurück.

»Es ist nur«, setzte er in entschuldigendem Ton an, »sie fing an, reichlich zu nerven ... Wo waren wir stehengeblieben?«

»Du hattest ihnen gerade ein Getränk hingestellt.«

»Ja, genau. Sie haben ein Glas vor sich und leeren es, genauso wie alle anderen, das bestimmt, dann aber fangen sie an, anders zu sein. Zunächst einmal gibt es unter den anderen, den gewöhnlichen Frauen, viele, die dann nicht weitertrinken. Ab und zu trinken sie ein Gläschen, um sich ein bißchen Mut zu machen, wie es so geschmacklos heißt, oder weil sie Lust haben herumzuziehen, ein noch geschmackloserer Ausdruck, oder sie wagen es, andere Dummheiten dieser Art als Gründe anzugeben. Von denen gibt es viele, aber sie taugen so gut wie nichts, folglich lassen wir die außer acht, selbst die Abstinenzlerinnen sind da noch interessanter. Fahren wir also mit denen fort, die ein Glas nach dem anderen trinken. Sind die alle Prinzessinnen? Nein, keinesfalls. Denn von ihnen geben sich die meisten dem Suff ohne Methode oder irgendein Ziel hin. Nichts ist so traurig wie ihre pathetischen Anstrengungen, objektive Ergebnisse aus ihrem Zustand zu ziehen, nichts so traurig wie ihr absoluter Mangel an Schamgefühl, der mysteriöse Funktionsverlust ihrer defizitären Intelligenz. Sie kreischen, tanzen, brechen in Gelächter aus, allein, und bestenfalls können sie sich dann erbrechen; anschließend kehren sie zum Schauplatz ihrer vergeblichen Verzückung zurück

und stecken sich unordentlich ihre Bluse wieder in den Rock, versuchen ihren Absatz geradezurichten, der ihnen während ihrer Trance abgebrochen ist. Mühsam sammeln sie den Rest ihrer Sachen zusammen, gehen nach Hause, schlafen schlecht, nur ein paar Stunden, und am nächsten Morgen verkünden sie, was für eine phänomenale Nacht sie verbracht hätten, was für eine phantastische Nacht, und was für ein Spaß und so weiter, die Ärmsten. Im schlimmsten Fall werden sich die Ohnmachtsanfälle nur unter dem Gewicht eines unbekannten, überhaupt nicht begehrten Körpers verflüchtigen. Dann werden sie Übelkeit verspüren, können sich aber nicht mehr übergeben und beschränken sich folglich darauf, sich selbst zu einem fossilen Holzklotz zu metamorphosieren, um den Idioten aus der Fassung zu bringen, der seinerseits vorgehabt hatte, objektiven Genuß aus einer Situation zu ziehen, die niemals Genuß verschafft. In solchen Fällen pflegt es in der Regel er zu sein, der am nächsten Morgen das mit der phantastischen Nacht verkündet. Du wirst feststellen, daß wir die Bandbreite auf skandalöse Weise eingegrenzt haben, uns bleibt nur wenig Spielraum, ein schmaler Grat, das Revier der wirklichen Prinzessinnen. Welche leben dort?«
»Keine Ahnung.«
»Doch, das weißt du wohl, du hast nur nie Glück gehabt. Ich auch nicht, aber ich habe gelernt aufzupassen. Ich habe sie gesucht und sie aus der Entfernung kennengelernt. Der Alkohol wirkt auf sie wie Entwickler auf Filme, er erweckt sie zum Leben, er entblößt sie. Sie verlieren nie die Nerven, machen sich nie lächerlich. Sie sind schamhaft und wenig gesprächig, wie alle guten Trinker. Sie ziehen die Theke den Tischen vor, und wenn sie können, setzen sie sich, weil sie langsam trinken und selbstverständlich mit Methode. Es spielt keine Rolle, wie sie in die fragliche Bar geraten sind, mit wie vielen Personen oder unter welchen Umständen. Wenn sie

beschließen, die Gnade des Rausches herbeizurufen, werden sie allein trinken oder höchstens allein mit anderen Prinzessinnen. Das ist entscheidend, es gibt keine vertrauenswürdigere Technik, um sie zu erkennen. Selbst wenn sie von Leuten umringt sind, werden sie allein trinken. Sie sprechen nur, wenn sie etwas gefragt werden, und geben ihre Kommentare ab, wenn es ihnen passend erscheint. Sie begrüßen diejenigen, die kommen, und verabschieden sich von denen, die gehen, aber während sie trinken, langsam und methodisch, bleiben sie allein und lehnen jegliche Gesellschaft ab. Nach einer Weile wirst du einen besonderen Glanz in ihren Augen und ein absurdes, zuckendes Lächeln, das ab und zu grundlos ihren Mund umspielt, bemerken. Das ist das Zeichen, das Merkmal ihrer Kaste. Dann sollte man die letzte Hoffnung aufgeben, denn sie sind Prinzessinnen, eigensinnig, zäh und grundverschieden, wie Göttinnen, Frauen von niemandem... Phantasievolle Mädchen nannte man sie in der Schule, sogar eingebildet. Als kleine Kinder spielten sie oft allein, erfanden sich stillschweigend die Welt mit all ihren Regeln neu, errichteten sich ein Universum nach ihrem Maßstab. Jetzt, als Erwachsene, sprechen sie manchmal mit sich selbst, wenn sie betrunken sind, nur wenige, hastig ausgestoßene Worte, für die kurze Zeit eines Lächelns. Der Alkohol schadet ihnen, und einige, die schlauesten, wissen es zur Genüge, aber sie können ihm nicht widerstehen, denn ohne ihn können sie nicht wieder klein sein. Und die Wirklichkeit würde ihr wirkliches Leben bis auf die Fundamente zerstören, das Leben, das sie leben, solange sie allein sind und langsam und methodisch trinken. Alkohol macht dick und zerstört die Leber, aber wie die guten Feen verleiht er dagegen eine unendlich wertvolle Gabe. Denn während Alkohol in ihren Adern fließt, scheint er immer möglich zu sein.«

»Wer?«

»Der blaue Prinz. Der Mann ihres Lebens. Wolfgang Amadeus Mozart. Indiana Jones. Solal de los Solal. Alexander der Große. Abd ar-Rahman III... Peter der I. von Rußland. Immanuel Kant. Der Vater... Ihr eigener, meine ich, nicht der vom armen Kant. Fidel Castro, was weiß ich... Es gibt für jeden Geschmack welche, aber alle haben sie etwas gemein. Sie tauchen nie auf.«

»Weil es sie nicht gibt...«

»Doch, es gibt sie, selbstverständlich gibt es sie. Aber die richtigen blauen Prinzen, die, deren Haut die Farbe von weltlichen Engeln hat, lieben die Prinzessinnen nicht. Sie sind zu kompliziert. Sie trinken, weinen und sprechen mit sich selbst. Sie bitten, und, vor allem, sie geben, sie lieben es zu geben, sich hinzugeben, sich ins offene Grab zu stürzen, denn ihr Leben lang warten sie schon. Begreifst du...? Kaum läuft ihnen ein blauer Prinz über den Weg, rein zufällig, wie aus Versehen, opfern sie sich, ohne Zeit zu verlieren, sie verzehren sich, bis sie sich verbrennen an der Leidenschaft, die sich bis zur Schmerzgrenze in ihnen angestaut hat, der Hunger, der sie von Geburt an bis zu jenem Moment gleichermaßen ernährt und aufgezehrt hat. Und da rennt der Prinz schnell weg. Natürlich, er merkt, daß die Farbe seines Umhangs binnen Sekunden an Intensität verliert, die Neutralität des Weißen lauert schon, rückt immer näher, und es lohnt nicht die Mühe, neben einer Prinzessin zu verblassen, das ist sie niemals wert, denn sie hören auf zu existieren, wenn sie nicht mehr blau sind. Um die Wahrheit zu sagen, gibt es schon solche, die Manns genug sind, aber das sind so wenige, daß wir sie vernachlässigen können. Folglich fangen die Prinzessinnen wieder zu trinken an, langsam und methodisch. Manchmal wählen sie genau diesen Augenblick, um sich zu verlieben. Sie blicken sich um, und wenn sie jemanden finden, der nicht allzu orange ist, überzeugen sie sich selbst davon, daß sie jahrelang blind gewesen sind, weil genau dieser und kein anderer der Mann ihres

Lebens sein könnte. Sie heiraten aus tiefster Überzeugung und voller Enthusiasmus. Sie bekommen Kinder. Aber früher oder später trinken sie wieder, langsam und systematisch, sie trinken, und ihre Augen leuchten, sie lächeln vor sich hin und enden bei ihren uralten, abgedroschenen Gedanken: Warum sollte Gott nicht existieren, wenn ich ihn mir vorstellen kann. Wenn ich ihn mir vorstellen kann, dann, weil er existiert.«

»Wie der heilige Anselm ...«

»In etwa. Dann werden sie dick. Sie werden alt. Sie leiden, vielleicht nicht mehr als die Plebejerinnen, die einen Prinzen geheiratet haben und das Bläuliche aushalten müssen, aber sie leiden wie alle. Und sie werden immer gefährlicher. Mit dreißig mehr als mit fünfundzwanzig, mit fünfunddreißig mehr als mit dreißig, und so weiter, denn die Zeit lastet schwer auf ihnen, und die Leidenschaft schmerzt sie, und der Verdacht, daß sie niemals finden werden, was sie suchen, wird allmählich zur Gewißheit. Und die Gewißheit triumphiert immer, niemals gibt es eine Erbse unter der Matratze. Darum habe ich sie Frauen von niemandem genannt.«

»Und das sind die Frauen, die dir gefallen ...«

»Ja, und ich sage dir noch etwas. Das sind die einzigen Frauen, die mir gefallen.«

»Und du wirst nie so eine haben.«

»Nie. Du auch nicht. Wir haben kein Glück gehabt, das habe ich schon zu Beginn gesagt.«

»Darum hältst du dich an die Nutten ...«

»Darum. Und ich habe mehr als eine von ihnen geliebt. Ihnen genügen die grauen oder braunen Prinzen, Unglücksraben wie du und ich ... Sie sind wie falsche Erbinnen eines winzigen Landes, ewige Anwärterinnen auf eine alberne Krone ... Faszinierende Frauen, schließlich und endlich, die auch trinken und warten, wenn auch aus Geldgründen und nicht wegen ihres täuschenden Wesens ...«

Polibios konfuse Theorie war für jene Nacht genug gewesen. Während er äußerst langsam die gewohnte Abfolge der Bewegungen ausführte – erst einen Fuß, dann den anderen, danach beide Beine, die Knie auf den Wannenboden gestützt, danach die Arme und, nachdem er eine Weile in dieser so überaus unwürdigen Haltung ausgeharrt hatte, um zu spüren, wie der Dampf die Poren seines Gesichts öffnete, sich schließlich setzen, um mit dem ganzen Körper in das dampfende Wasser einzutauchen –, fragte er sich trotzdem, warum es ihm nicht möglich gewesen war, zumindest eine einzige Bemerkung anzubringen, die auf seine eigenen Theorien, seine eigene Verwirrung hingewiesen hätte. Den ganzen Abend über hatte er kaum gesprochen. Er hatte sich darauf beschränkt zu nicken, zuzustimmen, einsilbig zu antworten. Der Sinn, den die Worte in seinen Ohren annahmen, befriedigte ihn in zunehmendem Maße, es waren neutrale und zweckmäßige Worte wie exakte Zahlen; die alkoholsüchtigen und von schmerzlicher Leidenschaft erfüllten Prinzessinnen, die suchen, was man nicht mit durch und durch harmlosen Mitteln finden kann, auf dem Boden eines großen Glases aus durchsichtigem Kristall oder auf den Seiten mit Kontaktanzeigen in den Zeitschriften, dem Markt für Privatpersonen, den Verheißungen der Gratisinserate.
Er ließ den Kopf zurückfallen, um einen letzten Schauer zu spüren, das Wasser war immer noch siedend heiß. Dann fuhr er fort, die vor ein paar Stunden flüchtig hinter den Wedeln einer Palme erblickte Person mit weiteren Attributen auszuschmücken; jetzt, wo er von ihrem Versprechen auf Fügsamkeit befreit war, das für einen Erwachsenen ebenso furchterregend war wie ein langer und schlecht erleuchteter Flur für ein ängstliches Kind. Sie sah aus wie eine Alleinstehende, sagte er sich, sie trug keinen Ring, wahrscheinlich ist sie getrennt oder geschieden von einem armen Mann, der ein Irrtum war, der es nicht verstand, sie zu züchtigen, der sie sogar noch fragte,

wie das Weihnachtsgeld auszugeben sei, höchstwahrscheinlich eine nicht zu tolerierende Nachgiebigkeit für jemanden, der das biblische Wort verachtet und nie einen Partner sondern einen Herrn gesucht hat. Sicherlich hatte sie die Ehe benutzt, wie ein Fußballer eine Salbe benutzte, die er mit energischen, kreisenden Bewegungen auftrug, um das Blut einer frischen Wunde zu stillen. Aber das Verfahren stellte sich als nicht angemessen heraus, weil sie eine entscheidende Bedingung nicht erfüllte. Am Tag ihrer Hochzeit hatte sie keine unversehrte Haut, nicht einmal halbwegs unversehrt, die Spuren ihrer Liebe waren deutlich sichtbar, die Spuren irgendeiner Liebe einer widersprüchlichen Jugendlichen, Spuren einer einfachen Etappe in der Lehrzeit einer Prinzessin ohne Krone, die immer noch nicht wußte, was sie wollte, was sie vom Leben erwartete. Jetzt, als sie es endlich begriffen hatte, suchte sie ohne Unterlaß nach ihm, wollte nur einen unerbittlichen Mann, nur das, es schien so einfach, nur einen Typen wie den, der sich in jener Anzeige angeboten hatte, die jedoch, auch wenn sie es niemals erfahren sollte, nichts weiter als ein harmloses Produkt seiner Neugier gewesen war, ein einfaches Spiel, der unschuldige Zeitvertreib eines Kindes, das die Dunkelheit fürchtete.
Im Lichte seiner neuerworbenen Weisheit dachte er an Teresa, die verkannte, reif gewordene Prinzessin, so, wie der pure Zufall sie ihm erst vor ein paar Wochen über den Weg geschickt hatte.

Es kostete ihn Mühe, sie wiederzuerkennen. Viel Zeit war vergangen, mehr als zwölf Jahre seit dem letzten Mal, als er sie in der lauten, verrauchten Gaststätte gesehen hatte, einer Höhle aus gekalkten Wänden, Hitze, schmale Tische und Bänke, fettige Tortilla und lieblicher, fast süßer Wein. Praktisch alle waren dort, feierten die ersten Monate nach dem Ende ihrer Universitätszeit und zogen die Bilanz ihres Debüts in der wirklichen Welt. Auch er war dort, saß allein und gelangweilt in einer Ecke und fragte sich, ob es für diese Feier tatsächlich einen Grund geben konnte, nur weil man ein weiteres Weihnachtsfest durchlitten hatte und alle ein wenig älter geworden waren. Teresa hatte spontan die Rolle der Gastgeberin übernommen und war, an der Stirnseite der Tafel sitzend, wie immer der Mittelpunkt des Geschehens. Sie küßte ihn zur Begrüßung, und sie küßte ihn beim Abschied, aber zwischen beiden Zeremonien wechselten sie kaum ein Wort miteinander. Er machte sich schnell davon, und niemanden verwunderte das. Bis nächstes Jahr, riefen ihm einige nach und schwenkten dabei ihre Arme in der Luft. Aber sie trafen sich nicht wieder.

Jetzt schritt sie, ein Tablett in den Händen, so sicher wie früher auf ihren hohen Absätzen einher. Aus einer gewissen Entfernung hätte sie niemand auf mehr als siebenundzwanzig, achtundzwanzig Jahre geschätzt, er aber wußte, daß sie binnen kurzem vierunddreißig werden würde, wie er. Vielleicht war es ihre Aufmachung, die ihn am Anfang so verwirrte, denn sie hatte sich sehr verändert, und trotz der mittlerweile verstrichenen Zeit sah sie besser aus, noch hübscher. Das dunkle, kurze, enge Kleid schmeichelte ihr, betonte den sanften Schwung der Hüften, die früher unter den wallenden Gewändern kaum zu erkennen gewesen waren. Ihre Beine in den schwarzen, durchsichtigen Strümpfen waren hübsch. Er erinnerte sich nicht, sie bis dahin schon einmal gesehen zu haben, früher hatte sie immer Stiefel getragen. Sie hatte ihr Haar auf der Höhe des Nackens abgeschnitten, und eine Schicht Wimperntusche betonte ihre Augen. Teresa hatte sich gut gehalten.

Er war noch nicht dazu gekommen, sich zu fragen, was sie eigentlich hier machte, in der Fuencarral-Straße, in einem ordinären Schnellrestaurant, das er häufiger aufsuchte, um vor dem Kino schnell noch etwas zu essen. Da drehte sie sich schon um und steuerte auf einen Tisch zu, an dem ein Kind mit einer viel zu großen Pappkrone auf der Stirn, das Kinn am Tischrand abgestützt, vor Müdigkeit fast vom Stuhl fiel. Seine Aufmerksamkeit war ganz entschieden nicht auf die Papierflugzeuge gerichtet, die neben ihm ein junges Mädchen in der vergeblichen Absicht, ihn zu zerstreuen, hastig fabrizierte.

Als Teresa das Tablett auf dem Tisch abstellte, fing das Kind zu weinen an. Seine Begleiterin machte eine ohnmächtige Handbewegung. Teresa runzelte die Stirn, bevor sie sich setzte und das Kind in die Arme nahm. In dem Moment sah er, daß sie einander ähnelten. Verstohlen erhob er sich und nahm am Nebentisch Platz. Nun saß er exakt mit dem Rücken zu seiner alten Klassenkameradin, beide benutzten die Rückenlehne derselben Bank. Er brauchte sich also nicht besonders anzustrengen, um der Unterhaltung problemlos folgen zu können. Teresas Sohn protestierte.

»Ich habe aber keinen Hunger . . .«

»Daran hättest du eher denken können. Du warst es, der hierherkommen wollte, und ich habe es dir schon vor dem Kino gesagt, wenn du nichts zu Abend ißt, werde ich nie wieder mit dir ins Kino gehen, kein einziges Mal mehr, verstanden?«

»Dann hättest du mir kein Popcorn kaufen sollen! Jetzt habe ich keinen Hunger mehr . . .«

»Das ist doch wirklich der Gipfel! Hör gut zu, Diego, du wirst diesen Hamburger essen, ob du nun Hunger hast oder nicht. Los, mach den Mund auf.«

»Bäh! Den mag ich nicht, da ist diese Gurke drauf, die so auf der Zunge brennt . . .«

Eine kurze Pause trat ein, während Teresa in dem Brot herumstocherte, um die durchsichtigen, beinahe unsichtbaren Essiggurkenscheiben herunterzunehmen, mit denen vergeblich versucht wird, das fade Fleisch zu würzen.

»So ... Probier es jetzt mal.«
»Aber da ist auch Zwiebel drauf! Guck doch mal ... Ich mag Zwiebeln nicht, die sind so scharf ...«
Erneutes Schweigen begleitete Teresas Hantieren, während das Kind versuchte, die momentane manuelle Unfreiheit der Mutter auszunutzen.
»Finger weg von den Pommes frites, Diego, ich sehe dich sehr wohl ... Laß die Pommes frites liegen!«
Ein leichter Klaps provozierte neue Tränen. Er grinste und war zutiefst bewegt über den Eifer, mit der die ewig Militante jetzt den klassischen Ritus der korrekten Mütterlichkeit befolgte. Er wußte, welches ihre nächsten Worte sein würden.
»Sieh mal, jetzt ist gar nichts mehr drauf, keine Gurke, keine Zwiebel, gar nichts. Siehst du? Nur das Fleisch. Wenn du es aufgegessen hast, kannst du alle Pommes frites haben, mit Ketchup, okay? Komm schon, du warst den ganzen Nachmittag so artig, reiß dich jetzt zusammen ...«
»Ich habe aber keinen Hunger ...«
»Komm, mach den Mund auf.«
»Aber erzähl mir eine Geschichte.«
»Du bist doch schon so groß ... Bei all dem Zirkus, den du veranstaltest, wird es allmählich spät für uns.«
»Los, erzähl mir eine Geschichte ... Eine ganz kurze.«
»In Ordnung, aber du ißt. Laß mich mal überlegen ... Es war einmal ein dicker Kaiser, furchtbar dick, der für sein Leben gern außer Haus essen mochte und Designerkleidung liebte ...«
Das Lachen des Mädchens, das bis dahin still daneben gesessen hatte, übertönte Teresas Stimme und setzte automatisch den altbekannten Mechanismus der kindlichen Neugierde in Gang.
»Warum lacht Gema?«
»Weil sie die Geschichte schon kennt.«
»Ist das eine Geschichte zum Lachen?«

»Ja.«
»Was ist ein Kaiser?«
»Eine Art König, der mehr zu sagen hat als ein König.«
»Und was ist Designerkleidung?«
»Sehr merkwürdige und sehr teure Kleidung.«
»Gut.«
»Okay, also der Kaiser hatte seinen Hof voller Designer, sehr dünne Herren mit sehr blasser Haut, die wenig aßen und ganz leise sprachen. Den ganzen Tag lang entwarfen sie Kleider. Wenn dem Kaiser eines gefiel, gaben sie den Entwurf anderen Herren, damit sie es nähten. Und der Kaiser zog es an und ging damit auf die Straße, denn er war sehr eingebildet . . .«
»Und wenn es ihm nicht gefiel?«
»Dann passierte nichts. Sie warfen das Papier weg und dachten sich ein neues Kleid aus, aber fast immer gefielen die Sachen dem Kaiser, denn die Designer konnten hervorragend reden, und er vertraute ihnen sehr.«
»Warum?«
»Weil er glaubte, die einzige hübsche und elegante Kleidung sei die, die sie machten.«
»Und warum?«
»Weil er dumm war.«
»Ach so.«
»Also, die Designer beklagten sich, daß die Kleidung in der Herstellung immer teurer würde, und der Kaiser gab ihnen immer mehr Geld, auch wenn die Kleider aus sehr wenig Stoff bestanden, von Mal zu Mal wurde es weniger. So wurden die Designer immer reicher. Eines Tages ging der Kaiser in Bermudas und T-Shirt auf die Straße. Und weil er sehr dick war, lachten die Leute, aber er bemerkte das gar nicht. Und an einem anderen Tag ging er in einer Badehose hinaus, einer phosphorgrünen Badehose mit rosafarbenen Nilpferden. Die Leute amüsierten sich, als sie ihn sahen. Viele Menschen waren auf der Straße und warteten darauf, daß er seinen Spaziergang machte. An

wieder einem anderen Tag sahen sie ihn in Unterhosen, solchen, wie du sie trägst, aber aus roter Seide . . .«
»Aber, hat er das nicht bemerkt?«
»Doch, aber die Designer hatten ihm gesagt, es seien keine Unterhosen, sondern ganz besondere Hosen, also . . . er glaubte das.«
»Aber so dumm kann doch keiner sein.«
»Aber klar doch! Und außerdem ist das eine Geschichte. Gefällt sie dir nicht?«
»Doch, erzähl weiter.«
»Dann erzählten die Designer dem Kaiser, daß man in Japan einen neuen Stoff entdeckt habe, ganz zart, hauchzart und so durchsichtig, daß man ihn kaum sehen könne. Man hätte ihn in einem künstlichen Webstuhl gewebt, mit einem Laserstrahl, der an einen riesigen Computer angeschlossen war und von einem Weltraumsatelliten in der Umlaufbahn des Mars gesteuert wurde, erzählten sie ihm. Und niemand habe bisher ein Kleid aus diesem Stoff getragen. Die Kaiserin war äußerst glücklich. Da sie den ganzen Tag lang Gymnastik betrieb und sich mit Cremes einrieb, damit sie ja keine Falten bekam, da sie sich massieren ließ, um abzunehmen, und sich ein paarmal im Jahr operieren ließ, um gut auszusehen, dachte sie, wie wunderbar es wäre, der ganzen Welt zu zeigen, wie schön und wie jung sie war. Sie fragte, ob der Stoff durchsichtig sei, aber auch richtig durchsichtig. So durchsichtig, daß ich ihn doppelt um den Arm geschlungen trage, und Ihr es nicht bemerkt habt, antwortete ein Designer und streckte seinen Arm aus. Oh! riefen da alle, es stimmt, man sieht wirklich nichts.«
»Wer war die Kaiserin?«
»Die Frau des Kaisers.«
»Und warum sah man gar nichts?«
»Weil es den Stoff gar nicht gab.«
»Und dann?«
»Dann wollten die Designer natürlich viel Geld für nichts

von dem Kaiser haben, denn sie sagten ihm, der neue Stoff sei schwindelerregend teuer. Er gab ihnen viel Geld, und sie schnitten in die Luft und taten so, als nähten sie ein neues Kleid, verstehst du? Und so kam der Tag heran; der Kaiser trat ganz ruhig auf die Straße, und die Kaiserin ging an seiner Seite. Die Menschen waren äußerst überrascht, als sie sie erblickten, er so dick und sie so schlank mit all den Narben am Körper und darüber gar nichts. Ein kleines Mädchen fing zu lachen an. Sie lachte so laut und heftig, daß das Kaiserpaar neben ihm stehenblieb und es fragte, ob ihm etwas fehle. Sie sind nackt, schrie da das Mädchen, sie sind nackt, oh wie komisch, oh mein Gott ... Und alle fielen in das Lachen ein, die Menschen vergnügten sich außerordentlich.«

»Und der Kaiser wurde böse?«

»Nein, gar nicht ... Er sah sie nur lange an, ohne etwas zu sagen, denn er begriff nicht, worüber sie lachten. Die Kaiserin zog ihn am Arm, und sie gingen weiter. Als sie um eine Ecke bogen, trocknete sie sich den Schweiß mit einer Hand ab und sagte zu ihrem Ehemann, wie schrecklich, mein Lieber, du solltest doch zusehen, daß du dir ein anderes Reich suchst, denn deine Untergebenen interessiert das Ansehen des Landes einen Dreck, sie haben nicht die geringste Vorstellung davon, was man woanders so trägt, sie begreifen nichts! Ja, antwortete der Kaiser, traurig, das festzustellen, aber in Wahrheit sind sie nichts anderes als Deppen und ordinäres Pack ...«

Teresas Stimme brach ab, von einem Lachanfall verzerrt.

»Ist die Geschichte zu Ende?«

»Nein ...«

»Ich finde die nicht lustig.«

»Tja, vielleicht findest du sie nicht lustig. Das ist eine Geschichte für Erwachsene.«

»Und warum hast du mir dann nicht eine andere erzählt?«

»Weil sie mir gefällt und Gema auch.«

»Wie geht sie aus?«

»Es fehlt nicht mehr viel. Der Kaiser wurde sehr traurig, denn weil er so eingebildet war, hätte es ihm sehr gefallen, wenn alle gesagt hätten, daß sein neues Kleid wunderschön sei und ihm gut stehe. Als die Kaiserin das merkte, sagte sie zu ihm: Komm, Kopf hoch! Am anderen Ende des Reiches, nur tausendzweihundert Kilometer von hier entfernt, hat man ein neues exquisites Restaurant eröffnet. Warum probieren wir es nicht einmal aus? Ja, sagte der Kaiser, das ist eine gute Idee, aber besser, wir ziehen uns andere Kleider an, denn dort in der Provinz ißt man zwar sehr gut, aber die Leute sind noch ungebildeter ... Und so machten sie es. In ihrem Privatflugzeug flogen sie zum Essen, und wenn sie nicht gestorben sind, dann leben sie noch heute. Hat die Geschichte dir gefallen?«

»Ja, aber lustig finde ich sie nicht.«

»Gut, aber wenigstens hast du aufgegessen. Ist doch gut so, oder?«

»Ja, aber ... Sie sind doch trotzdem Kaiser geblieben, oder?«

»Ja, natürlich.«

»Und reich, und hatten viele Schlösser und ein Flugzeug nur für sich, nicht?«

»Ja.«

»Dann begreife ich nicht, warum ihr so lacht.«

Ein tiefes Schweigen entstand, das niemand außer dem Jungen zu brechen wagte.

»Hör mal ... Und was haben sie gegessen?«

»Keine Ahnung.« Teresas Stimme klang immer noch sehr dünn.

»Wieso weißt du das nicht? Wenn du dir doch die Geschichte ausgedacht hast? Los, erzähl mir, was sie gegessen haben ...«

»Also, wirklich, ich weiß es nicht.«

Nach ein paar Minuten überlegen lachte sie auf, gellend, als hätte jemand die Hacken zusammengeschlagen. Er

vermutete, sie hatte sich davon überzeugt, daß die Interpretation ihres Sohnes nicht so wichtig war. Jetzt war sie wohl entschlossen, sich auf seine Kosten zu amüsieren.
»Also gut, zum Beispiel aßen sie Paprika aus der Dose, gefüllt mit zartem Wachtelhirn in Marinade, und Fenchelcreme mit wildem Estragon und Anchovis auf einem Bett von Endivien in Julienne und Austernsauce.«
»Igitt, wie ekelhaft!«
»Na ja, der Hamburger, den du da gerade gegessen hast . . .!«
Diesmal lachten alle, aber gleich darauf erklang die beunruhigte Stimme des Kindes.
»Wohin gehst du, Mama?«
»Sieh mal, ich gehe mit einem Freund zum Essen aus.«
»Ich will aber nicht, daß du gehst, ich will nicht, du sollst mit mir nach Hause kommen . . .«
»Aber Diego . . . Warum stellst du dich jetzt so an? Kinder von sieben Jahren weinen doch nicht mehr wegen so etwas, und außerdem wußtest du das doch, ich habe es dir von Anfang an gesagt.«
»Und was mache ich jetzt?«
»Na, du gehst mit Gema nach Hause, stell dich jetzt nicht so an. Sie badet dich, bringt dich zu Bett und bleibt bei dir. Du mußt viel schlafen, denn morgen früh, ganz früh kommt Papa, und vielleicht geht er wieder mit dir zum Fußballspielen, da mußt du stark sein . . . Komm, gib mir einen Kuß.«
»Nein.«
»Mach dir keine Sorgen, Teresa, du kannst beruhigt gehen. Diego und ich bestellen uns jetzt ein Eis, eine Riesentüte, einverstanden?«
Das Kind antwortete nicht. Dafür klapperten Teresas Absätze um so lauter auf dem Plastikfußboden. Als sie fast die Hälfte der Entfernung zwischen ihrem Tisch und der Tür zurückgelegt hatte, lief ihr Sohn wie ein Verzweifelter hinter ihr her und schrie lauthals nach ihr, Mama. Er

überhäufte sie mit Küssen, auf das Gesicht und auf das Haar, die Arme fest um ihren Hals geschlungen. Sie hatte sich zu ihm hinuntergebeugt und erwiderte all seine Zärtlichkeiten. Etwas beruhigter wandte sich das Kind schließlich um, und als es schon fast bei der Babysitterin angekommen war, streckte es den rechten Arm aus und wies mit dem Zeigefinger auf die Theke. Das Eis war akzeptiert. Teresa verließ entschlossenen Schrittes das Schnellrestaurant, und er ging hinter ihr her. Aus einer gewissen Entfernung folgte er ihr und sagte sich dabei immer wieder, daß sich in Wirklichkeit außer ihrem Aussehen nichts verändert habe.

Damals war sie nichts weiter als ein Mädchen gewesen, ein Geschöpf mit einer Intelligenz, die nur für das Unmittelbare tauglich war, unbesonnen und leidenschaftlich, tolpatschig, dafür aber durchaus in der Lage, andere anzurühren, so, wie ihr eigener Sohn sie heute anrührte. Schlicht und einfach ein Mädchen, erinnerte er sich, mit allen diesem nebulösen Zustand eigenen Attributen, einem vermessenen Glauben an die eigenen Kräfte, einem eisernen, blinden Willen, einem allumfassenden Ehrgeiz und der grenzenlosen Bereitschaft, an die Worte anderer zu glauben, an die Träume anderer, an die Delirien anderer Kinder.

Er betrachtete sie, als sie ein Taxi anhielt, bewunderte wieder die Eleganz und Geschicklichkeit ihrer Bewegungen, und während das Auto sich im Lichtermeer des Horizonts verlor, sah er sie für einen kurzen Augenblick wieder vor sich, klein und zerbrechlich, und hörte ihr zu. Die Macht seiner Traurigkeit holte ihn ein, und er zuckte wieder einmal zusammen, nun schon so weit von ihr entfernt. Ich vertrete die These, daß nur die Straßen den Geist einer Stadt atmen, meinst du nicht auch? Er hatte keine Vorstellung davon gehabt, wie teuer es war, sich in Paris zu betrinken. Sie trank und wollte bezahlen, die arme Teresa.

Langsam ging er weiter, beschloß, zu Fuß nach Hause zurückzukehren. Die Gedanken rasten in seinem Kopf, überschlugen sich. Sie war nicht fähig gewesen, aus ihren Fehlern zu lernen, konnte immer noch nicht von ihnen lassen, hatte noch den hartnäckigen Starrsinn der Pubertät. Vielleicht sagte sie sich immer noch, es ist besser, sie nicht zu kennen, und zog sich dann genüßlich die Haut fetzenweise ab, ausdauernd und langsam. Er wußte, daß sie verheiratet war, vor Jahren hatte er es zufällig erfahren. Ihren Mann, ein großgewachsenes Individuum mit vornehmen Manieren, erinnerte er sich schwach, ein paarmal während der Studienzeit gesehen zu haben. Ihm war es gut ergangen. Von Zeit zu Zeit tauchte sein Name, gelegentlich auch sein Gesicht im Wirtschaftsteil der Zeitungen auf, was in ihm ein seltsames Gefühl von Gelassenheit erzeugte. Bis zu jenem Abend hatte er sich Teresa in einem großen, komfortablen Haus vorgestellt, bei einer bequemen und sicheren Arbeit, in einem behaglichen Bett, mit einem regelmäßigen und zufriedenen Leben, mit süßen und gewalterfüllten Träumen, in einem besonnenen, glücklichen Leben, entsprechend ihrem Alter und ihrer Zeit, fügsam und heiter. Dann aber, als sie im Taxi davonfuhr, sah er sie für einen Augenblick wieder vor sich und hörte ihren herablassenden Tonfall, wenn du verschnupft bist und kein Taschentuch zur Hand hast, sag mir Bescheid. Er erkannte die brüchige Beschaffenheit jenes verführerischen Trugbildes wieder. Sie lief immer noch ihrer Zukunft hinterher, niemals würde sie damit aufhören. Ein Ehemann war auf der Strecke geblieben, aber sie hatte einen Sohn geboren und lebte mit ihm, zufrieden darüber, mit einem Fuß auf der Erde zu stehen, die sich allerdings manchmal, gegen ihren Willen, ohne sie und ihre Zuversicht, weiterdrehte. Sie liebte diesen Jungen, aber kurzsichtig gegenüber ihrem eigenen Fleisch und Blut, ohne nachzudenken, zeigte sie ihm das Elend der Gegenwart, während er Hamburger verschlang

und seine Tränen in eine Eistüte kullerten. Wenn das Kind größer sein würde, würde es zweifelsohne seinen Vater vorziehen, fremd, gleichgültig und reich.
Pech, Teresa, sagte er zu sich selbst, tonlos und ohne dabei stehenzubleiben. Gleich darauf sagte er, Pech, Benito.

Im Lichte seiner neuen Erkenntnis dachte er an Teresa und fühlte sich wohl, so als hätte er es bei der Erinnerung an sie geschafft, den letzten Ziegelstein in ein höchst kompliziertes Gebäude einzufügen. Er erschrak, als er die Innenflächen seiner Hände sah, die Haut war gerötet, schrumpeliger als gewöhnlich. Er zwang sich, die Badewanne zu verlassen, auch wenn er im Grunde keine Lust dazu verspürte. Während er sich peinlich genau mit einem riesigen weißen Baumwollhandtuch abtrocknete, Hautfalte für Hautfalte, und sich am Anblick der winzigen Fetzen abgestorbener Haut weidete, die einen Augenblick in den Falten des Baumwollgewebes haften blieben, fremde Schuppen, die das siedendheiße Wasser von seinem Körper gelöst hatte, kam er zu dem Schluß, daß die Theorie von den Prinzessinnen eine absolute Dummheit war; gleichzeitig aber neigte er dazu, sie doch zu übernehmen, weil sie ihm immerhin dazu verholfen hatte, den letzten Ziegelstein einzufügen. Natürlich war Teresa immer der Prototyp einer Prinzessin gewesen. Von der Frau am Nachmittag, die ihm sehr viel weniger Schmerzen bereitete, konnte er wohl dasselbe annehmen; vielleicht hatte sie einen exotischen Einschlag, aber den betrachtete er lieber als zufällig, denn ihren rauschhaften Wahn näher zu erforschen hätte ihn unweigerlich dazu gebracht, den Rausch, der ihn selbst gefangennahm, zu erforschen; und sich über den eigenen Wahn zu befragen bedeutet eine Versuchung, der intelligente Menschen niemals erliegen, zumindest jene nicht, die ein bestimmtes Alter erreicht haben.

Eine Zeitlang verlief deshalb alles gut. Er hatte einen dominanten Charakter, viel freie Zeit und einen gewissen Sinn für Humor. Sie waren fürchterlich, Gefangene einer ganz entschiedenen Unvernunft, einer furchtbaren Naivität. Manchmal ging er zu einem Treffen, immer inkognito, wobei er sich ganz eindeutig nicht an die brieflich erhaltenen Instruktionen hielt; manchmal wich er so sehr davon ab, daß er, wenn schon nichts mehr zu ändern war, argwöhnte, er könnte genau wegen seines augenfälligen Ungehorsams enttarnt werden, rot statt blau, Jackett statt Blouson, Buch statt Aktentasche, Flanellhosen statt Jeans; aber er lernte, nicht auf ihre stummen Fragen einzugehen, keinen zweiten Blick in seine Richtung zu tolerieren. Er ging zu diesen Treffen mit dem Interesse eines Illustrators von Bestiarien, nur um sie zu studieren, um ihre Unterschiede und ihre Ähnlichkeiten genau zu erfassen, um ein konkretes Gesicht mit einer Handvoll rauschhafter Worte in Verbindung zu bringen; es war mehr Neugier als Wissensdrang. Später ermüdete es ihn manchmal, und er ließ davon ab. Die Briefe trafen noch über zwei oder drei Wochen hin ein, dann blieb der Briefkasten endgültig leer. Einer dieser Zeiträume ohne Korrespondenz dauerte über Monate an, so lange, daß er schließlich davon überzeugt war, seinem sinnlosen Laster ein endgültiges Ende gemacht zu haben. Von Zeit zu Zeit quälte es ihn noch, bedrohte sein Gleichgewicht, dieses so gefährdete Gebilde. Aber die Ausübung einer so nutzlosen Tugend, die noch zweckloser war als das Laster, gegen das er sich innerlich wehrte, langweilte ihn am Ende, und er vermißte die feine innere Spannung, die bis in die Fingerspitzen zu spüren war, wenn diese das Unbekannte ertasteten, vermißte die unbeschreibliche Erwartung, die ihn vor einem ebenso jungfräulichen wie zur Genüge bekannten Metallkasten erfüllte; auf Hochglanzpapier gedruckte Werbung, Bankauszüge, schmale Umschläge aus feinem Papier mit einem durchsichtigen Fenster.

Früher oder später schnitt er doch immer wieder sorgfältig eine Ecke aus der Rückseite jener Zeitschrift, um eine neue Botschaft zwischen die gepunkteten Linien zu schreiben. Den Anfang veränderte er regelmäßig, dominierend statt Herr, oder suche Sklavin, ganz einfach, aber fast immer schrieben ihm dieselben Frauen, einige antworteten fast immer, die Frau aus Azca jedesmal. Immer neue ihrer handgeschriebenen Briefe trafen ein, winzige, nervöse Schrift auf grellbuntem Briefpapier, immer in einem blutorangefarbenem Umschlag, wie er ihm das erste Mal sofort aufgefallen war. Ab und zu gab er der Versuchung nach, sie chronologisch zu ordnen und nacheinander zu lesen. Und immer konnte er sich an sie erinnern, er verfügte über ein ausgezeichnetes visuelles Gedächtnis; es war einfach für ihn, sich einzelne Passagen ins Gedächtnis zu rufen, während er die jeweiligen Stadien ihrer permanenten Trostlosigkeit über den seltsamen Briefwechsel hinweg verfolgte, den sie über Jahre aufrechterhalten hatten, sie mit so vielen verschiedenen, aber immer unerbittlichen Männern, er mit niemandem. Er las ihre Briefe und erfaßte die Intensität ihrer Träume; manchmal kam sie ihm sicher, vertrauensvoll vor, andere Male zynisch, als hätte sie selbst von vornherein den Gedanken an einen möglichen Ausweg verworfen, fast immer traurig, hoffnungslos, wie ausgelaugt von ihrer eigenen unerträglichen Vehemenz. Er hatte es nie gewagt, sie noch einmal zu treffen, aber mit der Zeit und aus der Distanz empfand er ihr gegenüber eine gewisse absurde Zärtlichkeit, und als er keine Antworten mehr erhielt, gefiel es ihm, sie sich triumphierend und leidend vorzustellen, auf einer schweren, Gewalt bergenden, dunklen Wolke schwebend, triumphierend, denn sie hatte sich nicht mit dem trügerisch strahlenden Himmel einer friedlichen Liebe zufriedengegeben, die sie niemals glücklich gemacht hätte. Und die Zeit verging.
Am Rande einer neuen Mutlosigkeit, angeekelt und

gelangweilt davon, sich selbst gegenüber immer wieder dieselben dummen, unbrauchbaren Entschuldigungen zu wiederholen, erhielt er den ersten Brief der Frau in Gelb. Der Umschlag war von einem ganz gewöhnlichen Weiß, die Handschrift so übertrieben schräg, daß er vermutete, die Verfasserin verfälsche sie absichtlich, um ihre wirkliche Schrift zu verbergen, eine absolut unverständliche Vorsichtsmaßnahme bei einem anonymen Brief. Innen, auf einem schlichten weißen DIN-A4-Blatt, stiegen und fielen ihre Schriftzüge zwischen den Linien steil auf und nieder, preßten sich die Buchstaben eng aneinander oder klafften weit auseinander unter dem Impuls einer nervösen, zunehmend unregelmäßigen Handschrift, die immer flüssiger und ungezwungener wirkte. *Ich habe in diesem Leben kein Glück gehabt,* das waren ihre ersten Worte, und unmittelbar darauf folgte die erste Entschuldigung, *ich weiß, so beginnt man keinen Brief, noch viel weniger einen Brief wie diesen, aber es ist die reine Wahrheit, ich habe kein Glück gehabt ...*

Er würde diesen ewigen Prolog Wort für Wort auswendig lernen, eine armselige Handvoll von Worten, die in seinem Gedächtnis monströs anschwellen würde, um zu einer Falle zu werden, *ich bin 32 Jahre alt, sehe aber vermutlich ein wenig jünger aus,* obwohl er sich von Anfang an heftig gegen seine Zuneigung, gegen den Wunsch, daran zu glauben, wehrte, mußte er sich eingestehen, daß an diesem Brief etwas anders war. *Ich bin ziemlich hübsch und pflege mich, ich gehe in ein Gymnastikstudio und zu einem Masseur,* nie kam er auf die Idee, an der Glaubwürdigkeit dieser kurzen Eigenwerbung zu zweifeln, *alle fünfzehn Tage gehe ich in einen Kosmetiksalon,* sie mußte eine schöne Frau sein, aber das reichte nicht, hatte noch nie ausgereicht, *es ist nicht so, daß mich das Äußere sehr beschäftigt,* auch darin war sie nicht die erste, *eher liegt es daran, daß ich nichts anderes zu tun habe,* schon andere vor ihr hatten sich hinter dem plumpen Schutzschild der Ehrlichkeit verschanzt, *die Wahrheit ist, daß ich nie gearbeitet habe,* dabei hatte er sich unbehaglich gefühlt, *ich schäme mich nicht, das zuzugeben,* auf halbem Wege zwischen der üblichen, klassischen Klage und dem Lachreiz, den er nicht unterdrücken konnte, *ich wollte nicht studieren,* und dennoch schien in ihrer Aufrichtigkeit weitaus mehr zu liegen als eine Entschuldigung, *ich hatte keine Lust dazu,* denn sie schien mit diesem kleinen, dunklen Zipfel das Gewebe ihrer Verzweiflung zeigen zu wollen, *und zur Zeit sträube ich mich, mit einer Freundin zusammen eine Boutique aufzumachen, weil mir das nicht ernsthaft vorkommt,* er verstand sie, konnte sie verstehen, obwohl er es nicht wollte, *ich bin mit einem guten Mann verheiratet,* denn er wurde sich bewußt, daß er dieses von Anfang an befürchtet hatte, *der viel Geld verdient und mich wirklich liebt,* eine Anzeige in einer Zeitschrift aufzugeben ist so einfach, wie einen verzweifelten Liebesbrief zu schreiben, *ich glaube, daß er nicht einmal eine Geliebte hat,* der einzige Unterschied ist, daß man auf letzteren nicht antwortet, *ich lebe in einem hübschen Haus,* auf die Anzeige aber doch, *mit Garten und einem Hausmädchen,* er glaubte, noch niemals einen verzweifelten Liebesbrief geschrieben zu haben, *ich habe drei Kinder,* sie aber hatte es getan, *das jüngste wurde mit Spina Bifida geboren,* und hatte diesen ausdrücklich an ihn geschickt, *davon abgesehen, ist alles in Ordnung,* an ihn, der gar nichts wissen wollte, *ich müßte eigentlich glücklich sein,* und die Dummheiten durchschaute, die sie auf dem Papier ineinander verflocht, *aber immer noch glaube ich, daß ich in diesem Leben kein Glück gehabt habe,* und trotzdem konnte er nicht mit dem Lesen aufhören, *ich langweile mich,* und plötzlich war er unfähig, diese einfache Neugier zu empfinden, die sonst zur Genüge die Art seiner Korrespondenz rechtfertigte, *mit den Jahren habe ich mich bei fast allem gelangweilt,* ein bedeutungsloses Spiel, *ich habe immer weniger Lust, mit meinem Mann zu schlafen,* den unschuldigen Zeitvertreib eines einsamen Mannes, *mein Mann, der so athletisch ist und so ein guter Kerl,* eines Mannes, der das Alleinsein gewählt hatte, *langweilt mich,* jetzt säte sie mit ihren Worten die altbekannten Zweifel, *immer ist er mit derselben Sache beschäftigt,* die alten, bereits vergessenen Ängste, *im Schwimmbad vergleicht er seinen Bauch mit denen der anderen,* und er begann zu zweifeln, *und ist überglücklich, weil er sich davon überzeugen kann, daß er einen straffen Bauch hat,* bei der Arbeit, in den Bars, auf der Straße fühlte er sich sicher, *aber das stimmt nicht, obwohl es mir ja gleich ist, wie sein Bauch ist,* er war so häßlich, *sein Bauch und alles andere interessiert mich einen Pfifferling,* und obendrein hieß er Benito, *ich langweile mich,* als er ein kleiner Junge war, hatte eine winzige Glasscherbe seine Haut eingeritzt, *immer machen wir es auf dieselbe Art,* um sein Herz erkalten zu lassen, *und wenn ich die Augen öffne, nur aus Gemeinheit,* vorher hatte er mit Mama Geheimnisse gehabt, *nur, um das rote, morbide Gesicht, das er dabei bekommt, zu sehen,* und gewußt, wie gut es sich anfühlte, die Mitte einzunehmen, *während er sich bewegt, als mache er Liegestütz,* aber dann zerbarst der Spiegel, *während er glaubt, daß es mir gefällt,* und der Junge blieb der Gnade und den Launen der Feen ausgeliefert, *und mir sein extra lasterhaftes Lächeln schenkt,* Feen gibt es nicht, *das schrecklich ist,* auch wenn sie angeblich manchmal die Gestalt gewöhnlicher Frauen annehmen, *und mir zuflüstert, man müsse nur mal sehen, wie gut es mir gefiele,* jener Art von Frauen, die ihn schweigend dazu verurteilt hatten, lebenslänglich außerhalb der Mechanismen ihrer Begierde zu leben, *wenn ich dann, nur um ihn nicht zu schlagen,* vielleicht hatten die Feen sie auserwählt, *nur um ihn nicht zu schlagen,* die verzweifelte Liebesbriefe schrieb, *und um nicht heulen zu müssen,* um ihn von seinem unverdienten Fluch zu befreien, *ein paar Schreie ausstoße,* er führte sich wie ein Idiot auf, *wenn ich ah! sage,* aber selbst wenn sie der Versuchung, bei seinem Anblick schnell wegzulaufen, nicht nachgab, *und den Kopf nach hinten werfe,* wenn sie ihn vielleicht verstünde, *nur, damit wir schneller fertig sind,* wäre der Preis übertrieben hoch, *wenn er kommt,* weil er wieder dem Meer trauen müßte, *und mich dann fragt, ob ich bemerkt hätte, daß er sich die ganze Zeit mit den Handgelenken abgestützt habe,* und die Plakatfrau aufgeben, *nur mit den Handgelenken,* taub, stumm und blind, vielleicht perfekt, *und ich ja sage,* es würde nie die Mühe lohnen, *er sei ein richtiger Kerl,* weil es die Feen nicht gibt, *wenn er zufrieden grinst,* zu hoffen ist mühsam, *und sofort einschläft,* der Glaube erschöpft all die Energien, die für andere Dinge notwendig sind, *dann bin ich überzeugt davon, daß er ekelhaft ist,* er wußte es und zweifelte dennoch, *eine ekelhafte Person,* und die Selbstzweifel wuchsen, *die die Welt nicht vermissen würde, wenn sie niemals existiert hätte,* er zweifelte an seiner eigenen Fähigkeit, Liebesbriefe zu schreiben, *aber später, wenn meine Wut verraucht ist und ich mich bemühe, gerecht zu sein,* es bedeutete in Wirklichkeit kein Risiko, *stelle ich fest, daß er alt wird,* es war ein falsches Argument, *und daß ich ihn über habe,* ein Versuch bedeutete noch keinen Kompromiß, *im Grunde ist es nur das,* wenn er sie aber akzeptieren sollte, müßte er alles auf eine Karte setzen, *zur Zeit masturbiere ich viel,* nur das hätte Sinn, *wieder einmal,* alles riskieren, *genauso wie damals, als ich bei meinen Eltern lebte,* alles verlieren oder sie gewinnen, *jetzt bin ich kein junges Mädchen mehr,* sein Leben war gar nichts, *bin aber einsamer als damals,* und dennoch hatte er nichts anderes, *deshalb habe ich meine alten Träume wiedererweckt,* er zögerte immer noch, *ich glaube, so sagt man,* als ihm auf einmal klar wurde, daß immerhin die Möglichkeit bestehen könnte, daß sie ihm nicht gefiel, *vor allem den von dem reservierten, brutalen Aristokraten, für dessen Frau ich als Zofe arbeite,* vielleicht war sie ziemlich häßlich, *der immer noch mein Favorit ist,* eine dicke Zwergin mit Haaren am Kinn, *natürlich verstehst du nicht, worum es dabei geht,* so verlogen wie er, *und ich werde es dir jetzt auch nicht erzählen,* er fühlte sich besser, *das würde zu lang werden,* es war keineswegs unsinnig, eine Falle zu vermuten, *und außerdem gehe ich lieber davon aus, daß du sehr wohl in der Lage bist, es dir selber auszumalen,* ein klebriges Netz, wie das, das er selbst so viele Male ausgelegt hatte, *in Wirklichkeit weiß ich nicht, wozu ich dir das alles erzählt habe,* nur um sich zu vergnügen, *du wirst denken, ich sei aufdringlich,* soviel Arbeit, um dann nicht einmal eine Fliege zu fangen, *und hättest vollkommen recht,* abrupt verwarf er den lustvollen Gedanken, sie könnte sein Spiegelbild sein, *ich bin bereit zu tun, was du willst,* er führte sich hartnäckig wie ein Idiot auf, *dir alles zu geben,* und sie war nicht halbwegs so idiotisch wie er, *sogar Geld,* sie suchte nur einen Herrn, *für ein bißchen Gefühl,* er würde dem nicht gewachsen sein, *deshalb schreibe ich dir,* er könnte keine Frau wie sie unterwerfen, nicht einmal besitzen, *weil ich mich langweile,* er könnte sie vielleicht lieben, *weil ich nicht länger allein von den Träumen leben kann, die ich mir vor vielen Jahren ausgemalt habe,* vielleicht könnte er sie einfach nur lieben, *als ich sogar noch den Trost einer vor mir liegenden, ungewissen Zukunft hatte,* vielleicht suchte sie gar nichts anderes, *ich kann es nicht, weil es nun nichts Ungewisses in meiner Zukunft mehr geben wird,* er glaubte, die Frauen, die er liebte, nicht gewaltsam begehren zu können, *wenn du nicht in sie eingreifst,* aber nie hatte er die Möglichkeit gehabt, eine zu besitzen, *du, der du unerbittlich bist,* immer war er der Gnade der Feen ausgeliefert, *und mich nie Liebling nennen wirst,* die Feen waren aus anderem Fleisch und Blut gemacht, *ich habe die Zärtlichkeiten satt,* aus anderem Fleisch, das man gewaltsam kneten konnte, *ich habe in diesem Leben kein*

Glück gehabt, das so viel Lust aus dem Schmerz ziehen konnte und diese auch zurückgeben könnte, *ich werde nächsten Freitag,* er könnte eine Fee liebkosen, nachdem er sie malträtiert hatte, *um sieben Uhr abends,* und sie würde seiner Liebkosungen nie überdrüssig werden, *auf der Plaza de España sein,* er wüßte, wie er es machen müßte, *ich werde am Treppenaufgang zum Hotel auf und ab gehen,* oftmals hatte er das geträumt, Tausende von Malen, *zwischen Princesa und Gran Vía,* aber sie war nur eine Frau, *ich werde in Gelb gekleidet sein,* eine gewöhnliche Frau, *ich werde mir eine Blume ins Haar stecken,* er benahm sich wie ein Idiot, *du solltest ein dickes Buch bei dir haben,* und niemals würde er auch nur einen einzigen Blick von Angesicht zu Angesicht aushalten, *irgendein Buch,* sie mußte eine schöne Frau sein, *du solltest einen hellen Pullover tragen,* auf jeden Fall wäre der Preis übertrieben hoch, *Jeans,* wirkliche Liebe ist ein einsames Laster, *versetz mich nicht,* und er müßte wieder dem Meer vertrauen, *du bist meine letzte Möglichkeit,* das Risiko eingehen, alles zu verlieren, *ich bin nicht mehr so jung,* was nicht viel war, *bereue es nicht,* und doch war es das einzige, was er hatte, *aufrichtig die deine,* trotz alledem zögerte er immer noch.

Er ging nicht zu der Verabredung. Er wußte es schon, während er sich langsam ankleidete, wobei er mehr Sorgfalt als sonst auf den Kodex der Formen und Farben verwandte. Er würde nicht hingehen. Aber schließlich wählte er die Jeans und einen hellen Pullover aus, puderte sich dezent und legte sich gleich einer unergründlichen Maske Zurückhaltung auf, keine Pomade. Er öffnete die Tür, als er das Gefühl hatte, es müsse etwa halb sieben sein. Er trat auf die Straße hinaus, ja stürzte auf die Straße hinaus, San Bernardo hinunter, schritt energisch aus, beinahe wehmütig, wie eine abgehalfterte Hure an ihrem letzten Arbeitstag, nur um viel zu früh auf die Gran Vía zu gelangen. Er las die Uhrzeit an einer elektronischen Uhr ab und grinste vor sich hin, du bist ein Idiot. Er bog nach links ab, erklomm das kurze Stück einer leichten Steigung und betrat eine Luxuscafeteria. Er hatte keinen Hunger, verspürte jedoch eine unerklärliche Unruhe, als er sich in die Schlange vor der Theke einreihte. Es war sieben Uhr, als ein Kellner ihn fragte, was er wünsche. Er blickte sich um und bestellte ein mehrstöckiges Sandwich. Er zwang sich, es langsam aufzuessen, aber der Beigeschmack nach abgestandenem Öl, den er schon vorausahnte beim Anblick der verbrannten Ränder des Spiegeleis, das die unterste Scheibe Brot krönte, schien weitaus stärker zu sein als sein Wille. Er ließ die Hälfte liegen, zahlte und wartete ein paar Minuten, bevor er wieder auf die Straße hinausging. Er übersah das grüne Männchen, das auf der Fußgängerampel ein Bein vorsetzte, aber das rote, bewegungslose Männchen hatte Zeit, um geboren zu werden und kurze Zeit zu leben, um dann vor seinen Augen zu sterben. Keine junge, gelb gekleidete Frau kam vorbei. Er trank etwas, nicht viel, und kehrte nach Hause zurück.

Drei Tage später kaufte er nach der Arbeit ein halbes Dutzend Exemplare jener Zeitschrift, in weiser Voraussicht der Schwierigkeiten, mit denen er zu kämpfen haben würde, bevor ihm der richtige Ton bei der Abfassung einer neuen Nachricht gelang. Mehr noch als sich entschuldigen, wollte er eine weitere Möglichkeit heraufbeschwören. Das Ausfeilen des angemessenen Textes gestaltete sich wirklich mühselig, aber schließlich gelang ihm auf den grobgepunkteten Linien des vorletzten, fünften Exemplars eine zufriedenstellende Abfolge von Worten. *Nachricht für gelb gekleidete Sklavin. Unmöglich, am Freitag, den 7. zur Plaza de España zu kommen. Ich war außerhalb, unvorhergesehene und unumgängliche Arbeitsgründe. Ich akzeptiere dich. Schlage rechtzeitig genug ein neues Treffen vor.*

Während er die Nachricht in einen Umschlag steckte, diesen verschloß und die entsprechende Adresse darauf schrieb, wußte er, ohne deshalb so etwas wie Leid zu empfinden, daß diese Prahlerei auf einen spektakulären Reinfall zusteuerte. Er war nicht der einzige unerbittliche Mann, der in dieser Zeitschrift für sich warb, und die Zeitschrift war ebensowenig der einzige an Kiosken zu kaufende Rettungsanker für hartnäckige Schiffbrüchige. Ihr Brief schien aufrichtig. Sie war auf der Suche nach Gefühlen, einem so seltenen Gut, sie würde sich nicht darauf beschränken, nur in seiner Richtung Ausschau zu halten. Er warf den Umschlag in den Briefkasten, überzeugt davon, daß sie in diesem Moment nicht mehr nur sich allein gehörte, daß sie schon jemanden gefunden hatte, der ihr ohne Zärtlichkeiten Lust verschaffte, irgendeinen schlaueren Idioten, als er es war. Lustlos wartete er auf den Moment, an dem er ihre gedruckte Nachricht sah, und fast widerwillig verfolgte er von jenem Augenblick an seine Korrespondenz, wobei er sich anstrengte, zielsicher die Herkunft eines jeden Briefes zu identifizieren, bevor er die mit Adreßaufkleber und dem farbigen Vermerk »Drucksache« versehenen Umschläge, die doch nichts anderes als Werbung beinhalteten, überhaupt geöffnet hatte. Er hatte Zeit, er wartete nicht mehr auf sie, es bereitete ihm keine Anstrengung mehr, durch den Hausflur zu gehen, von der Treppe geradewegs auf die Straße, ohne dabei begierig auf das durchsichtige Fensterchen in der unteren Hälfte des Metallkastens zu schielen, auf dem sein Name prangte, winzige, handgeschriebene Versalien auf einer Visitenkarte. Und dann zog er zufällig ihre zweite Nachricht hervor, die beinahe unter den verschiedensten, aber einander stets ähnelnden Reklamesendungen untergegangen wäre. Ein neuer verzweifelter Liebesbrief, hingekritzelt auf dem verknitterten Fetzen einer gedruckten Seite, die hastig und ohne Vorsicht aus einem Schulheft herausgerissen war. *Das*

Eidechsenmännchen weint, das Eidechsenweibchen weint. Dieselbe Uhrzeit, derselbe Ort, dieselben Bedingungen. Eidechsenmännchen und Eidechsenweibchen mit weißen Schürzchen. Darunter ein neues Datum, ein neuer Freitag, fast einen Monat später.

Er versuchte, nicht daran zu denken, zögerte den Moment einer Entscheidung, die Formulierung einer geeigneten Antwort, auf unbestimmte Zeit hinaus, indem er sich selbst gegenüber so tat, als sei ihm diese normale Frist, die allerdings immer kürzer wurde, egal. Er sagte sich immer wieder, das vernünftigste wäre, erst im letzten Moment zu reagieren, aber manchmal fühlte er sich schlecht, sogar nervös, angesichts eines derart verrückten Abenteuers. Manchmal dachte er daran.

Er verfügte nur noch über sehr wenig Zeit, als er verwirrt aufwachte, verloren in seiner eigenen Wohnung, der Körper steif, schmerzerfüllt von den Nachwirkungen des Traums, der ihn ohne Vorankündigung in jenem Sessel überfallen hatte, in der Mitte eines sparsam möblierten Raumes, gegenüber der nackten Wand, an der nun kein Fleck mehr zu erkennen war. Freitag, er bemühte sich nachzudenken, noch benommen von seinem Halbschlaf zur Unzeit, Freitag, welcher Freitag? Draußen war es dunkel, der schwache Widerschein der Laternen reichte kaum, um einen matten Lichtstrahl, eine Zickzacklinie, auf den Holzboden vor dem Balkon zu projizieren. Er sah auf die Uhr. Anhand der phosphoreszierenden Zeiger konnte er erkennen, daß es gegen zwanzig nach acht war, aber das Datum konnte er nicht entziffern. Es mußte Abend sein.

Weitere zehn Minuten verstrichen, bevor er in der Lage war, seine augenblickliche Situation zu rekapitulieren. Er hatte Urlaub. Er hatte großen Hunger, weil er wenig gegessen hatte, drei Tortillaspießchen an der Theke einer Bar, nach der beschämenden Episode mit dieser merkwürdigen Frau im Museum. Er war zu Fuß nach Hause gegangen, daran konnte er sich genau erinnern, und er hatte beschlossen, sich zum Abschluß einen luxuriösen Beweis seiner unerschütterlichen Eigenliebe zu gönnen, denn zuvor hatte er einen hoch bekommen, als er ein – sein – Bild von Goya betrachtet hatte, und das erschien ihm gefährlich. Er grinste. Jetzt erinnerte er sich. Deshalb stand der Sessel hier, gegenüber der Wand, und er lag darin ausgestreckt, er mußte tief geschlafen haben, erschöpft von der Anstrengung, nachdem er auf der gaukelhaften Silhouette der kleinen Nutte, die sich nun nicht mehr dazu herabließ, sich zu zeigen, deutliche Spuren hinterlassen hatte, um ihre Haut in eine auf unbegreifliche Weise geschundene Oberfläche zu verwandeln, das Erkennungszeichen der Frauen, die sich entdecken und nicht akzeptieren. Er masturbierte oft, aber fast nie verwendete er auf diesen Vorgang mehr als die strikt notwendige Zeit, und er pflegte auch nicht so viel Eifer auf die Inszenierung der Atmosphäre, weder der inneren noch der äußeren, zu verwenden, wie er es vor kaum ein paar Stunden getan hatte, als er sich vorgenommen hatte, einen so weiten Weg zu beschreiten, daß er nicht einmal zu der Sache mit den blauen Pantoffeln gekommen war, die sonst oft sein Ausgangspunkt gewesen war. Vielleicht sollte er sich anschließend noch einmal in diese Sache vertiefen, die, den Ergebnissen nach zu urteilen, eine ausreichende Entspannung herbeiführte, um zur Unzeit in einen süßen, tiefen Schlaf zu fallen. Das unangenehme Trugbild, das sein Erwachen überschattet hatte, löste sich nun auf, als er feststellte, daß er nicht mehr klein und elend war, kein armer Wicht wie sonst. Sie masturbierte auch viel, wieder einmal, genauso wie früher im Hause der Eltern, jetzt aber tat sie es, weil sie nicht mehr so jung war und einsamer als damals. Er erinnerte sich an ihre Worte und beruhigte sich, denn jetzt wußte er wieder, daß Mittwoch war, folglich verfügte er noch über zwei volle Tage, um seine Entscheidung weiter aufzuschieben. Er war halb tot vor Hunger. Mit einem Satz sprang er auf und hielt jählings den Kopf unter den kalten Wasserstrahl. Er schüttelte sich noch die Tropfen ab, die von seiner Stirn und seinen Wangen perlten, als er schon hinuntereilte, um in dem kubanischen Restaurant, das gerade an der Ecke eröffnet worden war, zu Abend zu essen.

Z U BE RRB REN. Unbeirrbar, dachte er, als er die Tür aufdrückte, rückt der Tag näher, an dem alle Neonbuchstaben vollkommen miteinander verschmelzen und diese Bar am Ende keinen Namen mehr hat. Das ist es, was du verdient hättest, lachte er in sich hinein, als er Polibio an der Theke stehen sah, weil du dich als billiger Philosoph verkaufst, sogar bei der prosaischen Ausübung des Gaststättengewerbes. Er ging auf ihn zu, und es gelang ihm, einige wenige Silben herauszupressen, aber er traute sich nicht weiterzusprechen. Sein Freund faßte nach einer Ginflasche, und es sah aus, als läge sie ihm schwer in der Hand. Er hatte einen geistesabwesenden Blick, viel extremer als sonst, und als er sprach, dreihundertfünfzig Peseten, war weniger der ungewöhnliche Getränkepreis überraschend als die erloschene, dünne Stimme, mit der er genannt wurde.
Er wollte ihn nicht schon wieder nach seinem Befinden fragen. Das tat er von Zeit zu Zeit, stärker, als es ihm angemessen schien, besorgt über die freiwilligen Beschränkungen in seinem Liebesleben, diesen Umstand, der Polibio zu einem Risiko machte, zu einer perfekten Zielscheibe für den kaltblütigen Feind, der den Krieg Tag für Tag auf den Titeln der Zeitungen gewann. Ebensowenig wollte er nach den frischen Blumen fragen, die jemand eher nachlässig in eine Vase auf dem Regal gesteckt als liebevoll arrangiert hatte. Wahrscheinlich Paquita, dachte er, oder eine andere oder Paquita und

eine andere, ein kleiner Seitensprung, schloß er, nichts Schwerwiegendes, höchstens für ihn selbst, der er vor dem halbvollen zweiten Krug Daiquiri endlich beschlossen hatte zu beschließen, von der Frau in Gelb zu sprechen, weil er sich überwinden wollte, sich in die eine oder die andere Richtung zu stürzen, gelassen das Urteil, die Lossprechung oder die Verurteilung, anzunehmen, es war egal, es blieben ihm immer noch zwei Tage.

»Hallo. Wie geht's?«

Die künstliche Lebendigkeit, die in der Stimme seines Gesprächspartners lag und dessen Absicht, die Gründe seiner Traurigkeit auf jeden Fall aus dem Spiel zu lassen, nur allzu deutlich Lügen strafte, bekundete ihm, daß er keinen geeigneteren Moment finden würde, um mit seiner Beichte zu beginnen. Er versuchte es, aber er verlor die Kontrolle über die Worte, die aus seinem Mund strömten.

»Gut. Ich hatte Lust, mit dir zu reden, darum bin ich gekommen.« Und von diesem Augenblick an mußte er sich anstrengen zu erkennen, wer da aus seinem tiefsten Innern sprach und dabei seine Stimme und seinen Akzent benutzte. »Heute morgen habe ich eine außergewöhnliche Frau kennengelernt.«

»Wirklich? Erzähl mir nichts! Hatte sie vielleicht drei Brüste?«

»Nein, aber sie war häßlich und dick, und man merkte ihr an, daß sie vom Dorf kommt . . .«

»Zu meinem Leidwesen kann ich diesen Charakteristika nichts Besonderes abgewinnen.«

»Sie hatte den Namen einer Göttin niederen Ranges.«

»María del Pilar?«

»Nein. Iris.«

»Ach! Diese Kupplerin . . .«

»Wir sind in den Prado gegangen.«

»Junge, du baust allmählich ab.«

»Und als ich sie umarmt hatte . . .«

»Im Museum?«
»Ja, vor *Dem Schneefall.*«
»Ungeheuerlich!«
»Habe ich einen hoch bekommen, und sie hat es bemerkt, sie ist weggelaufen und hat mich Schwein genannt.«
»Das wundert mich nicht.«
»Ich verstehe nur immer noch nicht, warum das alles passiert ist.«
»Du hast die Vierzig noch nicht überschritten. Später beschäftigst du dich dann nur noch mit der Frage, warum solche Sachen passieren . . .«
»So wird es wohl sein.«
»Kanntest du sie?«
»Nein. Sie ist weggerannt, das sagte ich doch schon.«
»Und kam nicht zurück . . .«
»Nein.«
»Und du weißt nicht, wo sie wohnt.«
»Nein.«
»Besser so. So gerätst du wenigstens nicht in Versuchung.«
»Warum?«
»Weiß nicht, aber es gefällt mir nicht . . . Oder vielleicht ist es nur, weil ich heute abend nicht zu Scherzen aufgelegt bin.«
In diesem Augenblick erschien Paquita in der Tür. Alle Anwesenden drehten sich nach ihr um, als ob das wütende Klappern ihrer Absätze eine unmittelbar bevorstehende Katastrophe ankündigte. Aber sie zog sich mit der mechanischen Geste eines Automaten, der so seine Batterien auflädt, das Kleid glatt und durchquerte langsam das Lokal, bis sie die Theke erreicht hatte, auf die sie wütend mit der Faust schlug.
»Gib mir ein Glas und halt den Mund, sprich mich nicht an, ich will nicht ein einziges Wort hören, nicht ein einziges, hast du mich verstanden?«
Polibio drehte sich um. Ein blondes, blutjunges, heftig

schielendes Mädchen, den Körper eingehüllt in ein reichlich kurzes Kleid aus schwarzem Samt, in dem die extreme Schlankheit eher nach den Folgen irgendeiner schrecklichen Krankheit aussah, erhob sich daraufhin aus der Ecke, in die es sich geflüchtet hatte; ein so gutes Versteck, daß Benito bis dahin ihre Anwesenheit gar nicht bemerkt hatte. Während er sie betrachtete, immer noch überrascht, weil er sie vorher nicht gesehen hatte, und zugleich erschrocken über ihre grauenvollen, schielenden Augen, spürte er, daß Paquita ihn in die Rippen stieß. Als er sie anblickte, sah er, daß sie ihm eine Streichholzschachtel reichte. Er wollte sie nicht nehmen. Wieder stieß sie ihn mit dem Ellbogen in die Rippen, schließlich nahm er die satinierte Pappschachtel und rieb deren Klappen zwischen den Fingerspitzen, als wollte er sie auf Hochglanz bringen.

Er hatte sie einmal getroffen, ohne Polibio etwas davon zu sagen, in jenem deprimierenden Club an der Straße nach Valencia, dessen Name und Adresse in phosophoreszierenden Buchstaben auf dem Deckel einer anderen Streichholzschachtel prangten, die sie ihm ohne besondere Absicht ein paar Tage zuvor geliehen hatte. Ursprünglich hatte er sich dort nicht zu erkennen geben wollen, aber es war so kalt in dem verwaisten und schmutzigen Lokal, daß er beschloß, sich an einen der Tische unmittelbar vor der Bühne zu setzen. Dabei dachte er, seine Anwesenheit könnte ihr vielleicht irgendwie nützlich sein, aber sie war ja an solche Nächte gewöhnt, an den tristen, düsteren Anblick, drei oder vier Betrunkene zu nächtlicher Stunde, der abstoßend feuchte Blick der Stammkundenmasturbierer und, mit einem bißchen Glück, eine Gruppe von Soldaten, die Ausgang hatten, oder eine Abschiedsfeier für einen Bräutigam, mehr nicht. Nur sie und das andere Mädchen, das Ursula hieß und zu Ravels Bolero tanzte, in einem Funk-Rhythmus, der bis an die Grenze des Unkenntlichen verzerrt dröhnte, unter der brüchigen gräulichen Plane, die ein arabisches Zelt darstellen sollte; das war ihre Nummer, zwischen den lesbischen Nonnen und der Homage an Charlie Chaplin, die die pathetischste Nummer von allen war. Mittendrin erschien Paquita, gekleidet als ägyptische Hetäre, in einem alten und vom vielen Tragen durchsichtig gewordenen Gewand, das sie von einer Profitänzerin geerbt hatte; die hatte ihr Möglichstes getan, um ihr monatelang zu zeigen, wie man die Bauchmuskeln anspannt, und schließlich verzweifelt aufgegeben, hatte ihr dafür aber ein Kleid geschenkt, ohne etwas dafür zu verlangen. Als er ihr zusah, konnte er es nachvollziehen, so knochig und mager, mit so blasser Haut und diesem Bauchnabel, der sich nach außen zu wölben schien statt nach innen, waren ihre Bewegungen zwar gelenkig, besaßen aber nur wenig Anmut, wie sie immer um ihre Gefährtin herumtanzte, die, eingehüllt in eine weiße Tunika, mit verschränkten Armen und stolzer Miene dastand. Diese hatte den besten Part, die Rolle des Scheichs, in den ersten zehn Minuten tat sie fast gar nichts, aber dann war sie um Längen besser als Paquita und viel jünger, und sie tat einem nicht leid. Obwohl er später, als er sie in der Künstlergarderobe begrüßen kam, nicht mehr wußte, was er denken sollte, denn Polibios Braut schien zufrieden und die andere nicht, das merkte er sofort, als er ihre Hand drückte, die weich und schlaff war, gar nicht zu vergleichen mit der Energie, die, nach der Beschaffenheit ihres Fleisches zu urteilen, ihr innewohnen mußte. Er hatte sich gewisse Hoffnungen gemacht, aber Ursula zog sofort wieder ab, verabschiedete sich mit leiser Stimme. Es geht ihr sehr schlecht, vertraute ihm Paquita an, während sie mit der linken Hand die Tür schloß und mit der rechten den Reißverschluß seiner Hose aufzog, um eine Hand hineinzustekken; sie hat sich mit einem Physikstudenten eingelassen, der von der Sache hier nicht den blassesten Schimmer hat. Mit ein paar undeutlichen Worten bekundete er seine Solidarität und neigte sich dabei ein wenig zur Seite, um sich auf ein Sofa fallen zu lassen, das er zuvor erblickt hatte. Sie schaffte es, sich zu entkleiden, ohne ihn dabei loszulassen. Dann bestieg sie ihn mit einer Geschicklichkeit, die ihr beim Tanzen verwehrt war, und begann, sich auf ihm zu bewegen, mit mechanischer Genauigkeit, die deshalb aber nicht weniger wirkungsvoll war. Ihr Rhythmus änderte sich nicht einmal, als sich die Tür öffnete und Chaplins arme Imitatorin vollkommen nackt, aber noch mit aufgeklebtem Schnurrbart hereinkam, durch das Zimmer auf ihre eigene Garderobe zuging, die Melone, den Stock und den zerknitterten Frack über dem Arm. Sie grüßte mit müdem Gesicht und sah gar nicht hin. Da schloß er die Augen, um niemanden mehr zu sehen. Sie deutete diese Geste als eine Bitte um mehr Heftigkeit und beschleunigte ihre Bewegungen. Er kam sofort, sie nicht, dafür seufzte sie einmal auf, als hätte sie damit eine alte Schuld beglichen. Anschließend kleideten sie sich an und gingen auf die Straße hinaus. Sie mußten ein gutes Stück entlang der Autobahn laufen, bevor sie ein freies Taxi fanden. Während der Fahrt redeten sie über ein paar banale Dinge. Er setzte sie vor ihrem Haus ab und fuhr weiter zu sich nach Hause. Keiner der beiden erwähnte dieses Zwischenspiel jemals wieder, auch wenn er sich, als er ihr ein paar Tage später in Polibios Bar wiederbegegnete, eingestehen mußte, daß er sie lieber mochte als zuvor.

Trotzdem, als sie in jener Nacht die Streichholzschachtel auf den Tresen fallen ließ, sah er sie an und schüttelte den Kopf. Sie zuckte mit den Achseln und flüsterte ihm ins Ohr: Dir entgeht etwas. Dann stürzte sie sich mit gespielter Verzweiflung auf das Glas, das ihr Freund ihr hingestellt hatte. Polibio blickte ihn wortlos an, er wollte, daß er ging. Er griff nach seinem Jackett, sagte fast unhörbar Adiós und wandte sich noch rechtzeitig genug um, um zuzusehen, wie das ausgehungerte Mädchen im schwarzen Kleid langsam durch die Tür verschwand. Sie konnte sich kaum auf den hohen, schiefgetretenen Absätzen halten, die auffällig nach innen gebogen waren.

2
Freitag

Alles geschah dermaßen schnell, daß er später nicht mehr in der Lage war, die schwindelerregende Abfolge von Zufällen zu rekonstruieren. Der Augenblick, der sein Leben hätte ändern können, war danach und für immer in seinem selbstgefälligen Gedächtnis verzerrt. Ein ums andere Mal wiederholte er sich, er sei an dem Nachmittag betrunken gewesen bis zur Gleichgültigkeit, Dummheit und Verblendung. Aber er wußte, daß sich nicht ein einziger Tropfen Alkohol in seinem Blut befunden hatte, als der Zufall beschloß, sich in Materie umzusetzen. Es war echte Vorsehung, die seine Augen aus Nervosität dorthin lenkte, wohin sie eigentlich nicht sehen sollten. Er war versucht, ein paar Gläser zu trinken, bevor er das Haus verließ. Doch dann dachte er, daß er später sowieso trinken würde, und schließlich sah er einen Vorteil darin, es sich bis zum Abend aufzusparen.
Er schaute Dutzende Male in den Spiegel, mit dem unbehaglichen Gefühl, sich wie ein eitler Fatzke aufzuführen. Dieselben Klamotten, dieselben Zweifel, dazu die Erinnerung an das vorausgegangene Entsetzen und an das mehrstöckige Sandwich, das er immer noch nicht verdaut hatte. Er hatte einen Plan, einen kurzen und bündigen Entwurf, hinter dem er sich verschanzen konnte: vorzeitig dasein, einen günstigen Beobachtungsposten suchen, sie nach Belieben betrachten, bevor er an sie herantrat. Aber obwohl er viel Zeit dafür aufgewandt hatte, die beste Taktik zu bestimmen, wurde ihm klar, daß er Angst hatte; und er dachte an Teresa, ihre wiederholten Aufdringlichkeiten, ihre Fehlschläge. Ich verliere nichts, wenn ich es versuche, sagte er sich immer wieder. Aber diese Selbst-

versicherung verlor zusehends an Kraft, sobald sich das Abtrünnigwerden als eine bequemere, vorteilhaftere Möglichkeit abzeichnete. Er ging die Treppen sehr langsam hinunter, wobei er auf jede Stufe beide Füße setzte, als wollte er das Schwanken, das ihn, ohne nachzulassen, von innen heraus strangulierte, über die Knie ableiten. Draußen, auf den Platten des Bürgersteigs, wurden seine Füße langsam sicherer. Die Sonne gab ihm wieder Vertrauen, und dasselbe tat die voraussehbare Abwesenheit dieser verheirateten Frau, die wahrscheinlich im großen und ganzen mit ihrem Leben zufrieden war, die auf Anzeigen antwortete, nur um irgend etwas zu tun, den Lockungen einer Flaschenpost in grünem Glas folgend, ohne jemals in irgendeinem Meer, an irgendeinem Strand oder auf irgendeiner Insel in Seenot geraten zu sein. Es ging ihr einzig und allein darum, sich aus der Ferne an der Schulter eines unbekannten Mannes auszuheulen, den sie sich sanft und faszinierend vorstellte, wie einen von denen, die in den sonntäglichen Schwärmereien junger Mädchen herumgeistern, von dem sie aber nicht annahm, daß er wirklich existierte. Es werden schließlich auch Briefe an die Heiligen Drei Könige, an den königlichen Palast des Orients und so weiter in den Briefkasten gesteckt. So wird es auch hier der Fall sein, versicherte er sich ein ums andere Mal, wobei er vergeblich versuchte, seine Unruhe zu bezwingen, und sich hartnäckig gegen die innere Stimme wehrte, die ihm aus irgendeinem Winkel seines Gehirns zuschrie, er solle rechtzeitig abhauen.

Er war genau zwanzig Jahre alt und verfügte über genügend Indizien für das, was ihn erwartete. Und trotzdem hatte er sich die Haare gewaschen, die Brille geputzt und seine neue Hose angezogen. Er hatte an dem Nachmittag einen anderen Weg genommen, war in Princesa geblieben. Es war kalt. Teresas Stimme klang zärtlich am

anderen Ende der Leitung: Erinnerst du dich, worüber wir in Paris gesprochen haben? Ich will dich sehen. Vielleicht hätte sie einen etwas distanzierteren und unverbindlicheren Ton anschlagen können, aber in jedem Falle hatte sie gesagt: Ich will dich sehen. Es war ihm nicht gelungen, seine Gefühle zu verbergen, nicht einmal, seinem Ton einen Anflug von Unentschlossenheit zu geben, nur um sich damit einen Halt zu verschaffen, bevor er völlig zusammenbrach: Ich weiß nicht, ob ich kann, ruf mich morgen an, ich habe schon was vor. Etwas in der Art hätte er antworten sollen, aber es gelang ihm nicht; und er stimmte ihr, hölzern wie eine Marionette, in allem zu, sagte die ganze Zeit über kaum ein anderes Wort als: Ja. Er stand gegen die Wand gelehnt, bedeckte den Hörer völlig mit der Hand: Ja, wie du möchtest; natürlich, wenn es dir so recht ist.
Er versuchte die lange, maßlose Unterhaltung, die sie in all den Bars in Paris geführt hatten, genauestens zu rekonstruieren, jene schier endlose Nacht, die jetzt auf ihm lastete, weil sie so kurz gewesen war. Über so viele Dinge hatten sie geredet, es war ihm unmöglich, sich an ein bestimmtes Thema zu erinnern, denn auch er war betrunken gewesen. Für einen Augenblick ging ihm das Bild eines weißen, von zierlichen Händen vierfach gefalteten Blattes Papier durch den Kopf, und er vernahm wieder, ohne es zu wollen, den unangenehm klingenden Akzent irgendwo zwischen dem Französischen und dem Argentinischen: die Formel für die vorletzte Abwehr. Aber es war kaum möglich, daß Teresa ihm wieder von jenem Mann erzählen wollte; sie hatte Freundinnen, Frauen wie sie selbst, an die sie sich wenden konnte, um bei der Analyse eines derartigen Selbstmords auf ein tieferes, solidarisches Verständnis zu stoßen, als er jemals dafür aufbringen könnte. Sie mochte Jazz, er nicht. Darüber hatten sie auch diskutiert, und über Leben und Werk von Ernest Hemingway, den er geradeheraus abgelehnt hatte,

in völliger Unkenntnis seines Lebens und seines Werkes, dafür aber in der tiefen Überzeugung, daß dies die einzig gerechtfertigte Haltung gegenüber dem lästigen Alten sei, der unangefochten, in der ewigen Pose des gutmütigen Mannes, hinter dem Drahtzaun einer Arena stand, mehr Star als Stier und Torero zusammen. Teresa hatte nicht weiter darauf beharrt, so daß auch der alte Yankee mit dem Erlöserbart sie nicht wieder zusammenbringen würde. Danach, weniger wegen der graduellen Zunahme an Vertrauen zwischen beiden, als vielmehr aufgrund der zunehmenden Alkoholvergiftung, der sie erlag, hatte sie begonnen, für sich allein zu sprechen, und hatte die Unterhaltung eher gegen als mit ihm über Stunden hinweg weitergeführt, fast ganz bis zum Ende. Sie wollte eine dieser Alten werden, die ihr Leben in einer Handvoll Namen zusammenfassen, also begann sie, sie einen nach dem anderen zu zerpflücken, ausführliche Beschreibung ihrer Gesichter und der Größe ihrer Hände, Alter und Grund des Verlassens, ihre Bedeutung und die Sehnsucht, die sie trotz allem noch immer nach jedem von ihnen empfinden konnte. Er hörte ihr schweigend zu, unterbrach sie kaum, höchstens um wie ein Echo in ihre Beschimpfungen einzustimmen; seine Stimme klang wie der Nachhall einer jeder ihrer Beschuldigungen, der bissigen Urteile, die sie abgab, und denen er ernsthaft beipflichtete, um sie zu bestätigen. Ja, wirklich, er hat sich wie ein Scheißkerl benommen. Dann holte sie tief Luft, um von neuem zu beginnen: Ich habe ihn geliebt, weißt du, wirklich geliebt. Sie schöpfte die Liste all ihrer unerquicklichen Liebschaften aus, bevor sie ihm einen Moment in die Augen sah und sein Handgelenk fest packte. Wenn ich es bloß könnte, sagte sie dann, wenn ich es bloß schaffen würde ... Er bat sie, den Satz zu beenden, aber sie wollte nicht weiterreden. Er maß dem keine Bedeutung bei. Beide waren betrunken, tranken noch ein bißchen weiter, sprachen von anderen Dingen, von der

Uni, der Karriere, den Eltern und Geschwistern, den Ferien und Zeitplänen. Und erst am Ende, als er schon den Türknauf der abgeblätterten, schmutzigen Tür in dem schmutzigen, schlecht gestrichenen Flur des schrecklichen, billigen Hotels ergriffen hatte, nachdem er sich höflich verabschiedet hatte und bereit war, zwei Stockwerke höher in sein Zimmer zu gehen, hielt ihn Teresa mit einem Blick zurück und sprach schließlich mit einer lächerlich bedeutungsschwangeren Stimme. Ich bin keine vernünftige Frau, sagte sie, und werde es niemals sein. Er verharrte schweigend, sagte kein Wort. Ich sollte solche Dinge wie die von heute nachmittag nicht tun, aber naja ... Danach machte sie wieder eine lange Pause und genoß einen Moment lang seine Hilflosigkeit. Ich bin erwachsen, intelligent, mir all dessen bewußt, auch dessen, daß ich mich nicht so benehmen sollte. Und trotzdem schaffe ich es nicht zu tun, was ich sollte, was weiß ich, mich in einen ganz gewöhnlichen, alltäglichen Typen wie dich zu verlieben. In jemanden, mit dem man sich ein Haus kauft, Kinder hat und solche Dinge. Manchmal denke ich, daß ich nie glücklich sein werde und daß ich ganz allein daran Schuld habe. Aber ich halte dich bloß auf. Es ist schon sehr spät. Danke für alles und gute Nacht.

Dann ging er ins Bett und konnte nicht schlafen. Unter dem unangenehmen Gewicht der feuchten Laken wollte er kein Fragment von dem, was an dem Abend passiert war, herausgreifen. Er war viel zu glücklich. Es genügten ihm das Wissen darum, daß er sie stundenlang ganz für sich allein gehabt hatte, und die Erinnerung an das komplizenhafte Grinsen des Kellners, der lustlos die verwaiste Bar ausgekehrt hatte, mit glänzenden Augen über einem riesigen dunklen Schnurrbart. Wieder zu Hause, analysierte er dann, fast gegen seinen Willen, Teresas letzte lange Tirade und kam zu dem Schluß, daß das Mädchen etwas schwachsinnig war, denn nur eine

Schwachsinnige, dazu noch pedantisch, eingebildet und hochnäsig, konnte mit zwanzig Jahren so sprechen. Was er in Wirklichkeit nicht ertragen konnte, war zu wissen, daß sie ihn als einen gewöhnlichen und alltäglichen Typen betrachtete. Gewöhnlich und alltäglich bist eher du, tröstete er sich schließlich, weil du zu viele Filme gesehen hast und nicht begreifst, wo es langgeht. Diese letzte unpräzise Überlegung beruhigte ihn und war stark genug, das ihm korrekt erscheinende Bild von dieser jüngeren Teresa ein für alle Mal in ihm festzuschreiben, fast noch eine Göre mit störrischem Haar und unfaßbar blasser Haut, die sich verzweifelt an sein Hosenbein klammerte, mit echten Tränen in den Augen zu ihm aufblickte und um Gnade flehte, wobei sie sich ständig wiederholte, ihm ständig wiederholte, daß sie in ihm nie wieder einen armseligen Mann sehen würde.
Aber dann rief sie ihn an, sagte, ich will dich sehen, und die Welt war wieder in Ordnung, da er sich nicht genau daran erinnern konnte, worüber sie in Paris gesprochen hatten. Doch er kam zu der Überzeugung, daß der Anruf nichts anderes gewesen sein konnte als ein Akt der Kapitulation, der Versuch, einem Leben Kohärenz aufzuprägen, die in ihrem natürlich nicht vorhanden war; alles in allem das ausdrückliche Gesuch um eine andersartige, konkrete, gewöhnliche und alltägliche Gnade. Und schon wollte und konnte er nicht mehr, hatte keine Lust, jenen Teil, jene Dimension seiner selbst von einer Frau zurückzufordern, die einfach kam, um sich ihm in all ihren objektiven Dimensionen anzubieten, ein Haus kaufen, Kinder bekommen und all das. Da riß sich diese Teresa den Arsch auf, würde er das mit einer gewissen bitteren Ironie Jahre später für sich zusammenfassen, wenn er von Zeit zu Zeit die lange anschauliche Liste seiner Phantasiegeliebten erstellte. Doch dann beschränkte er sich nicht darauf, die Ereignisse, die nachfolgen sollten, abzuwarten, sondern nahm die Zügel selbst in die Hand.

Nirgendwo fand er Veilchen, es war wirklich zum Verzweifeln.
Er erwog sogar die Möglichkeit, eine andere Blume auszusuchen, aber schließlich und endlich wuchsen Veilchen im Winter. Irgendwo mußte es welche geben, sie konnten nicht so einfach von der Bildfläche verschwunden sein, diese billigen, bescheidenen Blumen, die eng mit der Geschichte der Stadt und dem Sog aufrichtiger und tragischer Liebe verbunden waren. Er entschied, daß es Veilchen sein mußten. Während er das Paket in der linken Tasche seines amerikanischen Trenchcoats zerknautschte, den er sehr günstig in der Militärbasis erstanden hatte, versuchte er es weiter, bat in jedem Laden inständig um Veilchen, bis er sie endlich fand und gleich drei Sträußchen kaufte. Fast bedauerte er den niedrigen Preis, er hätte es vorgezogen, wenn sie mehr gekostet hätten, wenigstens etwas mehr. Er mußte darauf bestehen, daß die Verkäuferin sie zu einem einzigen kleinen Strauß zusammenband, allerdings erreichte er nicht, daß die unfreundliche Kuh, die aus ihrem Ärger, sich mit Ware abgeben zu müssen, die so wenig Gewinn erbrachte, keinen Hehl machte, den Bindfaden mit einem farbigen Seidenband umwickelte.
Teresa nahm sie verdutzt in Empfang, wobei er so tat, als bemerke er ihren Gesichtsausdruck nicht. Es war nur ein Augenblick, kaum der Bruchteil einer Sekunde, aber gerade genug, um ihn sehen zu lassen, wie sich echtes Erstaunen auf ihrem skeptischen Gesicht abzeichnete, um sich gleich darauf wieder zu verwischen. Anfangs gab sie ihm Hilfestellung, denn mit einem offenen Lächeln nahm sie seinen Arm, um ihn dann genau in die der von ihm gewählten entgegengesetzte Richtung zu drängen, ohne Hast ließ sie all seine Hoffnungen in sich zusammenstürzen. Er hatte einen ganzen Plan für die Unterhaltung erstellt, kam aber nicht dazu, ihn auch nur annähernd in die Tat umzusetzen, indem er erfinderisch

einige Themen miteinander verknüpfte. Sie war es, die den ganzen Nachmittag über sprach. Ihre ersten Worte genügten, um eine genaue Erinnerung an das, was in Paris vor sich gegangen war, in ihm wachzurufen. Eine simple Anspielung, einige indirekte Erklärungen, nicht mehr, aber es war genau das; jetzt, wo es zu spät war, verstand er es mühelos, und er empfand nichts. Teresa erzählte ohne Unterbrechung, und er nickte dazu, als hätte sich eine fremde Hand in seinen Nacken gelegt, um seinen Kopf in regelmäßigen Abständen nach vorn zu stoßen. Offensichtlich in allem mit ihr einer Meinung, schaute er sie nur verstohlen von der Seite an, ihre Hände steckten in Wollhandschuhen, deren Finger verschiedenfarbig waren und die aus den Ärmeln einer riesigen, lammgefütterten Wildlederjacke herausragten, ihre ganze Kleidung war zwei Nummern größer, als ihre Mutter für sie ausgesucht hätte, um den Hals trug sie ein mit Goldfäden durchwirktes Baumwolltuch, auf dem Kopf eine schwarze Mütze. Er wagte es nicht, sie von vorn anzusehen, aber er hörte ihr zu, pflichtete ihr bei und fühlte noch immer nichts, verstand ihre einfachen Worte überhaupt nicht, es geht dem Ende zu, du weißt schon, wir wissen alle, daß es nicht lange so weitergehen kann, und wir haben ein Recht auf die Zukunft, auf Gerechtigkeit, Fortschritt, Zukunft. Ihre Augen glänzten und betonten ihre von der Kälte geröteten Wangen, aus ihrem Mund drang weißer Dampf, während die leuchtende Haut Funken sprühte und ihr schmaler Körper zitterte, und er nickte zu allem, weil er nichts mehr hören wollte, und wußte trotzdem, daß es sinnlos war, weiterhin geduldig zuzuhören, der Redefluß Teresas wollte nicht enden. Eigentlich hätte er die Schattenseite hinter dieser zarten Stimme am anderen Ende der Telefonleitung voraussahnen können, bereits in Paris hatte es dafür Anzeichen gegeben. Während im Laufe jenes Abends sich allmählich eine zermürbende Beklemmung seines übervollen

Geistes bemächtigt hatte, er durch das Echo der stetig wiederholten Worte dermaßen betäubt war, daß er keinen Raum mehr zur Verfügung hatte, um seine Verwirrung zu ordnen, schien sie sich ihrer Kräfte gar nicht bewußt zu sein, obgleich alle ihr zu eigen waren, redliche, unberührte, überwältigende, die nicht um Wohlwollen buhlten, sondern seinen Körper und seine Seele beanspruchten, seine Ehre und Arbeitskraft, den totalen Einsatz für eine elende Zukunft, die ihnen ein verräterisches Jahrhundert bieten würde. Und er bewegte den Kopf nach vorn wie ein Automat, gleichgültig gegenüber ihrem Enthusiasmus, konnte nur halbwegs ihre leutseligen Gesten begreifen und ihr kräftig den Arm drücken.
Sie waren in Rosales angekommen und gingen auf verwaisten Bürgersteigen an den Abgrenzungen des Parks entlang. Der Winter machte sich durch den Wind bemerkbar, durch die frühzeitige Dunkelheit und den metallenen Glanz der Jalousien, die das freundliche Äußere der sonst so leicht wirkenden gläsernen Kioske völlig veränderten und sie als kalte, stahlverkleidete Häuschen vor geschlossenen Straßencafés stehen ließen. Es drängte sich der Verdacht auf, die Stadt sei gestorben, die Stille war nahezu total. Sie blieben gleichzeitig stehen, um zu schauen und zu lauschen, und dann küßte sie ihn, drückte ihre Lippen auf seine Wange, ganz nahe am Mundwinkel, und er nahm mit ungewöhnlicher Schnelligkeit den Kopf des Mädchens in seine Hände und drehte ihn leicht. Sie erlaubte es ihm, gewährte ihm Zugang zu ihrem Mund und erwiderte den zufälligen, unbedeutenden, höflichen Kuß, den er für Jahre als einen der berauschendsten Momente seines Lebens horten würde.
In seiner Erinnerung würde jener Augenblick den schwachen, vergilbten Charakter eines hauchdünnen, sehr alten, an den Rändern fadenscheinigen Pergaments annehmen, das krankhafte Wesen zwanghafter Erinnerungen, die täglich mit systematischer Wiederholung

heraufbeschworen werden, vorsätzlich losgelöst von der ganzen Geschichte, von allen Geschichten. In seinem Kopf würde die Szene immer mit jenem zärtlichen und unvermittelten Kuß enden, und mitten auf dem Bürgersteig küßte er Teresa endlos lange, danach gab es nichts, er verleugnete alles übrige, jede weitere Erinnerung. Als er sich dann entschloß, den Inhalt seiner linken Manteltasche hervorzuziehen, war ihm bereits klar, daß er es niemals hätte tun sollen. Das Paket war zerknüllt, er selbst hatte es, ohne sich dessen bewußt zu sein, zerstört, bei den eindringlichsten Sätzen ihrer langen Rede hatte er seine Fingernägel in das farbige Geschenkpapier gebohrt und es zusammengedrückt, als hoffte er, Stärke aus dieser kleinmütigen Handlung zu gewinnen. Und jetzt war das Resultat eine unförmige Masse aus blauschillerndem Glanzpapier, die über seine ausgestreckte Hand lappte, um die Empfängerin, die ihn fassungslos mit offenem Mund anstarrte, in Verlegenheit zu bringen, ihre Verblüffung zeichnete sich in jedem Winkel ihres Gesichts ab. Er fühlte sich außerstande, irgendeine Entschuldigung hervorzubringen, und wollte schon die Reste wieder an ihrem ursprünglichen Ort verstecken, aber sie konnte ihre Neugier nicht bremsen. Er fühlte, wie sich ihre vielfarbige Hand um sein Handgelenk schloß und seine Hand festhielt. Er sagte sich, daß er schließlich nichts Schlechtes täte, streckte ihr die Hand wieder hin und erklärte, es ist ein Geschenk, ich habe es für dich mitgebracht. Daraufhin beugte sie sich vor und faßte einen Zipfel des Beutels mit ihren behandschuhten Fingerspitzen, so als fürchte sie, sich beim Berühren des Plastiks schmutzig zu machen. Sie hob den Beutel hoch in die Luft, um ihn auch von den letzten Farbresten zu befreien, von dem armseligen Bündel waren nur noch Fetzen übriggeblieben, die sich, wie bei einem Kinderfest, zu einem grotesken Trugbild über den Boden zerstreuten. Ich hatte keine Ahnung, erklärte er, ich konnte nicht wissen, daß wir über Politik sprechen würden, aber er hatte das Gefühl, daß seine Worte sie gar nicht erreichten, daß sie sich eine Art laienhafter Barmherzigkeit aufzwang, um ihn dann mit neutraler Stimme zu fragen, ja was ist denn das? Er war versucht, auf dem Absatz kehrtzumachen und davonzulaufen, hegte Zweifel darüber, welche Form der Lächerlichkeit letztlich die am wenigsten unehrenhafte sein würde, antwortete schließlich vage, sie gehörten meiner Mutter, und begriff, daß sie das Geschenk nicht verstehen würde und daß er ihr das niemals vorwerfen konnte, weil niemand es verstehen konnte, da es eigentlich gar kein Geschenk war; es war eigentlich nichts, besaß nicht den geringsten Wert, eine einfache Handvoll himmelblau gefärbter Federn. Er ahnte voraus, was passieren würde, was er verlieren würde, und war immer noch unfähig, irgend etwas zu empfinden, aber das ist ja leer, sagte sie, und die Bewegungen ihrer Hände gaben ihm einen ganz eindeutigen Hinweis auf das, was nun folgen würde. Tu es nicht, brachte er heraus, aber es war zu spät, zu spät streckte er seine Hand nach der ihren aus, die bereits den Knoten gelöst hatte und den Beutel, mit der Öffnung nach unten, kräftig schüttelte, das schüttelte, was nur noch einem durchsichtigen Skelett ähnelte, während sie ständig wiederholte, aber hier ist ja gar nichts, ich verstehe dich nicht, wo ist denn das Geschenk?

Er hätte es ihr erzählen sollen, ihr erklären, daß das, was sie als bloße Verpackung ansah, für sich genommen ein armseliger Schatz war, aber er ergab sich widerstandslos der plötzlichen Müdigkeit, die augenblicklich das Gewicht seiner Arme, Beine, Füße ins Unendliche vervielfachte, die unter der Last im Boden zu versinken drohten. Dann suchte er nach den Blumen in ihren Händen und fand sie nicht, ihre Jacke hatte keine Innentaschen, und die Veilchen waren nicht da, unter Umständen hatte sie sie in einen Papierkorb geworfen, ohne daß er es bemerkt

hatte, diese billigen, bescheidenen Blumen, die so eng mit der Legende dieser Stadt und mit den Spuren der aufrichtigen, tragischen Liebesgeschichte verbunden waren; eine absurde, profane Opfergabe aus den ungeschickten Händen einer Priesterin mit Sinn fürs Praktische. Seine Müdigkeit wurde stärker. Er konnte ihr nichts vorwerfen. Er verabschiedete sich kurz, Adiós, ohne weitere Erklärungen machte er auf dem Absatz kehrt und ging davon, fort von ihr.
Er bückte sich, um vom Boden eine noch heile, schmutzige blaue Feder aufzuheben. Einem alten Instinkt gehorchend, schloß er die Augen und führte sie blind an eines seiner Lider, strich sie langsam darüber, um sich die Zärtlichkeit jener frühen Liebkosungen zurückzuholen. Er strich sie mit den Fingerspitzen glatt, um ihre Lebensdauer zu verlängern, und steckte sie im Weitergehen vorsichtig in eine seiner Taschen. Er verzichtete darauf, die anderen zwei, drei Dutzend kleiner blauer Federn einzusammeln, die, von einem Windstoß aufgewirbelt, jetzt um ihn herumtanzten; ein Geschenk, das eigentlich keines war und keinerlei Wert besaß. Als er bei der Ampel die Straße überquerte, konnte er, nun schon von weit her, die Stimme von Teresa hören, die sich unvermittelt von ihrer Verblüffung erholt hatte, seinen Namen rief und, während sie ihm nachlief, schrie, also was ist nun, wie verbleiben wir?

Er dachte an Teresa, während er langsam weiterging, unterwegs zu einem neuen gefährlichen Treffen, womöglich noch gefährlicher, da für Mißverständnisse kein Raum mehr blieb und zuviel Zeit vergangen war. Er erinnerte sich an sie, an ihre damalige Jacke, ihre schwarze Wollmütze, so grundverschieden von der Frau, mit der er in dem Schnellrestaurant zusammengestoßen war, es war ein paar Jahre her, vielleicht drei, er wußte es nicht mehr genau. Ihn beschlich ein seltsames Gefühl, das ihn aber weiter nicht beunruhigte. Ein dummer Streich ging ihm durch den Kopf, er wollte neue Blumen kaufen, wenn auch keine Veilchen, und er ertappte sich dabei, wie er über sich selbst lächelte, während er sich die unvorhersehbare Reaktion, die ein solches Geschenk bei seiner anonymen Briefpartnerin auslösen würde, vorstellte. Frau X, ein Geschöpf, gierig nach starken Gefühlen, mit einer Gänsehaut bei dem Gedanken an Gewalt, einzig eine Zuflucht, um die Festigkeit und den verlorengegangenen Schauer wiederzuerlangen. Blumen aus Höflichkeit, eine entschieden befremdliche Geste für dieses traurige Mädchen, das sein Glück außerhalb des abgesteckten Weges suchte, das der scheinbaren menschlichen Würde den Rücken zugekehrt hatte. Es wird amüsant sein, das zu sehen, dachte er, immer noch lächelnd, während er das letzte Stück des Weges zurücklegte, sich in alle Richtungen umblickte und mit sich selbst wettete, daß er hier in der Nähe keinen geöffneten Blumenladen finden würde. Er war schon an der Plaza de España, als er mit einer winzigen alten Frau zusammenstieß, eine weiße, ungekämmte Mähne umrahmte ein sehr kleines Gesicht, Schlitzaugen wie Dolchstöße, feingeschwungene Lippen. Sie verkaufte Blumen aus zwei mit Wasser gefüllten Plastikeimern. Er blieb sofort stehen, als glaubte er für einen Moment an das Schicksal. Sie blickte ihn lächelnd an.

»Wollen Sie Nelken?«

»Ich weiß nicht.«

»Ich habe auch noch einen Strauß von diesen winzigen Rosen.« Als sie sich vorbeugte, um ihm die Rosen zu zeigen, konnte er sie genauer ansehen, und er stellte fest, daß sie gar nicht so alt war. Sie konnte nicht älter als fünfundfünfzig, sechzig Jahre sein, obwohl die schwarzen Kleider, die ihren dünnen Körper bedeckten, und der Goldzahn, der neben einer Zahnlücke funkelte, ihr wirkliches Alter sehr gut verbargen.

»Ach ja ... Aber ich weiß gar nicht, ob ich überhaupt Blumen will.«
»Na, das ist ja wirklich reizend!« Sie schlug sich klatschend auf die Hüfte und stieß ein Lachen aus. »Darf man wissen, was Sie dann hier machen?«
»Gut, ich nehme doch ein paar mit ... Welche empfehlen Sie mir?«
»Sollen sie für ein Mädchen sein?«
»Nein, ich glaube, ich werde sie zu Hause in einen Krug stellen.«
»Dann nehmen Sie einen von diesen hier.« Sie reichte ihm einen bunten Strauß, gebunden aus Margeriten, Zwergnelken, knospigen Rosen und einigen anderen Wildblumen, die er nicht kannte. »Sie sind fix und fertig, geschnitten und gebunden, sehen Sie, mit Buchsbaum und allem. Man muß sie nur noch hinstellen. Heizen Sie schon?«
»Nein.«
»Um so besser; Sie sollten aber auf jeden Fall ein Aspirin ins Wasser tun. Dann bleiben sie länger frisch. Das macht fünfhundert Peseten ...«
Er nahm den Strauß und suchte in seinen Taschen, bis er das passende Kleingeld gefunden hatte. Als er sich gerade umdrehte und weggehen wollte, schnalzte sie ihm zu, damit er sie noch einmal ansah. Dabei ließ sie mit einem gezielten Wurf das Geld in ihre Schürzentasche fallen. Dann zog sie den Strauß mit den kleinen Rosen aus dem Eimer, suchte eine aus, kürzte mit geschickten Fingern den Stiel und streckte sie ihm hin.
»Nehmen Sie, die ist für Sie. Es ist zu schade, daß die Männer keine Blumen mehr im Knopfloch tragen. Es war ein so hübscher Brauch. Ich werde sie Ihnen anstecken. So, sehr schön ... Bis zum nächsten Mal und vielen Dank.«
»Adiós«, antwortete er und betastete verblüfft das seltsame Etwas, das an seinem Jackett steckte. Er fragte sich, was er jetzt mit dem Blumenstrauß in seinen Händen tun

sollte, bei diesem Treffen mit einer unbekannten Frau, einer dicken Zwergin mit Oberlippenbärtchen vermutlich, die seine Sklavin sein wollte, weil sie eine Anzeige gelesen hatte, diese schöne Kollektion von Lügen, die er erfunden hatte, für die Zeitschrift, die alle Leute wegen der Wohnungsannoncen kauften. Und es war ihm völlig klar, daß er verrückt sein mußte, hoffnungslos verrückt.
Er blieb mitten auf dem Bürgersteig stehen, befangen in einem Gefühl von Panik, das immerhin noch ein gewisse Vernunft barg, und schaute hinüber zur Plaza. Er war schon entschlossen, das Weite zu suchen, als sich die Ereignisse plötzlich überstürzten, ähnlich den Aufnahmen eines schlecht eingelegten Films in einer unsichtbaren Kamera, die von einem Wahnsinnigen gesteuert wurde, kurze und zugleich endlose Sequenzen unverständlicher Bilder, eine Folge sinnloser Spots, die sich auf schwindelerregende Weise den Augen der nicht vorhandenen Zuschauer entzog und in rasender Geschwindigkeit über ein zerknittertes Laken fuhr. Er suchte einen Papierkorb, warf die Blumen hinein und blickte kurz zurück, um festzustellen, daß die Alte alles gesehen hatte; aber sie lächelte ihm trotzdem zu. Es war ihm gleichgültig, was sie denken mochte. Sie saß auf einem Steinsockel, die Zeitschrift in den Händen. Das war alles, was er zunächst sah. Das Schicksal, an das zu glauben er nicht mehr umhinkonnte, erfaßte seinen gepeinigten Körper mit hartem Griff, mit Eisenklauen, die ihn, mitten auf der Straße, im selben Maße lähmten wie sein eigenes Entsetzen, während er sich von der Überraschung überwältigen ließ, sein Herz stockte, seine Knochen barsten und seine Phantasie in sich zusammenbrach. Und es gelang ihm nicht, sich zu erinnern, daß etwas in dem Brief auf ein solches Geheimzeichen hingewiesen, daß dieses Heft in weiblichen Händen irgendeine Bedeutung hatte, er war nicht dazu imstande, denn seine Wahrnehmung war bereits getrübt, war schon besiegt von dem Drang, nur zu

sehen, was er sehen wollte, seine Sehnsucht, die er in dem weichen Blick dieser häßlichen jungen Frau wiedererkennen wollte, die seltsame Macht, die er niemals wieder in einem Gesicht finden würde, denn schon ihre Augen genügten, um ihn zu erschüttern, ihm die Wahrheit klarzumachen, die hinter der langen Kette von Lügen stand; der reiche Ehemann, das Wochenendhaus, die Langeweile der Verwöhnten. Sofort bemitleidete er sie und wollte sie um jeden Preis, sofort, nach nur wenigen Augenblicken, noch bevor er die Farbe ihres gelben Baumwollrocks wahrgenommen hatte.

»Hallo. Suchst du einen Freund?«
»Nein, eine Wohnung.«
»Deshalb hast du natürlich . . .«
»Ja, ich weiß. Es ist sehr schwierig.«
»Und nimmst du die sieben Zwerge mit?«
»Was meinst du?«
»Ob eure ganze Kommune umziehen will.«
»Ich verstehe nicht.«
»Die mit den Ohrringen.«
»Ach so, nein, ich werde alleine weggehen.«
»Sehr gut.«
»Ja . . .«
»Sehr gut.«
»Ja.«
»Hier nimm, ich habe sie gerade gekauft, kann mich aber nicht daran gewöhnen, sie im Knopfloch zu tragen.«
»Danke.«
»Hör mal . . . Du bist doch nicht böse auf mich wegen neulich?«
»Ach das . . . Also, ich weiß nicht, ich glaube nicht.«
Sie hob den Kopf, um ihm schließlich in die Augen zu sehen, und erst dann begann sie zu lächeln.«

Als Manuela aufstand und er sie am Ellenbogen faßte, um

ihre Schritte zu lenken, lief ihnen jene Frau zum ersten Mal über den Weg. Sie trug einen marineblauen Regenmantel, an einem so windstillen und sonnigen Nachmittag fast ein Zeichen schriller Exzentrizität. Ihr Haar wurde im Nacken von einer mit winzigen Stoffblumen verzierten Spange zusammengehalten. Sie war jung, ausgesprochen hübsch und hatte es sehr eilig. Er nahm sie kaum wahr.

Einige Minuten später trafen sie sie wieder. Sie saß ruhig auf einer Bank, mit dem gelassenen Gesichtsausdruck von jemandem, der auf die Ankunft eines Gottes wartet, auf das Eintreffen von jemandem, der für sein Kommen über die gesamte Ewigkeit verfügt. Manuela, die ununterbrochen sprach, blieb stehen, um sich ein Eis zu kaufen. Während er mit halbem Ohr ihrem Geschwätz zuhörte – Größe und Preis der Waffeln, mit Schokolade überzogen oder nicht, geröstet oder nicht, Pistazie, nein, warten Sie einen Moment, lieber Pfefferminz mit Schokoladenstückchen, ein großes –, huschte ein schüchterner, warmer Windzug unter den dunklen Stoff, hob einen Zipfel des blauen Regenmantels an, um ein glänzendes Eckchen eines gelben Universums aufzuzeigen. Es war kaum mehr als ein Aufblitzen, genug, um die Farbe zu erahnen, die er mit dem Gesicht, den Träumen und den schlaflosen Nächten der Frau, die auf der Bank saß, verband.

Während er neben Manuela herging, San Bernardo hinauf, fühlte er keinerlei Bedürfnis, an die einsame Frau zu denken, die ganz umsonst auf einer Bank an der Plaza saß und wartete, ihr ganzer Körper ein geheimes Zeichen, bereits unfruchtbar in Abwesenheit seiner Augen. Im Bewußtsein seines Irrtums und dessen Ausmaßes fiel ihm ein, daß es besser wäre, sie nicht zu kennen, und ohne noch ein weiteres Zeichen zu erwarten, konzentrierte er sich auf die umständliche Geschäftigkeit seiner Begleiterin, die sich dazu verpflichtet sah, die Existenz der grünen, mit dunklen Flecken gesprenkelten Kugel, die unsicher auf einer zerbrechlichen, knusprigen Waffel hin- und herschwankte, schier unendlich zu verlängern, was auch ihn mit einer geheimnisvollen Gleichmut gegenüber der nahen Zukunft erfüllte, einer Gleichgültigkeit, die ihn wie ein seltsamer Frieden unter dem blassen Licht der Sonne, schon an der Schwelle einer warmen Nacht, befiel.

Sie erwiderte von Zeit zu Zeit amüsiert seinen Blick.

»Es ist alles eine Frage der Technik, weißt du?« bequemte sie sich schließlich zu erklären. »Zuerst muß man die Kugel im Hörnchen versenken, indem man sie ganz vorsichtig mit der Zunge hinunterdrückt, so, siehst du? Dabei muß man aber vermeiden, daß sie über die Seiten quillt. Um das zu erreichen, muß man den ganzen Rand ablecken und dafür sorgen, daß das überquellende Eis in die Mitte rutscht und mit dem übrigen versenkt werden kann. Aber nicht zu tief, denn wenn du zu sehr drückst, kann die Waffel platzen. Zuerst leckst du ab, was an den Rändern hängengeblieben ist, dann beißt du vom Hörnchen so ab, daß das Eis wieder alles ausfüllt, versenkst es wieder, und immer so weiter ... Wenn man es so macht, hat man ewig was davon.«

»Das verschafft dir gute Laune, was?«

»Das Eis?« fragte sie, während sie das letzte Stückchen Waffelspitze mit fast melancholischem Gesichtsausdruck verschwinden ließ. »Ist möglich. Glaub' nicht ... Es schmeckt mir, aber ich esse es selten, da es so dick macht und ich immer Diät halte.«

»Du hältst Diät?«

»Ja, natürlich«, bestätigte sie, bevor sie den eigentlichen Sinn der Frage erfaßte. Nachdem sie einen Moment nachgedacht hatte und ahnte, daß er sich gleich entschuldigen würde, fühlte sie sich zu einer Erklärung verpflichtet. „Ich weiß schon, was du denkst. Ernsthaft, ich weiß es ... Es stimmt, daß ich dick bin. Aber sieh mal, würde ich mich nicht von Zeit zu Zeit selbst daran erinnern, daß ich auf Diät bin, wäre ich ein echtes Monstrum, ein Ungeheuer von Frau. Es stimmt einfach, ich esse gerne, ich bin verrückt danach. Ich genieße es wahnsinnig, und manchmal, wie heute nachmittag, sage ich mir: Nun gut, was ist, wenn ich zwei Tage lang kein Eis esse, und morgen überfahren sie mich, und ich sterbe, also ... Was hätte meine Leiche mit zweihundert Gramm weniger gewonnen?«

»Nichts, natürlich.«

»Siehst du. Deshalb kaufe ich mir ein Eis und esse es auf, und selbstverständlich bekommt es mir total gut, wie sollte es mir auch bekommen ...? Mann, anschließend kaufe ich mir Kleider und bekomme Angstzustände, weil ich in keine dieser Einheitsgrößen, die sie heutzutage anfertigen, hineinpasse. Die Röcke bleiben auf halbem Oberschenkel hängen und sitzen fest, lassen sich weder hoch- noch runterziehen. Manchmal ist mir in der Umkleidekabine zum Heulen zumute, denn früher war ich so schön schlank, weißt du. Meine Freundinnen in der Schule nannten mich Hochebene, weil ich weder Hüften noch Busen noch sonstwas hatte. Und du siehst ja jetzt ... Aber wenn ich dann aus dem Laden komme, gebe ich meine Knete für Essen aus, richtiges Essen, wie auf dem Lande, mit Sardinenpasteten und allem drum und dran. Es ist eine Dummheit, weil ich noch dicker werde, aber immerhin erlöst es mich von meiner Depression ...«

»Dann ist es ja gut«, sagte er und nickte, wie zur Bestätigung, mit ernstem Gesicht. Es war ihm unmöglich, Mitleid mit dicken Frauen zu haben. Ihre groteske Plumpheit, ihr Schnaufen beim bloßen Erklimmen einer einfachen Treppe, das Haar, das schweißnaß an den Schläfen klebte, die durch Verstopfung fahl gewordene Haut um die Augen herum, die rotgeränderten Augen. In Gedanken verglich er sie mit der abstoßenden Schwäche eines vor Fettleibigkeit kranken Hundes, ein Bild, das sich ihm beim Anblick dicker Männer weniger beharrlich aufdrängte. Aber Manuela überschritt die Grenzen akzeptabler Leibesfülle kaum, und er mit seinem bereits gut entwickelten Wanstansatz wußte sehr wohl, daß diese Frauen grausame Momente durchlebten. »Das Dumme ist, daß du jetzt wahrscheinlich überhaupt keinen Hunger haben wirst ...«, fügte er hinzu, fast an der Ecke seiner Straße angelangt.

»Eigentlich nicht, natürlich, es ist ja noch nicht Abend ... Ißt du um diese Zeit zu Abend?«

»Nein, nein. Es ist nur ... Ich habe es bloß gesagt, weil ich dachte, wir könnten in irgendeine Kneipe gehen.«

»Dann ist es ja gut, weil, so wie die Dinge liegen, weiß man ja nicht mehr ...«

»Wenn du willst, gehen wir zu mir nach Hause. Ich wohne gleich hier, in diesem roten Ziegelgebäude.«

»Aha. Also los«, sagte sie mit einer Sicherheit, die ihn sich noch lächerlicher fühlen ließ. »Weißt du, früher habe ich es absichtlich gemacht.«

»Was?«

»Eis essen oder Puffmais, oder was auch immer, damit ich hinterher keinen Hunger mehr habe. Als ich nach Madrid kam, tat ich das absichtlich.«

»Komm herein«, sagte er und hielt ihr das Portal auf. »Und warum hast du diesen Quatsch gemacht?«

»Das war, weil ich keinen Heller besaß und dachte, es wäre eine gute Idee, auf das zu hören, was meine Mutter sagte: daß essen zwischen den Mahlzeiten den Hunger stillt. Aber von wegen, die Wahrheit ist, daß es nicht einmal von ihm ablenkt, es zögert ihn nur hinaus ... Gibt es keinen Fahrstuhl?«

»Nein.«

»Und in welchem Stock wohnst du?«

»Im vierten und letzten.«
»Uff! Na gut, wenigstens werde ich ein paar Kalorien verbrennen ... Ich bin damals immer morgens um drei Uhr aufgewacht, mit einem Loch im Bauch, daß ich dachte, ich sterbe gleich, wirklich. Es war entsetzlich. Dabei war es in Wahrheit sehr gut zum Abnehmen.«
»Warum bist du hierher gezogen?«
»Um Lehrerin zu werden.«
»Und du bist es nicht geworden ...«
»Ich habe angefangen, aber dann habe ich mich gelangweilt. Warte, wo ist das Licht? Mach es an, schnell...«
Er erlag dem alarmierenden Ton ihrer Worte und handelte schnell, tastete nervös die Wand ab, wobei er feststellte, daß der Puls in seinen Handgelenken wild pochte. Noch immer fürchtete er die Dunkelheit und konnte sich furchtbar erschrecken. Als er aber schließlich den Lichtschalter gedrückt hatte, erschien ihm nichts neu oder verändert auf dem dunklen Treppenabsatz des zweiten Stockes. Er fand dieselben schmutzigen Wände, dieselben alten Türen vor, drei oder vier Riegel unter dem gütigen Blick des bärtigen Jesus aus Messing, dessen Brust von übertriebenen Flammen entzündet war und den er täglich sah. Dennoch suchte Manuela mit vor Anspannung weit geöffneten Augen, die Nase spitzer als gewöhnlich, jede Ecke des kargen Raumes ab, bevor sie geheimnisvoll ein Bein anzog, um mit der rechten Hand den Schuh abzustreifen. Nachdem sie den Schuh mit verbrecherischem Gesichtsausdruck am Absatz ergriffen hatte, schnellte sie mit einem befriedigten Lächeln und wirrem Gemurmel blitzartig nach vorn, da warst du, du dreckiges Biest, jetzt kriegst du's, wenn du wüßtest, wie du mich anekelst ... Er trat verblüfft näher, gerade rechtzeitig, um der gewissenhaftesten und systematischsten Kakerlakenhinrichtung beizuwohnen, die er je in seinem Leben gesehen haben sollte. Das Insekt war ein ausgewachsenes Exemplar, riesengroß und schwarz glänzend

wie Chinalack. Zunächst wurde es auf eine widerliche blutige Masse reduziert, um dann weitere Schläge mit der Ledersohle einzustecken, bis es fast völlig verschwunden war und kaum mehr als die Spur eines feuchten, dunklen Flecks auf dem abgewetzten, von Lauge gebleichten Holz hinterließ.

»Warum läßt du so deine Wut an ihr aus?« fragte er, immer noch überrascht.

»Ich lasse keine Wut aus. Ich töte sie nur.«

»Nein, das meine ich nicht. Auch ich ekle mich vor ihnen, aber ich trete einmal drauf, und damit hat sich's.«

»Dann knacken sie, und ich ertrage es nicht, wenn sie knacken, deshalb töte ich sie immer so. Wenn du ihnen schnell hintereinander viele Schläge versetzt, hörst du nur den Schuh, der auf den Boden schlägt, und nicht ihr Knacken ... Außerdem bin ich vom Dorfe, und wir vom Dorfe haben etwas gegen Insekten, weil sie die Ernte auffressen. Weißt du, ich habe immer in einem kleinen Häuschen mit Garten gewohnt, und ich habe sie gesehen: so dick.« Der Abstand zwischen Zeigefinger und Daumen, bis zum äußersten auseinandergespreizt, verdeutlichte für einen Augenblick die unwahrscheinliche Länge eines Insekts von der Größe einer ausgewachsenen Maus. »Ganz im Ernst, jeden Tag, von unvorstellbarer Größe, auf dem Eßtisch, sogar auf meinem Bett fand ich mal so eine. Aber eine von denen, die fliegen, die sind noch widerlicher. Sie hockte in der Bettdecke, und ich konnte drei Nächte lang nicht schlafen. Also, wenn ich eine sehe, zerquetsche ich sie, auch wenn sie ungefährlich sind und einem nichts tun und so, ich zerquetsche sie trotzdem. Alles in allem sind sie sowieso nur dazu gut, Leuten Ekel einzuflößen ...«

»Ich nehme an, daß sie noch zu etwas anderem dienen ...«

»Ja, den Vögeln zum Fraß. Aber ich weiß zur Zeit ganz sicher, daß ich kein Vogel bin.«

»Schon gut, du brauchst nicht böse zu werden.«
»Nein, ich werde ja gar nicht böse ... Hast du Kitt, solchen für Fenster, oder Knetmasse, oder so was?« Er nickte.
»Dann stopf das Loch in der Ecke damit zu. Ich möchte wetten, daß sie da herauskommen.«
»Kannst du Kaffeelikör machen?«
»Was?« Kichernd zog sie die Augenbrauen hoch und stieg schwerfällig die Treppe weiter hinauf.
»Mein Kindermädchen ahnte immer, wo die Kakerlakennester waren. Sie täuschte sich nie. Als ich klein war, wurde sie von einem Fahrrad überfahren und war seitdem gelähmt. Daraufhin kehrte sie aufs Land zurück, und die Kakerlaken fielen bei uns ein. Meine Mutter begann, ihnen den lieben langen Tag nachzustellen, mit Pulvern in allen möglichen Farben, weiß, gelb, grau, aber das Nest fand sie nie. Am Ende mußten wir die von der Behörde rufen, aber sie waren nicht so gut wie Plácida, die außerdem noch einen köstlichen Likör aus Schnaps und frischem Kaffee bereiten konnte. Sie muß noch irgend etwas Besonderes hineingemischt haben, denn ich habe es oft nachzumachen versucht, aber nie so hinbekommen.«
»Zucker, Zitronenschale und Zimtstangen«, schlug sie vor und schnaufte, wie vorauszusehen gewesen war, als sie ihr Ziel, den vierten und letzten Stock, endlich erreicht hatte.
»Woher weißt du das?«
»Weil man diese Sachen auch für Sauerkirschlikör verwendet. Wenn du willst, können wir es mal zusammen ausprobieren, am Ende haben wir bestimmt das Rezept zusammen.«
Er lächelte ihr zu, während er die Tür aufschloß, in der Gewißheit, daß wenigstens einmal alles aufgeräumt war und keine Kleidung auf dem Boden herumlag. Dann ging er, ohne auf sie zu warten, direkt zum Balkon, der am anderen Ende des Wohnzimmers lag. Sie folgte ihm langsamer, er konnte ihre Schritte hören, die unsichere

Fährte ihrer Neugier, aber schließlich stand sie genau an dem Platz, den er ihr zugewiesen zu haben schien, vor der Fensterscheibe.
»Wie findest du es?«
»Das ist ein Garten.«
»Ja, natürlich«, bestätigte er enttäuscht.
»Na ja, ich habe schönere gesehen . . .«
»Das kann ich mir vorstellen. Aber die waren bestimmt nicht im Zentrum von Madrid.«
»Nein, das nicht . . . Aber sie sind alle ähnlich. Mann, es stimmt, es ist schon toll, so etwas hier gleich gegenüber zu haben, aber was soll ich dir groß sagen . . .«
»Nichts.« Er war bestrebt, seine Stimme messerscharf klingen zu lassen. »Du brauchst nichts weiter zu sagen.«
Sie beobachtete ihn still, während sie sich entfernte, um sich in einem Sessel in der Ecke niederzulassen. Von dort gesehen glänzte nun, abgehoben gegen das dürftige, gelbliche Licht irgendeiner entfernten Straßenlaterne, das der Schmutz auf dem Glas filterte, die andere Seite der Münze, die einfache Banalität eines jungen Mädchens vom Lande, vollkommen unpassend in Damenstrümpfe und in eine irre Welt verfrachtet. Ihre Silhouette stach ihm mehr denn je ins Auge, eine unförmige Masse, die die Folge brutaler Auswüchse offenbarte, die einen schönen Gegenstand systematisch deformiert hatten, den mythischen, fast mystischen Tempel der Zerbrechlichkeit und Subtilität, einen weiblichen Körper.
»Warum schaust du mich so an?« fragte sie leise, und als ob sie seine Gedanken lesen könnte, beharrte sie: „Schau mich nicht so an, ich bin doch nicht tot.«

Als er gerade drauf und dran war, sie hinauszuwerfen, bat sie ihn, gleichgültig gegenüber ihren letzten Worten, die noch immer im Raum standen, in unbesorgtem Tonfall, er möge ihr die Wohnung zeigen. Er war müde, erledigt durch dieses Gehirn, das Strukturen aufwies, die nie

seinen eigenen entsprachen, chaotische Gedankengänge von erschöpfender Ausdauer. Seine Besucherin zeigte keine Anzeichen von Unbehaglichkeit, und er hatte keine Lust mehr zu versuchen, sie zu verstehen, aber plötzlich, während er noch ernstlich in seine Zweifel versunken war, mußte er daran denken, daß schließlich und endlich irgendwo unter den Schichten schwabbelnden Fetts ein dunkler Kern warmen, menschlichen Fleisches vorhanden sein mußte, dessen Kraft vielleicht ausreichte, um irgendwelche Fehler wettzumachen, möglicherweise sogar alle Fehler, und ohne sein Unbehagen gänzlich überwunden zu haben, unterließ er es bewußt nachzurechnen, wie lange es her war, daß er die letzte aufrichtige Frau gehabt hatte, und erklärte sich bereit, sie durch den aschgrauen Korridor zu führen, an dessen Ende sein Schlafzimmer lag.
»Wer ist dies hier, dein Vater?« fragte sie und zeigte mit dem Finger auf das Foto, kaum daß sie die Schwelle übertreten hatten.
Ohne stehenzubleiben und ihrem ausgestreckten Finger mit dem Blick zu folgen, denn er wußte nur allzu gut, welches Bild sie meinte, nickte er und bereute es sofort.
»Nein«, dementierte er barsch, »das war nur ein Kerl, der zuviel trank, genau wie ich.«
»Aha, und wie hieß er?«
»Boris Vian.«
»Ein Russe?«
»Nein, Franzose.«
»Habe ich irgendwo schon mal gehört ... War er berühmt?«
»Ja, ziemlich.«
»Und was hat er gemacht?«
»Er war ein sexuell Besessener und ein Mörder. Er pfählte Frauen.«
»Ein richtiger Held, was?«
»Genau. Er hat viele ermordet. Mehr als zehn. Aber er hat

den schrecklichen Fehler begangen, sich in sein letztes Opfer zu verlieben, ein Mädchen von zwölf Jahren. Er ließ sie leben, und sie zeigte ihn an. Die Menschenmenge wollte ihn in der Tür seines Hauses lynchen, aber er konnte entkommen. Er war Schauspieler und schaffte es, daß man ihn für einen geistig Behinderten hielt. Er bettelte sich von Dorf zu Dorf durch, aber die Polizei nahm ihn an der Grenze fest, als er versuchte, nach Belgien zu gelangen. Und damit war alles zu Ende. Vor Gericht brach er völlig zusammen. Anfangs versuchte er, die Geschworenen davon zu überzeugen, daß er seine Opfer geliebt hatte, so sehr, daß er der Versuchung, sie zu zerstören, nicht widerstehen konnte. Aber am Ende begann diese Memme zu winseln und zu bitten, man solle ihn in eine psychiatrische Klinik einweisen, weil er Hilfe brauche. Sein Anwalt bat um die Gnade der Hinrichtung durch Erschießen, und sie wurde ihm gewährt. Aber am Ende kam er schließlich doch unter die Guillotine, einfach weil er häßlich war. Er hatte es verdient, wegen seiner Blödheit und weil er feige war . . .«

»Wie entsetzlich! Vielleicht war er ja wirklich krank, meinst du nicht? Und außerdem finde ich ihn gar nicht so häßlich. Ich muß oft an so etwas denken, stell dir vor, er war wirklich schizophren, und er spießte Frauen auf den Pfahl, wenn er gar nicht er selbst war, sondern ein ganz anderer, das hieße dann . . .«

»Ist doch egal. Du brauchst dir keine Sorgen zu machen, es ist alles Lüge. Ich habe es mir gerade ausgedacht.«

»Was? Du hast es gerade erfunden?«

»Natürlich.«

»Toll! Einfach unglaublich . . .«

Er schwieg, den Blick auf den Boden gerichtet. Er schämte sich, sie anzusehen, und wußte nicht, was er sagen sollte.

»Ich will sagen, daß du sehr klug sein mußt . . . sehr intelligent, nicht?«

Er zuckte die Schultern, in Erwartung der unvermeidlichen Frage, aber sie zeigte keinerlei Interesse daran, die wahre Identität des Besitzers der großen Nase in dem traurigen Gesicht zu erkunden. (Ich jedenfalls liebe dich, Boris.) Er lächelte, während er sie aufmerksam betrachtete und sich fragte, wer diese Frau wohl war, die hier in seiner Wohnung an der Wand lehnte und ihm all die Dinge sagte, die er gern hören wollte. Er wußte, daß sie Manuela hieß, wenn man sie auch zu Hause Manoli nannte, daß sie aus León stammte und Schmuck herstellte. Sie war passionierte Schauspielerin, klug und gleichzeitig dumm, wie die Insekten, die sie so inbrünstig bekämpfte, oder die Vögel, mit denen sie nicht das geringste zu tun haben wollte. Sollte sie in dieser Nacht in seinen Armen sterben, würde er nicht wissen, wohin er sie bringen, wen er anrufen, mit wem er um sie weinen sollte. Er wußte nicht einmal mehr den Namen ihres Dorfes. Eigentlich mochte er sie nicht, und dennoch verhieß etwas in ihr die Beschaffenheit von Lehm, die unerklärliche Entspannung, die sich auf die Finger überträgt, wenn man sie in weiche, frische Erde senkt. Sie war zu dick für eine Fee, zu häßlich, um unwirklich zu sein. Als er sie fragte, antwortete sie lächelnd, sie wolle nichts trinken.

Als er zurückkam, blieb er wie vom Blitz getroffen stehen, in der einen Hand eine Dose Bier, mit der anderen nervös hinter sich ins Leere tastend, nach der Wand suchend. Als er endlich die Türangel im Rücken spürte, ließ er sich zurückfallen, um seine plötzliche Gewichtsverminderung auszugleichen, das Loch, das seinen Magen gewaltsam aushöhlte, eroberte den ganzen Körper, breitete sich in seinen Armen und Beinen aus, um sich zuletzt im hohlen Kopf festzusetzen, einem sterilen Raum, wo er sich für ein paar unerträglich lange Sekunden anstrengte, einen vorgegebenen Satz wiederzufinden, einfach etwas, was er sagen konnte.

Sie lag seitwärts hingeräkelt auf dem Bett wie eine improvisierte klassische Odaliske, nackt bis auf ein Paar gelbe Socken mit großen weißen Punkten und ein orangefarbenes Baumwolltuch, das um ihren Hals geschlungen war. Sie schaute ihn an.
Dann konnte er die dünnen blauen Venen erkennen, die ihre Haut entlang der schlanken Linie der Waden durchzogen, immer dicker wurden und sich dick und dunkelviolett abhoben von dem weichen Fleisch der riesigen Oberschenkel, die sich nach hinten in eine unregelmäßige Oberfläche verlängerten, wo einige schüchterne Grübchen unfähig schienen, die Ausdehnung der schwammigen, faltigen Masse im Zaum zu halten, während sie vorn ein spärliches schwarzes Dreieck fast völlig verdeckten, das plattgedrückte Geschlecht, das außerdem durch die Falten eines Bauches von bemerkenswertem Umfang auf ein Minimum reduziert schien. Darüber fiel der Schatten zweier schlaffer Brüste, die von feinen weißen Streifen durchzogen waren und in zwei viel zu große Brustwarzen mündeten, ein durchsichtiges Dekolleté, unter dessen Oberfläche undeutlich ein komplexes Netzwerk aus weiteren blauen Venen auszumachen war.
Er musterte das alles eingehend, und schließlich blieb sein Blick an ihrem Gesicht hängen, an ihren Augen und den halbgeöffneten Lippen mit dem mißglückten hintergründigen Lächeln.
»Was soll das, warum bist du nackt?«
Sie änderte, möglicherweise aufgeschreckt durch den barschen Ton seiner Frage, ihre Pose, bevor sie antwortete. Beim Aufrichten reckte sie für einen Moment die Beine in die Luft und deutete eine höchst lächerliche Pirouette an. Dann, als sie schließlich mit ungeschickt über den Brüsten verschränkten Händen saß, die Beine übereinandergeschlagen, als wäre sie zu Besuch, wagte sie es, ihn anzusehen.
»Wollen wir uns nicht . . .?«

»Was?«
»Wollen wir uns nicht lieben?«
»Nein.«
Er durchquerte das Zimmer und setzte sich ans andere Ende des Bettes. Jetzt, da es zu spät war, erinnerte er sich, daß irgendwo innerhalb der Stadtgrenzen eine gelangweilte, wunderschöne Frau, möglicherweise noch immer in Gelb gekleidet, gerade mit Bitterkeit an ihn dachte. Und während er versuchte, sich über die unverständlichen Mechanismen klarzuwerden, die ihn an diesem Nachmittag in Begleitung dieses armen, schrecklichen Mädchens in sein eigenes Bett geführt hatten, verspürte er zum ersten Mal den Drang, sich mit der Macht eines totalen Rausches, den es nie gegeben hatte, zu rechtfertigen.
Ein Lied, das trotz der Nähe wie aus weiter Entfernung erklang, drang leise und vage an sein Ohr und zwang ihn zum Zuhören. Aber es gelang ihm kaum, die Worte zu verstehen, die eine alte Melodie begleiteten, eine plumpe Wiederholung des monotonen, vertrauten Rhythmus, kaum ein Säuseln, die Klage um eine verlorene Liebe. Für ein paar Sekunden widerstand er der Versuchung, den Kopf zu drehen. Als er es doch tat, fiel sein Blick auf Manuelas Körper, verborgen unter dem dünnen Leichentuch des weißen Lakens, das sie mit den Fingerspitzen direkt unter dem Kinn zusammenhielt. Er sah die Tränen, hörte das sanfte, geräuschlose Schluchzen der Unglücklichen, die lautlos weinen, nur für sich, ohne Mitleid zu erheischen. Versunken in ihren Schmerz, erschüttert von der Gewalt eines tiefen und einsamen Gefühls, imstande, über ihn und sich selbst den Bann zu verhängen, ihre Anwesenheit und ihre Schande auszulöschen, sang und weinte Manuela, ohne sich dessen zu schämen, als wäre der armselige Geliebte in jenem armseligen Lied einmal der ihre gewesen. Dabei bewegte sie die Lippen mit der systematischen Ausdauer derer, die in ihrer unschuldigen Wildheit hoffen, der Gesang könnte, dem Sinn einer

Handvoll alter, unüberlegt und rastlos über Jahrhunderte hinweg wiederholter Worte gehorchend, die Trauer schließlich auflösen und dem Leidenden wieder Frieden geben.
Er betrachtete sie einige Sekunden lang und zwang sich, ruhig zu bleiben, aber dann sah sie auf, ihr Blick begegnete dem seinen, sie hörte nicht auf zu singen, hörte nicht auf zu weinen, und er ließ sich gehen. Wieder sah er sie an, und seine Augen scheuten weder das Entsetzen noch das Erbarmen, er registrierte einfach das Bild einer jungen, dicken und unangenehmen Frau, die mit rauher, dunkler Stimme ein dummes Volkslied sang und nach jedem zweiten Wort innehielt, um geräuschvoll die Nase hochzuziehen, das Gesicht angeschwollen, gerötet durch die Niederträchtigkeit unaufhaltsam fließender Sekrete. Ihre Füße bewegten sich in der grotesken, bedruckten Umhüllung ins Leere und schlugen ungeschickt einen dumpfen Rhythmus an, ihre Hände, die in eine Reihe kleiner roter Punkte mündeten, Lacküberreste auf kurzen deformierten Fingernägeln, die sich nach oben bogen, hielten den Rand des Lakens wie einen lächerlichen Schutzschild umklammert. Er betrachtete das alles und war unfähig, sie zu trösten, konnte sie nicht einmal bedauern, aber als er gerade aufstehen wollte, um dieser absurden Vorstellung mit ein paar endgültigen Worten ein Ende zu setzen, brach sie ihr Lied ab und begann ohne Zwischenpause ein neues. Beim Hören der wohlbekannten Worte befiel ihn wieder der alte Zauber, ein Schauer überlief ihn, der Zauber der alten Worte bemächtigte sich seiner, immer waren es die gleichen Worte, zu ganz ähnlichen Melodien, Alkoven, Reue, dein Mund, ich sterbe, dunkelhaariges Mädchen. Die hohen Töne gelangen Manuela auch nicht, ihre Stimme wurde immer dünner und erstarb gänzlich am Ende des Refrains. Er schloß die Augen, um die reinen Wassertropfen, die ihr Gesicht benetzten, spüren zu können, und schritt auf-

recht einher, hoch in den Wolken, bemüht, der schnurgeraden Linie, die der Schatten des weißgetünchten, Himmel und Erde trennenden Mäuerchens zeichnete, zu folgen. Und erst dann, verhaftet in der schwachen Kraft seiner Erinnerung, begriff er, daß sie weinte. Erst dann, während der Gesang seiner Mutter wieder erklang, um seine Angst zu beschwichtigen, bemerkte er, daß sie um ihn weinte, seinetwegen und weil er sie zurückgewiesen hatte.

Er fand ihren Mund und küßte sie, streichelte sie und fand andere Münder, versenkte seine Finger in den Speichel, der aus ihrem geöffneten Körper strömte, ein einziger Mund; und er spürte die Verzweiflung auf ihren Lippen, in ihren weichen, feuchten Armen, die ihn zu einer dunklen, frischen Höhle stießen, um ihn dann dem Taumel zu überlassen; er fühlte ihre verzweifelten Lippen, den schwülen Kontakt schwitzender Fühler, hingebungsvolle, befreiende Atemlosigkeit, den Druck gieriger Lippen, die das Fleisch von seinem Körper zehrten und das Blut aus seinen Venen saugten; er fand andere Münder, jenseits ihres Mundes. Ihre Haut öffnete sich, schwoll an wie ein blutgetränkter Schwamm, jede Pore ein Mund, ein kreisförmiges und schmerzhaftes Mysterium, und er spürte die Verzweiflung jener Lippen, die ihn immer wieder in die unerträgliche Spirale der Begierde hineinzogen, um sich schließlich zu ergeben und ihn allein zu lassen, der Gnade anderer Lippen, anderer Münder ausgeliefert. Seine Finger glitten über die eigene Haut, um die Spur der Meduse zu ertasten, den warmen und säuerlichen Schleim, der aus ihrem nie versiegenden Brunnen floß, aus dem Inneren ihres Mundes; jede Zunge ein sanftes Inferno, ein kurzes Lager zum Ausruhen. Er genoß die flüchtige Erholung, nur ein paar Augenblicke, während derer er wieder zu sich kam, bevor er sich erneut der unerhörten Kraft der Saugnäpfe auslieferte, der verzweifelten Kreatur, die ihn an sich zog, um ihn zu zerfleischen, um ihn in der unschuldigen Marter ihrer unzähligen hungrigen Münder in Stücke zu zerreißen, leuchtende, einladende Höhlen, unterirdische Welten, die unentwegt unter ihrer vulkanischen Haut brodelten; die Erde öffnete und schloß sich um sein Fleisch, verzweifelte Lippen hielten ihn mit jeder Pore fest. Er verlor sich in ihren Mündern und setzte sich der heimtückischen Zärtlichkeit gewetzter Zähne aus, die seinen ganzen Körper aufschlitzten, um ihm feine Fasern des Lebens zu entreißen, des Lebens, das er nicht wollte und das doch jenen ewigen Mund nähren konnte, der ihn langsam durchkaute, und sein Bewußtsein verschwand schamlos, entfernte sich zwischen den Umrissen blendender Zähne, die in ihrer Sattheit glänzten. Ihm blieb nur noch das Salz, der Schweiß, der im Kontakt mit all ihren durstigen Mündern, ihren spitzen Mundwinkeln floß und ihn noch nackter zurückließ. Er spürte, daß er fast nichts mehr war, kaum mehr als eine Einöde, transparente, verbrauchte Haut auf dem Gerüst ausgedörrter Knochen, ein Labyrinth aus geweiteten und verengten Höhlen, und nur noch der Wille hielt ihn aufrecht, der Wunsch zu vergehen hielt ihn wach, während sie, ihr ganzer Körper ein einziger Mund, ihre Beute in einem letzten Erbeben in ihr eigenes Inneres trieb, um sie schließlich in den süßen Abgrund ihres bodenlosen Halses zu stürzen.

Später schlang sie ihre Arme um die Knie und blieb lange Zeit stumm und regungslos so liegen, als wäre sie gestorben. Er lag auf dem Rücken, untersuchte die weißgestrichene Decke, merkte, daß sein Mund weit offenstand, und fühlte eine schmerzhafte Spannung im hinteren Teil des Schädels, während seine ungewöhnlich geweiteten Augen blinzeln mußten. Er unterließ es, dem unwahrscheinlichen Zusammenhang zwischen nervöser und bewußter Impotenz nachzusinnen, denn er wollte seinem

Gesicht wieder Harmonie verleihen; resigniert täuschte er ebenfalls stille Leblosigkeit vor. Und in der regungslosen Dunkelheit machte er sich an die schmerzvolle Aufgabe seiner eigenen Wiedererrichtung.
Nie zuvor war er so nahe daran gewesen, nichts zu sein. Betäubt und erschöpft, wie er sich fühlte, mußte er, als er an die Worte dachte, die er gewählt hatte, um sich über sie herzumachen, matt lächeln; ich werde dich zerreißen, hatte er ihr verkündet, ohne selbst daran zu glauben, und sie hatte ihn zerfleischt.
Einen Moment lang fürchtete er sich wirklich vor ihr, erschauderte unter ihren spitzen Nägeln und Zähnen, entwickelte dunkle Phantasien, stellte sich die Zerstörung seines eigenen Fleisches vor, eine Bedrohung, die niemals Wirklichkeit werden konnte. Obwohl, das wußte er im selben Moment, er nichts getan hätte, um ihr zu entfliehen, es war ihr gelungen, eine echte Gefahr darzustellen, denn niemals zuvor war er so nahe daran gewesen, nichts zu sein. Danach gewöhnte er sich an die Kraft ihrer Hände und an den Widerstand ihres Nackens, erkannte ihre Ängste in der unangemessenen Heftigkeit all ihrer Gesten und erahnte, daß sie sich die brutale, erbarmungslose Aufrichtigkeit wilder Tiere bewahrt hatte, den egoistischen Instinkt von natürlicher Zerstörung und beständigem Wiederauferstehen. Er verzichtete auf jegliche Art von Widerstand und ließ sich einlullen, wurde wehrlos in den Armen der guten Hydra und entledigte sich Stück für Stück seiner Kleider, in Erwartung des Nichts, das ihn zärtlich eroberte und ihn für einen Augenblick aus seinem Dasein riß, um ihn dann reiner als je zuvor zurückzugeben.
Jetzt, während er, ohne es bewußt zu wollen, wieder Macht über Arme und Beine gewann, als er wieder spürte, daß seine Augen weich und feucht wurden, als er wieder denken konnte, befürchtete er für einen Moment, sie könnte seine Überraschung nicht teilen, seinen Taumel,

befürchtete, die Raserei, für die er sich noch vor ein paar Minuten völlig und bedingungslos vergessen hatte und die ihn, zusammen mit ihr, auf den schlüpfrigen Gipfel des Wahnsinns getrieben hatte, könnte ein Teil ihrer Art zu lieben sein. Er öffnete die Augen und schaute sie an. Schweißbedeckt und ermattet, durch die Anstrengung errötet und schöner geworden, lächelte sie ihn aus halbgeschlossenen Augen an. Und da wußte er es, wußte, daß es immer so sein würde, und wehrte sich gegen die Panik. Er zündete sich eine Zigarette an und sog den Rauch tief ein, als müßte er sich selbst davon überzeugen, daß er seine Bewegungen völlig unter Kontrolle hatte. Er war todmüde. Er streckte eine Hand aus und ließ sie vorsichtig unter ihren Nacken gleiten, um ihren Kopf einen Augenblick anzuheben, gerade lange genug, um das lange Haar vom Druck ihres Körpers zu befreien. Er spürte den Widerstand des unordentlichen, weichen und dichten Haares an den Fingerspitzen, aber er vernahm keinerlei Klage, und so fuhr er fort in seiner Beschäftigung, vorsichtig, bis er das gesamte Volumen ihrer langen, dunklen Mähne in seiner Faust hielt. Sie brachte ihm ihren Kopf näher, und er öffnete seine Hand, damit ihr Inhalt sich über seinen Körper ausbreitete. Er spürte das schwache Gewicht der dichten Decke auf seinem Bauch und fühlte sich besser. Manuelas Haar spendete Wärme.

Angelito hatte lange, gebogene Wimpern und ein rundes Gesicht wie seine Mutter. Angelito liebte ihn mit jener bedingungslosen Hingabe, die Kindern und einigen verrückten Weibern völlig den Kopf verdreht. Er konnte sich nie genau daran erinnern, wann er angefangen hatte, ihm schüchtern auf Schritt und Tritt zu folgen, gewöhnte sich aber schließlich daran, ihn wie einen blassen Schatten ständig mit sich herumzutragen. Eines Tages geschah es, daß er ihn losschickte, Zigaretten zu besorgen, und der Bengel stellte keine Fragen, obwohl er wußte, daß Benito

zu Hause nicht rauchen durfte. Er rannte los und kam nach ein paar Minuten mit einem Päckchen heller amerikanischer Zigaretten zurück. Er wollte den Differenzbetrag zu den schwarzen kanarischen, nach denen er ihn geschickt hatte, nicht annehmen; ich habe gerade Geld bekommen, sagte er, ich lade dich ein. Er dankte ihm für das Geschenk mit einem Lächeln, und der andere erwiderte es, schien äußerst zufrieden. Genau in dem Moment sagte er es, fragte ihn, ob er mit ihm gehen dürfe. Benito antwortete mit einer vagen Geste des Einverständnisses, nickte, das schien zu genügen.
Diese Freundschaft verschaffte ihm ein unerhörtes Prestige bei den Mitgliedern seiner Familie. Man muß sich diesen Jungen mal ansehen, wie sich der Kleine um seinen Vetter kümmert, der an ihm hängt wie eine Klette, und das, wo er doch drei Jahre älter ist. Seine Großmutter, die Tanten und Nachbarinnen schienen etwas Heroisches in seinem Verhalten zu sehen, aber seine Freunde zeigten sich weniger wohlwollend. Die Wahl erwies sich als kompliziert, mühsam. Als er schon entschlossen war, ihn abzuweisen, änderte er plötzlich seine Meinung und blieb weiter mit Angelito zusammen.
Angelito schluckte mit tellergroßen Augen alle Lügen, die er ihm auftischte. Er kaufte ihm die Liste der Freundinnen ab, die er niemals gehabt, die Schlägereien, die er niemals gewonnen hatte, die miserablen Zensuren, die sein makelloses Zeugnisheft niemals verzeichnete. Angelito wußte aus dem Gedächtnis Benitos Lieblingsbücher, -filme, und -lieder und begleitete ihn, ohne Fragen zu stellen, wenn er die Sonnenblumen besuchte. Er freute sich mehr als er selbst über gute Neuigkeiten, und jede Unannehmlichkeit schmerzte ihn stärker. Er bezahlte für das Privileg, ihn begleiten zu dürfen, indem er ihn zum Bier einlud. Wurde er darum gebeten wegzugehen, tat er auch das, ohne aufzumucksen. Er war nützlich und bequem, fügsam und leicht zufriedenzustellen. Er

beklagte sich nie, sein Komplizentum bedeutete ihm mehr als alles andere.
Zu der Zeit war Benito noch sehr jung, deshalb beschäftigte er sich nie mit den Motiven, die seinen Vetter veranlaßten, um jeden Preis seine Freundschaft zu suchen. Er kam zu dem Schluß, die ganze Situation sei völlig natürlich, obwohl er in Angelitos unruhigem Blick mühelos seinen eigenen wiedererkannte, die servile Verfügbarkeit, die er selbst anderweitig zeigte, ich mache, was ihr wollt, aber laßt mich bleiben, die letzte Zuflucht, die tägliche Demütigung, der vollständigen Einsamkeit vorzuziehen, welche in den Hintergrund rückte, sobald der Sommer kam, einige wenige Monate im Jahr, wenn der Planet auf dem Kopf stand und er Befehle erteilen konnte, anstatt sie zu empfangen.
Angelito wuchs heran, seine Stimme wurde tiefer, zarte Stoppeln verunstalteten das perfekte Rund seines Gesichts, das nie wieder so sehr dem seiner Mutter ähneln würde. Die Attribute des Erwachsenenalters bemächtigten sich jäh seines Körpers und machten aus ihm einen großgewachsenen, prächtigen Mann. Eines schönen Tages schaute Benito zu seiner rechten Seite und stellte fest, daß sein Vetter größer war als er. Er begann, um seine Autorität zu fürchten, aber das war gar nicht nötig. Angel, der nun die Koseform seines Namens nicht mehr akzeptierte, liebte und respektierte ihn immer noch. Zum ersten Mal kam ihm der Gedanke, daß sein Vetter, objektiv gesehen, möglicherweise in ihn verliebt sein könnte, und er mußte sich über sich selbst wundern. Obwohl ihn die Gesichter, die Körper und das Lachen der Frauen, die er nicht besaß, bereits mit der rhythmischen Beständigkeit von Harpyen in den Lenden und in den Schläfen peinigten, und obwohl ihn allein der Gedanke, daß Angel in ihn verliebt sein könnte, sich in seinem eigenen Körper unwohl fühlen ließ, kam er nicht umhin, die Vorteile, die sich daraus ergeben könnten, anzuerken-

nen. Und mit einer gewissen Gelassenheit erwartete er den Moment, in dem sich diese gaukelhafte Liebe, die niemals existiert hatte, offenbaren würde.
In den ersten Tagen des darauffolgenden Sommers vermißte er Angel plötzlich. Er saß allein auf der Veranda seines Hauses und ließ die langen, heißen Nachmittage untätig vorüberziehen, immer in Erwartung des traditionellen Höflichkeitsbesuches, der alljährlichen Vorstellungszeremonie eines Vasallen, der bis zu diesem Zeitpunkt, ohne zu murren und unverzüglich, den mühsamen Riten, die seinem Charakter zu eigen waren, Folge geleistet hatte. Aber Angelito stattete ihm keinen Besuch ab. Schließlich beschloß er, sich nach ihm zu erkundigen, vermutete irgendeine Naturkatastrophe oder Krankheit, einen Unfall, irgendeine harmlose Erklärung für seine Abwesenheit. Aber die Großmutter teilte ihm mit, sein Vetter erfreue sich allerbester Gesundheit. Wenn du ihn noch nicht gesehen hast, sagte sie, dann deshalb, weil du den ganzen Tag schweigsam wie eine Mumie zu Hause hockst oder durch die Felder streifst, wobei ich nicht einmal wissen will, was du dort zu tun hast, immer alleine auf Beutefang. Ich jedenfalls treffe ihn jeden Nachmittag im Dorf ... Er geht mit einem Mädchen aus Madrid, fügte sie abschließend hinzu, eine Schulfreundin aus dem Institut, glaube ich, er hat sie für ein paar Tage eingeladen ...
Mitte Juli machte er sich auf, Angelito zu besuchen. Das Mädchen aus Madrid, eine kleine, üppige Heranwachsende mit hübschem Gesicht und im ganzen recht attraktiv, wenn auch keine auffällige Schönheit, war bei ihm. Sie lag hinter dem Haus in der Sonne, bekleidet mit einem schwarzen, tief ausgeschnittenen Badeanzug. Benito überquerte den Hof, ohne ein Wort zu sagen, und setzte sich mit feierlicher Miene auf den Brunnenrand; gerade noch rechtzeitig, um zu bemerken, wie sich die Wangen seines Vetters vor Überraschung und Scham röteten. Du könntest mich deiner Freundin vorstellen, sagte er dann.

Er murmelte drei, vier unverständliche Worte, unterstrichen von nervösen Handbewegungen, und vermied es, ihn anzusehen. Sie sprachen eine Dreiviertelstunde über das Wetter, die Examen und den schlechten Geschmack des Wassers im Dorf. Als sich Benito erhob und damit seinen Aufbruch ankündigte, schnellte Angel wie von einer Sprungfeder angetrieben hoch und ging hinter ihm her. Es würde das letzte Mal sein.

»Du hast mich betrogen«, sagte er. »Ich habe dich bewundert, wollte so sein wie du, ein harter Typ, intelligent, aber du warst nicht aufrichtig zu mir. Du hast nichts anderes getan, als mich hereinzulegen. Jetzt weiß ich, daß alles, was du mir erzählt hast, Lüge war. Ich habe deine jüngere Schwester letzten Winter auf einer Party getroffen. Sie war mit zwei Typen zusammen, die dich kannten. Und alle haben sich über dich totgelacht. Sie sagten, du seiest ein Streber, ein Muffel, eine Nervensäge und hättest noch nie eine Freundin gehabt. Ich habe mich furchtbar gefühlt, aber mir war klar, daß es die Wahrheit war, und dann ...«

Benitos Gelächter unterbrach abrupt das lächerliche Geständnis; der schwache Glanz, das schüchterne Funkeln, das für einen Augenblick die wunderschönen blauen Kuhaugen seines Vetters erhellt hatte, verlosch.

»Angelito, Kleiner, du bist wirklich dämlich. Ganz im Ernst, hoffnungslos und unheilbar dämlich ... Jahrelang habe ich mich gefragt, was du eigentlich von mir willst. Warum du dich wie eine Klette an mich hängst, ich habe sogar gedacht, du stündest auf Typen, du wärst in mich verknallt, was weiß ich ... Und jetzt stellt sich heraus, daß du mich als Vorbild für dein Erwachsenwerden ausgesucht hattest. Ausgerechnet mich, der ich häßlich bin, nachgeäfft werde, Schuppen habe und mich mit niemandem schlage, weil ich kein Blut sehen kann, mich, der ich unfähig bin, eine Steigung mit dem Fahrrad hochzufahren, dauernd krank, der ich den Weibern einen Schreck

einjage, wenn ich sie bloß frage, wie spät es ist ... Jetzt kommt heraus, daß du alles geglaubt hast und daß du wie ich sein wolltest, ein knallharter Typ, jetzt leck mich am Arsch ...«
Er drehte sich um und ging, ohne noch einen Ton zu sagen, nach Hause zurück. Dabei lachte er immer noch, und gleichzeitig zitterte er vor Wut, war unfähig, seine einzigartige Reaktion zu erklären, die Verachtung, die sein Vetter in ihm hervorgerufen hatte, die Wut, die in ihm kochte, während er seine eigenen Worte vernahm. Am nächsten Morgen, als er noch im Bett lag, teilte seine Großmutter ihm mit, daß er Besuch habe, daß sein Vetter da sei, um ihn zu sehen. Er warf sie unwirsch aus dem Zimmer, schrie, er wolle niemanden sehen, am allerwenigsten diesen Trottel, schrie laut, bei offener Tür, um sicherzugehen, daß die Mitteilung auch einwandfrei an die Ohren des Adressaten gelangte. Dann ging er ins Bett zurück und stand bis zum späten Nachmittag nicht auf.
Ohne daß er ihn gesucht hätte, traf er ihn ein paar Tage später mit seiner Freundin auf dem Dorfplatz, der am Festtage des Schutzheiligen mit Flaggen und farbigen Girlanden herausgeputzt war. In der Säulenhalle des Rathauses war ein Orchester untergebracht, das rhythmisch alte Pasodobles verriß, damit die Frauen tanzen konnten. Sie fanden sich, je nach Umfang, paarweise zusammen, die dicken mit den dicken, die dünnen unter sich. Die Kinder warfen Feuerwerkskörper und Knallerbsen vor die Füße der Älteren. Die Männer tranken, Benito trank mit ihnen. Er war bereits recht betrunken, als er Zeuge des Streits wurde. Angel wollte tanzen, sie nicht. Ich schäme mich, und außerdem habe ich keine Lust, sagte sie. Er zog sie am Arm, versuchte sie überraschend zu packen, streichelte sie zärtlich und knutschte sie ungeschickt ab, um sie umzustimmen, aber es war alles umsonst. Zu guter Letzt erzählte er ihr in seiner Dämlichkeit die Wahrheit. Er zeigte mit dem Finger auf ein

Grüppchen angeheiterter Frauen auf dem Balkon und stellte sie als entfernte Verwandte vor, die gerade angekommen waren, sie kennenlernen wollten, wissen wollten, wer sie sei. Er hatte ihnen versprochen, sie zum Tanzen aufzufordern, damit sie aus der Entfernung begutachtet werden konnte. Du kannst sie jetzt nicht enttäuschen, du würdest mich bloßstellen, setzte er zuletzt stotternd hinzu; zunehmend eingeschüchtert angesichts des Zorns, der für einige Augenblicke den Gesichtsausdruck seiner Begleiterin verzerrte und unmögliche, nie dagewesene Kanten in ihrem runden Mädchengesicht hervortreten ließ.

Sie hielt es nicht für nötig zu antworten, machte sich von seinen Armen, die immer zu weich sein würden, frei, drehte sich auf dem Absatz um und verschwand in die Dunkelheit einer engen Gasse, entfernte sich eilig aus dem Qualm und dem Lärm, stapfte auf den Boden, als wollte sie den Stein mit ihrer unmaßgeblichen Berührung zerstampfen. Angelito ging hinter ihr her. Benito folgte ihnen instinktiv, zog im Schutz einer hohen Lehmmauer seine Schuhe aus, um keinen Lärm zu machen. Er vertraute darauf zu sehen, ohne selbst gesehen zu werden, und wurde sofort Augenzeuge einer Szene. Das junge Mädchen, das so schüchtern schien und nicht viel sprach, verabschiedete ihren Begleiter und in Betracht gezogenen Kavalier mit einem derart deftigen Fluch, daß der es nicht einmal mehr wagte, sich dem Rand des Springbrunnens zu nähern, den sie sich als Sitzplatz ausgesucht hatte. Augenblicklich kehrte er um und ging mit gesenktem Kopf zum Dorfplatz zurück.

Benito verließ sein Versteck, ohne weiter darüber nachzudenken, war sich eines engen Spielraums bewußt, aber sie schien über sein Erscheinen nicht überrascht zu sein. Ohne mit der Wimper zu zucken, hörte sie seinen kurzen Worten zu.

»Wenn du willst, probier es mal mit mir . . .« sagte er, ohne sie anzusehen. »Schließlich sind wir Verwandte, und ich habe gerade nichts anderes vor.«

Er erhielt keine Antwort, aber als er den Kopf drehte, um in ihrem Gesicht zu lesen, brauchte er nur den Bruchteil einer Sekunde, um zu ahnen, daß sie auf ihn zukommen, sich gegen seinen Körper fallen lassen und seinen Mund mit dem ihren suchen würde, daß sie die Augenbrauen runzeln und mit den Fingern an seinem Körper hinabgleiten würde, um seine Hände zu finden und sie gegen ihre Brust zu drücken. Überwältigt von dem unvorhergesehenen Ausgang dieser langen Nacht, weitab von Alkohol und Musikkapelle, stand er eilig auf und zog sie mit sich fort. Er machte ein paar vage Anspielungen auf das unpassende Szenario, das sie gewählt hatte, um aus Verzweiflung eine gewagte Romanze zu entfesseln. Aber sie gingen nicht sehr weit. Er nahm sie, fast ohne sich darüber klar zu sein, am Rande des Dorfes, in einer mit dürrem Gras bewachsenen Mulde, wo einige verstreute, stinkende Unkrautbüsche niemals imstande sein würden, den steinigen Boden zu besiedeln, der hart und kalt war wie eine Wiege aus Stein.

Er hatte kaum Zeit gehabt, sich in einem Körper zu bewegen, den er nicht sah und den er nicht kannte, als ihre Schreie sich in sein Gehirn einfraßen, und er hielt inne; sie aber beschimpfte ihn sofort, rasend vor echter Wut, ebenso gleichgültig gegenüber ihrem eigenen Schmerz wie gegenüber der Bestürzung desjenigen, der sich noch nicht zu seiner Eigenschaft als behelfsmäßiger Liebhaber beglückwünschen konnte. Immer noch ruhig, als wäre sie mit der Erde verwachsen, stieß sie ihre geballten Fäuste gegen die schwächlichen Schultern, die sie bedeckten, und schrie ihn dann an, mach weiter, los, mach weiter. Es war eine traurige Zeremonie. Danach zogen sich beide sofort an, und aus einem düsteren Himmel begann es zu donnern.

Sie gingen langsam zurück zum Platz, unternahmen

nichts, um sich gegen den Sommerregen zu schützen, diese feuchte Segnung jener Nächte, die so anders waren als diese, und keiner von ihnen sprach. Völlig versunken in die neutrale, unbequeme, in der Erinnerung fast unangenehme Natur der kurzen Erschütterungen, die ihn nicht einen Augenblick lang ganz in Anspruch genommen hatten, ging er ein paar Schritte voraus, lief voran, ohne einen Blick zurückzuwerfen, so, als kenne er sie gar nicht. Sie behielt ihren langsamen Schritt bei und lächelte, versunken in die mechanische Eintönigkeit ihrer Bewegung, während sie geduldig braune Grashalme von ihrem marineblauen Wollpullover zupfte. Aber der schwere Dunst von aufgewärmtem Fett, in dem immer noch einige restliche Schmalzkringel schwimmen mochten, letzte Überlebende der nächtlichen Feier, schwängerte die Luft, und der betäubende, metallische Widerhall des verstimmten Synthesizers schien sie plötzlich zu wecken. Während sie den Pullover wie eine dunkle Fahne schwenkte, rief sie seinen Namen und lief, um ihn einzuholen. Sobald die Menschenmenge zu sehen war und die Leute wieder erkennbare Formen und Gesichter annahmen, legte sie ihm einen Arm um die Hüfte und drückte ihn fest an sich. Er verspürte schon keinerlei Neugier mehr und fragte nur der Form halber.
»Du warst noch Jungfrau, nicht wahr?«
»Ja, aber mach dir keine Sorgen. Ich bin bloß deshalb hergekommen.«
Angelito sah sie kommen und sagte nichts. Sie trafen ihn an der Fassade eines Hauses lehnend, mit übertrieben hochgerecktem Kopf, eher starr als stolz. Er versuchte, sich wie ein harter, intelligenter Kerl zu benehmen, obgleich das leise Klirren der Eiswürfel, die an die Kristallwände seines Glases schlugen, des letzten, das er niemals hätte bestellen sollen, das Zittern seiner Hand verriet. Benito ging auf ihn zu, das Mädchen mit sich zerrend, das immer wiederholte, es wolle ihn nicht sehen.

»Da, nimm«, murmelte er und stieß sie hart in seine Arme. »Ich will sie nicht mal mehr geschenkt haben.«
Er ging lächelnd nach Hause, war aber dennoch nicht zufrieden. Er hatte sich den plumpen Luxus erlaubt, einmal bewußt seinem Vetter Beispiel zu sein, und er schämte sich für seine abgenutzte Geste, für seinen abgedroschenen Satz. Er hatte keine Rache gesucht und bedauerte jetzt ihren schalen Nachgeschmack. In Wirklichkeit hatte er gar nichts gegen Angelito, auch wenn der ziemlich dämlich war und er schon jetzt wußte, daß er ihn nicht vermissen würde.
Aber niemand hatte ihn je wieder so geliebt.

»Zieh dich an.«
Manuela bewegte sich nicht.
»Zieh dich an und hau ab«, wiederholte er deutlich. »Ich habe keine Lust, die Nacht mit dir zu verbringen.«
Daraufhin richtete sie sich auf, drehte sich um und sah ihn an. Er spürte zuerst die Kälte, das abrupte Verschwinden des warmen Haars, das seinen Bauch innerhalb eines Augenblicks entblößte, dann die Aggression aus Augen, die ihn lange ansahen, angestrengt versuchte er, ihr den alten, aufrichtigen Blick zu entlocken, dieses erträumte, sehnlichst gewünschte Zeichen, das er nie zuvor erhalten hatte; und er tat gleichgültig, verschloß seinen Gesichtsausdruck vor dem Jubel, der in ihm aufkeimte, während er sie aufmerksam ansah, ihre undurchsichtiger werdende Haut erforschte und sich das Vergnügen einer Wiederholung nicht verkneifen konnte, wobei er darauf achtete, daß seine Stimme dunkel klang.
»Zieh dich an.«
Er war darauf gefaßt, Proteste, Entschuldigungen, Fragen, erneute Tränen hinnehmen zu müssen, aber sie besann sich auf ihre bodenständige Intelligenz, bewegte die Lippen nicht, zuckte nicht mit der Wimper, schaute ihn nicht einmal an. Mit einem Satz sprang sie auf, als

wäre sie von einem fremden Hauch mit Behendigkeit gesegnet worden, ihre Bewegungen wirkten nahezu grazil. Sie stand, sich noch immer seinem Blick verweigernd, neben dem Bett und drehte ihr Haar geschickt zu einem seltsamen Knoten, bevor sie den schwarzen, mit billiger Spitze eingefaßten Büstenhalter vom Boden aufhob und ihn mit einem kleinen Haken vorn verschloß, wobei der Rest, der bis auf ihre Taille herabhing, ins Leere flatterte. Das Gewebe erschien ihm dermaßen schwächlich, daß er sich nicht vorstellen konnte, es jemals über ihrer Brust zu sehen. Doch sie drehte das knappe Ding mit geschickten Fingern mühelos herum, und die Träger erklommen harmonisch ihre Schultern. Während er mit ansah, wie der winzige Plastikverschluß in der dicken Oberfläche ihres wirbellosen Rückens versank, wie der um sich selbst gedrehte Stoff sich in einen harten Schnürriemen verwandelte, der das Fleisch seitlich einschnitt und ihre Silhouette mit der grausamen Unnachgiebigkeit eines zeitgenössischen Büßerhemdes strangulierte, vergaß er für einen Augenblick alle Ästhetik seiner Zeit und erlag dem Vergnügen, ihr zuzusehen, ließ zu, daß seine Augen sich in der Weichheit der warmen Fettpolster verloren, und empfand aufs neue den Körper der Frau als einen einladenden Ort.

Als die Kleidung sie völlig bedeckte, war er noch immer unschlüssig über die Beschaffenheit ihres Fleisches.

»Entschuldige, ich bin ziemlich barsch gewesen, ich hätte nicht so zu dir sprechen dürfen ...«

Zuletzt strich sie sich mit den Fingern das Haar glatt, und ohne ihn auch nur einmal angesehen zu haben, öffnete sie die Tür und verließ das Zimmer. Er reagierte augenblicklich, zwängte sich, so gut er konnte, in die Hose, hob das Hemd auf und rannte hinter ihr her. Es hatte keinen Sinn, mit dem Spiel weiterzumachen, er kannte sie jetzt, wußte bereits, was er wissen wollte. Während er sich an Angelito erinnerte, an die Vorteile seiner Liebe und deren

unwiderruflichen Verlust, hob er die Stimme, um sie mit scharfen Worten zurechtzuweisen, wobei er darauf achtete, keinen Fehler zu begehen.
»Warte einen Moment.« Kaum stellte er fest, daß sie weiterging, brüllte er erneut: »Ich habe gesagt, du sollst einen Moment warten.«
Daraufhin blieb sie mitten auf dem Flur stehen, ohne sich zu bewegen, und wandte ihm den Rücken weiter zu. Er mußte ihren Körper, steif wie die Verpackung eines sehr zerbrechlichen Objekts, umkreisen, um ihre feuchten Augen zu finden.
»Also ... Ich fühle mich nicht recht wohl. Ich brüte da wohl gerade etwas aus ...«, lächelte er, um dann mit sanfter, aber immer noch fester Stimme fortzufahren. »Ich bin fast immer krank, ich bin ziemlich schwach, du wirst schon noch sehen ...«
Anstelle einer Antwort erhielt er nur einen Blick aus ihrem halbaufgerichteten Gesicht, und er wagte sich ein Stück weiter vor.
»Ich hätte gern deine Telefonnummer. Wir könnten uns wiedersehen, wenn du willst ... Ich rufe dich an, wenn es mir besser geht.«
»Wir haben kein Telefon zu Hause ...«
»Oh!« Sein Ärger war echt, und sie bemerkte es.
»Aber ich kann dir die Nummer von der Bar geben, über der ich wohne. Ruf an und hinterlaß eine Nachricht, einfach deinen Namen. Ich gehe täglich dort vorbei. Ich rufe dann zurück.«
Dann begleitete er sie zur Tür, sorgsam darauf bedacht, sich in all seinen Gesten höflich zu erweisen. Er küßte sie auf den Mund und suchte nach einem leicht einprägsamen Wort der Anerkennung, das den schlechten Beigeschmack des überstürzten Abschieds verwischen sollte, aber er fand so schnell keines und erlag am Ende der ewigen Versuchung der Vulgarität.
»Es war einfach super, wirklich ...«

Sie lächelte ihn offen an und schien zufrieden. Er erwiderte ihr Lächeln und stellte mit Genugtuung fest, daß ihr das Vulgäre reichte. Er küßte sie noch einmal, aber als er bereits die Türklinke in der Hand hielt, um sie hinauszulassen, murmelte sie plötzlich, sie habe die Handtasche im Wohnzimmer liegengelassen. Da begann er zu bedauern, daß er sie aus seinem Bett geworfen hatte, und er fragte sich, ob soviel Barschheit irgendeinen Sinn gehabt haben könnte. In seinem ganzen Leben hatte es nur wenige Nächte gegeben, in denen er nicht allein geschlafen hatte, und die Frau in Gelb war bereits verschwommen wie eine undeutliche Landschaft, eine graue, kalte Skizze, ohne Namen und Fleisch, hinterließ nur den faden Nachgeschmack unangenehmer Erinnerungen, Fragmente einer in Einsamkeit und Freudlosigkeit gelebten Vergangenheit.
Manuela kehrte vor sich hinsummend in den Flur zurück, blieb jedoch abrupt stehen, ehe sie auf ihn zukam. Unbeweglich verharrte sie einen Augenblick, lächelte, die weitaufgerissenen Augen auf die Wand geheftet. Es gelang ihm nicht, die Ursache ihrer Überraschung auszumachen, bis er ein leichtes metallisches Klingen vernahm. Sie hatte die Plakatfrau entdeckt und streichelte über die Ohrringe, die in den papierenen Ohren steckten. Als sie ihn schließlich ansah, leuchteten ihre Augen, aber sie sagte nichts. Sie hängte die Handtasche über die Schulter, küßte ihn leicht auf den Mund und setzte ihren Weg fort.

Am nächsten Morgen erwachte er mit einem grausamen Katzenjammer. Noch halb verschlafen, nahm er ganz scharf wahr, daß er mit sich selbst unzufrieden war, daß es irgend etwas in den kürzlich durchlebten Ereignissen gab, das ihm riet weiterzuschlafen, an diesem Morgen nicht aufzustehen und stundenlang diesem undeutlichen Gefühl nachzuhängen, dieser Scham im tiefsten Innern, die einem gewöhnlich in solchen Momenten hinter einem offensichtlichen körperlichen Unwohlsein auflauert, bis sie dann plötzlich, dem Druck ihres eigenen Volumens nachgebend, ausbricht. Er rekapitulierte kurz und erschrak, als er feststellen mußte, wie lang die Liste der Gründe war, die für eine solche Empfindung sprachen. Er kuschelte sich wieder unter die Laken und versuchte, sich mit den Augen eines anderen zu sehen, bis er schließlich begriff, daß es seine eigene Naivität war, die ihm nicht gefiel, die Triebfeder, die ihn dazu veranlaßte, sich selbst so kategorisch abzulehnen.

Vor Jahren, als er jünger war, hatte er sich gern vorgestellt, was wohl geschehen wäre, wenn er mit pickeligem Gesicht, fettigem Haar, hervortretendem Brustbein und fast krummen Beinen im Mittelalter geboren wäre, als Sohn des Königs oder von königlicher Herkunft. Gewaltige Schauer des Entzückens überliefen ihn bei der Vorstellung, daß alle ihn lieben und fürchten würden, obwohl er genau derselbe wäre wie jetzt auch, häßlich, ziemlich unbedeutend, vulgär und gewöhnlich. Dann fühlte er sich mies, weil er an solche Dinge dachte, und er verabscheute seine Phantasie, weil sie gefährlich war. Jedoch das Schwindelgefühl seiner unverständlicherweise zerstörten Haut richtete sich nach Mechanismen, die denen des stolzen mittelalterlichen Prinzen ähnlich waren und sich aus den gleichen Empfindungen speisten. Manchmal hatte er das Gefühl, daß es sich direkt aus dem Ich-hoffe-du-verreckst entwickelt hatte, das er mehrfach mit zusammengebissenen Zähnen während der Schulstunden einem Klassenkameraden zuraunte, einem rothaarigen, eingebildeten Burschen, einen Kopf größer als er, der ihn, grundlos und ohne eine Erklärung abzugeben, aus beiden Mannschaften, die während der Pause im

Schulhof Fußball spielten, ausgeschlossen hatte. Der Rothaarige war nicht verreckt, und ihm war es egal gewesen. Mit den Frauen war ihm niemals etwas anderes passiert. Auf längere Sicht waren sie ihm schließlich sowieso alle gleich, es gab also keinen Grund, seine kleine Privatarmee aus jungfräulichen, geschundenen, flennenden Sklavinnen zu demontieren. Aber in der vorangegangenen Nacht hatte er sich gehen lassen, und das erschien ihm lächerlich.
Zieh dich an, los, zieh dich an und hau ab, ich habe keine Lust, die Nacht mit dir zu verbringen. Er wollte diese Worte noch einmal ganz laut und deutlich aussprechen, damit er sich fast krank fühlte, dahinsiechend vor Naivität. Dann stand er auf und ging in die Küche, um sich ein Frühstück mit mehreren Gängen zuzubereiten. Er war hungrig, da er am Abend zuvor nichts gegessen hatte. Er verbrannte sich an einem Tropfen siedenden Öls und rannte ins Bad, um sich Zahnpasta auf die Wunde zu schmieren. Er schaute sich im Spiegel an und lächelte sich eine Weile selbst zu, während er den köstlichen Duft frisch gebratener Eier genießerisch wahrnahm. Bald verlor das Lächeln seinen üblichen Charakter eines pflichtgemäßen Zwanges und hielt sich autonom auf seinen Lippen. In Wirklichkeit hatte sich gar keine Katastrophe ereignet, im Gegenteil, alles war gut verlaufen. Er schwor sich, sie niemals wiederzusehen, aber er mußte und wollte etwas essen, hatte einen Riesenhunger. Der Appetit gab ihm augenblicklich seine Würde zurück. Gebratene Eier sind abgekühlt eine fragwürdige Speise.
Er ging in die Küche zurück, stellte sorgfältig Teller und Gläser auf ein Tablett und gelangte ins Wohnzimmer, ohne irgendwo anzustoßen oder etwas zu verschütten. Die Sonne schien bis in die Mitte des Zimmers. Er setzte sich in den Schatten hinter einen Klapptisch. Die Eier waren noch heiß, und nach dem ersten Schluck Kaffee begann er, sich in seinem Körper richtig wohl zu fühlen.

Als er etwas später seine zweite Kippe ausdrückte, erneut von einem behaglichen Nebel umgeben, von der künstlichen Trägheit, die die langsamen, mühevollen Verdauungsvorgänge erzeugen, fiel sein Blick auf eine Art Papierfetzen, der zwischen den Füßen des Sessels in der anderen Ecke des Raumes hervorlugte. Einige Sekunden lang betrachtete er ihn erstaunt. Das da konnte nicht ihm gehören, er hütete seine Zeitschriften sorgfältig, chronologisch geordnet und gestapelt. Doch dann fiel ihm ein, daß Manuela eine Wohnung suchte und daß sie, bevor sie ging, noch einmal umgekehrt war, um ihre Handtasche mitzunehmen, dabei mußte sie die Zeitschrift, die auf den Boden gefallen war, zurückgelassen haben. Er stand auf, um sie aufzuheben und in den Mülleimer zu werfen. Eigentlich war er kein Ordnungsfanatiker, aber er konnte keine Anzeichen kleiner Unordnung ertragen. Hätte das Heft in der Mitte des Raumes gelegen, würde er es möglicherweise tagelang nicht angerührt haben, dann hätte er sich damit begnügt, es zu umgehen, bis die Putzfrau das nächste Mal käme. Aber er wußte, daß der bloße Anblick eines einzigen Eckchens unter einem Möbelstück ihn sehr nervös machen konnte.
Als er die Zeitschrift in den Händen hielt, stellte er fest, daß die Ecken einiger Seiten umgeknickt waren, und er beschloß, ein bißchen herumzuschnüffeln. Die Erprobung dieses Vergehens stellte sich jedoch als schlicht und einfach enttäuschend heraus, lediglich in der Rubrik für billige Mietwohnungen fand er einige mit einem malvenfarbigen Filzschreiber umrandete Anzeigen. Sie wollte im Zentrum wohnen, am liebsten in Latina, so hatte es den Anschein, dabei verfügte sie über sehr wenig Geld, eine Information, die in diesem Zusammenhang nur zu verachten war. Vielleicht um sein mangelndes Interesse zu kompensieren, schlug er die Zeitschrift, nachdem er sie bereits geschlossen hatte, noch einmal von hinten auf, bis er den Teil fand, an dem er voller Sehnsucht selbst

mitgearbeitet hatte. Seine Augen flogen über die Kolumnen der fettgedruckten Lettern und suchten instinktiv nach G für Gebieter, S für Sklave und N für Nachricht. Er wollte sich nur für ein Weilchen amüsieren und überflog die ersten Worte der Anzeige, ohne überhaupt auf ihren Sinn zu achten. Dann ging er noch einmal schrittweise zurück, in der Gewißheit, irgendeinen Irrtum begangen zu haben. Aber das war nicht der Fall. Er las es noch ein drittes Mal, bevor ihm die Verblüffung auch den allerletzten Muskel gefrieren ließ.

Aber er hatte sie gesehen. Sie trug einen marineblauen Regenmantel und Stoffblumen im Haar. Er hatte sie gesehen, auf einer Bank sitzend, in der Haltung von jemandem, der die Ankunft eines Gottes erwartet, die eines verräterischen Götzen, seine eigene. Und dann war alles zu Ende gewesen, er hatte es so entschieden, ein abgeschlossener Fall, eine andere, funkelnagelneue Frau. Deshalb verstand er nicht, konnte nicht begreifen, was da vor sich ging. Warum belog sie ihn jetzt aus den Buchstaben heraus, mit dieser Druckerschwärze, die anschwoll und sich verformte, um in das poröse Papier einzudringen; eine fabulöse Vorspiegelung, gedrucktes Gift. Die Ausgabe war vom Vortag, dem Tag der Verabredung. Und trotzdem stand sie da, *Nachricht für Gebieter, werde heute nachmittag nicht zur Plaza de España kommen können, unsere Geschichte scheint mir eine unmögliche Liebe zu sein, weise aber zum letzten Mal darauf hin, habe Postfach, das auch mein Mann benutzt, schreibe mir, bitte ohne Absender, erzähl mir von dir, Postfach 11029, 28080 Madrid.*

In einem Punkt stimmte er ihr zu. Nachdem er nicht fähig gewesen war, sie zu erkennen, erschien ihm ihre Liebe ebenfalls unmöglich, aber er würde ihr auf jeden Fall schreiben. Er stand auf, um Papier und Bleistift zu holen, schaute auf die Armbanduhr, um das Datum festzustellen, und dachte dann, daß es absolut nicht nötig war, das Datum anzugeben. *Liebe Sklavin:*, aber es war absurd, so zu beginnen. Er umrandete die Worte mit einem Federstrich und riß das Blatt aus dem Heft, Sklavinnen werden nicht geliebt, oder doch? Unmöglich, das zu sagen, er hatte nie eine besessen. Er überlegte einen Moment, schließlich entschied er, daß es doch möglich wäre, sie zu lieben, aber sie dürften niemals dahinterkommen. *Sklavin:*, entsetzlich, er strich es wieder durch und riß das Blatt heraus. Besser keine Anrede, ohne irgendeinen Namen. Aber wie beginnen? Da kam ihm plötzlich ein alter Spruch in den Sinn: Bis wann, Catilina, willst du unsere Geduld noch mißbrauchen? Benito Marín González war auf Platz 23 der Liste, 6. Gruppe A (Literatur). Latein war eine wunderschöne Sprache, *meine Geduld ist erschöpft*, das war schon viel besser, *du wirst verstehen, daß dies nicht gerade das ist, was man einen gelungenen Anfang nennt*, viel zu umgangssprachlich, aber er war zu faul, um noch einmal von vorn anzufangen, und zog es vor, diesen Eindruck im weiteren Verlauf zu korrigieren, *was ich von dir erwarte, ist blinder Gehorsam*, er hielt ein und stellte fest, daß seine Wangen glühten, *absolute Unterordnung*, aber er mußte zum Ende kommen, *eine totale Verfügbarkeit gegenüber meinen kleinsten Wünschen*, eine technische Frage drängte sich ihm plötzlich auf, kühlte seine Haut und beruhigte seine Hand, er überlas alles sorgfältig und dachte, daß es nicht der Mühe wert war, kleinsten durch unbedeutendsten zu ersetzen, so kompliziert war es nicht, sie würde es nur zu gut verstehen, gegebenenfalls brauchte sie nur im Wörterbuch nachzuschlagen, *ich erwarte, daß du mit all dem einverstanden bist*, er wollte jedoch nicht allzu hart sein, *und ich glaube, daß dies strenggenommen alles ist, was du über mich wissen mußt*, denn sie war nur einmal in Panik geraten, *aber ich werde dir etwas mehr erzählen*, genauso, wie er vorher zusammengebrochen war, *ich bin sieben-*

unddreißig Jahre alt, und er konnte sich damit abfinden, *ich lebe weder in einer Partnerschaft, noch bin ich auf der Suche danach,* konnte alles verstehen, *ich lebe in einer ziemlich großen Wohnung im Zentrum,* er fühlte sich ihr bereits so nahe, daß er sich das wahre Motiv für den Brief selbst eingestehen konnte, denn sie existierte ja wahrhaftig, *ich bin Beamter und arbeite in der Stadtverwaltung,* sie war eine Frau aus Fleisch und Blut, *ich habe nur einen einzigen Freund, und damit mehr als genug,* er hatte sie gesehen, obwohl sie es vorgezogen hatte, sich nicht zu erkennen zu geben, *ich habe einen sehr dominierenden Charakter und eine gewisse Erfahrung mit Frauen wie dir,* er spürte wieder, wie er rot wurde, aber er mußte um jeden Preis bis zum Ende gehen, *ich weiß nicht, ob dies auch bei dir der Fall ist,* um ihr Leben zu verlängern, *jedenfalls ist es mir wichtig,* das es wirklich gab, *solange du mit mir zusammen bist, wirst du weder eine Vergangenheit haben,* und abgesehen von ihrem Leben die Hoffnung, *noch eine Zukunft,* denn während der dünne Faden, der sie verband, etwas Spannung behalten hatte, *du wirst nur mir zu Diensten sein,* würde er weiter in seinem Schatten Deckung nehmen können, *für mich da sein,* würde sich in seine Träumerei von einer unbekannten, zerbrechlichen Fee einwiegen können, *und ich werde dich leidenschaftlich lieben,* sein elendes wirkliches Leben in ein glänzendes imaginäres Universum übertragen können, *und ich werde dich unerbittlich züchtigen,* aus dem er dann die endgültigen Kräfte ziehen konnte, *und ich werde dich völlig in Besitz nehmen,* genau den Hauch des Lebens, der nötig war, um sich der lauen, furchtbaren Wirklichkeit stellen zu können, *und ich werde dich glücklich machen,* er würde an das Ufer des wahrhaftigen Meeres zurückkehren können, *ich würde dir gern sagen, daß ich dich liebe,* um in ihren Augen die Dächer mit den weichen amorphen Wellen verschmelzen zu sehen und noch einmal das dumpfe Lied mit den Wiederholungen zu hören, dein Mund, ich sterbe, dunkelhaariges Mädchen, *ich hoffe, dies bald tun zu können, hoffe, bald von dir zu hören,* er würde wieder das Nichts umarmen, in seinen leuchtenden Klauen alles wiedererlangen, sich am Ende freudig selbst verraten, *adiós, dein zukünftiger Gebieter,* und zu Manuela zurückkehren.

Er faltete das Blatt dreimal, wobei er darauf achtete, daß die Kanten genau übereinanderlagen, und steckte es in einen Umschlag, den er, ohne noch einmal einen Blick auf den Inhalt zu werfen, verschloß, indem er den Klebestreifen anleckte, als wollte er den bitteren Geschmack des Papiers bereinigen. Dann verließ er seine Wohnung. In dem Restaurant an der Ecke aß er einen Teller klebrigen Reis mit gebratenen Bananen und stellte fest, daß er um drei Uhr nachmittags nichts zu tun hatte. Planlos stieg er in die U-Bahn. Er war bereits vier Stationen gefahren, mit der eher zufällig genommenen Linie – einzig weil sie in einem Viertel der Stadt endete, von dem er noch nie gehört hatte –, als ihm eine sinnvolle Idee kam. Er mußte dreimal umsteigen, bevor er zum Ausgangspunkt der Vorortbahn gelangte. Der Zug war fast leer, er fand einen Fensterplatz. Den ganzen Nachmittag verbrachte er im Zoo und überfütterte die Mandrille mit zwei Dutzend Paketen Fertigfutter, bis er in seiner Jackentasche gerade noch das Kleingeld für die Rückfahrkarte ins Zentrum hatte. Als er in Sol ausstieg, war es bereits dunkel geworden. Langsam ging er in sein Viertel zurück. Er hatte keinen Hunger, und so begab er sich direkt zur Bar. Polibio hatte keine große Lust auf eine Unterhaltung, willigte aber in das, was beide eine didaktische Partie Schach nannten, ein. Für ein paar Stunden hielten sie die Farce des Spiels aufrecht; Polibio bewegte die Figuren beider Parteien und erklärte ihm die Züge, die er in seinem Namen ausführte, dazu seine eigenen, fast ohne sich dessen bewußt zu sein, während Benito ihm zerstreut von Zeit zu Zeit beipflichtete und sehnsüchtig einen Traum, der nicht kam, herbeiwünschte, um einen Tag, den er gern viel kürzer gehabt hätte, zu Ende zu bringen. Sein Freund war schon nahe daran, böse zu werden, aufgebracht wie immer wegen seiner eigensinnigen Gleichgültigkeit gegenüber der Liturgie des buntgescheckten Spielbretts, als drei Gestalten unbestimmten Alters, Charme und Intelligenz immerhin etwas bestimmter, das Geschlecht dagegen bedauerlicherweise eindeutig, mit aufsehenerregenden Gebärden und unter zügellosem Gelächter und hysterischem Gekreische Einzug in das Lokal hielten. Sie verteilten sich auf die Hocker an der Theke, und er konnte eine Geste der Mutlosigkeit nicht unterdrücken angesichts des dicken runden Knäuels, das da neben ihm auf den schwächlichen Stelzen thronte. Sein Freund servierte die Getränke mit einem vorsichtigen Lächeln und kam dann so nahe an ihn heran, daß seine Lippen fast sein Ohr berührten. Er fragte ihn, ob er nicht auch meine, daß die in der Mitte ein Mann sei. Nein, antwortete er, zu laut, den erschreckten Gebärden nach zu urteilen, die er am anderen Ende der Theke ausmachen konnte; und er senkte seine Stimme, um sein Urteil zu begründen, sie ist bloß die häßlichste. Polibio rieb sich diskret die Hände. Rechne nicht mit mir, warnte er augenblicklich, und sie tuschelten eine ganze Weile weiter wie zwei unbeholfene Verschwörer in einer Kathedrale, also, so schlecht sind sie auch wieder nicht, verarsch mich nicht, Alter, die sind wirklich nicht so schlecht, also du nimmst auch jede, schaust nicht so genau hin, schau einfach über mich hinweg, von mir aus, aber hau wenigstens nicht ab, klar, du bist in letzter Zeit ziemlich anspruchsvoll, weißt du ... Die drei waren Sportlehrerinnen. Nachdem sie darüber Auskunft gegeben hatten und über die Gymnasien, an denen sie unterrichteten, inklusive vollständiger Adressen, Anzahl der jeweiligen Schülerinnen und der Probleme, die der gemeinsame Sportunterricht für die Mädchen in den schwierigen Momenten der Pubertät bedeutete, gestanden sie, daß sie ein bißchen angetrunken wären, weil sie etwas zu feiern hatten. Sie kamen von einer überregionalen Konferenz der Erzieher und Sportlehrer, bei der ein Antrag auf pflichtgemäße Körpererziehung während der Vorschule und der Berufsausbildung dritten Grades, ein Antrag an das Ministerium, einstimmig angenommen worden war. Zweisprachige Sekretärinnen eingeschlossen, fragte Polibio. Natürlich, antworteten sie. Aha, das ist ja gut, wiederholte er nachdrücklich, als ob er es je in seinem Leben auf eine zweisprachige Sekretärin abgesehen gehabt hätte. Nach einer Weile gelang es ihm bereits, sie mit echtem Interesse anzusehen und ihnen zuzuhören, wobei er sich davon zu überzeugen suchte, daß Leute wie sie genügend Verdienste auf sich vereinigen mußten, um einen Platz in dieser festgelegten Welt einzunehmen. Dann warf sich die dreistete der drei, als hätte sie Angst, sein Wohlwollen einzubüßen, auf den Boden, schlug sich mit der Faust in den Magen und kreischte, he, du da, steig hier drauf, du wirst schon sehen, wie gut ich dein Gewicht aushalte. Er betrachtete sie einen Moment von dem Barhocker aus, auf dem er thronte. Ihr Rock war hochgerutscht, und durch die Öffnung zwischen zwei schlanken Oberschenkeln, die, bevor sie in die zusammengepreßten Knie übergingen, einen weiten Hohlraum ließen, konnte er ein Stück ihres weißen Baumwollslips ausmachen, auf den die unverwechselbaren Umrisse der Schuhe von Minnie Mouse gedruckt waren. Er gähnte und beglückwünschte sich dazu. Während Polibio verwegen die angebotene Muskulatur auf die Probe stellte, stand er langsam auf und bewegte sich in Richtung Tür, wobei er großräumig die improvisierte Zirkusnummer umging. Polibio schien sich gut zu amüsieren. Bereits mit einem Fuß auf der Straße, drehte er sich nochmals um, verabschiedete sich mit einer Handbewegung und murmelte vor sich hin, daß ihm nur Frauen gefielen, in deren Körper er sich versenken konnte und die schwiegen. Er war kurz davor, die Stimme zu heben, um seinem Freund zuzurufen, paß auf, am Ende schläfst du noch mit ihr, sieh zu, daß es nicht nach hinten losgeht. Aber er hörte das Lachen und schwieg, denn Polibio amüsierte sich königlich. Niemand hatte ihm zugehört, niemand sah ihn an. Er gähnte mehrere Male, während er nach Hause ging. Er putzte sich nicht die Zähne und hatte das Gefühl, daß er es am nächsten Morgen nicht bereuen würde. Er war sehr müde und hatte sich kaum ausgezogen, als er auch schon schlief.

Er klemmte sich die Fingerkuppen an der schräggeschliffenen Öffnung des nagelneuen Briefkastens und sagte sich, daß jetzt alles erledigt war. Die verbleibenden Etappen seines Planes schienen ihm nun ein dermaßen risikoloses Vorgehen zu sein, daß er sich, ohne eine befriedigende Erklärung zu finden, fragte, warum er sich eine Frist von vierundzwanzig Stunden gesetzt hatte. Er hatte keine Angst mehr und verstand nicht, wovor er eigentlich Angst gehabt hatte.

Es würde viel amüsanter sein, von einer Telefonzelle aus anzurufen. Während er im Geiste alle ihm zu Gebote stehenden Möglichkeiten durchging, entschied er sich zunächst für den Kiosk auf der Plaza, um die Gelegenheit zum Frühstücken wahrzunehmen. Ein Mädchen ging eilig an ihm vorbei und begrüßte ihn mit einem unentschlossenen, heiseren und trägen »Hallo«. Er kam nicht mehr dazu zu antworten, wandte den Kopf zu spät. Dann aber war er sicher, einen Augenblick lang die Gesichtszüge von Conchi, der Tochter der Hauswartsfrau von Nr. 9, erhascht zu haben. Er fand sie recht seltsam, sie hatte sich sehr verändert. Ohne seine Schritte zu verlangsa-

men, blickte er auf die Uhr: halb zwölf. Er verstand nicht, warum sie ihn gegrüßt hatte. Er drehte sich einmal um die eigene Achse, um seine Geschwindigkeit ihrem Schritt auf den hohen Stöckelschuhen, die nur bei ihr zu ganz normalen Jeans so gut aussahen, anzupassen. Er überlegte, ob er laufen sollte, um sie zu erreichen, verwarf den Gedanken aber gleich wieder. Er kam nicht dazu, sich zu fragen, warum nicht einmal ihre Art, auf den hohen Schuhen zu gehen, ihn beeindrucken konnte, er hatte keine Zeit, sich Fragen zu stellen. Es war halb zwölf, und er durfte nicht länger herumtrödeln.
Um einen etwas abseits stehenden Tisch herum saß eine dichtgedrängte Gruppe von Alten, die hinter der Glaswand die Sonne genossen. Sie spielten Domino. Er trat an die Theke und bestellte zwei Portionen Toast, nur damit der Kellner sich entfernte. Er schaute sich um, sah keinen anderen Kunden. Er steckte mehr Geldstücke als nötig in den Telefonschlitz und wußte nicht, was er sagen sollte, als ein Mann am anderen Ende der Leitung antwortete, Ja, bitte? Ist das dort eine Bar? fragte er schließlich, und als man ihm das bestätigte, gab er zögernd den Rest der Nachricht durch, ich möchte einem Mädchen namens Iris eine Nachricht hinterlassen, ich glaube, sie ist Ihnen bekannt, ja, die Schauspielerin, gut, also sagen Sie ihr bitte, wenn Sie sie sehen, daß ich angerufen habe. Ich heiße Aristarchos, ja, Aristarchos mit »t«, wollen Sie, daß ich es buchstabiere? Nein? Also dann, sagen Sie ihr, daß es mir nicht so gut geht, gar nicht gut, ich habe eine schreckliche Bronchitis und muß im Bett liegen bleiben. Werden Sie das tun? Gut, also das war alles, vielen Dank.
Er stieg die Treppe hoch, und die Toasts lagen ihm immer noch wie spitze Steine im Magen. Dann kam ihm der Gedanke, daß sie möglicherweise den ganzen Tag mit Straßenverkäufen oder der Strasberg-Methode beschäftigt sein und ihn deshalb nicht vor dem Abend zurückrufen könnte. Das wäre einfach schrecklich. Er schaute

erneut auf die Uhr, zehn nach zwölf. Er redete sich ein, das Vernünftigste sei es, sich eine kurze Frist zu gewähren, bis nach dem Essen auf sie zu warten, nicht länger. Doch dieser Entschluß vermochte ihn nicht im geringsten zu entspannen; er wußte nur allzu gut, daß er trotz seiner vernünftigen Überlegungen den ganzen Tag lang nicht einen Fuß vor die Tür setzen würde.
Er rückte einen Sessel in die Mitte des Zimmers und stellte ein niedriges Tischchen daneben. Darauf deponierte er seine Zigaretten, einen Aschenbecher und das Telefon. Er würde warten. Der Tag würde verloren sein, ein Ferientag. Er schaute auf die Uhr, siebzehn nach zwölf, zum Verrücktwerden. Ein sauberer, weißer, regelmäßiger Fleck breitete sich auf der gelblichen alten Farbe der Wand aus und zog seine Aufmerksamkeit auf sich.

Es war noch Tag, als sie ihn völlig überraschend ansprach. Er ging ruhig den Bürgersteig einer engen, von nagelneuen, hochmodernen Bürogebäuden gesäumten Straße zwischen Capitán Haya und Castellana hinunter. Er war allein. Er ging fast immer allein, aber das konnte sie nicht wissen.
»Hey... Warte mal, Alter. Holst du dein Auto?«
»Ich habe kein Auto.«
»Na Mensch, das trifft sich gut! Ich hab vielleicht einen Tag...«
Er blieb stehen, um sie anzusehen. Sie war nicht hübsch, auch nicht häßlich, sie war sehr jung. Sie trug einen kurzen Jeansrock und eine dazu passende Jacke über einem langärmeligen, weißen Hemd, dazu Socken und Sportschuhe mit Absatz. Um die Stirn hatte sie sich ein rotes, zusammengerolltes Tuch gebunden und hinten zusammengeknotet. Es stand ihr nicht. Ihr Kopf war dafür zu groß.
»Was willst du?«
Sie beschränkte sich darauf zu lächeln; dann hob sie die

Brauen und fuhr sich mit der Zungenspitze über die Oberlippe, mit verzückten Augen; eine Geste unerträglicher Obszönität, die er nicht sehen wollte. Er wandte den Blick ab.
»Wo wohnst du?«
»In Getafe, da leben meine Alten; können wir ...«
»Wie alt bist du?«
»Neunzehn. Wie alt hast du mich ...?«
»Was arbeitest du?«
Sie schaute ihn mit einem Ausdruck vollkommener Überraschung an. Er fügte eine Erklärung hinzu. »Ich meine, was machst du außer dem hier ...?«
»Ah! Nichts. Ich bin arbeitslos.«
»Hast du was studiert?«
»Ja, ich habe die Schule abgeschlossen. Aber paß mal auf, Alter, wenn du ein Dienstmädchen suchst, täuschst du dich, ich werde nicht ...«
»Wieviel nimmst du?«
»Zehn Riesen ... Aber ganz mach ich's nicht.«
»Was machst du denn?«
»Also ... diese Sachen, die man so im Auto macht, was du willst ...«
»Ich gebe dir vier Riesen und bezahle das Taxi bis zu mir nach Hause. Anschließend verschwindest du – das Taxi zahlst du aber selbst. Ich wohne im Zentrum.«
»Nein, vier sind mir zuwenig.«
»Fünf.«
»Sechs.«
»Fünf.«
Sie tat so, als zögere sie ein paar Sekunden, bevor sie schließlich mit einem Nicken zustimmte. Sie hatte keinen guten Nachmittag hinter sich. Er würde auch keinen haben, war aber nicht imstande, es aus dem Ton ihrer Worte herauszuhören, den überraschten Ausruf vorauszuahnen, dessen Anlaß zweifellos der wenige antike Tand war, der sein Wohnzimmer schmückte.

»Mensch Alter...! Was machst du denn mit diesem alten Ding?«
Er grinste in sich hinein, während er die Tür zuzog. Er war zufrieden. Sie hatte sich als ein loyales, arbeitswilliges Mädchen erwiesen. Bereits auf dem Rücksitz des Taxis hatte sie ihm einige ihrer Waffen enthüllt, ganz sanft, ohne zu sprechen. Er war ihr im tiefsten Innern recht dankbar für das Schweigen. Extravertierte, geschwätzige Nutten, die mit vielen Worten arbeiteten, erzeugten bei ihm für gewöhnlich ein schlechtes Gefühl, einen schmerzhaften Knoten im Magen, eine Scham, die ihn manchmal bereits quälte, noch bevor etwas begonnen hatte.
»Ich sammle sie.«
»Was...? Das hier?« Ihr Ton, eine Mischung aus Erstaunen und Spott, machte ihm seinen Irrtum abrupt bewußt. Sie sah ihn verblüfft an, während sie noch immer mit dem Finger auf die Wand zeigte. Er hatte Mühe, ihr zu antworten.
»Oh, nein! Ich dachte, du meinst die Autos aus Weißblech...«
»Wir hatten zu Hause auch eins. Mein Vater hatte es aufgehängt, er war Fräser. Er hat in einer Fabrik für Fahrstühle, Rolltreppen und so was gearbeitet... Mir hat das nie gefallen, aber er, also, er war nach dem Krieg bei den Francogegnern, bei den *Maquis*, also... Einer seiner Freunde aus dem Komitee hat es ihm geschenkt, so ein ganz junger Kerl, einer von denen, die so belesen sind, daß sie schließlich Priester werden. Und er hatte immer dieselbe Masche: *Guernica* wird mir nicht angerührt; bis meine Mutter vor ein paar Jahren die Nase voll hatte und sich eine dieser Schrankwände kaufte, aus Holz, sehr hübsch, so eine wollte sie immer gern haben, mit Hausbar und allem, Regalen, um den Fernseher draufzustellen und jetzt auch das Videogerät. Sie hat sie einfach vor dieses *Guernica* gestellt, und damit Friede, Freude... Der

Alte sagte keinen Ton, der Arme, wo er doch gerade in Rente gegangen war... Dann schenkte ihm mein Bruder ein Plakat, eins aus dem Novecento; es ist viel hübscher, aber er wird langsam kindisch, und außerdem hat er den Film nicht gesehen, also sagt er, das ist nicht dasselbe...«
»Ich habe es seit vielen Jahren, seit ich Geld verdiene. Ich hatte es schon fast vergessen.«
»Als ob man es einfach vergessen könnte, das Bildchen...«
Er betrachtete es so aufmerksam, als hätte er es nie zuvor gesehen. Es gefiel ihm nicht, hatte ihm niemals gefallen. Er mußte an die scharfen Zähne des Schnees denken, der die in weiße Umhänge gewickelten Männer nach und nach umbrachte, und an den mageren Hund, der wie verrückt in die Luft bellte; an das weiße Firmament, unmenschlich und leuchtend, das den ganzen Schmerz aus der trügerischen Farbe der Unschuld herauspreßte, als ob nur ein Weiß das andere dazu zwingen könnte, seine wahre Natur zu offenbaren, seine finstere Beschaffenheit als Zeichen des Todes. Sie wartete auf ihn in der Mitte des Schlafzimmers. Da er nicht wußte, was er sagen sollte, ging er auf sie zu und küßte sie. Dabei wanderte sein Blick zu dem Bild zurück. Die Weißtöne waren pathetisch, ohne je dramatisch gewirkt zu haben, der schwarze Hintergrund war ein viel zu dürftiger Kunstgriff.
Er bestätigte sich dieses Urteil noch einmal, als seine Partnerin, die der Meinung war, es sei genügend Zeit mit erklärenden Einführungen verschwendet worden, ihn sanft anfiel und auf das Sofa niederzwang. Er ließ es geschehen und versuchte verzweifelt, seine Sinne frei zu bekommen, sich ihr ganz zu überlassen, der unpersönlichen Wirksamkeit ihrer Liebkosungen. Er schloß die Augen. Aber nicht einmal so gelang es ihm, seinen blinden Blick von dem plötzlich aufleuchtenden Bild zu lösen, von der gelb glänzenden Straßenbahn aus makellosem

Blech, ohne Schramme, die er so billig an jenem Sonntagmorgen gekauft hatte, als er es nicht gewagt hatte, mit nichts außer *Guernica* unter dem Arm nach Hause zu kommen. Wo könnte ich die Bahn aufbewahren, fragte er sich, während er ihre zunehmende Atemlosigkeit in dem fast rasenden Arbeitsrhythmus, das konstante Schnalzen der Zunge gegen den Gaumen, wahrnahm. Aber er konnte sich nicht entspannen, und er öffnete die Augen wieder, um den Blick erneut auf das uralte Bild zu heften und einzusehen, daß sie recht hatte. Die Ränder waren übel zugerichtet, die Reißzwecken hatten an jeder der Ecken einen schmutzigen Halbkreis aufgedruckt. Nun war es zu nichts mehr nütze, und eigentlich hatte es ihm nie gefallen. Teresa hatte es nie gesehen; nicht ein einziges Mal hatte er es geschafft, sie mit zu sich nach Hause zu nehmen, über all die absurden Jahre seiner militanten Verliebtheit hinweg. Er hatte so um Teresa gekämpft, aber sie hatte es niemmals bemerken wollen und ihn behandelt wie alle anderen. Sie hatten Schulter an Schulter gestanden, nie einander gegenüber, dreimal hatten sie zusammen Plakate angeschlagen, nicht einmal dabei waren sie allein gewesen. Und das war eigentlich alles, was er aus dem Aderlaß der Beiträge, den nicht enden wollenden Versammlungen, der unbezahlten Arbeit herausgeholt hatte; die Revolution würde ewig eine Rechnung mit ihm zu begleichen haben. Er war nie in der Lage gewesen, an etwas zu glauben, damals jedoch hatte er wenigstens noch gehofft. Deshalb hatte er das Bild gekauft, das ihm nicht gefiel; nach außen ein Symbol seines Glaubens, im Inneren ein Symbol seiner Heuchelei. Die Flugblätter warf er in Fünfzigerstapeln in den Papierkorb; alle Zeitungen, die sie ihm zuteilten, kaufte er selbst, um sich der Folter, sie auf der Straße ausrufen zu müssen, nicht auszusetzen; und um seine Abwesenheit bei den Versammlungen, zu denen er nicht ging, wenn er wußte, das Teresa nicht dasein würde, zu entschuldigen, leistete er spontane Spenden von dem Geld, das er seinem Vater unterschlagen hatte. Aber er hatte *Guernica* an die Wand gehängt, gab vor, einen Platz gefunden zu haben, strafte sich selbst dafür, daß es ihm an dem notwendigen Mut fehlte, sich wenigstens in einen Verräter umzuwandeln. Und warum nicht? hatte er sich gefragt, wenn es doch bloß ein Bild ist, nichts als ein Bild, mit dem Leute ihre Wohnung schmücken. Es waren andere Zeiten damals, voller Besäufnisse und Rauschzustände, schlechte Zeiten für ihn, für alle Lauen. Wenn du weder kalt noch heiß bist, kotze ich dich aus, das war die apokalyptische Devise des neuen Landes, das schon wieder gealtert war, ganz plötzlich so alt geworden war wie das verstaubte Stück Papier, das zu nichts mehr nütze war, nichts als ein Bild, mit dem die Leute ihr Heim schmückten.

»Hör auf, es klappt ja doch nicht.«

»Aber... Ich verstehe nicht. Was ist los mit dir? Vorhin im Taxi...«

»Ich weiß nicht, ist auch egal, völlig unwichtig.«

Sie stützte ihre Hände auf die Knie, um aufzustehen. Ihre Waden waren voller Staub. Dann drehte sie sich langsam um und warf einen Blick auf die Tür. Er hatte sie schon im voraus bezahlt. Es gab nichts mehr, über das man hätte reden können, sie aber wollte sich verabschieden.

»Also dann, Alter, bis zum nächsten Mal. Es tut mir leid.«

»Weiß dein Vater, was du da machst?«

»Nein, zu Hause glauben sie, daß ich irgendwo saubermache.«

»Und dein Freund? Weiß er es?«

Sie lächelte ihn an, wollte sich gutmütig zeigen. Er stellte zwar zu viele Fragen, aber ansonsten hatte er ihr ja nicht allzu sehr zugesetzt.

»Woher weißt du, daß ich einen Freund habe?«

»Ich weiß nicht. Weil du es nicht richtig machen willst.«

»Also... Ich nehme an, daß er was ahnt, auch wenn er

nichts sagt. Ein Hausmädchen verdient nicht mehr als hundert Piepen im Monat.«
»Nein, natürlich nicht. Zahlt ihr eine Wohnung ab?«
»Haben wir schon abbezahlt. Jetzt sparen wir für Möbel. Und dann, wenn ich heirate, höre ich damit auf und bleibe zu Hause in Getafe.«
Er wollte nichts weiter wissen. Sie stand an der Tür, sagte Adiós und ging fort. Hätte er sie nach ihrem Namen gefragt, hätte sie geantwortet, sie heiße Paquita, aber er tat es nicht, er glaubte, daß er sie nie wiedersehen würde.
Er blieb noch eine Weile auf dem Sofa sitzen, unter der bedrückenden Wirkung von so viel Verkommenheit und anderseits der Natürlichkeit, mit der sie sich ausdrückte. Als er sich erhob, waren seine Gebärden entschieden, fest und gelassen. Er verletzte sich an den Fingern, brach sich die Nägel ab, weil die Reißzwecken wie mit der Wand verwachsen waren. Er mußte einen Schraubenzieher holen, um sie herauszuziehen. Einen Augenblick lang blieb das Bild an der Wand haften, bevor es sich sanft löste und zu seinen Füßen auf den Boden glitt. Er bückte sich, um es aufzuheben, und zerriß es mit beiden Händen in der Mitte. Das wiederholte er mehrere Male mit den immer kleiner werdenden Teilen. Dann warf er alle in einen großen Aschenbecher und entzündete ein Streichholz. Das Papier brannte gut, hinterließ jedoch einen herben, schmutzigen Geruch von versengter Farbe. Er öffnete die Balkontür, kehrte zu seinem Sessel zurück und betrachtete den Rand, den *Guernica* an der Wand hinterlassen hatte. Ihm fiel auf, daß man hindurchsehen konnte wie durch ein Fenster.

Dies geschah, als die Linke gerade offiziell die Macht übernommen hatte. Jetzt gab es keine Rechte mehr, wohl aber die Umrisse von *Guernica*, die vollständig an der Wand erhalten blieben. Als sie durch die schnelle Verschmutzung zu verwischen drohten, malte er sie sorgfältig wieder weiß aus, achtete peinlich genau auf die Ränder. Mehrere Male wiederholte er diesen Prozeß, nahm den sinnlosen Kampf gegen die Zeit auf, indem er aus dem Abdruck, den ein Symbol hinterlassen hatte, einen Kult machte. Es gefiel ihm, den Abdruck anzusehen, und er versuchte gerade auszuloten, wie lange sich wohl die letzte Ausbesserung halten würde, als ihn ein schrilles Klingeln aufschreckte. Er spürte, wie sich seine Magenwände zusammenpreßten, den Innenraum für immer zu verdrängen schienen, um zu einem einzigen Gewebe zu verschmelzen. Voller Beklemmung nahm er den Telefonhörer ab, um lediglich das gewohnte Freizeichen zu vernehmen. Erst einen Augenblick später begriff er, daß er die Türklingel gehört hatte, und er überlegte einen Moment, ob er darauf reagieren sollte oder nicht. Es konnte Polibio sein, der ihm den fatalen Ausgang seines Abenteuers mit den drei Sportlehrerinnen erzählen wollte, und das wäre das letzte, das er jetzt brauchte. Anderseits, wenn sie nicht anrief, käme ihm etwas Gesellschaft gerade recht. Die Klingel schrillte hartnäckig von neuem. Bestimmt Polibio. Er schaute auf die Uhr: zehn vor eins. Beim dritten Läuten gab er sich geschlagen. Er öffnete die Tür, und das erste, was er sah, war das ausgefranste gelbe Gestrüpp einer riesigen Porreestange, die zwischen den Henkeln einer weißen Plastiktüte hervorragte.

»Aber... Du bist aufgestanden?«

Manuela sah ihn, noch auf der Schwelle stehend, mit sorgenvollem Gesicht an. Ohne einzutreten, ließ sie die Tüte auf den Boden fallen, schob ihre linke Hand um seinen Nacken, während sie die Innenfläche ihrer rechten auf seine kühle Stirn preßte.

»Fieber hast du nicht, aber du solltest im Bett bleiben... Ich war natürlich ziemlich erschrocken, nach dem, was sie mir in der Bar erzählten, und jetzt finde ich dich so vor...«

Er erwiderte das Lächeln, das sich langsam auf ihren Lippen abzeichnete. Dann streckte er einen Arm aus, faßte sie um die Taille und zog sie mit einem Ruck an sich, während er mit der freien Hand die Tür schloß. Er drängte sie gegen den Türflügel, drehte ihren Kopf sanft zur Seite, damit sie sich nicht am Spion stieß, und küßte sie, war zufrieden, weil alles gut gegangen war; dann vergaß er auch diesen Gedanken und fühlte sich ganz einfach nur noch zufrieden.

Das Läuten an der Tür, dieses plötzliche, nervtötende, unerträglich wiederholte Geräusch schreckte sie auf. Er dachte entsetzt daran, daß es nur Polibio sein konnte, und war fest entschlossen, nicht zu öffnen. Sie hatte sich jedoch schon mit aller Selbstverständlichkeit umgedreht und den Riegel zurückgezogen. Es war unmöglich, sie noch zurückzuhalten. Die Nachbarin von gegenüber, eine ältere, sehr liebenswürdige Frau, zeigte auf den Boden des Treppenabsatzes.

»Sie haben ihre Einkäufe draußen liegengelassen.«

»Oh, natürlich!« antwortete Manuela in aufrichtigem, schuldbewußtem Ton.

»Ich dachte mir, ich klingele lieber, denn wenn das dort stehen bleibt, kann es ja jeder einfach mitnehmen...«

»Da haben Sie völlig recht, herzlichen Dank.«

»Gern geschehen.«

Manuela schloß die Tür und kehrte, die Tüte am ausgestreckten Arm schwenkend, zu ihm zurück.

»Was für eine nette Frau, nicht wahr. Scheint überhaupt keine Klatschtante zu sein.«

»Sie ist keine«, bestätigte er und erforschte amüsiert den Inhalt der Tüte. Es war das erste Mal, daß er nicht wußte, was in seinen eigenen vier Wänden vor sich ging, von undichten Regenrinnen einmal abgesehen.

»Dein Essen«, antwortete sie entschieden. »Ich nehme an, daß die Küche am Ende des Flurs ist...«

»Mir ist kalt.«
Langsam hob Manuela die Augen von der Illustrierten und blickte ihn an. Er zog die Decke bis über seine Oberlippe, um die Schwindelei so lange wie möglich auszukosten. Er hatte mehr als vierundzwanzig Stunden im Bett verbracht, vollkommen gesund. Das Gemüsepüree, mit einem Zipfel stark gepökelten Schinkens gekocht, war köstlich gewesen, und köstlich war auch der Kontakt mit ihr gewesen, mit ihrem frischen Fleisch, als sie ihn am vorausgegangenen Nachmittag ohne Hast bestiegen hatte. Seine kranke Brust war mit dem warmen Wollrock bedeckt worden, das Haar der Magdalena hatte sich unkontrolliert über ihre weichen, runden Schultern ergossen, in die der Druck gnadenloser Träger eine Spalte grub, die von der bewundernswerten Leistung eines billigen Büstenhalters von unzulänglicher Größe zeugte. Er schnürte die Haut ein, die manchmal unter dem Laken zum Vorschein kam, das sie hoch hielt, damit er sich nicht erkältete. Ihr Kopf war von diesem ernsten weißen Schleier verdeckt, unter dem sie sich mit der Zartheit eines dieser Märchenwesen aus Pornoheften bewegte, und sie bat ihn, es sich machen zu lassen, damit er sich nicht überanstrenge. Nach und nach ergriff sie von seinem Körper Besitz, kam den unbedeutendsten Zeichen, die er mit schüchternen Fingerspitzen andeutete, zuvor, schob ihm ihre Hüfte entgegen und entzog sie ihm wieder, so weise und so altmodisch, gab ihm ihr kindliches Geheimnis, das Mysterium ihres Körpers, der sich wie ein blutgetränkter Schwamm zu öffnen vermochte; den absoluten Mund, der ihn noch einmal fraß, mit anders gearteten, schwerfälligen, satten und grausameren Zähnen. Ihr riesiger, wunderschöner Bauch fiel rhythmisch nach vorn, ihr ermüdetes Fleisch bewegte sich hin und her, um in einem wilden Aufbeben die unschuldige Maske der neuerlichen Zärtlichkeit zusammenbrechen zu lassen und die alte, tiefe Wahrheit zu enthüllen, den

Hunger nach einem kurzen Tod, den Instinkt der Bestie, die einzig wahre Seele dieser liebenswürdigen Frau, die ihn ohne Hast ritt, in allem auf ihn einging. Langsam stieg die Lust in ihm auf, brachte ihn an die äußerste Grenze seiner selbst, während er zwischen ihren Lippen zerfloß, in den nicht zu entschlüsselnden Grenzen ihres erschöpften Lächelns.

»Das verstehe ich nicht. Das Fenster ist fest verschlossen ...«

Später war sie fortgegangen, um, so sagte sie jedenfalls, eine Freundin zu sehen, die in einer Salsaband Schlagzeug spielte. Sie singt auch, erklärte sie und fragte ihn, ob es ihm auch nichts ausmache, allein zu bleiben. Er beruhigte sie, es mache ihm nichts aus, er würde schon klarkommen. Sie holte jedoch für alle Fälle den Fernseher in sein Schlafzimmer, riß aus der Zeitung die Programmseite heraus und legte sie ihm auf den Nachttisch. Sie versprach anzurufen, tat es aber nicht. Als er, bereits in der Morgendämmerung, sicher war, sie nicht zu enttäuschen, zog er sich an und ging auf die Straße, um sich die Beine zu vertreten. Von dem Husten, zu dem er sich gezwungen hatte, tat ihm der Hals weh, und seine Muskeln waren steif geworden. Trotzdem war er zufrieden. Danach ging er wieder zu Bett, und am Morgen brauchte er lange, um den rhythmischen Lärm, der ihn aus seinen Träumen riß, als Klingeln zu identifizieren. Als er aber die Tür öffnete, war niemand da. Eine halbe Stunde später klingelte das Telefon. Manuela erklärte ihm, sie habe angenommen, er schlafe, und sei auf einen Kaffee noch einmal nach unten gegangen, um ihm Zeit zu lassen.

»... die Heizung läuft auf Hochtouren.«

»Mir ist aber immer noch kalt.«

Sie kam näher und fühlte seine Stirn, eine Geste, die sie fast schon krankhaft oft wiederholt hatte, seitdem sie ihren Part im Dienste seiner phantasierten Bronchitis übernommen hatte.

»Du glühst ja...!«
Er nickte. Schließlich hatte er ein viel zu üppiges Abendessen unter zwei Decken, mitten im Oktober, in einem Winterpyjama und mit auf Hochtouren laufender Heizung zu verdauen. Er mußte geradezu glühen, auch wenn seine Temperatur sechsunddreißigeinhalb Grad betrug, höchstens siebenunddreißig. Sie kehrte ihm den Rücken zu, um die Jalousien herunterzulassen, und zog sich im Halbdunkel die Schuhe aus. Ohne Eile und ohne zu sprechen, zog sie sich aus. Dann legte sie sich zu ihm unter die Laken, und als ob sie sich schämte, sich ohne Vorankündigung einfach zu ihm gelegt zu haben, zog sie in einer sorgenvollen Geste die Augenbrauen zusammen. Mechanisch wischte sie ihm den Schweiß von der Stirn und strich ihm das Haar aus dem Gesicht. Er schloß die Augen, um sie zu beruhigen, genoß die Zärtlichkeit ihrer Finger, und er ahnte die wiedergewonnene Gelassenheit aus ihren Worten.
»Wie häßlich du bist...«
»Du hättest dich nicht mit mir ins Bett legen sollen, es könnte an dir haften bleiben.«
»Ich weiß, aber das macht mir nichts... Ich fühle mich wohl.«
Sie küßte ihn voller Kraft, und er ließ sich aussaugen, berauschte sich an den verbliebenen, schwachen, verderbten Düften, die seine Nase gerade noch aus den Krümmungen des anderen Körpers einfangen konnte, der ihn magnetisch anzog, als versuche er, ihn durch den Kontakt völlig einzunehmen, eine wünschenswerte Osmose, die, wenn sie fehlschlug, zum Erstickungstod führen konnte. Er befreite sich von ihr, so gut er konnte, und sagte sich, daß er es lieber nicht tun sollte. Er wiederholte sich, er sollte es besser nicht tun, während er eine ihrer Brustwarzen mit den Lippen umschloß. Er fühlte, wie sie anschwoll, als wollte das Fleisch gleich zwischen seinen Zähnen platzen, er drückte seine Nase

an der Brust platt und atmete einen reinen Duft aus ihrem transparenten Dekolleté. Dann bemerkte er, wie eine ihrer Hände wie zufällig zwischen seine Beine glitt und sein Geschlecht berührte, um den Stand zu prüfen. Er wölbte den Bauch heraus, wie um die zweifelnden Finger zu bestätigen, fühlte schließlich, wie sie ihn umschlossen, zunächst noch zögernd, fest und doch unentschieden. Es gelang ihm, die Lippen zu bewegen, zu sprechen, ohne dabei seine Beute loszulassen.
»Erzähl mir eine Geschichte ...«
»Was?«
»Du sollst mir eine Geschichte erzählen.« Er umfaßte ihre Hand mit seiner eigenen, bestimmte sanft die Art ihrer Bewegungen.
»Aber... Worauf willst du hinaus? Ich meine... Eine Geschichte, wie man sie Kindern erzählt?«
»Genau, ein Märchen ...«
Sie runzelte die Stirn, als koste es sie Mühe, sich zu erinnern. Sie lachte nicht, machte sich nicht über ihn lustig, zeigte sich nicht im geringsten überrascht, versuchte, sich zu erinnern, weiter nichts; und er fühlte sich als ganz anderer Mann, schön, auserwählt, krank vor Glück.
»Also, bei den Feen kenne ich mich nicht so aus. Dafür erinnere ich mich an eine Hexengeschichte, die mochte ich am liebsten, als ich klein war. Ist das in Ordnung?«
»Es muß in Ordnung sein ...«
»Gut«, begann sie und legte sich auf die Seite, wobei sie darauf achtete, sich nicht an seinen Zähnen weh zu tun und sie gleichzeitig weiter an ihrer Brust zu halten. Sie stützte den Kopf in die eine Hand, während sie ihn mit der anderen noch immer umschloß. Sie genoß dieses seltsame Spiel, diese kleine Schizophrenie, die er vorgeschlagen hatte – zur Erinnerung an seine Kindheit, die Brustwarze in seinem Kindermund, die Hand an seinem angeschwollenen Geschlecht des Säugling-Mannes – aus vol-

lem Herzen und in der stillen Gewißheit, daß all das für ihn nahezu vollkommen war. »Sie heißt die Geschichte von der kleinen Linse... Es war einmal eine böse, alte Frau, die lebte allein am Rande eines Dorfes. Damit niemand erriet, daß sie eine Hexe war, ging sie jeden Tag zur Messe und warf etwas Kleingeld in den Klingelbeutel für die Armen. Eines Morgens, als sie die Glocken läuten hörte, hatte sie eine kleine Linse in der Hand und fragte sich, wie sie wohl mit dieser Linse in die Kirche käme? Es könnte als ein Mangel an Respekt angesehen werden... Ist es gut so?« »Ja, sehr gut...« Und um sein vulgäres Gelüst nach einer erwachsenen Frau über das Spiel hinaus zu erhalten, trennte er sich von ihrer Brust, um sie anzusehen. Im neutralen Ton der Neugier fragte er: »Ich verstehe nicht, warum sie die Linse mitbrachte...«

»Weil... wenn nicht, gäbe es keine Geschichte.«

»Ja«, murmelte er, zufrieden mit der kindlichen Begründung. Er war sicher, daß er nun die Geschichte bis zum Ende anhören würde, und konnte sich ihr wieder ganz überlassen, ihrer Hand, ihrem Körper, ihrem Mund und ihrer Stimme.

»Also, daraufhin klopfte sie an die Tür eines Hauses gegenüber der Kirche, und als ihr eine Frau öffnete, bat sie sie um einen Gefallen. Guten Tag, sagte sie, sehen Sie, man läutet schon die Messe ein, und ich kann mit dieser kleinen Linse nicht eintreten. Könnten Sie sie solange bei sich behalten? Ich hole sie auf dem Rückweg wieder ab. Die Frau sagte ja, und die Alte besuchte die Messe, bekreuzigte sich mit Weihwasser, empfing das heilige Abendmahl und warf ein Geldstück in den Klingelbeutel der Armen. Dann kehrte sie zu dem Haus zurück, um die Linse abzuholen, fand sie aber nicht mehr vor. Das Hühnchen hat sie aufgepickt, erklärte die Frau, es ist so daran gewöhnt, alles, was im Garten herumliegt, aufzufressen... Was? schrie die Alte, soll das heißen, daß Ihr Huhn meine Linse gefressen hat?«

»Wie gut du sie nachmachst!« unterbrach er sie voller Bewunderung für die Leichtigkeit, mit der sie die Persönlichkeiten der Protagonisten ihrer Geschichte herausarbeitete.
»Natürlich«, lächelte sie ihm zu. »Ich bin immerhin Schauspielerin.«
»Selbstverständlich, das hatte ich ganz vergessen...«
»Soll ich weitererzählen? Gut... Nun ja, antwortete die Frau erschrocken, aber ich werde Ihnen eine andere geben, oder, noch besser, ich schenke Ihnen dieses Paket, ein Kilo Linsen... Wie finden Sie das? Nein, kreischte die Alte, ich will Ihre Linsen nicht, ich will meine kleine Linse. Sie können es sich aussuchen: entweder meine kleine Linse oder Ihr Huhn, meine Linse oder Ihr Huhn, meine Linse oder Ihr Huhn... Die Frau versuchte, sie zur Vernunft zu bringen, erklärte ihr, daß das nicht gerecht sei, daß ein Huhn viel mehr wert sei als eine Linse, aber umsonst. Die Alte setzte ihr so zu, daß sie ihr das Huhn gab, um sie ein für alle Mal loszuwerden. Also zog die Alte zufrieden mit ihrem Huhn von dannen, bis sie hörte, daß man in einer anderen Kirche zur Messe läutete...«
»Erzähl mir nicht, daß sich die Geschichte wiederholt...«
»Doch.«
»Und was ist es diesmal?«
»Eine Henne.«
»Das Hühnchen oder die Henne, nicht wahr?«
»Genau. Danach wurde die Henne von einem Schwein gefressen.«
»Die Henne oder das Schweinchen.«
»Sehr gut. Und eine Kuh fraß das Schwein.«
»Das Schweinchen oder die Kuh.«
»Bingo. Und hier ändern sich dann die Dinge ein wenig.« Sie schwieg einen Moment, bestimmt gewarnt durch die Schwäche seiner Stimme und durch die immer längeren Unterbrechungen, die er präzise zu bemessen schien, um die triftige Antwort zu erhalten. Als wäre sie unfähig,

weiterhin verschiedene Rollen darzustellen, während er immer mehr von ihr verlangte, konzentrierte sie sich ganz auf sich selbst und brachte ihn schweigend dorthin, wohin er gelangen wollte, ohne einen Vorwurf ertrug sie seine scharfen Bisse. Dann, einer Intuition folgend, die ihn mehr erschütterte als seine eigene Erregung, beugte sie sich über seinen Kopf und küßte ihn viele Male, legte ihre Lippen kurz auf seine Stirn, seine Wangen, sein Kinn, seine Lider und seine Nase, während sie mit der einen Hand sein Gesicht streichelte, und die andere, in etwas mühsamer Stellung, fest auf seinen Bauch drückte. Keiner der beiden bewegte sich. Er schmiegte sich etwas enger an sie, mit einem unbestimmten schlechten Gewissen, weil er sie nicht besessen hatte, sich wie ein kleiner Egoist benommen hatte, und erwartete die Kälte, den voraussehbaren Entzug der Hand, die den eiskalten Kontakt mit dem alten, unnützen Samen nicht mehr lange ertragen würde. Aber sie zog sich nicht zurück, und nahm so, wie sie war, den Faden ihrer Geschichte gelassen wieder auf.

»Die Alte ließ die Kuh im Haus einer sehr, sehr armen Familie, in der ein Kind sehr krank war und dringend Fleisch brauchte. Sie ging in die Messe, und die Mutter sagte sich, mein Sohn ist so krank, und diese Frau verbringt ihre ganze Zeit in der Kirche, sie ist herzensgut, und sie hat bestimmt nichts dagegen, wenn ich aus der Kuh ein Stückchen Fleisch herausschneide, um es dem Kind zu geben, damit es stark wird. Und das tat sie dann. Als die Alte aus der Messe zurückkam, wurde sie wütend. Was hat man mit meiner Kuh gemacht? kreischte sie, die ist nicht mehr ganz. Wer hat sie so zugerichtet? Ich war es, sagte die Frau, aber ich habe es ohne böse Absicht getan. Mein kleiner Sohn ist krank, sehen Sie ihn dort in seinem Bettchen, ich habe nur ein kleines Stück Fleisch herausgeschnitten, damit er was zu essen hat…«

»Erzähl mir nicht, daß die Alte das Kind verlangte!«

»Selbstverständlich, du weißt ja: das Stückchen Fleisch oder das Kind, das Stückchen Fleisch oder das Kind, das Stückchen Fleisch oder das Kind. Und natürlich konnte die Mutter ihr nicht das Fleisch zurückgeben, so daß die Alte das Kind in einen Sack steckte und mitnahm. Sie war äußerst zufrieden, denn kleine Kinder waren ihre Lieblingsspeise, und sie dachte, daß sie eigentlich viel Glück gehabt hatte, denn immer hatte sie gegen etwas Besseres getauscht. Darüber hörte sie, wie man zur Messe läutete. Sie ließ den Sack in einem Haus nahe der Kirche stehen, und da wollte es der Zufall, daß die Bewohnerin diesmal eine Tante des Jungen war, die gerade Plätzchen für ihre Tochter zubereitete. Der Junge erkannte ihre Stimme wieder, und jedesmal wenn die Frau dem Mädchen ein Plätzchen gab, sagte er, ich möchte auch eins, Tante. Und schließlich öffnete die Frau den Sack und befreite ihren Neffen.«

»Und wenn sie nicht gestorben sind ...«

»Nein, nein, nichts in der Art. Die Tante brachte den Jungen zu seiner Mutter und ging dann nach Hause zurück, um den Sack mit Kröten, Schlangen und Wildkatzen vollzustopfen. Sie schnürte ihn gut zu und gab ihn der Alten, als diese kam und danach verlangte. Dann machte sie sich auf den Weg nach Hause ...«

»Waren die Messen alle zu Ende?«

»Ja, sie mußte bereits einmal die Runde gemacht haben. Na, jedenfalls geschah es, daß sie einen sehr steilen Abhang hochstieg, und das, wovon sie glaubte, es sei der Knabe, ärgerte sie mit Fußtritten, Kneifen und sogar Bissen. Obwohl sie alle naselang androhte, sie würde ihn gleich bei lebendigem Leibe fressen, wollte es sie nicht in Ruhe lassen, so daß sie an einer Flußbiegung den Sack am Ufer fallen ließ und die Kordel aufknotete. Die Schlangen sprangen ihr mit einem Satz an den Hals und würgten sie, während die Wildkatzen ihre Krallen in sie bohrten und die Kröten auf ihr herumquakten und sie mit ihrem

Schleim überzogen. Als sie versuchte, sich von all dem zu befreien, verlor sie den Halt und stürzte zu Boden. Sie starb augenblicklich, natürlich. Und jetzt kommt's, und wenn sie nicht gestorben sind, dann leben sie noch heute.«
Lächelnd wartete sie auf eine Reaktion, aber die blieb aus. Ihr Liebhaber verharrte regungslos, die Lippen immer noch fest um ihre Brust geschlossen. Er hatte die Augen geschlossen. »Hat es dir nicht gefallen?« fragte sie fast ängstlich. Daraufhin machte er sich langsam von ihr los und rückte etwas von ihr ab. Er stützte seinen Kopf in eine Hand und stellte so das vollständig symmetrische Gegenstück zu dem Körper dar, auf dessen Schutz er soeben verzichtet hatte.
»Es ist eine schreckliche Geschichte«, sagte er.
»Ja«, gab sie zu und senkte die Augen. »Aber ein bißchen ist auch das Leben so, nicht...?«
»Zufall und Rache.«
»Also...« Ihr gesamter Körper schien hinter ihrer Stimme dünner zu werden, während er feststellte, daß sie sich klein machte und vergebens versuchte, seinem Blick auszuweichen. Erst nach einer langen Pause, die sie brauchte, um sich unter gewaltiger Kraftanstrengung wieder zu fangen und vor sich selbst mit der kleinen Linse und allem übrigen zu bestehen, zwang sie sich zu lächeln und sagte: »Erzähl du mir eine Geschichte, los...«
»Zufall und Rache«, wiederholte er. »Na gut, ich werde dir eine Geschichte erzählen, eine sehr alte und sehr kurze, die einzige, die ich kenne. Mit neun Jahren erzählten sie mir, meine Mutter sei gestorben, und es stimmte nicht. Sie ging von zu Hause fort und wollte mich nicht mit sich nehmen. Ich habe sie nie wieder gesehen.«

Aber auch das stimmte nicht, denn er hatte sie sehr wohl wiedergesehen, viele Jahre später, an dem Abend oder, eher, in der Nacht, als sie aus dem Pavillon der Deutschen

Demokratischen Republik kamen, wo dieser schleimige Luisito unbezahlte Arbeitstage von zehn Stunden mit dem Verkauf von Büchern, Schallplatten, Schlüsselbrettchen und aus der sozialistischen Traubenvariante hergestelltem Moselwein zubrachte. Wie jedes Jahr hatten sie ihn dort besucht und dabei den größtmöglichen Aufstand veranstaltet. Willst du denn deine wahren Freunde nicht begrüßen, du Revisionistenschwein? Mit diesen Worten rissen sie sich zwei Flaschen unter den Nagel. Schau an, wie du den Geizhals spielst, wir kriegen deinen Arbeitseifer schon klein, und du bleibst in dieser beschissenen Bürgerpartei dein ganzes verfluchtes Leben lang! Er schenkte ihnen zwei weitere Flaschen und versuchte, sie zu vertreiben, indem er wild mit den Armen fuchtelte, aber er mußte erst noch eine letzte Dosis Schande ertragen, natürlich, jedes Jahr ähnelt dies hier mehr einer Gewerkschaftsdemonstration. Und der arme, schmächtige Luis hatte bereits einen Liter polnischen Wodka aus seinen eigenen Vorräten auf den Tresen gestellt, als er selbst ihm den Gnadenstoß versetzte: Was, ihr habt schon eine Unterabteilung *Chöre und Tänze*? Alle, Teresa an der Spitze, lachten sich halbtot, und er mußte den tiefen Haß im Blick des Schwächsten ertragen. Er wußte nur allzu gut, daß die Idee zur alljährlichen Moselweinbeschaffung, gewährleistet durch die Scham des anderen, einzig von ihm stammte, einer seiner grausamen, genialen Streiche war, die er eifriger als irgendein anderer ausführte, um seine eigene Schwäche zu erhöhen, sich von Zeit zu Zeit bewundern zu lassen; und als er die Hand ausstreckte, um die Handvoll Schlüsselanhänger, die ihnen Luis als letzten Tribut anbot, zu nehmen, fühlte er sich übel, schlecht, miserabel – wie jedes Jahr. Während er mit den anderen abzog, drehte er sich noch einmal nach ihm um. Den ihm zustehenden Beuteanteil im Arm haltend, wußte er nicht, daß es das letzte Mal gewesen sein würde, daß er nie wieder zu dieser Festveranstaltung kommen würde, aber eine Eingebung sagte ihm auch, daß er Luis niemals würde um Verzeihung bitten können, daß er die Schuld an so viel Mißbrauch über Jahre hinweg mit sich herumtragen würde. So war es denn auch. Bis er eines Tages Luis' Namen auf einer Liste fand, die er nicht wählte, und ein paar Monate später dessen lächelndes, gutaussehendes Gesicht als neuer, progressiver Untersekretär in einer Zeitung entdeckte. Da dachte er, wie wenig sie doch mit ihm angestellt hatten, verglichen mit dem, was er eigentlich verdiente, und vergaß ihn. An dem Abend aber brannten seine Wangen vor Scham, während er sich mit dem erbeuteten Wodka betrank und ein paar Schritte hinter den anderen zurückblieb, die sich nichts vorwarfen. Darum auch achtete er anfangs kaum auf den dicken Mann, der auf dem Kopf eine seltsam vertraute, kleeblattförmige Glatze trug und allein in der Mitte der Plaza tanzte, wo sie sich schließlich niedergelassen hatten. Er hörte dem Gelächter seiner Freunde zu, das von weit her zu kommen schien, nahm kaum den Widerhall der klatschenden Hände wahr, der die plumpen Bewegungen des unvorhergesehenen, dressierten Bären begleitete. Ein Hofnarr mit bedruckter Krawatte aus grauem, amerikanischem Flanell, der sich ganz allein vor seinen Augen abrackerte, mit seinen kurzen, dicken Ärmchen ungeschickt den Rhythmus einer Rumba angab, den Hintern rausstreckte und mit den Fingerspitzen ein Eckchen seines Jacketts anhob, um dann mit seinem ganzen Körper eine groteske Drehung anzudeuten. Die andere Hand schlenkerte blöde in der Luft, sein Gleichgewicht hielt sich beständig in einem Kompromiß, und sein Gesicht stand in Flammen, als würde es jeden Moment platzen. Er wirkte traurig und kalt zugleich, wie alle Fuselsäufer. Auch er trank zuviel des erstklassigen Wodkas. Plötzlich blieb das Männchen stehen und schwankte auf seinen fest am Boden verhafteten Füßen heftig hin und her. Er konnte ihm die Übelkeit ansehen – die fahle

Haut, die anormal fest aufeinander gepreßten dicken Lippen, die infantile Geste, die, Ausdruck des Versuchs, den Magen zu bezwingen, das Erbrechen ankündigt – und beobachtete ungerührt das Finale der Vorstellung, registrierte gleichgültig den Ekel der anderen. Ein zähes, granatrotes Püree quoll unkontrolliert aus dem verzerrten Mund, und Teresas Stimme bekundete jähzornig Abscheu. Dann schau nicht hin, sagte jemand. Los wir gehen, schlug ein anderer vor. Er wollte gerade diese letzte Initiative unterstützen, als der gescheiterte Tänzer seine rechte Hand hob, um sich das Gesicht abzuwischen. Winzige, rötliche Partikel glitzerten zwischen den grauen Stoppeln des schlecht gestutzten Barts, und plötzlich traf irgendein Lichtstrahl von einer der auf den Dächern angebrachten Lampen den riesigen Ring, der seinen Zeigefinger schmückte, und entlockte ihm ein goldenes Aufblitzen. Das war das erste Signal. Seine Freunde gingen fort, während er schweigend zurückblieb, ohne sich vom Fleck zu rühren, die Augen gebannt auf das entsetzlich bekannte Schmuckstück gerichtet, in dem Versuch, es zu erkennen, es einer bestimmten Hand zuzuschreiben. Der Mann bewegte sich unmerklich; vielleicht war es auch nur das Licht. Er konnte einen unklaren, gelben Fleck auf der dunklen Oberfläche des prunkvollen, in Gold gefaßten und fast das gesamte Fingerglied bedekkenden Siegels ausmachen. Als er ihm schließlich den Rücken zukehrte, war es ihm wieder eingefallen; das Gold aus Toledo und die pflanzliche Glatze hatten ihn auf den Paseo del Prado, der zum Meer führte, zurückversetzt und ihm den Dolch aus echtem Metall wieder in die Hand gegeben, den er selbst aus dem Schaufenster eines Andenkenladens mit spanischen Handarbeiten für Touristen ausgesucht hatte. Er empfand Neugier für das Schicksal des früheren Liebhabers seiner Mutter und folgte ihm mit den Augen bis zu einem weit entfernten, mit Tellern und Gläsern gedeckten Tisch, um den herum sich eine Gruppe von zehn oder zwölf Personen drängte, die sicherlich den jähen Ausgang des Tanzes gar nicht mitbekommen hatten. Er stützte sich mit dem Ellenbogen auf die Theke und bestellte ein Glas, als Vorwand, um sie von nahem betrachten zu können. Er hatte kaum Zeit, die Tischgenossen zu zählen, als er einen schwachen Rippenstoß erhielt. Als er sich umdrehte, sah er ein schlaksiges, sehr dünnes Mädchen von zwölf oder dreizehn Jahren vor sich. Das Kinderkleid, das ihr viel zu klein und zu kurz war, paßte nur schlecht zu ihrem Alter. Sie war häßlich und hatte die Stimme eines gemästeten Kanarienvogels, grell und spitz. Sie verlangte vom Kellner, den sie Chef nannte, ein Eis und eine Handvoll Servietten. Mein Papa hat gerade die Grütze ausgespuckt, erklärte sie, dabei betonte sie die erste Silbe, Pápa. Alles in allem ein unangenehmes Geschöpf, dachte er, während er folgerte, daß der Mann geheiratet haben mußte, und sich fragte, wann und wen. Er versuchte sich zu erinnern, ob die Besuche in seinem Laden lange Zeit vor dem Tode seiner Mutter aufgehört oder ob sie sich bis dahin fortgesetzt hatten. Er vermochte es nicht mehr genau festzulegen, weil er den Ausflügen keine besondere Bedeutung beigemessen und sie als seltenes Privileg betrachtet hatte. Er war damals noch so klein gewesen und hatte alles erst lange Zeit später verstanden, an irgendeinem Tag, als er überhaupt nicht daran dachte. Da hörte er erneut die Stimme des Mädchens und vernahm den vorauszusehenden Gegenpart. Sie sprach mit ihrer Mutter, die, verdeckt von anderen Tischgästen, er noch nicht sehen konnte. Laß mich in Ruhe Mama, sagte sie, ich habe keinen Hunger mehr. Aber ihre Mühe war umsonst, die Platzverhältnisse am Tisch veränderten sich augenblicklich, um einen Sitz freizugeben, auf den sich das Mädchen flennend fallen ließ und gegen seinen Willen weiteraß. Die Mutter trug Sandalen mit goldenen Riemen und hohen Absätzen, der fast entblößte Spann war mit großen, glitzernden, falschen Steinen verziert. Ihre Nägel waren untadelig dunkelrot lackiert, der Halbmond weiß gelassen. Natürlich leitete er davon ab, daß der Geschmack für diese Art von Schuhen gut zu der skandalösen Neigung seiner Mutter zu federbesetzten Pantoffeln paßte. Angesichts der fetischistischen Schwäche des Souvenirhändlers, der nach und nach wieder Atem schöpfte, während er einen Riesenhappen Bratwurst verschlang, mußte er lächeln. Es verging nicht viel Zeit, bis das Mädchen wieder zu protestieren begann; mach schon Mama, bitte Mama, bis sie die Erlaubnis bekam aufzustehen. Er dachte, daß es sehr schwierig sein mußte, ein derart unerträgliches Gör richtig zu erziehen, und empfand ein gewisses, absurdes Mitleid mit der dicken Frau in ihren glitzernden Sandalen, von der er zwangsläufig nur das Profil ausmachen konnte, während er die eiligen Bewegungen ihrer gierigen Hände über dem Kerzenlicht registrierte, die nach jedem Happen ein riesiges Stück Brot zum Mund führten. Ihr Haar war blond gefärbt, am Handgelenk trug sie mehrere Kettchen, sie rauchte Mentholzigaretten in einem Mundstück aus Schildpatt und Metall, sie lachte laut, amüsierte sich großartig, und er hatte Zeit, sein Glas auszutrinken, bevor er ihr Gesicht zu sehen bekam. Er überlegte gerade, ob er sich noch ein Getränk bestellen oder lieber seine Freunde suchen sollte, als der Mann auf die Uhr schaute und plötzlich ein ärgerliches Gesicht machte. Sie drehte sich träge um, warf einen kurzen Blick in alle Richtungen und rief dann nach ihrer Tochter, die Paloma hieß. Genau wie sie, Paloma. Es waren viele Jahre vergangen, fast fünfzehn, und er wußte sofort, daß sie es war, auch wenn er sie nicht wiedererkannte. Die Federn hatten sich in Steine verwandelt, und alles an diesem dicken, trägen Körper erschien ihm fremd, verwahrlost, von der Zeit besiegt. Er war dabei, sie für immer zu verlieren, erkannte den blöden Ausdruck ihres Doppelkinns, die unerhörte Dicke ihrer Knöchel, die tiefen

Falten, die über die Schläfen verliefen, die gerötete Haut ihrer Hände, jener granatroten Handschuhe entblößt, deren Leder so weich gewesen war wie Stoff. Die Stimme ihrer Tochter, gehen wir bald, Mama? drang wie eine scharfe Krümmung in sein Ohr, erklomm geschickt die glatten Wände seines Gehirns, um sich in das weiche Zentrum hineinzubohren und dort zu bleiben, schmerzend wie eine entsetzliche Wunde. Ich komme schon, Mama. Er fühlte, wie ihm schwindelig wurde, und mußte sich mit beiden Ellenbogen auf der Bar abstützen. Der Kellner kam ihm zu Hilfe, doch er wies ihn mit dem Kopf zurück, murmelte ganz leise, Mamá, Mamá, Mamá, Mamá, Mamá, mit der ansteigenden, leuchtenden Betonung, mit der er ein leichtes Hauskleid assoziierte, zart wie der wolkenlose Himmel, über der schmalen Hüfte einer Frau, die so verschieden war von dem grotesken Tier, das sich da mit der Hand den Rock glattstrich, ohne daß es gelang, den immer wieder hervorlugenden, weißen, spitzenumrandeten Zipfel zu verdecken. Mamá war tot, gestorben, als er neun Jahre alt war. Die Schneekönigin hatte sie in ihren wunderschönen, eisigen Palast mitgenommen. Sie besaß eine hübsche Stimme, sang immerzu und liebte ihn. Sie war warm und lieblich, schön und wohlgeformt, ihr Kinn warf einen klaren Schatten auf ihren weißen, glatten Hals, und er liebte es, daran zu riechen, und sie liebte es, wenn er nach Gummiarabikum roch. Die Frau ergriff gerade ihre große, mit einem dicken, vergoldeten Verschluß versehene Plastiktasche, öffnete sie, um zwei schwarze, abgenutzte Lederhandschuhe herauszunehmen, hängte sie sich dann über den Arm, während sie den anderen um die Schulter ihrer Tochter legte. Sie versenkte ihre Nase in deren Haar und schien angewidert. Du stinkst wie ein maurischer Raufbold, sagte sie, und beide lachten schallend. Sie drückte ihr einen Kuß auf das Haar, aber ich liebe dich trotzdem, und sie gingen fort, kehrten ihm den Rücken zu und gingen einfach davon. Er begann zu weinen wie ein kleines Kind, konnte nicht aufhören, laut zu schluchzen, mit offenen Augen und schmerzlich zusammengekniffenen Lippen, während ihm erlösende Tränen brennend über das Gesicht liefen. Das Mädchen drehte sich um und zog am Arm ihrer Mutter, he Mama, guck mal, der Mann da. Ihre Mutter schaute ihn einen Augenblick gleichgültig an und wandte sich an ihr jüngstes Kind, um es leise, aber vernehmbar zu schelten, schau nicht hin, Palomita, das tut man nicht. Er war gerade vierundzwanzig Jahre alt geworden und sah seinem Vater, einem gutaussehenden Mann, so wenig ähnlich, daß es ihm ganz natürlich erschien, daß sie ihn nicht erkannte. Aber guck doch mal, Mama, er hört gar nicht auf. Das Gör hatte recht, er konnte nicht aufhören. Er ist bestimmt betrunken, Kind, komm wir gehen, Papa wartet auf uns. Sie hatte den Punkt getroffen. Ihn quälte seine Trunkenheit, und er konnte nicht aufhören zu weinen. Es war ihm nicht entgangen, daß sie Papá gesagt hatte, gemäß ihrem Zwang, die letzte Silbe zu betonen, und er fühlte sich noch schlechter. Er verlor sie völlig aus den Augen und heulte weiter, ließ sich gegen die Theke sinken. Auf dem Boden sitzend zog er die polnische Wodkaflasche aus der Tüte, fühlte einen einzigen, unendlichen Schluck in seinem Hals brennen, vernahm den Lärm zerberstenden Glases auf dem Boden und sah dann die zwei absurden Gestalten, die Ordnungshüter. Er konnte nicht aufstehen, ich kann nicht, lallte er und spürte, wie ihm der Speichel über das Kinn lief, fühlte sich unfähig, ihn aufzuhalten. Ich weine, der Schluchzer kostete ihn unendlich viel Mühe, nahm ihn völlig in Anspruch. Er weinte, und das genügte. Aber sie verstanden ihn nicht und begannen, ihn mit ihrem eintönigen Gerede zu reizen. Da erwachte für einen Augenblick die Wut in ihm, und er brachte zwischen seinen tauben Lippen hervor, was ist los, habt ihr was gegen Leute, die weinen? Zuerst spürte er die stechenden Spitzen ihrer

Stiefel, sie traten mit den Füßen auf ihn ein. Aber er konnte immer noch nicht aufstehen, sie mußten ihn aufheben. Sie faßten ihn unter die Achseln, setzten ihn auf, schlugen ihm auf die Finger, und der Schmerz machte ihn wieder klar. Schließlich konnte er allein gehen. Er schwankte, beide Füße fest auf dem Boden, wie der unselige Tänzer aus dem ersten Akt, und marschierte völlig orientierungslos, ohne zu wissen, wohin er ging, los. Er versuchte, sich parallel zur Hecke zu halten, ohne Erfolg. Er weinte nicht mehr, und das war noch schlimmer, denn er spürte nach dem unaufhörlichen Schluchzen die Folter eines unerklärlichen, furchtbaren Drucks im Inneren seines Magens, in unbekannten Eingeweiden, eine kompakte, harte, schwere Kugel. Er entfernte sich völlig von den Lichtern und der Musik, sah nichts mehr, hörte nichts mehr und konnte nicht mehr verstehen, warum sie ihn nicht mitgenommen hatte. Er vernahm das gedämpfte, gleichmäßige Brausen, wahrscheinlich eine Straße, und steuerte darauf zu. Er dachte daran, seinen Vater umzubringen, denn sein Vater war groß und schön, hatte sie gehen lassen, hatte zugelassen, daß er sie über all die Jahre hinweg weitergeliebt hatte, daß er seine Erinnerung zerstückelt und sie überall gesucht hatte, in Gegenständen, Gerüchen, Düften, in Gesten und in Leuten, in Frauen, die er in seinen Träumen quälte – als hätte er das Bedürfnis, sich für irgendeine rumorende, unbestimmte Verwundung zu rächen – und in denselben Frauen, die er treu und vergeblich liebte, wenn er wach war. Jetzt hatte er sie wiedergesehen, und er fühlte sich kleiner, elender, unbedeutender als je zuvor. Er hatte Schmerzen in allen seinen Gliedern, in den Fingerspitzen, unter den Fußsohlen, im Nacken und in den Zähnen. Warum hatte sie ihn nicht mit sich genommen, wie war es ihr gelungen, ihn wie in einem alten, modrigen, kitschigen Tangotext so schnell zu vergessen? Eine Flut von Autos verließ die Stadt in Richtung Extremadura. Er gelangte zur Brüstung, zwinkerte mit den Augen, um die rasenden Lichter, dünne elektrische Flüsse, glänzend, neutral und beruhigend, vorbeirauschen zu sehen. Es hätte überhaupt keinen Sinn, sich umzubringen, dachte er, jetzt, wo er nichts mehr war. Ohne es zu wollen, mußte er an seinen Vater denken, und er genoß es, das ursprüngliche Leiden des großen, schönen, im Grunde aber ebenso verlassenen Mannes wieder aufleben zu lassen. Seine Haut zog sich zusammen, und er begann zu zittern. Es war eisig kalt. Irgendwann würde er die Straße überqueren oder umkehren müssen. Er wollte nicht zurückgehen, also konzentrierte er sich, wartete auf eine Lücke im Verkehr und rannte mit ganzer Kraft los. Keuchend gelangte er auf die andere Seite und vernahm kaum seinen eigenen Atem, der vom wütenden Hupen einiger erregter Autofahrer, die sich über seine unvorsichtige Handlung ereiferten, übertönt wurde. Er war erschöpft und fühlte sich besser. Eine Weile ging er an der Autobahn entlang, bis er auf eine Metrostation traf, die er nie zuvor gesehen hatte. Es gelang ihm, sich seitlich an einem der Gitter vorbeizuschmuggeln, die ein Angestellter in blauer Uniform gerade gähnend verschloß, während die Schalterbeamtin ihn darauf hinwies, daß der nächste Zug der letzte sein würde. Er hatte Glück, die Bahn hielt nicht weit von seiner Wohnung. Als er das Portal aufschloß, schaute er zum Wohnzimmerbalkon hoch und sah Licht. Die Großmutter schien wieder unter einem ihrer berühmten Anfälle von Schlaflosigkeit zu leiden. Langsam stieg er die Treppen hinauf, während er sich die entscheidende Frage stellte, die einzige Wahl, die ihm noch blieb, die Frage, die er von dem Moment an, als er begriff, daß die Frau, die er gesehen hatte, seine Mutter war, verdrängt hatte. Sollte er fragen oder nicht; wollte er es wissen oder nicht; versuchen, es zu verstehen oder gänzlich darauf verzichten. Nachdem er die Tür geöffnet hatte, stieß er im Flur mit seinem Vater zusammen. In einem einzigen Augenblick entschied er sich, und alles war ganz einfach. Ich habe heute nachmittag Mama auf dem Fest der PCE gesehen, sagte er nur, morgen gehe ich fort.

»Ich gehe mir die Hände waschen.«
Sie setzte sich entschieden auf, sprang nackt aus dem Bett und ging auf den Flur hinaus. Einen Augenblick später hörte er bereits das Rauschen des Wassers, das Öffnen und Schließen des Wasserhahns. Gleich darauf hatte er sie wieder, und sobald er ihre Haut an der seinen spürte, kalt durch das Laufen, fühlte er sich etwas ruhiger.
»Und du hast sie nie mehr wiedergesehen?«
»Nie mehr.«
»Weißt du, wo sie wohnt?«
»Nein.«
»Und du hast mit deinem Vater nicht mehr über sie gesprochen?«
»Nein.«
»Und er hat auch nicht versucht, mit dir zu sprechen?«
»Nein, er schämt sich.«
»Aber bist du nicht neugierig zu wissen, was eigentlich passiert ist, warum sie fortging?«
»Doch.«
»Also?«
»Ich stelle mir lieber weiter vor, daß mein Vater ihr nicht erlaubte, uns mitzunehmen.«
»Aber natürlich, es muß so gewesen sein, denn wenn nicht...«
»Wenn nicht, ist sie einfach so abgehauen, hat mich abgeschrieben, um irgendwo anders eine neue Tochter und einen neuen Mann zu haben.«
»Sag nicht so was.«
»Warum nicht?«
»Weil du so etwas nicht sagen sollst...«
Die ganze Zeit hatte er mit offenem Mund, ausgestreck-

tem Körper und leblos auf die Decke gerichteten Augen dagelegen. Jetzt drehte er den Kopf, um sie anzusehen. Sie erahnte seine Neugier und verstand, daß er wartete. Ohne seinen Blick zu erwidern, begann sie, einen Zipfel des Bettuchs zwischen den Fingern zu drehen, stieß die Worte langsam heraus, als wäre sie sich ihrer wahren Bedeutung nicht ganz sicher, zögerte bei jeder Silbe.

»Sie hat dich geliebt... Selbstverständlich hat sie dich geliebt. Mütter lieben ihre Kinder immer. Aber sieh mal, wenn sie nun in den Mann verliebt war, so richtig verliebt, also... Wenn jemand verliebt ist, ist er zu allem in der Lage, zu irgendwas, zur größten Dummheit, er braucht das dann und denkt nicht darüber nach... Außerdem, in der Zeit war es nicht leicht, sich von Haus, Ehemann und drei Kindern zu trennen, du weißt schon... Also, ich meine, es war wirklich nicht leicht, mit Franco, der Zensur und all dem. Und sie dachte bestimmt daran wiederzukommen, zu euch zurückzukommen, aber dann, na ja... das Leben einer Frau ist komplizierter, weißt du? Vielleicht wurde sie bald schwanger, und sie hatte es gut bei dem Typen, und dann wurde das Mädchen geboren... Was weiß ich, jedenfalls verging die Zeit, und sie fing an zu glauben, daß es euch allein besser ginge als mit ihr... Mit ihr, dem Typen und der Tochter natürlich... Und möglicherweise hatte sie recht, wie soll man das wissen, in einer solchen Geschichte kann man nicht einfach den Rückwärtsgang einlegen... Mensch, ich sage nicht, daß es gut war, was sie da getan hat, das war es natürlich nicht, es war eine Gemeinheit, eine Riesengemeinheit. Besonders für dich, weil du ein Typ bist, aber letztlich wird es auch ihr schlecht ergangen sein, denn sie liebte dich wahnsinnig, sie liebte dich, das weiß ich ganz sicher. Sie war doch deine Mutter, nicht wahr...?«

»Heißt das, daß du auch der Meinung bist, sie ist von zu Hause fortgegangen und hat mich zurückgelassen, weil sie gerade Lust dazu hatte?«

»Das habe ich nicht gesagt.«
»Doch, das hast du gesagt.«
»Nein… Es ist bloß… Also, es ist nur eine Vermutung, aber selbst wenn sie dich mitnehmen wollte, hätte sie es gar nicht gekonnt, das ist es sicherlich, was da passierte, also…«
»Sie hätte mich besuchen können oder mir schreiben oder einmal anrufen.«
»Ich weiß nicht… Ich nehme an, auch wenn sie vielleicht wollte, traute sie sich nicht oder konnte nicht, hatte möglicherweise einen Unfall oder wurde krank oder hatte ganz einfach kein Geld, um euch zu unterhalten…«
»Oder sie erlitt Gedächtnisschwund oder zog ins Ausland oder wurde vom Blitz getroffen.«
»Ja, vielleicht… Kann doch sein, oder?«
»Nein.«
»Warum nicht?«
»Einfach deshalb.«
»Wenn du alles weißt, warum fragst du mich dann? Und warum hast du mir das alles erzählt?«
»Ich weiß nicht.«
»Ich würde gern über Nacht hierbleiben.«
»Bleib.«

Ihre Augen glänzten, strahlten vor Vergnügen, bevor sie sie einen Moment schloß, um in sich hineinzulächeln, und er wunderte sich wieder einmal darüber, wie einfach es war, sie glücklich zu machen, wenigstens sie zufriedenzustellen. Er ahnte, daß er soeben, dank eines billigen Aktes der Nachgiebigkeit, eine weitere Hürde genommen hatte, eine transzendentale, in dem strengen Liebeskodex, den sie mit der Überzeugung einer heranwachsenden Jungfrau kultivierte. Denn Vögeln ist das eine, vögeln kann man mit irgendwem, aber über Nacht bleiben ist etwas anderes. Im stillen fragte er sich, und das würde er noch oft tun, nach der schlüpfrigen Natur der

Fangschlingen, die ihn an diese seltsame, wissende Frau banden. Sie war undurchschaubar in ihrer klassischen, gewöhnlichen Vulgarität, über die Verwirrung, das Gelächter und selbst den unvermeidlichen Sarkasmus hinaus und über das Mitleid, das ihm manchmal, wenn er mit ihr zusammen war, gestattete, für einige Stunden auszuruhen von der erschöpfenden Aufgabe, sich immer selbst zu trösten. Es war ein Gefühl, das er sich nicht einmal selbst so recht erklären konnte, denn in Wirklichkeit war sie gar nicht bedauernswert; sie konnte viel ertragen, und sie ertrug, und wenn es darum ging zu glauben, dann glaubte sie, daß Mütter, die ihre Kinder verließen, vom Blitz getroffen worden wären, und daß auf einen Unfall ein Gedächtnisverlust folgte, der es nicht zuließ, sich an Telefonnummern, Adressen, Namen und Städte zu erinnern, ohne daß dadurch an der reinen und beständigen Liebe gerüttelt worden wäre, an der sie keine Sekunde zweifelte, weil sie existierte, dessen war sie sicher. Er seinerseits, verankert in einer Verwirrung, die sich in Selbstzufriedenheit zu verwandeln drohte, ließ zu, daß seine gräßliche Gewißheit von jener falschen Sicherheit überlagert wurde. Er sprach von anderen Dingen, sie tranken aus dem gleichen Glas, verließen das Bett keinen Augenblick, er küßte sie, umarmte sie und strich mit den Fingerspitzen über ihre Lider, bis sie eingeschlafen war. Wenn sie schlief, war sie viel hübscher, wie kleine Kinder, und während er sie betrachtete, beneidete er sie um ihr Wohlbehagen. Er verzichtete so lange wie möglich darauf, die steifgewordenen Beine auszustrekken, bis er es nicht mehr aushielt, und dann machte er es sich unter den Decken bequem, um sich an sie zu schmiegen, seinen ganzen Körper fest an den ihren gepreßt, der ihn mit einem festen Arm umschlungen hielt, als fürchtete er, sein solides Fleisch könne sich verflüchtigen und sich beim Berühren des Bodens in Nichts auflösen. So war er von neuem gefangen in einer absurden Vorahnung von

Zerbrechlichkeit, zu der alle Ereignisse in krassem Widerspruch standen. Er versuchte, es ihr gleichzutun, und wollte an nichts denken, aber sein Geist widerstand dem, wollte sich nicht leeren und projizierte statt dessen ganze Lawinen von Bildern und Worten über sein Bewußtsein. Er wollte bloß eines, schlafen, um im Schlaf genauso schön zu sein wie sie. Aber eine Alte stürzte sich in eine Schlucht, hingerichtet von einer Handvoll widerwärtiger, kleiner Raubtiere; und der Tod vereitelte das Festessen, das sie sich von dem in einem Sack verborgenen Körper eines kranken Kindes versprochen hatte; und dies war das Lieblingsmärchen eines Mädchens vom Lande, das sich über ein glückliches Ende freute; und der Dämon fertigte einen Spiegel, der alles Schöne häßlich zeigte und das Böse in allem Guten reflektierte; und als er sich dem Himmel näherte, um sich ein bißchen mit den blöden Engeln zu amüsieren, zerbrach der Spiegel, unfähig eine solche Spannung auszuhalten, und tausend Scherben fielen auf die Erde; und das war das Lieblingsmärchen eines glücklichen Kindes. Aber seiner Mutter gefiel es nicht, weil sie die Moral nicht verstand, den Sinn dieser dunklen Fabel aus dem Norden, wo die alten Weiber Briefe auf die harte Haut des Stockfisches schrieben und der Kaiser gern außer Haus aß und Designer-Kleidung trug und blind den betrügerischen Anweisungen der Modedesigner gehorchte, die seinen Hof bevölkerten und auf seine Kosten lebten, bis zu dem Tag, an dem er und seine Frau völlig nackt auf die Straße gingen und ihnen eine kleine Terroristin, scharfsinnig und jakobinisch wie die eigenwillige Erzählerin, durch wildes Gelächter eine letzte Gelegenheit bot; aber sie konnten das Lachen nicht deuten und versanken für immer in dem eisigen Morast grausamster Lächerlichkeit; dies war das Lieblingsmärchen eines unglücklichen Mädchens; aber ihrem Sohn gefiel es gar nicht, weil es zwar zum Lachen war, aber keinen Witz hatte; denn im Grunde blieben die sogenannten Narren weiter die Reichen, Mächtigen und die Könige. Im erbarmungslosen Hindämmern der Schlaflosigkeit entwarf er diese Bildfolge mit natürlicher Präzision, konnte bald parallel verlaufende Axiome ausarbeiten, kleine, in sich verächtliche Wahrheiten, die, wenn sie passend bearbeitet und miteinander verbunden wurden, eine Offenbarung von blendender Mächtigkeit ans Licht brachten. Teresa lebte mit ihrem Sohn nur deshalb zusammen, weil sie sich bislang noch keinem festen Freund an den Hals geworfen hatte, der Kinder mochte. Manuela verteidigte hinterlistig seine Mutter – das Leben einer Frau ist komplizierter, weiß du? –, weil sie sich nicht ganz sicher war, ob sie sich selbst in einer ähnlichen Situation anders verhalten würde. Seine Mutter hatte ihn verlassen, weil sie die Moral seines Lieblingsmärchens nicht verstanden hatte. Teresa und Manuela würden seine Mutter verstehen, seine Mutter würde ohne Schwierigkeiten den genauen Sinn der Lieblingsmärchen von Teresa und Manuela verstehen, und die drei würden für alle Zeit glücklich in der Welt der kleinen Linse leben. So lautete seine Konklusion. In der Welt der kleinen Linse würde es niemals einen Platz für ihn geben, weil er immer Angst vor Blut hatte. Das war die endgültige Wahrheit. Er war zufrieden, obwohl er ahnte, daß er nicht gerecht war gegenüber der Frau, die an seiner Seite schlief. Aber er war todmüde, erschöpft von der Hartnäckigkeit, mit der sich das Schicksal wiederholte, so langweilig, so armselig, das ganze Leben über dieselben Lügen. Es war ihm jetzt klar, immer dieselbe Frau, verschiedene Personen, ein einziges Wesen. Es war eine unsinnige und verwirrende Mystik, wie jene, die die Andacht des Küsters entflammte, wenn er die Hand nach dem Heiligenschrein einer dieser wundersamen Jungfrauen ausstreckte, nach einem Stück Holz, das anderen völlig gleicht und doch nicht dasselbe ist; ein verfaultes Mysterium, das ranzig roch. Und damit hatte er seine Zeit verbracht, indem er sich ein ums andere Mal dieselbe verworrene, andächtige Rede wiederholte, immer dieselbe Frau, unterschiedlichen Alters, mit anderem Gesicht und anderen Kleidern, liebte, sie mit wahren Blutströmen, die zu vergießen er haßte, sich gefügig machte. Und die weiche körperliche Unempfindlichkeit, die dem Traum voranging, umhüllte ihn zärtlich, während er mit einem Seufzer der Erleichterung erkannte, daß sich die letzte Schlinge, die er nach dem Glück ausgeworfen hatte, noch nicht zugezogen hatte. Und er umarmte Manuela aufs neue dafür, daß er sich wieder so wohl mit ihr fühlte, und deshalb schützte ihn der Schatten seiner anonymen Briefpartnerin, dieser besonnenen, vernünftigen Frau, die alles für sich behielt, zumindest genausoviel, wie sie gab, nicht mehr, er genügte ihm nicht mehr. Manuela war zwar lieb, aber sie konnte und wollte nicht spielen. Ihr ungeheurer Bauch wölbte sich rhythmisch nach vorn und war wunderschön. Aber sie spielte nicht. Und der unbestimmte Schutzschild, den er sich aus dem Schatten einer weit entfernten, ihm gleichgültigen Frau errichtet hatte, die ängstlich die Zerstörung einiger falscher, reiner, eleganter Adern – angefüllt mit einer schönen, wasserähnlichen Flüssigkeit wie wohlweislich gefärbte Mandelmilch – vorgaukelte, zersprang in tausend Stücke im Kontakt mit dem massiven, unzweifelhaften Fleisch, hinter dem das dickflüssige, dunkle Blut des echten Menschen pochte. Und sie war eingeschlafen. Er fragte sich, ob er echt sei, ob der Schrecken, den ihm ein köstliches Gemüsepüree einjagte, echt sei und ob er jemals einen andersgearteten Frieden in den kalten Armen einer unechten Frau finden würde. Die Lider wurden ihm schwer. Das Leben war wie eine runde, winzig kleine Linse, in einigen Augenblicken gefiel es ihm, aber es hatte sich ihm nie sonderlich wohlgesonnen gezeigt.

»Guten Tag.«
»Hallo.«
»Sie wünschen...«
»Ich brauche ein dickes Seil, so dick ungefähr...« Er deutete mit Daumen und Zeigefinger seiner rechten Hand einen beachtlichen Kreis an.
»Wieviel Meter?«
»Also, ich weiß nicht... Vielleicht acht.«
»Acht Meter?«
»Ja. Ist das viel?«
»Kommt darauf an... Wofür brauchen Sie es?«
»Was geht das Sie an?«
Der Angestellte, ein schlanker junger Mann von nicht ganz zwanzig Jahren, der bis dahin gelächelt hatte, warf ihm einen finsteren Blick zu, bevor er sich ein paar Schritte entfernte. Nachdem er einige Sekunden in einem großen Kasten unter dem Ladentisch herumgesucht hatte, kam er mit einer Musterpappe wieder, auf der mit einem Gummiband zehn oder zwölf Seilenden von verschiedener Knüpfart und Dicke befestigt waren. Er wählte eines der dicksten aus und hielt es ihm hin.
»Ist dieses richtig?«
»Ja, genau richtig.«
Erst da, während der Verkäufer die düstere Ladentreppe hinaufstieg, um das Gewünschte, das ihm aus irgendeinem Grund so ausgefallen erschienen war, zu holen, bemerkte er, daß er Manuelas Körper als einzigen Bezug genommen hatte. Er erinnerte sich an ihn, wie er ihn das letzte Mal gesehen hatte. Vor sich hinmurmelnd wiederholte er sich, das letzte Mal. An dem Morgen, als er bereits entschieden hatte, daß sie aus seinem Leben verschwinden mußte, nicht bleiben konnte, versteckt hinter ihrer Mähne einer barocken Heiligen, mit ihren Gemüsepürees, ihrem Verlangen nach dem Namen einer Göttin niederen Ranges und ihrer Urweisheit, die so unerträglich genau und mächtig war.

»Es sollen also acht Meter sein, ja?«
»Richtig, acht Meter.«
Er hätte sie gern hinausgeworfen, wie beim ersten Mal, aber sie hatte ihm keine Zeit gelassen. In aller Eile hatte sie sich angezogen und auf das Frühstück verzichtet, denn wenn sie sich nicht beeilte, käme sie zu spät zu einer Probe. Diesmal werden sie mich aus der Gruppe werfen, flüsterte sie ihm ins Ohr, die Hand bereits am Türdrücker, bevor sie ihn in einer Ausführlichkeit küßte, die all ihre Eile in Frage stellte. Dann schaute sie ihn seltsam an, senkte die Augen und gestand ihm, sie habe gelogen. Natürlich haben wir um diese Zeit keine Probe, sagte sie, als wäre er irgendwann einmal an dem Stundenplan, der ihre theatralische Berufung regelte, interessiert gewesen. In Wahrheit besuche ich einen Soziologie-Kursus. Ohne ihn noch einmal anzusehen, fragte sie, ob er das lächerlich fände. Er wußte nicht genau, was er antworten sollte. Soziologie ist toll, erklärte sie, weil sie uns hilft, das Publikum zu verstehen, außerdem die zeitgenössischen Autoren, den wahren Sinn ihrer Theaterstücke, setzte sie hinzu und fragte wieder, findest du das lächerlich? Er antworte, ja. Mag schon sein, gab sie zu, sah ihn an, küßte ihn nochmals und ging fort.
»Wünschen sie sonst noch etwas?«
»Ja, ich brauche einige dicke Nägel, kurz und mit flachem Kopf.«
»Wofür…?«
»Ich will eine Kuh aufhängen.«
»Was?«
»Ich brauche das alles, um eine Kuh aufzuhängen.«
»Ah ja…«
Der junge Mann begann wieder, in den Schubladen der Regale hinter dem Tresen herumzustöbern. Er fragte sich, ob er sonst noch etwas kaufen sollte, kam aber zu dem Schluß, daß trotz des niedrigen Preises zweierlei unnütze Dinge genug waren.

»Wie viele wollen Sie?«
»Verkaufen Sie sie nach Gewicht oder einzeln?«
»Einzeln.«
»Geben Sie mir... zwei Dutzend.«
»Gut. Vierundzwanzig Nägel.«
»Sehr schön.«
Er zählte die Nägel auf dem Tresen ab und wickelte sie in ein Stück Papier, das er in den Hohlraum in der Mitte des aufgerollten Seils legte. Dann wickelte er das Ganze ein und steckte es in eine Plastiktüte. Er machte keine Anstalten, sich zu verabschieden, was ihm völlig in Ordnung erschien; er hatte sowieso schon zuviel geredet. Er bezahlte und ging auf die Straße hinaus. Es war ein wunderbarer Nachmittag, sonnig und Wolken, wie gemalt, ganz wenige, weiß und rund. Er besaß acht Meter Seil und vierundzwanzig dicke Nägel, ausgesucht für den Körper Manuelas, die Kuh, die er niemals daran aufhängen würde. Er murmelte es noch einmal nachdrücklich vor sich hin, niemals wird sie daran hängen. Er setzte absolutes Vertrauen in die Frau in Gelb.

Vor seiner Wohnung, während er auf dem Treppenabsatz nach dem Schlüssel kramte, kam ihm nichts ungewöhnlich vor, aber kaum hatte er die Tür geöffnet, hatte er den Eindruck, daß die Luft flimmerte. Völlig ohne Grund setzte er sich daraufhin auf den Boden, den Rücken gegen die Tür gelehnt, die Knie gegen die Brust gepreßt, die Arme um die Knie geschlungen, und schaute nach oben. Als er sich erinnerte, daß die Luft transparent war, matt wie die Wirklichkeit, und daß sie nicht glitzern konnte, niemals glitzerte, brannte ihm ein goldener Blitz in den Augen. Langsam hob er die verletzten Lider. Die Lichter tanzten in der Luft.
Ich lebe in einem Haus auf dem Grunde des Meeres, dachte er, ich bin ein Fisch, und die Lichter sind nur die Reflexe des Planktons, das mich ernährt. Er war ein Fisch

mit Beinen, also richtete er sich auf, um sich hinzuhocken und sein Gewicht auf die Knöchel zu verlagern. Er war ein Fisch mit Armen, also streckte er seinen rechten Arm mit geöffneter Hand aus und hielt diese unbeweglich, bis sich eine der kurzen Flammen darauf niederließ. Schnell und sicher umschloß er sie mit der Faust und prüfte die Kraft der kleinen Sonne, die sein Fleisch durchfuhr, um unter der lichtdurchlässigen Haut zu glänzen. Er brachte die wunderbare Fackel, die aus ihm selbst erwuchs, an seinen Mund, aber als er vorsichtig die Fingerkuppen spreizte, wurde das Licht immer weißer, schwächer und erstarb schließlich auf seiner Handfläche, ohne irgendeine Spur zu hinterlassen.

Einige dicke, absurde Tränen streiften seine Wimpern. Er beweinte den Tod des Lichtes nicht. Die Luft glitzerte immer noch wie ein aufgewühltes Meer, und Millionen winziger Sterne traten hervor und verschwanden auf einem improvisierten Firmament, entzündeten seine Augen. Bei all dem war kein Wasser zu sehen. Er streckte seine Arme vor und rieb dann seine Wangen daran; die Haut war trocken. Er streckte die Zunge heraus und versuchte, das Salz zu schmecken. Er konnte keines schmecken, die Luft war lieblich. Dann kann ich kein Fisch sein, schloß er und tastete sich über Brust, Magen und Bauch. Er war menschlich und würde weiterhin Mensch bleiben. Er fühlte sich besser, da er kein Plankton einfangen konnte.

Die Luft glitzerte. Er betrachtete sie lächelnd, unfähig, sie zu verstehen. Es war wie ein Schlag, ein brutaler Druck auf der Stirn, als er plötzlich die Wahrheit erahnte. Er wußte, daß die Fliesen aus Licht bestanden, noch ehe er sie ansah. Das intensive und flüchtige Leben, das in der Luft flimmerte, war nichts weiter als ein trüber Reflex des Wunders, das jenseits des Fußbodens lebte.

Er erhob sich, war aber noch kaum ein paar Schritte gegangen, als er plötzlich stehenblieb, schaudernd vor

Angst, vor einem unbestimmten Entsetzen, vor dem Schatten der völligen Finsternis. Vorsichtig setzte er einen Fuß voran, und sein Schuh war umgeben von einem prachtvollen Feuer aus freundlichen, spitzen und nicht schmerzenden Flammen. Er trat mit aller Kraft auf, und nichts änderte sich. Lange blieb er so stehen, sicherer Vorstoß für den Rest seines Körpers, und das Licht durchfuhr ihn mit seiner Wärme wie ein warmes Schwert, durchdrang ihn mit seinem Glanz. Erst als er sicher war, daß seine Schritte die leuchtenden Vibrationen des Wunderwerks niemals löschen konnten, als er ahnte, daß der Flur nicht unter seinem Gewicht litt wie vorher das flackernde Licht, das er aus der Luft gegriffen hatte und das in seiner Hand erstickt war, ging er auf Zehenspitzen weiter und spürte die Farbe und die Wärme des goldenen Lichtes wie seine eigene Haut.
Die Küchentür zeichnete sich bereits gegen die flimmernde Luft, den dichten Glanz ab, als das Licht plötzlich anwuchs, mit goldenen Zungen, kurz und unendlich, auf die Mauern übersprang und seine Augen blendete, die sich ohnmächtig wie von selbst schlossen. Während er unbeweglich so verharrte, sich der Willkür der verborgenen unterirdischen Sonne aussetzte, nahm seine Nase schließlich ganz klar die geheimnisvolle, nahezu schlüpfrige Essenz einer fremden Behaglichkeit in der Pracht wahr, die ihn jetzt völlig umfing. Auch er war Licht, aus Licht entstanden wie die warmen Fliesen. Anfangs hatte er geglaubt, daß alles sich im Glanze der Flammen, die die Luft erhellten, auflösen würde, daß er das angenehme Wohlgefühl, in dem er sich wiegte, ausschließlich ihren Reflexen verdankte, aber jetzt erkannte er eine neue, ganz andere Segnung. Es duftete nach frisch gekochten Speisen.
Er empfand die bescheidene Lieblichkeit des Aromas, das in seine Nase drang und dann ganz sanft durch unbekannte Kanäle in seinen Schädel gelangte, jenseits der

Stirn, bis es das weiche, warme Gehirn erreichte, das betäubt war von dem unvorhergesehenen Ausgang der Zeremonie aus Licht und Glanz. Der Duft erfüllte die Windungen, streichelte die Nerven, besetzte auch die letzte Spalte seiner Intelligenz; und er gehorchte brav dem Impuls, der sich von seinem Nacken aus entfesselte, ergab sich dem festen Druck von Händen, von wesenlosen Krallen auf seiner unschlüssigen, zitternden Haut. Er stürzte nach vorn, wirbelte auf seinem Wege ganze Wolken goldenen Staubes auf, und als er schließlich mit der rechten Hand den Türgriff packte, begriff er, daß er am Ende angelangt war. Er öffnete die Tür, ohne zu ahnen, was er dahinter vorfinden würde, mit brüsken, resoluten Bewegungen, mit der Angst eines Wahnsinnigen. In der Küche war kaum etwas verändert. Das Licht war erloschen, nur noch kurze Augenblicke flackerte es von den Fliesen her auf. Von der Decke hing eine nackte Glühbirne, schaukelnd wie die Leiche eines erhängten Alten, wie ein einsamer Toter, von allen an seinem Strang alleingelassen. Aber das Aroma frisch zubereiteten Essens erreichte die Intensität eines tausendfach destillierten Parfüms, ein reiner, exquisiter, unerträglicher Duft. Er schloß die Augen und atmete tief durch, bis seine ausgetrockneten Schleimhäute zu brennen aufhörten. Erst dann sah er sie, ihm den Rücken zugewandt, wie ein junger Baum in die Mitte des Raumes gepflanzt.

Eine Frau, wie aus Erde gemacht, lief vor dem Herd hin und her. Die Reinheit der Linien, die ihre kurzen Beine und ihre gebräunten, glänzenden und sanften Arme nachzeichneten, offenbarten, daß sie aus feinem, glitzerndem Seesand geformt war, noch feucht von der Berührung mit der letzten Welle, die ihre Oberfläche benetzt hatte. Ihre lange, störrische Mähne dagegen war ein gerade bearbeitetes Feld. Zwischen ihren rötlichen Locken wanden sich winzige Würmer, kaum wahrnehmbare durchsichtige Fäden, vegetierten einige dürre

Unkräuter. Ihre Füße, in hochhackigen Hauspantoffeln mit hellblau gefärbten, bedeutungslosen Federn, waren zwei unbehauene Lehmziegel, während ihre Hände vollkommen schienen; er glaubte sogar, an den Spitzen der langen, behenden Finger die weißschimmernden Umrisse ihrer durchsichtigen Nägel zu erkennen. Sie trug ein abgenutztes Hauskleid, das an den Säumen ausgefranst war, abgenutzt und blankgewetzt, und das den schönen Schatten eines schwarzen Büstenhalters, mit zarten Trägern und unfaßbar straff gespannt, ahnen ließ. Über all dem waren die Bänder einer weißen Schürze locker um ihre Taille geschlungen. Die Erdfrau kochte und rührte mit einem rohen Holzlöffel den Inhalt einer riesigen Pfanne um, wobei sie ihn auf die Entfernung mit ihrem fruchtbaren Fleisch bezauberte.

Auf der grauen Marmortischplatte prangten die Früchte ihrer Weisheit, Pfannen aus Ton und Aluminium, Schüsseln aus Steingut, Schalen aus Kristall, farbige Tunken, schwarze, gelbe, rote, weiße, Fleisch und Fisch, geheimnisvoll Gesalzenes und Süßspeisen. Jetzt, wo keine Zeit mehr war, lieferten sie ihn wieder dem Kodex der vergessenen Düfte und Geschmäcker, den anheimelnden Schlüsseln seiner Kindheit aus; ein Regen von Salz auf dickflüssiges grünliches Öl, das von den dicken Krumen frisch getoasteten Brotes aufgesaugt wurde, um das Leben jeden Tag zu beginnen, und ein rohes Eiweiß, rund und glatt, geschlagen mit reichlich Zucker, bevor man sich abends ins Bett begab. Er erinnerte sich und versuchte zu verstehen, verstand aber nur so viel, daß es keinen anderen Ausweg gab. Die Ahnung, daß es keinen gab, durchfuhr ihn mit der Macht blinder Angst, bevor sie zur Gewißheit wurde. Er konnte nicht fliehen, konnte der verworrenen Gefühlsanwandlung, die ihm die Eingeweide zerriß und ihm in die Augen stach, nicht entkommen. Er würde den Weg zurück nicht finden, weil das Licht unter seinen Füßen ersterben würde, wenn er ganz

zurückkäme; und die Fliesen des Flurs wären bloß noch eine öde Grenze, dahinter waren Dunkelheit und Kälte. Er wollte noch zweifeln, wußte aber bereits, daß es keinen anderen Ausweg gab als den, die Herausforderung der Erdfrau anzunehmen, sich selbst, eine tiefere Angst zu überwinden, und er tat einen Schritt auf die dunkle Gestalt zu. Bevor er jedoch noch den Fuß auf den Boden setzte, ahnte er, daß diese einfache Bewegung ihn verraten würde, vor ihr, die die Pfanne vom Feuer nahm und sich langsam umdrehte, in einer Hand noch immer den hölzernen Löffel schwenkend, mit der wehrlosen Bewegung eines schwachen Soldaten. Dann lief er los, bereits am Rande aller Regeln, gab bei jedem Schritt sein Letztes und erschrak selbst über seine Eile, konnte die geöffneten Arme kaum erkennen, ein lachendes Refugium; das Fleisch aus weicher Erde, das den heftigen Ansturm seiner sterblichen Hülle empfing. Er wollte sich dort auflösen, lebend begraben, sich den Würmern in ihr anbieten, aber da spürte er einen warmen Druck um den Hals, die Zärtlichkeit frischer feuchter Finger auf der Stirn, die Spur von Sand im Gesicht, winzige goldene Partikel, vormals Felsen von unbestechlicher Härte, und er verstand, daß sie aus Stein gewesen war, bevor sie sich dem Meer überlassen hatte. Er erholte sich schnell in ihren Armen, und erst dann wagte er es, in ihr Gesicht zu schauen. In seinem Hals wuchs ein panischer Schrei, aber er kam nicht über seine Lippen, die vor Angst und Entsetzen wie versiegelt waren; und ein eiskalter Schauer überlief ihn.
Sie hatte ein Gesicht aus Fleisch und Knochen wie eine echte Frau, wie die alten, klassischen Monstren.
Er erkannte die rauhe Haut, das plumpe Lächeln auf den immer gekräuselten Lippen und die nußbraunen, großen, wunderschönen, jetzt noch stärker glänzenden Augen. Und er traute seinem Gefühl nicht, konnte es sich nicht erklären und beschränkte sich darauf, mit saurer Miene

über sich selbst zu lachen, darüber, daß er nicht schon vorher in der Lage gewesen war, dieses einfache Rätsel zu lösen, eine so durchschaubare Falle; denn jetzt gab es keinen Ausweg mehr, dieses war sein allerletzter gewesen. Und als er sich wieder an sie schmiegte, allein und ausgeliefert, paßte er sich ohne Schwierigkeiten den Mulden an, dem Relief, das sein eigener Körper dem anonymen, feuchten Sand aufgeprägt und das sich plötzlich in eine wohlbekannte Landschaft verwandelt hatte. Die Erdarme umklammerten ihn stärker, weiter erfolgte nichts, außer der Hitze, die nach und nach seine nackten Knöchel umfing, um sich dann seines restlichen Körpers zu bemächtigen, indem sie seine Angst löste, das Bewußtsein besiegte, seine Haut unter der Kleidung verbrannte und ihn in den Sommer versetzte. Er zog seine Schuhe aus, um den Boden unter seinen Fußsohlen glühen zu spüren, hob für einen Moment den Blick, nur die Augen, ohne den Kopf zu bewegen, als schmerze es ihn, sich von seinem weichen Strandlager loszureißen, und konnte gerade noch sehen, wie eine milde kleine Sonne aus der an der Decke hängenden Glühbirne aufging und die Glanzlichter in einem neuen Klima erblühten.
Als er von neuem spürte, daß er strahlte, aus Licht geschaffen war, lösten sich ein paar Tropfen warmer, dickflüssiger Soße von dem Löffel, den sie in der Hand hielt, und tropften auf sein Lächeln.

Er fühlte noch den Effekt der Tropfen, das sanfte Feuer, das auf seinen Wangen brannte, als er instinktiv einen Arm nach dem Telefon ausstreckte; eine Geste, die auszuführen er sich über die letzten drei Tage hinweg verboten hatte, seit dem Morgen, an dem er sich völlig umsonst den unnötigen Käufen gewidmet hatte. Das Seil und die vierundzwanzig dicken Nägel lagen unberührt in ihrer Verpackung in der untersten Schublade der Dielenkommode.

»Benito?«
Irgendwann einmal mußte es sein, tröstete er sich selbst, ohne sich zu einer Antwort entschließen zu können; er hatte das Gefühl, noch tief und fest zu schlafen, wenn er auch Polibios nasale Stimme sofort erkannt hatte.
»Hör mal, Alter, geht's gut?«
»Nein, du hast mich gerade aufgeweckt.«
»Tut mir leid. Weil ... Ich weiß nicht ... Deine Stimme ... Als ob du weinst.«
Erst dann, als er die Grenzen des Traumes genau ausgemacht hatte und es ihm gelungen war, sich daraus zu lösen, als er es sich nicht mehr erlauben konnte, noch länger an der Echtheit der warmen, dickflüssigen Soßentropfen, die ihm über die Haut rannen und in den Augenwinkeln juckten, zu zweifeln, tastete er sein ganzes Gesicht mit den Fingerspitzen ab, um dann Spuren einer feinen, durchsichtigen Flüssigkeit an ihnen zu finden.
»Also, ich hatte einen Alptraum, wahrscheinlich bin ich noch ziemlich durcheinander ...«
»Aha! Na, in dem Fall kannst du mir für meinen Anruf dankbar sein ...«
Er führte seine Finger an den Mund, um sich des salzigen Geschmacks zu vergewissern, und lächelte ins Leere. Nach all den geträumten Köstlichkeiten von Brot mit Olivenöl und geschlagenem Eiweiß mit Zucker, hatte er jetzt den Geschmack von Tränen; ein weiterer Geschmack aus seiner Kindheit.
»Eigentlich schon, aber ich nehme nicht an, daß du dich in einen Propheten verwandelt hast ...«
»Was?«
»Du wirst doch aus einem anderen Grund anrufen.«
»Na klar, weil ich mir Sorgen um dich mache. Ich weiß nicht, was mit dir los ist. Seit fast einer Woche sehe ich dich nicht, und zu Hause bist du auch nie ... Wenn du verreist warst, hättest du mich ruhig informieren können, finde ich ...«

»Ich war krank.«
»Ja?«
»Ja. Eine Bronchitis. Eklig. Es ging mir entsetzlich, ich habe aufgehört zu rauchen und all das. Ich habe das Telefon nie abgenommen. Es störte mich, und ich dachte nicht, daß sich jemand um mich sorgen könnte.«
»Nun spiel nicht die Diva...«
»Ich meine es ernst.«
»Warst du allein?«
»Ja.«
»Und was hast du gegessen?«
»Tiefkühlgerichte.«
»Wie furchtbar! Warte, ich komme auf einen Sprung vorbei. In etwa einer Viertelstunde, vielleicht etwas später. Rühr dich nicht vom Fleck...«
Er legte den Hörer behutsam auf und heftete seinen Blick auf das Foto des berühmten französischen Irren, des sexuell Besessenen und Frauenpfählers, dem er nichts zu verdanken hatte, weil er die eben geträumte Fabel verabscheute. Er gewährte sich nicht einmal die Erleichterung, sich über den riesigen Raum zu wundern, den Manuela, eine Frau von derart geringem Einflußvermögen, trotz all ihrer Beschränkheit in bezug auf ihn fähig schien, an sich zu reißen. Er wollte nicht an sie denken, es hatte keinen Sinn, dafür gab er sich einige Minuten dem irrigen Vergnügen der sentimentalen Hypothese hin, dem krankhaften Spiel, in das er seine freien Momente investiert hatte, die gesamten letzten achtundvierzig Stunden. Er sah auf die Uhr, und nach gründlicher Rechnung beging er gerade den sechsten Tag. Den Auskünften zufolge, die er bei seinen wiederholten Anrufen beim Kundendienst der Post erhalten hatte, bräuchte der Brief keinesfalls länger als drei Tage, um in die Hände der Adressatin zu gelangen. Hätte sie umgehend geantwortet – und die Verspätungen, die sich aus ihrer diesbezüglichen Scheu ergaben, hinzugerechnet, er hatte keinen Grund das Gegen-

teil anzunehmen –, hätte er schon Nachricht von ihr haben müssen. Aber die öffentlichen Dienste arbeiteten des öfteren unzulänglich, er wußte das besser als sonst jemand, denn noch vor kurzem hatte er sich zu den Schuldigen solcher Unzulänglichkeiten gezählt. Und sie, mit ihrem Haus und den drei Kindern, mußte viel Arbeit und wenig Eigenleben haben, so daß sie ihm wahrscheinlich erst einen Tag nach Erhalt seines Briefes geschrieben hatte, vormittags, wenn die Kinder in der Schule waren. Diese letzte Möglichkeit gefiel ihm. Sie schien völlig natürlich und erweiterte seinen Vertrauensspielraum. So machte er sich Mut, nicht zu verzweifeln, für den Fall, daß seine nächsten beiden Ausflüge zum Briefkasten die entmutigende Bilanz der vorausgegangenen bestätigen sollten. Er stand auf, um das unverzeihliche Ritual, seinen weißen, gesunden, perfekten Zähnen zuzulächeln, zu vollziehen. Er zog sich gerade die Hosen an, als die Türklingel Polibios wie immer auf die Minute pünktliche Ankunft verkündete.

»Laß dich mal ansehen...« sagte er, noch bevor er ihn begrüßt hatte, während er sich auf ihn stürzte und ihn ans Licht zerrte, seinen Kopf in beide Hände nahm und ihn aufmerksam untersuchte.

»Du siehst mir nicht schlecht aus.«

»Es geht mir schon wieder ganz gut.«

Während er die Tür schloß, bemerkte er das viereckige, flache Paket – umwickelt von einer unverwechselbaren weißen Schnur, die seine Herkunft ebenso verriet wie der Aufdruck auf dem Packpapier –, das sein Gast, die Schnur zwischen Zeigefinger und Daumen der rechten Hand, auffällig vom Körper abgespreizt bei sich trug. Er konnte sich ein Lachen nicht verkneifen.

»Worüber lachst du?«

»Darüber, wie du dieses Paket hältst.«

»Und was ist daran so komisch?«

»Nichts, aber du erinnerst mich an meine Großmutter,

wenn sie sonntags nach der Messe Kuchen für den Nachtisch kaufte. Meine Großmutter war eine sehr feine Dame…«

»Und wie würdest du es tragen?«

»Bring's her.« Er nahm das Paket und steckte zwei Finger genau unter den Knoten der Schnur. »So. Siehst du?«

»Ja, ich sehe, aber ich kann immer noch nicht verstehen, warum…«

»Bah, ist egal! Sei nicht böse, es war bloß albern. Gehst du zu deiner Mutter zum Essen?«

»Nein, das ist für dich.«

»Was, der Kuchen?«

»Es ist kein Kuchen, sondern eine Thunfischpastete. In Blätterteig. Ganz frisch.«

»Und warum sollte ich wohl eine ganz frische Thunfischpastete in Blätterteig wollen?«

»Ist besser als Tiefkühlkost«, sagte er abschließend, im Tonfall eines unanfechtbaren Urteils und ohne noch irgendein weiteres Wort hinzuzufügen. Er drehte ihm den Rücken zu und ging ins Wohnzimmer. Die steifen, extrem aufrechten Bewegungen seines Oberkörpers erinnerten ihn für einen Augenblick an marschierende Soldaten. Benito verstand, daß er beleidigt war.

»Ich mache gerade Kaffee, möchtest du eine Tasse?«

»Wenn es dir nicht zuviel Umstände macht…«

«Natürlich nicht. Ich bringe ihn dir gleich.«

Als er fünf Minuten später mit dem Frühstück zurückkam, fand er ihn noch genauso vor, wie er ihn zurückgelassen hatte. Er hatte sich nicht einen Millimeter bewegt. Bevor er sich setzte, durchquerte er den Raum, um eine Flasche Cognac zu holen und sie, zusammen mit einer Tasse, dem Milchkännchen und der Kaffeekanne, vor ihn hinzustellen.

»Falls du dir einen ›Belmonte‹ machen willst.«

Polibio schüttelte den Kopf und machte sich einen einfachen Milchkaffee. Benito nahm mit einem Seufzer das

Scheitern seines ersten Notfallplanes zur Kenntnis. Der Ärger seines Gesprächspartners saß tiefer als die Versuchung des süßen Getränks aus Murcia – schwarzer Kaffee, Kondensmilch und Cognac –, das er seit seinem unseligen Militärdienst so sehr mochte. Als seine einflußreiche Familie alle Hebel in Bewegung gesetzt hatte, damit er nach San Javier verlegt würde, mußte er feststellen, daß ihm beim Fliegen schwindelig wurde. So hatte er eineinhalb Jahre mit dem Abschmieren von Flugzeugen verbracht. Die »Belmontes«, die gut schmeckten, ihm jedoch schreckliches Sodbrennen verursachten, waren damals seine einzige Kühnheit gewesen und das einzige Vergnügen, dem er nachging, und sein Verzicht war deshalb um so bedeutsamer, so daß Benito, obwohl er ihn insgeheim aufrichtig bedauerte, sich entschloß, den zweiten und endgültigen Notfallplan in Gang zu setzen.

»Wie waren die Weiber von neulich?«

Polibio rührte weiter langsam den Inhalt seiner Tasse um und fand Vergnügen daran, periodisch mit dem Löffel an das Steingut zu schlagen und so eine monotone Melodie entstehen zu lassen.

»Welche Weiber?« fragte er nach einer Weile.

»Na die, von denen die eine wie ein Transvestit aussah, und die anderen beiden … die Sportlehrerinnen.«

»Ah, ja …!« Es gelang ihm, seine unerschütterliche Miene gerade noch einen Augenblick aufrechtzuerhalten. Dann hob er das Gesicht, um ihn mit einem Riesengrinsen auf den Lippen anzusehen.

»Scheiße, Alter, du kannst dir nicht vorstellen, wie es war, einfach wahnsinnig …!«

Er grinste zurück und machte es sich auf dem Sofa bequem, bereit zuzuhören; und er hörte über eine halbe Stunde zu, hörte den phantastischen Bericht über eine außerordentliche Heldentat, eine ruhmreiche Leistung, eine unverschämte Lüge, alles Lüge; und er versuchte anfangs, dem Sinn der Erzählung genau zu folgen, um sich nicht zu langweilen; und strengte sich an, um kein Wort zu überhören, um sich selbst in die Phantasie des anderen hineinzuversetzen und um jedes einzelne Ereignis, das Polibio ihm, zunehmend erregt, unaufhaltsam euphorisch, fröhlich und glücklich, übermittelte, neu zusammenzusetzen. Er fuchtelte viel mit den Händen, krümmte sich gewaltig über den Sessel, zeichnete mit dem Finger etwas auf den Glastisch, um seine kurzatmige Rede mit einer graphischen Stütze zu untermauern. Er wollte alles glauben, was er ihm da erzählte. Und es gelang ihm für eine bestimmte Zeit, wenn ihn auch das pittoreske Detail, daß alle drei sehr entwickelte Brustmuskeln hatten, etwas Mühe zu glauben kostete; aber er folgte den Ausführungen weiter, nachdem er schüchtern seine Verblüffung zum Ausdruck gebracht hatte; aber die Weiber haben doch gar keine Muskeln in den Brüsten, war alles, was er einzuwenden gewagt hatte. Was heißt das, sie haben keine? erhielt er als Antwort. Was weißt du denn schon? Die meisten von ihnen trainieren sie bloß nicht. Na gut, wenn du es sagst, und er unterbrach ihn eine ganze Weile nicht mehr, ließ ihn fortfahren in seiner ungewöhnlichen persönlichen Erinnerung, die er, während er unaufhörlich redete, ohne auf irgendein Detail einzugehen, so unsicher rekonstruierte. Arme, die hervortraten und dann wie weggezaubert schienen, Münder, die sich geheimnisvoll vermehrten, Frauen, die sich ohne offensichtliche Anstrengung verdoppelten, bis hin zu gleichzeitigen Penetrationen; hier begann er den Faden zu verlieren. Aber wie viele Typen waren denn da? fragte er. Wie viele sollen denn dagewesen sein? Ich war allein, antwortete sein Gesprächspartner. Dann kann es nicht sein. Was? Na, das, was du mir erzählst. Wieso nicht, Alter, ich glaube, du verstehst überhaupt nichts, wirklich, also ich war... Und dann begann er aufs neue eine völlig neue Geschichte zu erzählen, er hielt die Kohärenz seiner Geschichte über einige Minuten hinweg aufrecht, bevor er wieder den Abhang des verräterischen Enthusiasmus hinabschlitterte, um im Handumdrehen Kreaturen mit drei Beinen zu schaffen. Es waren kleine, liebenswerte, dienstwillige Monstren, gesegnet mit der göttlichen Gabe der Allgegenwart, dafür belastet durch einen primären Reproduktionsmechanismus, die einfache, reine Unterteilung ihrer selbst in mehrere vollständige Wesen, wenn es nötig war, auch in Fragmente. Er wollte sich zu einem Spiegel verklären, in dem sich sein Freund anschauen und erfreuen konnte an dem, was er sah. Aber von Zeit zu Zeit verlor er die Geduld, komm schon, unterbrach er ihn unwirsch, ich habe bis jetzt sieben Beine gezählt. Na und? antwortete der andere, beleidigt über seinen Ton, wir waren vier, nicht wahr? Aber hast du nicht gerade gesagt, daß die größte in einem Sessel saß und zuschaute? beharrte er geduldig. Ja, aber genau in dem Moment war sie aufgestanden, du wirst doch nicht etwa verlangen, daß ich es dir alles bis ins letzte Detail erzähle? Nein, natürlich nicht, lenkte er schließlich ein. Also nun, soll ich weitererzählen? Ja, erzähl weiter. Und er erzählte weiter, entwikkelte ein immer wirrer werdendes Knäuel und genoß es, bis ihm klar wurde, daß er an die äußerste Reizschwelle der Vernunft gelangt war; und als er mit unsicherer Betonung zur sechsten seiner fortgesetzten explodierenden Ejakulationen kam, lächelte er ihn an und fragte mit leiser Stimme, du glaubst das doch nicht etwa alles? Unter Gelächter bekannte sich Benito zur Wahrheit, nein, in Wirklichkeit habe ich nichts geglaubt. Dann ist es gut, antwortete Polibio und stimmte in das Lachen ein, denn es ist alles Lüge ...

»Also ist gar nichts gelaufen, he?« fragte Benito ganz direkt, nachdem er sich endlich beruhigt hatte.

»Mann, ganz so nun auch wieder nicht ...« lachte Polibio immer noch.

»Also?«

»Nun, eine habe ich mir aufgerissen.«

»Die, die aussah wie ein Kerl?«
»Genau. Wie hast du das geahnt?«
»Eine innere Stimme. Und wie war's?«
»Sie hieß Carlotta.« Und beide begannen wieder zu lachen, ohne genau zu wissen, warum.
»Aha, sehr aristokratisch ...«
»Ja.«
»War sie sehr grob?«
»Nein, sie war frigide.«
»Na ja, ich habe schon auf verstimmteren Instrumenten gespielt.«
»Sei dir da nicht so sicher.«
Aufgrund ihres erneuten Gelächters mußten sie ihre Unterhaltung für eine Weile unterbrechen, bis beide langsam Schmerzen in den oberen Bauchmuskeln verspürten. Kaum hatten sie ein Ende gefunden, als Polibio von seinem Sessel aufstand, seine Jacke von der Rückenlehne nahm und sie sich anzog.
»Also, nachdem ich nun für heute meine gute Tat vollbracht habe und angesichts deiner hervorragenden Gesundheit, werde ich jetzt gehen, denn der Bierwagen muß jeden Moment kommen ... Ach ja, bevor ich es vergesse, wenn du die Pastete lieber heiß ißt, steck sie in den Ofen, aber auf kleiner Flamme, sonst verbrennt dir außen der Teig, und innen ist sie kalt.«
»Ja, Mamá.«
»Aber ja, mach dich ruhig über mich lustig, am Ende verbrennt dir nämlich das Ganze.«
»Warte einen Moment, ich komme mit dir runter, um die Post zu holen.«
Da drehte sich Polibio, der bereits im Flur stand, abrupt um und wühlte in einer seiner Taschen, um ihm ein Bündel Papiere entgegenzustrecken.
»Ach, das hatte ich ganz vergessen, bin schon völlig zerstreut. Ich habe den Briefträger am Portal getroffen, er hatte das hier für dich, ich habe es dir mit hochgebracht ...«

Er spürte die Kanten des Kuverts aus teurem Papier und betrachtete die zarten Spitzen der kunstvollen, betont schräg geschriebenen Buchstaben, eine recht unverständliche Vorsichtsmaßnahme bei einem anonymen Brief. Das Universum zog sich plötzlich zusammen, um im Übermaß auf den engen Grenzen eines weißen Blattes alles unterzubringen; genügend Fläche für die ersehnte Landkarte, aufgezeichnet zwischen den Linien, von blauen Buchstaben, die ohne Ordnung und völlig grundlos auf- und abliefen, sich launisch einander näherten oder voneinander entfernten. Von weitem hörte er Polibios Stimme, der sich verabschiedete, und er war unfähig, ihn bis zur Tür zu begleiten. Er sagte sich, daß er sich erst einmal setzen, ein Gläschen zu sich nehmen, wenigstens den Absender der postlagernden Zustellung ansehen und dann die Ecken des Umschlags vorsichtig aufzupfen sollte, um den Inhalt nicht zu zerreißen; aber nervös fetzte er das Kuvert auf, zerstörte es in nur einem Augenblick und entzog, noch im Flur stehend, die Welt ihrer zerbrechlichen, weißen Hülle, begann den Brief zu verschlingen, ohne die Sätze zu beenden, sprang mit den Augen von einem Wort zum anderen, obwohl er sich Zeit hatte lassen wollen. Aber die Karte über all dem, das Gewölbe der ungewissen Kuppel, die das unproportionierte Gebäude seiner dummen Liebe krönte, begann schnell zu schwanken, gegen den angrenzenden, ebenso zerbrechlichen wie tückischen und weichen Ziegelstein zu rutschen, der seinerseits fiel und das Wegsacken der nächsten Schicht bewirkte. Bevor er zu Ende gelesen hatte, schaute er sich um, blickte in sich hinein und außerhalb seiner selbst, und nichts war mehr da. Da, *mein geliebter Gebieter*, begann er von neuem, *allem voran, möchte ich dich für neulich um Entschuldigung bitten*, zwang sich eine vorgetäuschte Ruhe auf, *dieses beginnt einer Szene aus einem Stummfilm zu ähneln*, wollte seinem ausgezeichneten Gedächtnis nicht länger trauen, *in dem der Junge dem Mädchen hinterherläuft*, um die Verwirrung zu zerstreuen, *und das Mädchen sucht ihn ebenfalls*, um alles seinen Nerven zuzuschreiben, *aber sie begegnen sich nie*, und er weigerte sich, diesen Brief mit dem vorausgegangenen zu vergleichen, *mein kleiner Junge wurde plötzlich krank*, ein völlig vergeblicher Versuch, *ich erzählte dir ja bereits, daß er krank ist*, denn sein Gedächtnis war ausgezeichnet, *als Baby hatte er Kinderlähmung*, und er erinnerte sich sehr wohl an das Gebrechen ihres jüngsten Sohnes, *ich habe mich nicht getraut, ihn mit den anderen dreien allein zu lassen*, und daran, daß sie vorher bloß drei Kinder gehabt hatte, *denn das Dienstmädchen ging um fünf nach Hause*, und an ein Mädchen, das im Hause wohnte, *jetzt, da es ihm besser geht*, er spürte, daß ihn die Naivität aufs neue quälte, *hoffe ich noch auf eine Gelegenheit zählen zu können*, ihn in Händen und Füßen peinigte, *damit wir uns schließlich doch noch treffen*, ihn von innen heraus erstickte wie eine unheilbare Krankheit, *und alles gut ausgeht*, er fühlte sich immer elender, *ich werde alles tun, damit es gut ausgeht*, war schon drauf und dran, sein Versagen resigniert zu akzeptieren, *es fällt mir nicht leicht, dich wieder zum selben Ort zu bestellen*, wenn ihn auch die verschwendete Hoffnung wie eine schwärende Wunde schmerzte, *aber da ich außerhalb wohne*, obwohl er nicht verstand, warum sie ihn bei so etwas Blödem wie ihrem Privatleben belog, *liegt die Plaza de España für mich sehr günstig*, das ihn nicht im geringsten etwas anging, *und, wie ich aus deiner Adresse ersehe, für dich auch*, und er begriff nicht, wie sie so ungeschickt sein konnte, *so daß wir, wenn du willst, wie letztes Mal verbleiben, andernfalls schlage ich den kommenden Dienstag vor*, es sei denn, die Frau, *um sieben Uhr abends*, die Frau in Gelb, *ich kann es nicht erwarten, dich endlich kennenzulernen*, die seine Zuflucht, sein Inhalt, sein Schild und sein Alibi war, *bis bald*, existierte nicht, *Kuß*, es sei denn, die Frau in Gelb, *deine Sklavin*, hätte niemals existiert.

Der erste Happen der Thunfischpastete in Blätterteig, viele Stunden zuvor frisch zubereitet, schmeckte streng nach Benzin. Der zweite Happen schmeckte ihm nicht wesentlich anders, aber er aß weiter, kaute unablässig und systematisch, um sich zu ernähren, obwohl er noch keinen Hunger verspürte. Zu Beginn, während der Stunden, die unmittelbar auf die Entdeckung folgten, war er völlig unfähig gewesen, irgend etwas zu empfinden, bis auf den Tabak, den Rauch, der ununterbrochen durch das Gefälle seines Gaumens in Richtung Lungen zog, harmonisch seine Schleimhäute austrocknete und den zukünftigen Geschmack von Benzin erzeugte. Dann war er eingeschlafen. Enttäuschungen hatten ihn schon immer sehr müde gemacht.

Jetzt brach die Nacht herein, er hatte die Frage bereits unter allen möglichen Aspekten analysiert und fing an, die Frau mit dem blauen Regenmantel radikal zu eliminieren; bloß eine von tausend Frauen, die sich an jenem Tag in allen Vierteln Madrids entschieden hatten, Gelb zu tragen. Alle Lösungsmöglichkeiten waren ungefähr gleich absurd, aber schließlich beugte er sich der Hypothese, daß es sich um einen einfachen Witz handelte, um ein lächerliches Spiel, hinter dem man wohl eine Gruppe von drei oder vier Heranwachsenden vermuten durfte, die sich bloß einen Spaß machen wollten; ein Herdentrieb, der ihn schon immer angeekelt hatte, auch als er selbst noch ein Heranwachsender gewesen war. Sicherlich waren sie nicht in allen Details zu einem Einverständnis gelangt, und so mußten die gelegentlichen Abweichungen zwischen beiden Briefen einfach darauf zurückzuführen sein, daß sie von verschiedenen Händen verfaßt worden waren. Der Gipfel, stellte er sich vor, wäre gewesen, wenn sie ihn an der Plaza de España, in der angegebenen Tracht und mit seinem saublöden Gesicht, hätten ankommen sehen, ihn taxiert und vielleicht provoziert hätten und dann abgehauen wären. An diesem Punkt

löste sich alles auf. Die Trostlosigkeit erstreckte sich vor seinen Augen wie ein konkreter Horizont, unermeßlich. Sein Leben war ein dummer Witz. Es war nicht einmal ein geistreicher, niederträchtiger oder grausamer Witz, sondern er war ganz einfach dumm. Und er war genauso dämlich wie Angelito. Immerhin verfügte er über fast drei Wochen Ferien. Er dachte daran wegzufahren, die Stadt zu verlassen, die ihn einengte, und das Meer aufzusuchen, das blau und unendlich war. Aber auch in Gegenwart des Meeres würde er nicht aufhören, allein zu sein.
Er nahm den Telefonhörer ab und drückte ihn an seinen Schoß, als wollte er ihn wärmen. Immer war er mit der Einsamkeit ganz einverstanden gewesen, hatte sie gesucht, sie über lange Zeiträume hinweg gehätschelt und ihr vertraut. Er wählte eine Nummer, besetzt, legte mit verärgerter Miene auf. Aber jetzt wurde er alt, und die Kälte wurde immer intensiver. Er hob den Hörer noch einmal ab und drückte die Wiederholtaste, die automatisch die zuletzt eingegebene Nummer anwählte. Eine einigermaßen bekannte Stimme antwortete, Iris ist hier, ich gebe sie Ihnen gleich.

Er verstummte, um ihr in die Augen zu sehen, unterbrach die dumme Rede, die er bis eben – verlorenen Blicks das undurchsichtige, weiße Fenster des Gemäldes, das sich auf der vergilbten Wand auftat, anstarrend – gehalten hatte. Er war völlig betrunken, wie bei allen großen Gelegenheiten. Er sah sie an, und sie lächelte.
»Du glaubst nichts von dem, was ich dir hier erzähle, nicht wahr?«
»Doch.« Ihre Lippen blieben sanft geschwungen. »Ich habe alles geglaubt.«
»Und, findest du es lustig?«

»Lustig, Mann... Sagen wir lieber, ich finde es interessant.«
Er fühlte sich zu kraftlos, um fortzufahren. Während der kurzen Zeitspanne, die zwischen ihrem Telefongespräch – komm sofort hierher, ich will dich sehen, einverstanden, ich beeile mich – und ihrem Kommen vergangen war, nach fast einer halben Flasche Gin, war er auf alles gefaßt gewesen, nur nicht darauf, daß ihn ein unbegreiflich brutales Lächeln zerschmettern würde. Er hoffte auf einen echten Skandal, eine schreckliche Szene, ein außerordentliches Gezänk, irgendeinen Vorwand, um die Möbel zu zerschlagen, um ihr eine zu scheuern, damit sie blutete, damit er selbst blutete, bloß eine Entschuldigung, um mit einem Mal aufzugeben, einen Stoß, der ihn gezwungen hätte, dreimal auf die Matte zu schlagen, zu hören, wie sie ihn auszählten, bis zehn, und nicht aufzustehen – das wünschte er sich; und sie lächelte einfach, um ihn bis ans Ende zu zwingen. Er war jetzt völlig entblößt, und sie war es, die ihn anschaute. Er hatte ihr alles erzählt, fast die ganze Wahrheit, eine ekelhafte Geschichte, die Bilanz eines widerwärtigen Gedächtnisses, durch das Eiter sickerte und eine Traurigkeit, so dicht und dunkel wie der Neid.
»Du bist einfach entsetzlich«, hatte er begonnen, »eine potthäßliche Frau mit einem häßlichen Körper, und das nicht bloß, weil du fett bist, dein Körper wäre auch nicht hübscher, wenn du das Gewicht hättest, das du haben solltest. Dein ganzer Knochenbau ist völlig verhunzt, viel zu schmale Schultern und ein viel zu ausladendes Bekken, deine Taille geht direkt ins Schlüsselbein über, und deine Oberschenkel sind riesig im Vergleich zu deinen Waden, die eigentlich in Ordnung sind, das schon, aber sie reichen nicht aus, denn auch dein Fleisch ist häßlich, so weich, überall voller Streifen. Alte, deine Titten hängen, als ob du vierzehn Kinder hättest. Deine Haut ist rauh, überzogen mit diesem harten, schwarzen Flaum,

ich nehme an, das ist der Preis, den du für dein Haar zu bezahlen hast, das mir gefällt; es gefällt mir sogar sehr, das weißt du wohl bereits. Deine Mähne und die Augen sind das einzige, was bei dir die Mühe wert ist. Bestimmt fragst du dich, warum ich dir das alles erzähle, warum ich mich dir gegenüber wie ein Arsch benehme, wo du mir doch gar nichts getan hast, aber ich habe meine Gründe. Ich will, daß du weißt, wie ich denke, damit du begreifst, wie von jetzt an die ganze Sache zwischen uns laufen wird, falls nach all dem überhaupt noch etwas bleibt. Ich weiß nicht, ob du dir vorstellen kannst, worauf ich hinaus will, denn bis jetzt konnte ich mich noch nicht entscheiden, ob du schlau bist oder hoffnungslos blöde. Eines aber weiß ich, daß du mir aus irgendeinem dunklen Grunde heraus sexuell hörig bist, und das ist mir bis jetzt noch nie passiert, denn auch ich bin potthäßlich. Ich sage es dir lieber gleich, denn solltest du daran denken, mir die ganzen Beschimpfungen in gleicher Münze heimzuzahlen, dann kannst du dir das aus dem Kopf schlagen, du wirst es nicht schaffen, mich zu ärgern. Ich kenne mich zur Genüge und weiß, daß ich nicht viel besser bin als du, wenn ich auch zur Zeit in einer wesentlich besseren Situation bin, weil du mich anhimmelst und ich dich zum Kotzen finde. Das ist das einzige, was mich anzieht bei dir, daß du alles machst, was ich dir sage, daß du mir folgst, ohne Fragen zu stellen, an meinen Hacken klebst wie eine Hündin. Ich weiß, daß es ein elendes Gefühl ist, und wahrscheinlich ekele ich dich in diesem Moment an, aber das ist mir völlig egal, denn die Frau meines Lebens, die letzte Frau meines Lebens, meine ich, hat mir gerade einen Strich durch die Rechnung gemacht, verstehst du? Alle sind gleich, alle außer dir. Du bist häßlich und dick und dumm, und ich kann nichts Besseres für mich beanspruchen. Aber im Grunde ist mir das auch völlig egal, denn immerhin bist du eine Frau, hast eine Möse, und himmelst mich an. Und das reicht mir. Ich kann nicht

behaupten, daß ich mein ganzes Leben lang auf diesen Moment gewartet habe, ich wollte mir immer lieber vorstellen, daß diejenige, die mir so zuhören würde, eine hübsche Frau sein müßte, aber na ja, das Leben schenkt einem nichts und hat doch trotz allem Witz ... Ich habe dir gesagt, daß ich dir die Wahrheit erzählen würde, und das werde ich auch tun, auch wenn das, was folgt, noch übler sein wird, damit du begreifen kannst, wie ernst es mir ist, und darauf reagierst, in welcher Weise auch immer. Es ist schon komisch, daß es nicht das erste Mal ist, daß ich all das sage, wenn ich diese Worte auch nie ausgesprochen habe. Ich will sagen, daß ich dieses alles viele Male für mich wiederholt habe, weil mich die Situation wahnsinnig erregt, wenn mich auch deine Häßlichkeit stört. Bei den anderen, die nur in meinem Kopf existieren, denn sie saßen niemals da, auf dem Boden, wo du gerade sitzt, wurde er mir vorher hart und sogar noch härter, aber ich nehme an, daß auch die Gewohnheit zählt, und ich werde mich an dich gewöhnen müssen, so nach und nach, weil du das einzige bist, das ich erhoffen kann. Und wenn du auch nicht attraktiv bist, so bist du immerhin echt und dazu da, für alle anderen zu bezahlen. Es tut mir leid, aber das ist alles, was ich dir bieten kann. Entweder nimmst du es hin, oder du läßt es, und das meine ich ganz ernst. Ich schwöre dir, daß ich es völlig ernst meine. Die Wahrheit ist, daß ich dich gern habe, du bist witzig und vögelst gut, aber über deine Bewunderung und meine Verachtung hinaus habe ich keinerlei Interesse an dir, denn ich bin einfach zu oft erniedrigt worden. Ich liebe niemanden mehr, kann niemanden lieben, keine Gefahr mehr ...«
In diesem Augenblick hielt er inne, um sie anzusehen. Und sie lächelte und gestand ihm, daß sie von A bis Z alles glaubte und daß sie alles, was er sagte, sehr interessant fände. Er fühlte sich zu kraftlos, um fortzufahren, tat es dann aber doch, stürzte mehr als die Hälfte seines Glases in einem Schluck hinunter und sprach, ihrem Blick aus-

weichend, weiter, kam auf das Weiß zurück, sagte, es sei neutral und unangenehm und gleichzeitig beruhigend, trank ein weiteres Glas und verfiel allmählich in den künstlichen Tonfall des Hoffnungslosen, der er war.

»Ich darf wohl annehmen, daß du damit einverstanden bist, daß du aus irgendeinem Grund Lust auf dieses Spiel hast, auf dieses dumme, lächerliche, absurde, falsche, jämmerliche Spiel, das ich aber einmal, bevor ich sterbe, spielen muß. Denn die Dolche quälen mich, seit ich ein kleiner Junge war. Du kannst das nicht verstehen, aber es hat alles damit zu tun, es ist alles dasselbe. Erinnerst du dich, das Bild, Madrid, die Dolche und Mamá? Es gibt für mich nirgends einen Platz, das ist alles. Immer bin ich am rechten Ort, aber der Ort ist nie der mir entsprechende. Und die harmlosesten Dinge machen mir angst, zum Beispiel die Sonnenblumen, ich werde dir auch von den Sonnenblumen erzählen, die mich zum Kotzen bringen. Ich verstehe die Dinge, die mit mir geschehen, nicht richtig. Und die Frauen, die ich liebe, verachten mich, ich weiß nicht, warum, ich begreife es nicht ... Was ist mit dir los? Zieh nicht so ein Gesicht, Süße, ich bin kein Psychopath, ich bin nicht verrückter als du mit deinen Soziologie- und Theaterkursen. Ich werde dir nichts tun, das wäre zu einfach, und es führt zu nichts. Ich ekle mich vor Blut. Bei dem Geruch abgesengter Kiele an Hühnerbeinen, wenn man sie über die Flamme hält, bevor sie in den Ofen kommen, wurde mir schon immer schlecht. Das ist es nicht, es geht gar nicht darum. Wenn ich bloß ein erbärmlicher Kerl bin, sollte dir das schon früher aufgefallen sein. Das einzige, was ich will, ist, nur einmal in Träumen zu leben, auch wenn ich nur dich dafür habe; du bist zwar häßlich, aber hast auch Witz. Bestimmt verdienst du etwas Besseres, aber das kann ich dir nicht bieten. Also überleg es dir gut, denn dies ist alles, was vorhanden ist, ich habe es dir vorher gesagt. Und wenn du mich fragst, was ich mit dir zu tun gedenke, also dann wüßte ich nicht, was ich dir sagen sollte, ich weiß es nicht genau. Ich habe mir nichts zurechtgelegt, aber ich bin doch ziemlich intelligent, nicht? Ich werde schon etwas improvisieren, irgendeinen dummen Verhaltenskodex, eine Handvoll ranzig riechender Normen, ein Handbuch für alle möglichen Verführungen. Euch Weibern setzen sie im allgemeinen ganz schön was ins Ohr, was? Wenigstens in den Büchern taucht das immer auf. Mir ist das völlig gleich. Ich will bloß, daß du da bist, wenn ich dich rufe, und daß du gehst, wenn ich dich darum bitte. Und daß du mir Gemüsepüree kochst und mir Geschichten erzählst und mich nicht fragst, warum ich diese ganze Nummer hier abziehe, denn genau das ist es, was du schon die ganze Zeit über tust. Frag mich nicht, warum ich dir all das erzählt habe, denn ich weiß es nicht. Das einzige, was ich weiß, ist, daß ich es so und nicht anders will, denn ich will nicht, daß du dich so verhältst, als würdest du mich lieben; ich will nicht, daß du mich liebst, ich hasse Spontaneität, sie ist gefährlich. Ich ziehe es vor, über alles zu sprechen, alles abzumachen, damit ich weiß, was mich erwartet, denn so wird alles einfacher. Es wird keine Mißverständnisse geben zwischen uns beiden. Wir sind häßlich, haben nichts Glanzvolles. Wir sind einsam, wir vögeln miteinander und Punkt. Weiter ist da nichts, außer dem Ungleichgewicht, das aus unserer Beziehung eine ausgeglichene machen wird. Du himmelst mich an, und ich verachte dich, und deshalb gebe ich dir Befehle, und du gehorchst. Und beide sind zufrieden, bis einer von uns genug hat, und ich ahne, daß ich derjenige sein werde, der zuerst genug haben wird. Also nichts mit gib mir den Schlüssel, ich will ein paar Sachen rüberholen, leih mir zehn Riesen, laß uns zusammen in Urlaub fahren und all dem. Wenn ich sage, es ist vorbei, dann ist es vorbei, ist das klar? Ich weiß, heute hat man's mit Keuschheit und Biokost, und dies alles ist aus der Mode. Außerdem nehme ich an, daß es keine gerechte Behandlung für dich ist, denn was du willst, muß etwas anderes sein, ein gemeinsames Leben, außerdem wirst du Kinder lieben und solche Dinge. Aber da ist nichts zu machen, nicht mit dir, da kannst du dir sicher sein. Darum will ich, daß du dir gut überlegst, was du mir antworten willst. Denk ganz in Ruhe darüber nach, du mußt mir jetzt gar nichts sagen. Es ist mir lieber, wenn du dir ganz sicher bist, und ich weise dich darauf hin, daß mich Tränen später nur bockig machen werden. Es ist deine Entscheidung. Dort ist die Tür.«

Er sprach nicht weiter und atmete tief durch, als wollte er von irgendwoher Kraft ziehen, bevor er sie ansah. Sie blieb auf dem Fußboden sitzen, wo sie war. Sie lächelte nicht mehr, aber ihre Augen wirkten viel größer.

»Ich habe nichts zu sagen.«

Sie sprach klar und deutlich. Er spürte, wie seine Beine zu zittern begannen, und sagte sich, daß er von neuem sprechen sollte, etwas sagen, sich vor ihr behaupten, jetzt, wo er theoretisch endlich ein Gewinner war, die Panik verschleiern, die sich noch nicht verflüchtigt hatte, die sich niemals verflüchtigen würde, solange sie weiter dabliebe. Aber er war körperlich nicht in der Lage, die Lippen zu bewegen. Sie tat es für ihn, indem sie von neuem lächelte.

»Willst du, daß ich dich Herr nenne?«

Er hatte sich daran gewöhnt, von Phantasien zu sprechen, um seinen Vater nicht wütend zu machen, aber es waren nichts anderes als Alpträume, schreckliche Träume, die ihn mitten in der Nacht plötzlich aufwachen ließen, ihm kalten Schweiß auf die Stirn trieben und ein tiefes Entsetzen in ihm hervorriefen, das sich nicht verflüchtigte, bis sie, mit Worten, die vom Flur her wie eine vorzeitige Beruhigung hallten, in sein Zimmer kam und das Licht andrehte. Dann setzte sie sich auf die Bettkante und trocknete ihm die Stirn und die Tränen, falls welche da waren, und streichelte ihn, bis er wieder eingeschlafen war. Manchmal, in ganz schlimmen Nächten, legte sie sich neben ihn, um einfach mit der Wärme ihres Körpers sein Träume einzuleiten. Er wußte, daß seinem Vater diese nächtlichen Bündnisse zutiefst zuwider waren, denn er hörte ihn am Morgen toben; wenn er die gerunzelte Stirn hinter seiner Frühstückstasse erblickte, durchfuhr ihn wieder das reine Entsetzen, kaum gemildert durch die Gewißheit, daß es nur von Kürze sein würde. Und er schlürfte geräuschvoll seinen Kakao, um dann aufzustehen, den Ranzen zu greifen und hinauszulaufen, auf der Flucht vor dem väterlichen Wortschwall, der seinen Ohren bis zur Wohnungstür folgte und auch dort auf ihn einstürmte, während er eingeschüchtert und schluchzend auf seine Mutter wartete, auf die Hand, die ihn heil und gesund wie jeden Morgen zur Schule führen würde. Auch sie entkam nicht dem Wutanfall des Despoten, der ihr in scharfem Ton ihr Verständnis vorwarf, das er Ignoranz oder Weichheit oder beides zusammen nannte; der sein grundlegendes und schlagendes Argument zu Anfang und Ende all seiner Reden anführte, er wird eine Memme werden, und du hast schuld. Anschließend schrie er, er brauche seinen Schlaf, er müsse frühmorgens aufstehen, das verfluchte Gör bringe ihn jede Nacht um den Schlaf, und niemand im Haus mache sich seinetwegen Sorgen, obwohl doch er allein für den gesamten Haushalt und seine Bewohner aufzukommen habe. Er schrie noch das eine und andere, um jedoch immer wieder in die gleiche Klage, das gleiche Gejammer zu verfallen, in völlig identischem, provozierendem Ton; du verweichlichst ihn, und das erlaube ich nicht, du wirst schon sehen, daß alles böse enden wird. Er kannte die Bedeutung des Wortes Memme nicht, wußte nur, daß er sich vor seinem Vater fürchtete, und daß es ihn dagegen nicht die geringste Mühe kostete, seine Mutter zu lieben.

Jene Nacht unterschied sich nicht wesentlich von den übrigen. Er erwachte in derartiker Panik, daß die Tatsache, daß er wach war, in keiner Weise genügte, ihn zu beruhigen. Und obwohl die einfache Erinnerung an das vor Wut rot angelaufene und verzerrte Gesicht seines Vaters ihn bei vorangegangenen Gelegenheiten dazu gebracht hatte, auf den Trost des mütterlichen Besuchs zu verzichten, war seine Angst wieder einmal stärker als seine Besonnenheit, und er öffnete den Mund und schrie, Mamá, komm, Mamá, ich habe wieder Phantasien… Dann hörte er Schritte, schwerer als gewöhnlich, und zog sich das Laken über den Kopf. Es war nicht das erste Mal, daß er auf sein Rufen hin in sein Zimmer stürmte, und er glaubte zu wissen, was ihn erwartete, Schreie und ein paar heftige Stöße, bevor es ihr gelang, sanft die Ablösung zu übernehmen; aber er irrte sich. Sein Vater drehte das Licht an und trat ans Bett, packte ihn fest am Arm, um ihn aufzurichten, zwang ihn aufzustehen und auf den Flur hinauszutreten. Er trottete hinter ihm her, während sein Vater murmelte, jetzt sei es aber genug, jetzt würde er es ein für allemal kapieren. Noch halb im Schlaf, verstand er gar nicht, was da vor sich ging, aber obwohl er Zeit hatte, das Schlimmste zu befürchten, ahnte er nicht, was auf ihn zukam. Als sie an die Haustür gelangten, öffnete sie sein Vater, stieß ihn hinaus und schloß sie wieder.
Der Treppenabsatz war absolut dunkel, und es war kalt. Er brauchte etwas Zeit, um zu reagieren, weil er einfach nicht glauben konnte, daß er wirklich hier stand, mitten in der Nacht, draußen, nur bekleidet mit einem Pyjama. Als sein Verstand wieder mit voller Wucht zu arbeiten begann, stürzte er sich auf die Klingel und drückte auf den Knopf, als wollte er ihn in seinen Bakelitrahmen hineinpressen. Das ermutigende, schrille Läuten dauerte nicht sehr lange. Durch den Lärm hindurch vernahm er von neuem, wie sich Schritte näherten, hörte ein metallisches Klicken, und jeglicher Lärm verstummte, bis auf die

Stimme seines Vaters, die ihm verkündete, jetzt sei die Klingel abgestellt. Die Schritte entfernten sich, und er war völlig allein auf dem Treppenabsatz. Er fragte sich, warum seine Mutter nicht reagiert hatte, wo sie wohl war und worauf sie wartete, um ihn zu holen. Vergeblich wartete er einige Zeit, das Ohr an die Tür gepreßt, und sehnte sich inständig nach dem Klappern der blauen Absätze auf den Fliesen. Mehrere Male meinte er, es zu vernehmen, aber es geschah nichts. Nach einer Weile versank er völlig in seine Verwirrung, ergab sich seiner Hilflosigkeit, setzte sich auf den Boden, den Kopf an die Wand gelehnt, und fing an zu weinen.

Vor sich hinschluchzend, nickte er wieder ein, aber der Alptraum umfing ihn erneut, dasselbe Entsetzen, dasselbe Ergebnis. Schweißgebadet und mit schmerzenden Gliedern erwachte er, zitternd vor Kälte. Er nahm sich vor, solange es ging, wach zu bleiben, den anbrechenden Tag abzuwarten, um den Zähnen des schwarzen Hundes zu entkommen, der sich so fest in seine Hand verbissen hatte, daß er ihn ohne weiteres durchschütteln konnte; er rüttelte den Arm mit ganzer Kraft, bis er weh tat, aber er wurde ihn nicht los. Um sich abzulenken, versuchte er, an angenehme Dinge zu denken, und sang mit leiser Stimme einige Lieder. Aber er war noch ein kleines Gör, vielleicht sechs oder sieben Jahre alt, und die Müdigkeit überkam ihn wie eine unwiderstehliche Versuchung in immer stärkeren Wellen. Der Kopf sank ihm immer wieder unkontrolliert nach vorn, und er war bereits dabei, wieder einzuschlafen, als ihn das Geräusch hoher Absätze aufschreckte. Er stand auf, trat an die Tür, hörte aber nichts. Das Geräusch wiederholte sich, kam immer näher. Jemand kam die Treppe herauf. Wieder befiel ihn in der schrecklichen Nacht das Entsetzen, und ein ganzes Heer aus bewaffneten Räubern, Mördern mit blutbefleckten Kleidern, grünen Marsmenschen, schwarz umhüllten, speienden Hexen in gelben Schwefeldämpfen und

unsichtbaren, unter weißen Laken verborgenen Gespenstern zog an ihm vorbei, während eine vertraute Stimme, nur ein paar Meter von ihm entfernt, ein fröhliches Lachen ausstieß.
»He, Carlito, laß mich, mach nicht soviel Lärm, du ruinierst mich völlig ...!«
Adela, die Nachbarin von oben und beste Freundin seiner Mutter, zog sich die Schuhe aus, um dann die Treppe ein Stück weiter hinaufzulaufen. Auf dem Zwischenabsatz blieb sie, für ihn sichtbar, stehen und lehnte sich an die Wand, um auf ihren langsameren Begleiter zu warten. Er kam schnaufend an, warf sich schwerfällig auf sie und preßte sie mit seinem Körper gegen die Wand. Er aber hatte sein Gesicht undeutlich sehen und erkennen können. Es war Carlos, der Verkäufer aus dem Kolonialwarengeschäft in der Ruizstraße, wo auch seine Mutter kaufte. Er war ein netter Kerl, der ihm fast immer ein Bonbon schenkte, manchmal sogar eingelegte Häppchen, auf warme Scheiben Brot gespießt. Carlito gefiel ihm gut. Adela nicht ganz so sehr, weil sie ziemlich spröde war, keine Kinder hatte und keine mochte. Aber sie standen ganz gut miteinander, und auf jeden Fall waren die beiden seine einzige Hoffnung. Er überlegte einen Augenblick, ob es besser wäre, wenn sie ihn von selbst sähen, oder ob er sie unterbrechen sollte. Währenddessen schaute er ihnen zu, ohne einen Laut von sich zu geben, und war etwas verwundert über das, was er da sah. Sie war ziemlich dick, sein Vater nannte sie Adela, der Babywal, und trotzdem hatte Carlito sie offensichtlich mühelos unter den Armen ergriffen, gegen die Wand gedrückt und hielt sie, ihre gespreizten Beine zwischen seinen Armen, seine Handflächen fest an der Wand. Dann hörte er das Geräusch von reißendem Stoff, Adela protestierte und wiederholte, er würde sie ruinieren, wobei sie jedoch nicht sonderlich verärgert schien. Ihm erschien das ein geeigneter Moment, und er lief die Stufen hinun-

ter. Sie machten einfach weiter, als hätten sie ihn gar nicht kommen sehen. Er blieb einige Schritte vor dem verwirrenden, beweglichen Ziel stehen, ohne genau zu wissen, was er tun sollte, bis seine Augen, die sich an die Dunkelheit gewöhnt hatten, einen dunklen Schatten wahrnahmen, den er nicht bestimmen konnte. Er trat näher heran. Gerade wollte er die Hand ausstrecken, um ihn zu berühren, als ihn ein kräftiger Alarmruf zurückzuschleudern schien. Adela hatte ihn gesehen.

»Was ist hier los? Wer bist du?«

»Ich bin Benito«, sagte er, trat wieder näher und legte einen Augenblick seine Finger auf Carlitos Hand, um ihn auf sich aufmerksam zu machen. Es gelang ihm nicht, ihn dazu zu bringen, den Kopf zu drehen, der in Adelas Hals versenkt war, aber er fragte doch für alle Fälle: »Sag mal, warum hast du Haare auf dem Schwanz? Ich habe keine...«

»Was machst du hier um diese Zeit?« Der barsche Ton, in dem sie ihn erneut fragte, machte ihm klar, daß er keine Antwort auf das Rätsel erhalten würde.

»Mein Vater hat mich vor die Tür gesetzt.«

»Was?« Jetzt schaute ihn Carlito doch an, ihm fest und direkt ins Gesicht. »Er hat dich vor die Tür gesetzt?«

»Ja. Weil ich nachts Phantasien habe, und dann wache ich auf, rufe nach meiner Mutter, und er wird böse und sagt, daß ich eine Memme bin und ihn nicht schlafen lasse... Heute hat er mich nicht ausgeschimpft, sondern aus dem Bett gezerrt und hierher gebracht.«

»Was für ein Mistkerl...«

»Los, Schätzchen, dreh dich mal einen Moment um...« Adelas Ton gab klar zu verstehen, daß sie jetzt alles in die Hand zu nehmen gedachte. Benito drehte sich um. Er hörte ein männliches Au, verdammt, und dann, in das Geräusch eines Reißverschlusses hinein, wieder Adelas Stimme. »Das Telefon im Schlafzimmer deiner Eltern steht doch noch auf der Seite von Mama, nicht?«

»Ja.«
»Gut, mein Süßer, du kannst dich wieder umdrehen.« Er gehorchte und entdeckte ein ihm bislang unbekanntes Lächeln reiner Sympathie auf ihren Lippen. Sie gab ihm einen Kuß auf die Stirn, nahm ihn an die Hand und führte ihn die Stufen hinauf bis vor die Wohnungstür. »Du wirst schon sehen, was wir jetzt machen... Du bleibst hier an der Tür, und ich gehe hinauf zu mir und rufe deine Mutter an, damit sie dich holt.« Dann drehte sie sich zu ihrem Begleiter um, der noch leicht benommen auf dem Treppenabsatz stand. »Und worauf wartest du? Daß die Kühe Birnen geben? Melk sie, du wirst schon sehen, daß es heute bloß Milch gibt! Du gehst nach oben und wartest an der Tür zur Dachterrasse auf mich. Das Telefon steht im Flur, und ich werde mir Mühe geben, keinen Lärm zu machen. Wenn du aber siehst, daß es länger dauert, dann ist Fidel aufgewacht, und dann, na, du weißt ja, Himmel noch mal... Wenn man von Dummheit sprechen will, dann ist er dumm wie Bohnenstroh. Ist er einmal aufgewacht, braucht er eine Ewigkeit, um wieder einzuschlafen... Gib mir einen Kuß, los, man weiß nie...«
Carlos kam die Treppe herauf und küßte sie lange, während sie noch immer seine Hand hielt und sie, dem wilden Schwanken der Leidenschaft entsprechend, immer wieder drückte. Als sie sich trennten, kam Carlos näher, holte zwei Bonbons aus der Hosentasche und reichte sie ihm zum Abschied.
»Das sind Saci... Die magst du doch so.«
»Danke.«
»Nichts zu danken, junger Mann. Und du erlaubst keinem, daß er dich noch einmal aus dem Haus wirft. Niemals. In Ordnung?«
»In Ordnung.«
Er verschwand eine Treppe höher in Richtung Dachterrasse, und Adela folgte ihm mit dem Blick, während sie vor sich hinmurmelte.

»Also dann auch noch dieser Knilch von deinem Vater. Kaum gönnt man sich ein bißchen Vergnügen, kriegt man's gleich wieder versalzen ...« Und als würde ihr erst in diesem Augenblick klar, daß er Ohren zum Hören und einen Mund zum Wiederholen hatte, schaute sie ihm in die Augen und fuhr in einem freundlich-distanzierten Ton fort. »Wir sind nämlich gerade von einer Party gekommen, Carlos und ich, weißt du. Doña Elisa, die Frau des Ladenbesitzers, ist gerade mit ihrem kleinen Mädchen aus der Klinik gekommen. Sie hat doch vorige Woche eine Tochter bekommen, davon hast du sicher gehört, nicht?«

»Ja, das hat mit Mama erzählt.«

»Sie ist so hübsch, die kleine Süße ... Na jedenfalls, also, als ich ging, hat sich Carlos angeboten nachzusehen, ob er meine Rolläden reparieren kann ... Nein, warte, ich meine gar nicht die Rolläden, die sind bereits in Ordnung gebracht worden, sondern die Platte in der Küche, die mir letzte Woche zerbrochen ist, weißt du. Wie auch immer, ich gehe jetzt nach oben. Du wartest hier. Alles klar?«

»Alles klar.«

»Gut, adiós, mein Schätzchen, du mußt unbedingt dieser Tage zum Tee kommen ... Mama kommt dich sofort holen. Küßchen ...«

Sie nahm seinen Kopf zwischen ihre Hände und strich ihm mit ihren mit falschem Gold beladenen Fingern das Haar zurück, während sie sein Gesicht mit lauten Küssen bedeckte, mit fast störender Gier ihre Lippen auf seine Stirn und Wangen drückte, als könnte der Kontakt mit seiner kindlichen Haut sie für irgend etwas entschädigen, ihre Unruhe etwas erträglicher machen. Dann ließ sie ein klirrendes, mit Münzen verziertes Armband in ihre Handtasche fallen und nahm verschwiegen die Ersteigung der Treppe in Angriff, mit einer Würde, die so gar nicht zu dem langen Riß in ihrem Kleid passen wollte, der bis hoch zur Taille verlief und schwarze, knappe Nylonunter-

wäsche sehen ließ, die sich prunkvoll über ihren Hintern spannte; tatsächlich eines Babywals würdig. Er hatte jedoch bereits entschieden, daß er sie liebte. Er folgte ihr mit dem Blick, soweit er konnte, vernahm das Geräusch einer Tür, die sich öffnete, aber nicht wieder schloß. Es vergingen ein paar Sekunden absoluter Stille, bis schließlich Schritte auf dem Flur seiner eigenen Wohnung erklangen. Ängstlich und voller Hoffnung näherte er sich der Tür und war irritiert, weil seine Mutter barfuß ging. Dann öffnete sich langsam die Tür, und er konnte die blauen Streifen auf dem Pyjama seines Vaters sehen, noch bevor er seine ruhige Stimme vernahm.
»Komm rein, eine Viertelstunde ist um.«
Aber er bewegte sich nicht. Sein Blick wanderte über die Möbel im Flur hinter der väterlichen Silhouette. Sogar die Vertrautheit der Einrichtung erschien ihm beunruhigend, und er fragte sich, ob er das nicht alles träumte, denn es konnte nicht sein, war einfach unmöglich, daß, seitdem er ihn aus der Wohnung geworfen hatte, nur eine Viertelstunde vergangen war. Zu viele Dinge waren inzwischen geschehen. Sein Vater blieb hartnäckig.
»Was ist los? Willst du lieber hier schlafen?«
Langsam setzte er einen Fuß voran, ohne genau zu wissen, wohin er gehen sollte. Erst da erschien das sehnlichst erwartete Zeichen, die blauen Absätze näherten sich in aller Eile, und die Gestalt seiner Mutter – mit völlig verändertem Gesicht, alarmierten und fahrigen Bewegungen und nervös am Gürtel zupfenden Händen, die unfähig schienen, die Enden zusammenzuknoten – erschien endlich vor seinen Augen. Nachdem sie gegen den Körper seines Vaters geprallt war, der sie ungläubig ansah, stürzte sie sich mit einer ängstlichen Geste auf ihn, kniete sich auf den Boden und zog ihn in ihre Arme.
»Oh, mein Gott! Ich konnte einfach nicht glauben, was Adela mir da erzählte. Mein Junge, du bist ja eiskalt! Du mußt eine Höllenangst in dieser Dunkelheit gehabt

haben, hier, ganz allein, natürlich...« Tränen liefen ihr über das Gesicht und trübten ihre Stimme. »Natürlich, das nennt man Kindererziehung, einfach ungeheuerlich, mein armer Kleiner... Aber das wird nicht wieder vorkommen, ich verspreche dir, daß du so etwas nie wieder durchmachen mußt, einverstanden? Jetzt geht's ab ins Bett, mein Prinz, komm, ich trage dich, wie früher, als du noch ganz klein warst, in Ordnung?« Sie hob ihn mit einiger Mühe hoch, denn er war bereits ein großer Junge, und erst als sie neben ihrem Mann stand, der, gegen die Wand gelehnt, alles verfolgte und sich mit einer Hand die Stirn rieb, wandte sie sich gegen ihn. »Ich hoffe, du bist zufrieden, du brutaler Kerl! Das ist es doch genau, was du wolltest, nicht? Er hat es tapfer ausgehalten wie ein Mann, wie du vielleicht bemerkt hast, du Einfaltspinsel, du bist wirklich eine Bestie! Wir werden jetzt sofort reden, du und ich, über all das werden wir gleich reden...«

Der Flur erschien unendlich kurz, und das Bett, die vor so langer Zeit verlassenen Laken erschienen ihm unglaublich warm, wenn er auch ein paar Schauer nicht unterdrücken konnte, die seine Mutter noch mehr aufbrachten. Während sie noch an seiner Seite saß, ihm fast mechanisch das Gesicht streichelte, erinnerte er sich plötzlich an Adela und Carlitos, seine ersten und echten Retter.

»Hör mal Mama... Tust du mir einen Gefallen?«

»Welchen?«

»Mach das Fenster auf und schau mal hinaus... bitte.«

»Aber weshalb?«

»Bitte, mach es...«

Seine Mutter erhob sich und folgte seinen Anweisungen. Sie stand neben dem halboffenen Fenster und drehte sich zu ihm um.

»Und nun, was willst du?«

»Schau bitte hinaus, ob auf der Dachterrasse Licht brennt. Kannst du's sehen?«

»Also... ganz schlecht. Mal sehen, ja, das Licht ist an.«

»Das freut mich«, murmelte er.
Er erntete einen mißtrauischen Blick und täuschte ein Gähnen vor, um nicht eine weitere Erklärung abgeben zu müssen, zu der er nicht imstande war.
»Ich bin müde«, sagte er. Sie trat näher, knipste die Lampe auf dem Nachttisch aus, gab ihm einen letzten Kuß, den üblichen Gutenachtkuß, verabschiedete sich zärtlich und ging hinaus.
Er sehnte entschieden den Schlaf herbei, wartete eine ganze Zeit und gab schließlich auf. Seine Gedanken kreisten um einen Körper, den er jetzt völlig anders empfand, als wäre er in der kurzen Zeit, in der Viertelstunde dunkler Einsamkeit auf dem Treppenabsatz, um Jahre gereift. Bereits jetzt, wieder zugedeckt, im warmen Bett, erinnerte er sich mit Vergnügen an das nächtliche Abenteuer, vor allem, weil es ein echtes Abenteuer gewesen war und er sich wie ein richtiger Mann verhalten hatte, das hatte Mama ja gesagt. Er holte ein Saci-Bonbon aus der Tasche und lutschte es mit Methode, indem er es mit der Zunge gegen den Gaumen rieb. Erst dann fiel ihm auf, daß der Ton, in dem sich die Eltern im Nebenzimmer unterhielten, immer wieder für Momente umschlug und die lauter werdenden Stimmen in Geschrei endeten. Er hörte auf, sein Bonbon zu lutschen, und rührte sich nicht, um besser zuhören zu können. Seine Mutter erwähnte ständig seinen Namen, und sein Vater beschimpfte sie beide – anfangs, als man noch keine Schläge hören konnte, das übliche dumpfe Nebengeräusch bei all ihren Diskussionen. Dann quietschte das Bein irgendeines Möbelstücks laut und unangenehm auf dem Fußboden, und ihre von einem unaufhörlichen Zittern gebrochene Stimme war wieder allein zu hören, erlosch zeitweilig, knüpfte wieder an und überzeugte ihn, der ruhig und aufmerksam, das Ohr an die Wand gepreßt, verharrte, davon, daß seine eben überstandene Tragödie nicht einmal mehr als Vorwand diente. Mühelos erfaßte er den

genauen Sinn ihres stoßweise vorgetragenen Plädoyers, die Darlegung der geheimnisvollen Leidenschaft, die er zwar kannte, aber niemals verstanden hatte. Und er erfuhr, daß seine nächtlichen Ängste nichts mit der gewalttätigen Vorstellung, die zwei erfahrene Schauspieler nebenan zelebrierten, zu tun hatten. Und ohne daß sie ahnten, daß er alles mitbekam, begann ein helles Knallen die immer verworreneren, unangenehmeren Worte wie ein dumpfer Rhythmus zu begleiten. Doch das Geräusch beunruhigte ihn auch nicht sonderlich; sein Vater schlug mit der zur Faust geballten rechten Hand in die linke Handfläche. Er machte das immer, das wußte er, und sie auch. Deshalb beschleunigte sie den Rhythmus ihrer Rede und verband einige Ausgangssätze, ich gehöre dir nicht, mit den unvermeidlichen Endverkettungen, was weißt du schon von mir, du bist nichts weiter als ein armseliger Mann. Er hatte wie immer Lust aufzustehen und zuzusehen, unterließ es aber dann doch und widmete sich wieder seiner Aufgabe, das Bonbon methodisch zu lutschen, indem er es mit der Zunge gegen den Gaumen rieb. Eigentlich passierte da nichts Besonderes, und er hatte keine Schuld, dessen war er sich ganz sicher. Als er das erste Mal vom Schall der Schläge aus dem Schlaf aufgeschreckt worden war, die durch die Wand ans Kopfende seines Bettes dröhnten, als versuche jemand, es in Stücke zu schlagen, hatte er den ganzen Nachmittag auf der Geburtstagsfeier eines Schulfreundes verbracht. Er war sehr müde nach Hause gekommen, hatte sich ohne Widerrede baden lassen und war sofort ins Bett gegangen. Niemand war böse auf ihn gewesen, und trotzdem war dasselbe abgelaufen, dieselben Beschimpfungen, derselbe Zank, dieselben Schreie. Er war aufgestanden und hatte alles durch den Spalt der halboffenen Tür mit angesehen, zumindest fast alles. Deshalb stand er nicht mehr auf, denn es gab keinerlei Geheimnis – bis auf das grundlegende, zwangsweise unlösbare, das abwesende

Lächeln seiner Mutter, wenn sie ihn mit gerötetem Gesicht ansah, ohne ihn zu sehen, den Kopf fast auf den Boden gestützt, mit weit überspanntem Oberkörper, absurd über den Ausschnitt fallenden Brüsten, kurz davor, dank der bestialischen Stöße, die er, sein Vater, irgendwie über ihr entfesselte, gänzlich über die absonderliche Grenze Bettkante hinauszutreten. Er hielt sie mit zu Klauen verkrampften Händen gepackt und preßte die Daumen gegen das harte Fleisch ihrer Brustwarzen, als hätte er vor, sie in die dunkle Tiefe ihres Körpers zu versenken, ihr Relief für immer zu zerstören, während er sie ansah, ohne sie wirklich zu sehen, ohne den Speichel, in den sich ein dünner Faden aus Blut mischte und der langsam das kopfstehende Relief eines ihrer Wangenknochen hinaufrann, die verweinten Augen, die verletzte Lippe, die unfaßbar gepeinigte Haut überhaupt wahrzunehmen. Es war nichts Besonderes, nichts, das die Mühe lohnte aufzustehen, jetzt, wo der Schlaf endlich kam, mächtiger als der Lärm nebenan, und ihn in seinem tiefen Zweifel, ob sein Vater wohl Haare am Schwanz hatte oder nicht, und in der süßen Erinnerung an das Saci-Bonbon, das einen so angenehmen Tod in seinem Munde erlitten hatte, sanft umfing.

Am nächsten Morgen hörte er Silvia und Belén im Bad streiten, obwohl es noch gar nicht hell draußen war. Die Jalousien zum Balkon waren noch ein kompakter Schatten, ohne die feinen Lichtstreifen, die ihm kurze Zeit darauf anzeigen würden, daß es auch für ihn Zeit wäre. Seine Schwestern besuchten eine Nonnenschule, die einen Garten besaß und sich in einem modernen Viertel am anderen Ende der Stadt befand. Sie bezahlten das Privileg dieser Privatausbildung – die ihm nicht zuteil wurde, weil sein Vater der Auffassung war, daß ein öffentliches Gymnasium zwar nicht für die Erziehung junger Damen geeignet wäre, Jungen dagegen beibrächte, sich mit Schwierigkeiten auseinanderzusetzen, zu konkurrieren und zu gewinnen – mit einer Einbuße an Schlaf. Er hatte nichts dagegen einzuwenden. Sein Schulweg zum Colegio Nacional, gleich an der Plaza de Barceló, bestand aus ein paar Schritten, sieben Minuten, wenn man langsam ging, drei, wenn man lief. Seine Schwestern dagegen mußten fast zwei Stunden vor Beginn der ersten Stunde aufstehen, bis Bilbao laufen, um dort einen vollgestopften Autobus – in dem sich nicht immer ein Sitzplatz fand – zu nehmen, der über eine Stunde brauchte, um eine komplizierte Linie im Zickzack-Kurs abzufahren. Belén, die jünger war als er, erbrach fast jeden Morgen auf halbem Wege ihr Frühstück; ihr sensibler Magen konnte das Gedränge und das Rütteln nicht ertragen. Die Mutter hatte leidenschaftlich für sie Fürbitte eingelegt, aber der Vater war unnachgiebig gewesen, seine Töchter würden auf eine Nonnenschule gehen und Französisch lernen, so daß die arme Belén ihren Schulunterricht nüchtern begann. Wie jeden Morgen weigerte sie sich gerade, trotz Androhung von Prügeln, einen Toast mit Butter zu essen, als er wieder einschlief, obwohl er im allgemeinen wach blieb und es mit anhörte, ich bekomme es nicht runter, Mama, wenn ich es doch nicht runterkriege; jeden Morgen leierte seine kleine Schwester diese Litanei herunter, den Zeigefinger gegen den Hals gedrückt. Er war sehr müde. Eigentlich hatte er nicht wenig geschlafen, aber die Nacht war so intensiv gewesen, daß der Schlaf ihn, anders als das Dahindämmern, das sonst dem plötzlichen Eingriff seiner Mutter vorausging, es ist Zeit, Benito, aufstehen, diesmal völlig übermannte.

Als er das nächste Mal erwachte, waren die Lichtstreifen in der Jalousie so stark geworden, daß er nicht wußte, was für ein Wochentag eigentlich war. Doch dann hörte er das Lachen von Carmen, der Schneiderin, die nur dienstags und donnerstags morgens ins Haus kam, und war davon überzeugt, daß trotz der täuschenden Kraft des Lichts nicht Sonntag sein konnte. Die Tür seines Zimmers ging leise auf, und er kroch instinktiv zwischen die Laken, bedeckte sein Gesicht mit dem Kopfkissen und betrachtete, ohne selbst gesehen zu werden, die Gestalt seiner Mutter. Sie trat mit geheimnisvoller Miene näher, schaute ihn an, machte schweigend auf dem Absatz kehrt, schloß die Tür geräuschlos hinter sich und ließ ihn wieder allein.

Es gelang ihm nicht zu hören, was da vor sich ging, aber eine Freude, eine Art dummer, innerer Fröhlichkeit bemächtigte sich seiner, während er begann, keck anzunehmen, daß es für ihn an diesem Morgen keine Schule geben würde, daß er aufgrund eines unverhofften Gnadenerlasses im Bett liegenbleiben durfte, im Halbdunkel eines sauberen, stillen Zimmers, geschützt durch die Jalousie, die schon wie das Fell eines riesigen Tigers von der Sonne verbrannt wurde. Er versuchte, jede Minute dieser wunderbaren Zeit zu genießen, und ihm wurde zum ersten Mal klar, daß er eins war, ein unnachahmliches Ganzes, verschieden von jedem anderen Kind, von jedem Erwachsenen, eine vollständige Person, deren Identität über die Kleidung, die er trug, über das Essen, das er aß, über die Familie, der er angehörte, und sogar über die Einzigartigkeit seiner Fingerabdrücke weit hinausging; das waren nur gerade, einfache Belege, eine kalte, technische Bedrohung, anders als die Wirklichkeit. Denn er war etwas, war eins, ein Umstand, den er zugleich als wahr und seltsam empfand. Er war ein Einzelner, daran hatte er niemals zuvor gedacht, und doch wußte er es jetzt, verstand es ohne Schwierigkeiten. Er war weder der Sohn seines Vaters noch der Bruder seiner Schwestern noch der Mitschüler seiner Klassenkameraden noch der Schüler seiner Lehrer, sondern Benito Marín González, verschieden von allen anderen Wesen des Planeten, verschieden von allen Wesen anderer Planeten. Er war ein Einzelner, Herr über das, was die genauen Grenzen seiner selbst einschlossen.

Er befühlte seine Arme und Beine, fuhr mit den Händen über seinen ganzen Körper, während er überlegte. Er überlegte in aller Eile, war erstaunt über die Tiefe seiner Gedanken, und sein Glücksgefühl wuchs, wie auch das Vertrauen wuchs, denn in dieser Welt war nichts sicher außer ihm selbst. Wenn er ging, war er es, der entschied, daß er gehen wollte, und wenn er aß, dann deshalb, weil er entschieden hatte, daß er essen wollte. Er empfand diese Offenbarung als eine strahlende, großartige Wahrheit, so, als würde die Welt noch einmal nur für ihn geboren. Und sie war anders; die Augen waren ihm nach innen geöffnet worden, und er erfuhr ein geheimes Wissen, von dessen Existenz er niemals zuvor auch nur etwas geahnt hatte.
Er stand auf und öffnete den Schrank, um sich in dem Spiegel, der an der Innenseite der Tür angebracht war, zu begutachten. Er war klein. Er zog seine Hose aus und betrachtete seine glatte, nackte Schamgegend mit verärgertem Ausdruck. Dann fiel ihm auf, daß er auch keine Haare auf der Brust hatte, obwohl alle erwachsenen Männer welche hatten. Er zog auch seine Pyjamajacke aus, etwas aufgeregt, aber auch sein Brustkorb hatte sich nicht über Nacht mit einem Flaum überzogen. Er stellte eine Verbindung zwischen dem Nichtvorhandensein von Haaren an beiden Teilen her und fühlte sich schon besser. Er war noch klein, aber er würde wachsen, würde groß werden, Geld verdienen, bestimmen können, und er würde Mama heiraten, damit Papa sich mit einem jungen Mädchen verheiraten konnte. Das war es, was er wollte, das hatte er immer wieder gesagt. Und alles würde besser laufen, ohne Phantasien, ohne Treppenabsatz und ohne Schläge gegen die Wand. Er war zufrieden, zog seinen Pyjama wieder an und ging zurück ins Bett. Aber er konnte den sonnigen Frieden, der ihn noch vor ein paar Minuten völlig eingenommen hatte, nicht wiederfinden, weil er unbedingt pinkeln mußte. Deswegen erhob er

sich, ging zur Tür und rannte ins Badezimmer, wohin er als ein anderer gelangte, als ein einzigartiger Benito Marín González.

Daraufhin folgte, in einer unerklärlichen Harmonie, an diesem wunderbaren Morgen ein Wunder auf das andere. Als er aus dem Bad kam, nahm ihn seine Mutter fest in die Arme. Ihre Lider waren großzügig mit einer dicken Schicht blauen und violetten Lidschattens bedeckt; auf dem linken Wangenknochen war ein kleiner Einschnitt zu sehen, unter dem sich ein Bluterguß abzeichnete, der in einigen Tagen nicht mehr unter Schminke zu verstekken sein würde. Sie sagte ihm, sie habe ihn schlafen lassen, weil er durch die Aufregungen der vergangenen Nacht sehr müde sein mußte. Ich gehe heute nicht zur Schule? fragte er. Nein, heute gehst du nicht zur Schule. Und mit dieser Antwort bekam er auch noch ein Spiegelei zum Frühstück. Er saß am Küchentisch und aß, umgeben von netten und emsigen Frauen. Sie wußten alles über sein nächtliches Unglück und wählten verschiedene Wege, um ihm ihre Solidarität überzeugend zu beweisen. Plácida schenkte ihm die bereits riesige, harte, kompakte Kugel aus Staniol, die sie über Monate hinweg aus Schokoladenpapier angefertigt hatte und eigentlich verkaufen wollte, um den Erlös für die hungernden Kinder in Afrika zu spenden. Carmen zerschnitt einen alten Bettbezug und bedeckte ihn im Handumdrehen mit einem Rest flaschengrünen Futters, um ihm ein Wams wie das von Robin Hood zu schenken. Sie schnallte es mit einem schwarzen Filzgürtel, den sie selbst angefertigt hatte, um seine Taille und befestigte es mit ein paar Sicherheitsnadeln. Seine Mutter erlaubte ihm, das Wams zu tragen, als sie mit ihm spazierenging. Am Portal trafen sie auf Adela, frisch und strahlend, die ihre Einkaufstüten auf den Boden stellte, um ihn wie in der vergangenen Nacht abzuküssen. Etwas später begleitete sie sie in ein Straßencafé, wo er nicht nur zu einem Aperitif eingeladen wurde, sondern sogar die

Pommes frites in seine Cola tunken durfte, ohne sich Sorgen darum machen zu müssen, daß er sich den Appetit verderben könnte. Das war auch keineswegs der Fall, denn als sie nach Hause kamen, gab es sein Leibgericht, Spargel mit Mayonnaise und Lammkoteletts mit noch mehr Pommes frites. Außerdem kam sein Vater bis zum Abend nicht nach Hause.

Als sie am nächsten Morgen zur gewohnten Zeit in sein Zimmer kam, hatte sie bereits einen auffälligen blauen Fleck im Gesicht. Die Jalousie war schwach von dünnen Lichtstreifen erhellt, und sie bestätigte, aufstehen, Benito, es ist Zeit, die vorauszusehende Wiederherstellung der alltäglichen Routine. Langsam schob er seine Bettdecke zurück und begann unter Schwierigkeiten, seinen Körper in Gang zu setzen. Er setzte sich einen Augenblick auf den Bettrand, um so sein Aufstehen in zwei Etappen zu unterteilen. Bevor er jedoch stand, versuchte er, sich noch einmal an das einzigartige Wohlgefühl vom vergangenen Tag zu erinnern, an diese köstliche Empfindung, die ihn völlig eingenommen hatte, als er sich selbst von innen betrachtet hatte, ruhig und ausgeschlafen, einzig, verschieden von allen anderen. Er blieb im Halbdunkel eines sauberen und stillen Zimmers gegen das Kopfende seines Bettes gelehnt, vor ihm das Fell eines riesigen Tigers, das von der Sonne verbrannt wurde. Und da entdeckte er nicht ohne Überraschung, daß die Vergangenheit in der Erinnerung einen lieblichen Geschmack haben kann.

Seitdem machte er es sich zur Gewohnheit, bestimmte Augenblicke seines Lebens heraufzubeschwören und seine Erinnerung an der Lust, die sie in seinem Mund auslöste, zu messen, an der warmen Welle, die seinen Gaumen mit der Sehnsucht nach einer sofortigen Süße erfüllte. Und obwohl es sich dabei nicht nur um ein rein physisches Empfinden handelte, verband er die Macht der erinnerten, flüchtigen Glückseligkeit immer mit dem

Geschmack süßer Dinge. Denn niemals fand er ein präziseres Bild, um die konkrete Projektion des Wohlbefindens zu definieren in einer Zeit, die sicher Bestandteil unerklärlicher Erscheinungen war.
Nie zuvor hatte er die Explosion eines solchen Geschmacks in seinem Hals kontrollieren können, die einen Augenblick darauf erfolgende Süße vorhersagen können, während sie wahrhaftig erfolgte. Denn die Entdeckung ihrer seltenen Qualität erfolgte immer später, wie beim ersten Mal, wenn die Zeit zum Leben bereits erschöpft war und nur ein enger Raum zum Erinnern übrigblieb. Aber in einem Moment jener bitteren Nacht, nach der Zelebration der lächerlichen Liturgie improvisierter Aufrichtigkeit, gelang es ihm, die Qualität einer noch unbekannten Zeit im voraus zu spüren, sie vorwegzunehmen. Es war kaum eine Sekunde, ein unvorhergesehenes Aufleuchten auf fremdem Territorium, eine viel zu blasse Nuance, die nicht reichte, um die Angst zu überwinden, die Panik, die ihn befallen hatte, als sie ihm diese absurde Frage gestellt hatte. Und er ahnte die kaschierten Großbuchstaben in ihren Worten, zitterte vor der Stimme, die Herr mit Großbuchstaben in die Luft zu schreiben schien, um ihn mit diesen vier Buchstaben all seiner Maskierungen zu berauben und ihn zur Stummheit zu verdammen. Denn alles, was er bisher gesagt hatte, die erschlagende Lawine objektiver und grausamer Urteile, über die seine Lippen die Kontrolle verloren hatten, war die Wahrheit. Und dennoch war nichts gewiß, außer daß er sich einen neuen Schutzschild geschaffen hatte, eine neue flammende Wehr, hinter der er sie empfangen wollte.
Sie lächelte immer weiter, fähig, ihrem eigenen Triumph auf den Pfaden der Trostlosigkeit nachzuspüren. Sie war ruhig im Inneren ihrer unsichtbaren Rüstung, immun hinter der Haut eines riesigen, blutgetränkten, warmen Schwamms, der sich in unendliche, gleiche Münder ver-

mehrte. Er, ungeschützt und allein gegenüber seinem Mysterium, unterlag wieder. Schon Futter für ihre mächtigen Schröpfköpfe, begriff er für einen winzigen Moment, in einem lauwarmen Aufflackern, das eilig, ohne eine Spur zu hinterlassen, ersterben würde, daß diese Zeit kurz sein, aber in seiner Erinnerung für immer einen süßen Geschmack hinterlassen würde.

Er kam nie dazu, auch nur eine einzige seiner Drohungen wahrzumachen; sie benahm sich, als hätte sie von Anfang an gewußt, daß es immer so sein würde, und keiner von beiden wollte auf das Thema zurückkommen.

Sie begannen, sich jeden Tag zu sehen. Morgens ließ Manuela ihn allein, aber jeden Abend machte sie sich daran, das Abendessen zuzubereiten, und trotz alledem schlich sie manchmal auf Zehenspitzen aus dem Haus, als hätte sie Angst vor ihm. Er kam zu der Überzeugung, daß alles in ihr – bis auf ihre Reinheit, diese animalische Art, sich gänzlich aus ihrem Geschlecht heraus zu begreifen – genau den offensichtlichen äußeren Zeichen entsprach, die er ohne Schwierigkeiten bereits bei der ersten Unterhaltung entdeckt hatte. Und was das übrige betraf, die gewaltige Anziehung, die sie auf ihn ausübte, ihre Art, Eis zu essen, ihre ungewöhnliche Fähigkeit, Kakerlaken zu wittern, die Wirkung, wenn sie sang, die Wärme ihres Haars, der Geschmack des Kaffeelikörs, wie ihn schon Plácida aus Schnaps, frischem Kaffee, Zucker, Zitronenschale und Zimtstange zubereitet hatte, dieses mit der Zeit verlorengegangene und von ihr in kaum mehr als einer Viertelstunde wiedererfundene Rezept, all das verlor nicht den Charakter von Zufälligkeiten.

Eines Nachmittags jedoch, als sie gerade nach Hause gekommen war, sich aufs Sofa geflätzt hatte und die

Zeitung las, die sie gemäß ihrer Überzeugung niemals kaufte, die genau zu beäugen, sobald sie sie vorfand, sie sich aber auch nicht verkneifen konnte, bewölkte sich der Himmel plötzlich. Die Wolken brachten vorzeitig die Nacht mit sich, und dazu das elektrisierende Krachen, das Sommergewittern vorausgeht; obwohl es bereits Oktober war. Sie sprang mit einem Satz auf und ging zum Balkon. Die Tropfen begannen laut gegen das Glas zu schlagen, und er erkannte die Heftigkeit des Platzregens, denn von seinem Sessel aus, in einiger Entfernung zum Balkon, wirkte der Regen wie eine dichte, beinahe dunkle Gardine, die die Aussicht trübte. Sie wandte sich ihm mit einem Lächeln zu, sprach aufgeregt, schrie ihn fast an.
»Wem gehört der Garten da gegenüber?«
»Den Nonnen aus dem Konvent.«
»Und lassen sie Leute herein?«
»Das weiß ich nicht, ich glaube nicht.«
»Hast du es jemals versucht?«
»Nein. Warum? Hast du vor runterzugehen?«
»Ja. Kommst du mit?«
»Aber, da kommt ja die Sintflut runter!«
»Na, deshalb ja...«
Er löcherte sie weiter mit Fragen, aber sie antwortete auf keine davon, lächelte bloß, murmelte etwas wie, du wirst schon sehen, wobei sie mehr zu sich selbst sprach als zu ihrem eigentlichen Gesprächspartner. Sie zog ihre Jacke aus, was er ausgesprochen dumm fand, und schlug beim Verlassen der Wohnung die Tür heftig hinter sich zu. Sie überquerte bereits die Straße, als er sich entschloß, auf den Balkon hinauszugehen, um ihr nachzuspionieren. Er sah, wie sie zu der Holzpforte kam, die man in die Ziegelmauer eingelassen hatte und die ihm immer unüberwindbar erschienen war, sah, wie sie ihre Schulter dagegen stemmte. Anfangs ohne Erfolg, doch sie wandte immer mehr Kraft auf, bis das durch Feuchtigkeit und Alter aufgequollene Holz etwas nachgab und eine

schmale, aber ausreichende Öffnung freigab. Ein vorübergehendes Paar blieb stehen, um dem Ganzen zuzusehen, und Benito, der bloß die Rücken sah, konnte sich die Verblüffung, die sich auf den Gesichtern abzeichnete, genau vorstellen. Er selbst war nicht weniger verblüfft, als sie ihre Schuhe auszog und seitwärts das enge Loch zum Garten durchquerte. Als sie es geschafft hatte, gingen die Passanten weiter, und nur er konnte sie sehen. Manuela spazierte über die engen Pfade, die um die besäten Rabatten herumführten, ohne deren Ränder auch nur zu streifen, und versenkte ihre Füße mit aller Kraft im Schlamm. Sie ging umher und lächelte, die Schuhe in der Hand, während alles Wasser der Welt auf sie niederstürzte. Sie tat nichts weiter, ging bloß spazieren und setzte methodisch erst dann einen Fuß vor, wenn die Ferse des anderen den Boden berührte. Sie bewegte sich mit der krankhaften Genauigkeit einer Mondsüchtigen und ließ sich völlig vom Regen durchweichen. Ihre Bluse war bereits durchnäßt, und der weiße Stoff klebte an ihrem Körper wie eine zweite Haut, die sie von Zeit zu Zeit abzustreifen versuchte, indem sie ein Stückchen Stoff mit den Fingern abzupfte und es energisch nach außen zog, damit sich um ihren ganzen Oberkörper gaukelhafte Lufttaschen unter dem lichtdurchlässigen Gewebe blähten. Das Wasser schien auf ihrem jetzt glatten, schwarzglänzenden und schweren Haar zu Öl zu werden, und ein winziges, transparentes Rinnsal stürzte sich über ihre Nasenspitze in die Leere, ohne daß sie etwas unternahm, um es zu unterbinden, um dieses sicherlich störende Gefühl zu vermeiden. Er betrachtete das alles und versuchte gar nicht mehr zu verstehen, was er sah. Er war sicher, eine ähnliche Situation schon einmal durchlebt zu haben, etwas in der Art hatte man ihm erzählt, genau erinnerte er sich nicht mehr. Er wußte jedoch, daß jemand dieselbe Manie hatte, und versunken in die Anstrengung, sich zu erinnern, trat er ein paar Schritte vor und wurde damit für sie sichtbar. Sie winkte ihm mit heftigen Armbewegungen zu, wobei sich Hunderte winziger Tropfen von ihrem Ärmel lösten und die Luft wie die vom Weihwedel eines Bischofs besprengten. Diese Bewegung zog dann wohl auch die Aufmerksamkeit des Gärtners auf sich, denn als sie ihm etwas zurief, sah er ihn aus dem Schuppen kommen, bekleidet mit seinem alten Blaumann und als Schutz einen riesigen schwarzen Regenschirm bei sich tragend. Sie wedelte mit ihrem Handgelenk und fast geschlossenen Fingern in der Luft, bis er begriff, daß sie ihn bat, den Wasserhahn der Badewanne aufzudrehen. Der Alte wies sie schon von weitem zurecht und zeigte mit dem Finger auf die Gartentür. Sie antwortete ihm mit Gekreische. Er ließ sie diskutieren und ging ins Bad, drehte den Wasserhahn bis zum äußersten auf und bejammerte die alten Sanitärarmaturen. Sie würde jeden Moment zurück sein, und die Badewanne brauchte ungefähr eine halbe Stunde, um sich mit dem dampfenden Wasser zu füllen. Bevor er das Bad verließ, griff er instinktiv nach einem Handtuch, um ihr Haar zu trocknen. Obwohl er sie bereits auf dem Treppenabsatz vermutete, sah er sie, als er auf den Balkon hinaustrat, wie sie immer noch im Garten umherspazierte, jetzt in Begleitung des alten Gärtners, der, ohne auf den Regenschirm zu verzichten, leutselig mit ihr plauderte.

Er betrachtete sie noch eine ganze Weile und war entzückt über ihren unverständlichen Erfolg, über das seltene Privileg, das ihr innerhalb nur weniger Minuten der unsympathische Alte zugestanden hatte, an den er selbst sich niemals direkt gewandt hätte. Er schaute ihr zu, während sie sprach, ihre Hände ständig bewegte, mit dem gesamten Körper gestikulierte, als erzählte sie eine alte Geschichte, und er war fasziniert vom Gewicht des Wassers in ihrem Haar, das kaum wahrnehmbar glänzte wie Olivenöl und aus ihr mehr als eine schöne Frau machte.

Nachdem ungefähr fünfundzwanzig Minuten vergangen waren, erinnerte er sich an die Badewannne, an den voll aufgedrehten Wasserhahn, und trat erneut hinaus, um sie zu rufen. Sie zögerte nicht eine Sekunde, seinem Ruf zu folgen, verabschiedete sich mit höflicher Geste von dem Gärtner, drückte ihm warm die Hand und lief zur Gartenpforte. Sie zwängte sich geschickt durch das enge Loch und hörte nicht auf die Empfehlungen des Alten, der hinter ihr herwackelte und sie fragte, ob er ihr die Tür ganz öffnen solle. Dann steckte sie die Füße in ihre völlig aufgeweichten Schuhe und rannte über die Straße zum Hauseingang.
Er erwartete sie auf dem Treppenabsatz, mit dem Handtuch in den Händen.
»Du bist wie eine Ziege!« sagte er lachend, als sie vor ihm stand, und konnte in ihrem Gesicht einen unbändigen Enthusiasmus lesen, während sie ihre durchnäßte Mähne in den weißen Frottee wickelte.
»Merkst du das erst jetzt?« antwortete sie und erwiderte sein Lächeln, während ihre Arme zu zittern begannen und ein Schaudern einleiteten, das sich bald über ihren ganzen Körper erstrecken würde.
»Aber du bibberst ja! Los, rein mit dir, sonst holst du dir noch was ... Das fehlte mir gerade noch, daß ich mich um dich kümmern muß.«
»Hast du das Wasser eingelassen?«
»Ja, die Badewanne muß bald überlaufen.«
»Kochendes Wasser?«
»Ja.«
»Aber ... Wirklich kochendes Wasser?«
»Also, als ob ich ... Nun los, verrücktes Ding, lauf, du bist wirklich 'ne Verrückte.«
Sie ging und hinterließ auf den Fußboden eine schwache feuchte Spur. Im Bad zog sie sich unter einigen Schwierigkeiten aus, lieferte sich eine lange Schlacht mit dem nassen Stoff ihrer Hose, die sich kaum von den Beinen

streifen ließ. Er kam näher, um ihr zu helfen, fing an, ihre Bluse aufzuknöpfen, und wurde immer unruhiger wegen ihrer zunehmenden Körperzuckungen.
»Mach dir keine Sorgen«, rief sie ihm vom Boden aus zu, wohin sie sich gesetzt hatte, um stärker an den Spitzen ihrer Strümpfe ziehen zu können, die noch widerspenstiger waren als ihre Jeans.
»Ich bekomme schon keine Lungenentzündung, glaub mir... Seit meiner Kindheit mache ich das, und nie passiert etwas.«
Schließlich schaffte sie es, ihren Körper von dem Stoff zu befreien, und ging zur Badewanne. Zuerst steckte sie einen Zeh hinein und stieß vor Wonne ein paar Schreie aus, uy, uy, bevor sie den restlichen Fuß vorsichtig in das Wasser setzte. Einen Moment lang blieb sie mit einem Bein drinnen und dem anderen draußen stehen. Dabei schien ihr etwas einzufallen, etwas, das es fertigbrachte, ihr Lächeln in eine ärgerliche Geste umzuwandeln.
»Du hast nicht etwa Badesalz?«
»Nein.«
»Und Öl... oder so was? Auch nicht?«
»Auch nicht.«
Schließlich glitt sie in die Wanne und versenkte sich ganz langsam in das dampfende Wasser. Er setzte sich auf den Wannenrand und wagte es, die Begebenheiten nach den für ihn einzig vernünftigen Erklärungen zu interpretieren.
»Du findest es wahrscheinlich ganz hübsch, die Ökotante zu spielen, nachdem du so grausam mit den armen Kakerlaken umgesprungen bist...«
Sie drehte sich um und schaute ihn verblüfft an.
»Und woher willst du wissen, daß ich die Ökotante spiele? Ich komme nun mal vom Lande und kenne es nicht anders, denn sonst...«
»Also, warum hast du es dann getan? Ich dachte, daß du auf die Straße hinuntergegangen wärst, um im Schlamm

zu waten, um den Regen zu spüren, um, was weiß ich, mit der Natur zu leben oder so was...«

»Ja, natürlich! Ein bißchen deswegen, ja, aber das heißt doch nicht, daß man Öko sein muß, es heißt, man ist vom Lande, das habe ich bereits gesagt. In den Städten ist der Regen nicht wichtig, weil nichts wächst, wenn es regnet. Es ist dann eher ein Durcheinander, die Bürgersteige werden rutschig, man sieht den Dreck mehr, die Autos bespritzen die Leute und so weiter... Auf dem Dorf dagegen, als ich klein war, war Regen mehr als alles andere eine aufregende Neuigkeit. Wir haben uns ganz schön gelangweilt, vor allem im Winter. Es gab kein Kino, in den meisten Häusern kein Fernsehen, sie ließen uns nicht zum Fluß, weil der sehr angestiegen war und die Alten sagten, er sei gefährlich. Es war kalt, immer so kalt, daß wir in der Schule nicht einmal in der Pause auf den Hof hinausgingen. Sie brachten uns in eine große Klasse, und dann waren wir den ganzen Nachmittag eingesperrt... Was mich am meisten ärgerte, war, daß es immer so schnell dunkel wurde, manchmal sogar beim Nachmittagstee. Auf dem Dorfe ist die Nacht immer viel dunkler, weiß du? Wenigstens in so kleinen wie meinem, wo der Kolonialwarenhändler schloß, sobald er seine vorbestellten Stangen Brot verkauft hatte, weil er wußte, daß er keine Kunden mehr haben würde. In den Dorfstraßen gab es keine Laternen, jetzt haben sie welche angebracht, aber zu der Zeit konnte man nur die Lichter von der Landstraße sehen, und die waren gelb. Ist dir einmal aufgefallen, wie traurig gelbes Licht ist? Es war furchtbar; jetzt finde ich es manchmal nicht mehr so schlimm. Besonders, wenn ich deprimiert bin, denn hier deprimiert zu sein ist schrecklich, weil du nicht einmal traurig sein darfst, wenn es dir gefällt. Dort dagegen war es ganz einfach. Du hattest Lust zu weinen, wenn du bloß die gelben Lichter sahst, die leeren Straßen, den pechschwarzen Himmel. Ich weiß nicht, warum alle Häuser eine Klingel hatten, denn die Leute klopften immer an die Fensterscheiben, wenn sie vorbeikamen. Und auch das machte mich immer ganz traurig, ziemlich blöd, was. Das Geräusch der Knöchel auf dem Glas klang so kleinlich, als ob die Person, die gerade vorbeikam, sich schämte, daß sie einen Besuch machen wollte, und es deshalb vermied, die Klingel zu benutzen, denn das Geräusch ist ganz das Gegenteil, schrill, stark und fröhlich... Alles in allem habe ich mich sehr gelangweilt. Im Sommer war alles ganz anders. Wir waren den ganzen Tag über draußen, es kamen ein paar Sommerurlauber, wir bildeten Banden und badeten im Fluß, der ganz still war. Manchmal durfte ich beim Mähen auf den Drescher klettern, weißt du. Wir zogen mit Dreschflegel und Maultier über die Felder, und die Ähren kitzelten unter den Fußsohlen. Aber die schöne Zeit verging immer zu schnell, und dann kam der Winter, und alles wurde ruhig, wie erstorben. Außer wenn es stark regnete, wenn ein richtiges Gewitter kam, wie heute. Dann tat ich dasselbe, was ich jetzt gerade gemacht habe. Ich überredete meine Mutter, daß sie mich hinausgehen ließ, denn der Regen lindert die Luft. Wenn es regnet, ist es nie sehr kalt. Und sie zog mich immer warm an, setzte mir einen Plastikhut auf, zog mir einen Regenmantel und Gummistiefel über, damit ich durch die Pfützen patschen konnte. Sie hielt ihren Kopf aus dem Fenster, um mir zuzuschauen, aber wenn sie nicht mehr hinsah, zog ich mich immer nackt aus, so wie heute, und ließ den Regen auf mich niederprasseln. Es gefiel mir, den Kopf zu schütteln und zu sehen, wie das Wasser in alle Richtungen spritzte, und es gefiel mir, einfach da zu sein, völlig allein, mitten auf der Straße, und mir Sachen auszudenken, daß ich eine Heilige wäre und den Märtyrertod erlitte oder eine Prinzessin, die von ihrer Stiefmutter aus dem Palast geworfen worden war. Ich habe ganz schön für mich allein herumgealbert, wirklich. Danach kam dann meine Mutter und gab mir ein paar Backpfeifen

und im Haus noch ein paar hinter die Ohren, füllte die Badewanne, so wie du heute, und das gefiel mir am allermeisten. Normalerweise mußten wir nämlich immer zu zweit in die Wanne, dazu war sie halb leer, um ja nichts zu verschwenden. Aber wenn es stark regnete und ich von oben bis unten schmutzig war, steckte sie mich ganz allein in eine bis zum Rand gefüllte Badewanne. Du kannst dir nicht vorstellen, was es für ein wunderbares Gefühl ist, wenn du, bibbernd vor Kälte, plötzlich in heißes Wasser tauchst, es ist toll, ich liebe es. Mein Vater sagt immer, meine Manie sei wie folgender Witz, sieh mal, damit du dich ärgerst, werde ich mir mit dem Hammer auf die Eier schlagen, oder, die Dämlichen müssen erst Schlechtes durchmachen, damit sie das Gute zu würdigen wissen, verstehst du? Das sagt er, aber die Wahrheit ist, auch wenn es mir niemand glaubt, daß mir Regen gar nichts ausmacht, ganz im Gegenteil. Ich genieße es, allein zu sein, die Füße in den aufgeweichten Boden zu bohren und das Haar bis auf die Wurzeln zu durchnässen, ganz im Ernst. Wenn du die Wahrheit wissen willst, was mir am meisten gefällt, die echte Erklärung für mein sonderbares Vergnügen, ist das tolle Gefühl anschließend in der Badewanne... Und das ist nicht sehr ökomäßig, oder?«
Er schüttelte den Kopf und lachte.
»Nein. Es ist nur ziemlich verrückt.«
»Aber es ist doch nicht unbedingt etwas Schlimmes.«
»Nein, selbstverständlich nicht. Manchmal ist es sogar gut.«
»Siehst du...«
Sie tauchte ganz unter Wasser, und ihre Knie zerbrachen die Monotonie der transparenten Oberfläche. Eine ganze Weile war sie damit beschäftigt, mit offenem Mund Bläschen aufsprudeln zu lassen, die an der Wasseroberfläche langsam zerplatzten. Er empfand heftigen Neid und steckte einen Finger ins Wasser. Es war noch warm. Sie

sah ihn an, richtete sich unvermittelt auf und spritzte ihn naß.
»Willst du zu mir hereinkommen?«
»Ich weiß nicht... Ich glaube nicht, daß wir da beide reinpassen.«
»Aber natürlich, Dummkopf. Komm, ich mache dir Platz. Aber zieh dich rasch aus, ehe mir kalt wird.«
Sie lehnte sich gegen den Keramikrand und zog die Beine an. In Windeseile war Benito bei ihr, und nach einigen vergeblichen Versuchen schafften sie es schließlich, sich einigermaßen bequem einander anzupassen. Er hatte die Beine ausgestreckt und gegen ihre Hüften gelehnt, während sie die Beine anwinkelte und die männlichen Lenden zwischen den Füßen hielt. Sie mußte lächeln.
»Dich haben sie wohl nicht mit deinen Geschwistern gebadet, als du klein warst?«
»Doch, aber ich mochte das nicht.«
»Ich auch nicht! Aber jetzt geht es gut...«
»Was hast du gern gemacht, als du klein warst?«
Sie schaute ihn an, als ob sie seine Frage nicht richtig verstanden hätte.
»Also... Was ich gern machte? Spielen. Du nicht?«
»Doch, aber ich ging auch gern mit meiner Mutter auf die Dachterrasse zum Wäscheaufhängen, besonders bei schönem Wetter, wenn man all die Dächer von da oben sehen konnte.«
»Aha, das meinst du, Spiele, die nichts mit Puppen und Verstecken zu tun haben, nicht?«
Er nickte. Er hatte keine Lust zu sprechen, lieber wollte er ihr weiter zuhören. Sie konnte Geschichten mit einer so beruhigenden Stimme erzählen, ohne sich je zu unterbrechen oder den Faden zu verlieren. »Na, du wirst ja sehen, es wird dir wie eine weitere Dummheit vorkommen, aber am liebsten spielte ich als kleines Mädchen allein. Es ist recht seltsam und hat auch wieder mit Wasser zu tun... Jeden Nachmittag harkte mein Vater den Sand im Innen-

hof. Ich weiß nicht, warum man ihn Hof nannte, denn es war eigentlich ein Garten, nur ohne Rasen, also alles Erde. Also dann, ungefähr eine halbe Stunde später, nahm ich einen sehr langen und ziemlich spitzen Stock, den ich immer in meinem Schrank aufbewahrte, und zog ihn über den Boden, um drei tiefe Furchen zu zeichnen. Die zwei längsten endeten an der Gartenmauer und ergaben mit ihr zusammen ein sehr großes Rechteck. Das war mein Haus, so habe ich immer Häuschen bauen gespielt, weißt du? Sobald ich hatte, was man die Außenmauern nennen könnte, widmete ich mich ganz den Innenwänden, das heißt, ich malte weitere, viel dünnere Streifen zur Unterteilung der Räume. Ich machte immer ein Wohnzimmer, ein großes Schlafzimmer für mich, zwei kleinere für meine Puppen, die meine Töchter darstellten, und natürlich eine Küche und ein Bad. Du kannst dir nicht vorstellen, wie penibel ich sein konnte, denn anschließend malte ich die Türen, die Möbel, das Klo und alles andere. Absolut alles, sogar die Eingangshalle und einen Garten. Und immer alles nach Maß, das heißt, ich konnte mich wirklich in das Viereck legen, das mein Bett darstellte, ansonsten galt es nicht. Und so habe ich Stunden und Stunden verbracht, indem ich mir jeden Nachmittag ein neues Haus baute... Es hat mir wahnsinnigen Spaß gemacht. Meine Geschwister sagten, daß ich verrückt sei, weil ich alles vollkommen haben wollte. In Wahrheit blieb mir fast keine Zeit zum Spielen, denn der ganze Nachmittag verging damit, daß ich Gardinen anbrachte, einen Herd mit vier Kochplatten und vier Knöpfen in der Küche installierte und den Schrank der Mädchen mit Kleidern füllte. Davon sah natürlich niemand etwas. Du kannst dir ja vorstellen, wenn man einen Stock über den Erdboden zieht, kann man nicht viele Schnörkel machen, so daß ich einfach einige Striche, einige Kreise und andere Figuren, die mir gerade einfielen, zeichnete. Wenn ich fertig war, faßte ich meine

Mutter an der Hand und wollte ihr alles zeigen. Sie verstand nichts, die Arme, und ich erkläre ihr, das ist der Fernseher, siehst du? Im Haus meiner Eltern gab es keinen Fernseher, in meinem aber war immer ein riesengroßer. Und das ist der Sessel, und sie antwortete mir, aber wenn doch die beiden Quadrate gleich groß sind, woher weißt du, welches was ist? Ich konnte es ihr nicht erklären, aber ich wußte es immer ganz genau. Ich sah alles vor mir, die Teller und die Gläser, die Blumen im Topf, sogar den Briefkasten, einfach alles...«
»Und wie hast du weitergespielt?«
»Na ja, dann habe ich die Einrichtung benutzt.« Sie lachte und schaute ihn einen Augenblick an, bevor sie weitersprach. »Ich holte die Puppen in den Garten, legte jede in ihr Bett und mich in mein eigenes, denn das Spiel begann immer kurz vor dem Aufstehen. Ich schloß also die Augen und tat ein paar Minuten gar nichts, wie eine Tote. Da siehst du mal, was ich für ein Lämmchen sein konnte. Dann spielte ich selbst den Wecker, und schrie, ring, ring, ring. Danach streckte ich mich etwas und gähnte und bestimmte, wo mein Ehemann war. Er war immer auf Reisen, und ich rief, Pepe. Ich weiß nicht, warum, aber immer hieß er Pepe. Er war zum Beispiel in Afrika, und ich ging dann in die Küche, um das Frühstück zu machen. Um die Tür zu öffnen, verwischte ich den Strich mit der Fußspitze, bevor ich durchging, und wenn ich dann im Flur war, schloß ich sie wieder mit dem Stock. Stell dir mal vor...«
»Und dann hast du die Mädchen geweckt?«
»Genau. Sie wollten nie aufstehen, und ich habe sie angeschrien, packte sie am Arm und haute sie auf den Hintern, ganz fest. Ich habe es immer wahnsinnig geliebt, meine Puppen zu schlagen, es war wie eine Rache, eine Bosheit, die mir gefiel, denn sie machte kein schlechtes Gewissen. Aber schließlich faßte ich sie am Arm, und wir gingen in die Küche. Wir setzten uns jede auf einen Stuhl,

das waren Halbkreise um einen Kreis herum, der den Küchentisch verkörperte; ich zeichnete einige Tassen und Toasts darauf und tat, als nähme und äße ich sie. Dann packte ich die Küche zusammen und ging mit den Mädchen ins Bad. Ich wusch sie, kämmte sie, zog sie an und setzte sie auf einen Spielzeugstuhl, der das einzig Echte war. Ich habe ihn zum Dreikönigstag bekommen, als ich fünf oder sechs Jahre alt war. Im allgemeinen gingen wir dann einkaufen. Ich durchquerte den ganzen Garten, blieb manchmal stehen, um die Verkäuferinnen anzuschreien und zu protestieren, wenn der Fisch wahnsinnig teuer und die Zwiebeln erfroren waren. Und wenn ich gerade im vollsten Streit mit dem Fleischer war, einer riesigen Buche, die in einer Ecke stand, rief mich meine Mutter immer zum Abendessen. Das Haus blieb immer bis zum nächsten Morgen, bis mein Vater den Garten harkte. Ich habe mir dann ein neues gemacht, jeden Nachmittag dasselbe...«

»Das heißt, du hast dein ganzes Leben lang mit dir gesprochen.«

»Ja. Und ich spreche noch immer viel mit mir. Du nicht?«

»Nein, nie.«

»Wie seltsam. Leute, die viel Zeit allein verbringen, tun das im allgemeinen...«

Er lehnte sich zurück, soweit es der spärliche Raum zuließ, den er in der geteilten Badewanne ausfüllte, und tauchte die Schultern erschauernd unter Wasser. Sie schloß die Augen, und er fuhr mit seinem großen Zeh über ihre Lider und weiter über ihr Profil, mit der unerfahrenen, harten Haut, die kaum wahrnahm, was sie da berührte. Manuela grummelte, als ob ihr dieser Kontakt nicht gefiele, aber er ließ seinen Fuß einige Zeit auf ihrem Gesicht. Kaum hatte er ihn heruntergenommen, ergriff sie den Wannenrand mit beiden Händen, richtete sich auf, änderte unvermittelt ihre Richtung und ließ sich mit ihrem ganzen Körper auf ihn fallen. Ohne nachzudenken, küßte er den Mund, der sich plötzlich über seinem befand, und streckte die Arme aus, um die Taille der Frau, die ihn gegen den Grund drückte, als lauerte außerhalb des Wassers irgendeine schreckliche Gefahr auf sie, zu umklammern. Als sie sich trennten, lächelte sie, seit einigen Tagen lächelte sie ununterbrochen.

»Glaubst du, wir könnten es hier in der Badewanne machen?«

Völlig unvorbereitet auf eine solche Frage, stieß er ein Lachen aus, bevor er antwortete.

»Nein.«

»Sicher?«

»Ja.«

»Aber im Film machen sie das...«

»Weil die Badewannen in den Filmen riesig und voller Tricks sind. Außerdem machen die Schauspieler jeden Tag Gymnastik, man braucht sie sich bloß anzuschauen.«

»Ja. Wirklich schade.«

Sie küßte ihn von neuem, und er begann zu befürchten, seine Worte könnten nicht ausgereicht haben, um sie von ihrem albernen Plan abzubringen. Aber schließlich akzeptierte sie seine Ansicht, und nachdem sie sich mühsam aufgerichtet hatte, stieg sie aus der Wanne, genauso langsam, wie sie hineingestiegen war.

»Hast du einen Bademantel?«

»Nein.«

»Oder größere Handtücher?«

»Auch nicht.«

Mit derselben resignierten Miene, mit der sie das Fehlen von Badesalz hingenommen hatte, wickelte sie sich in ein weißes Handtuch, das kaum um ihre Hüften reichte, und rollte sich ein anderes wie einen Turban um den Kopf. Dann setzte sie sich auf den Hocker, zündete sich eine Zigarette an und sah ihn an.

Seine Haut war fast taub durch das lauwarme Wasser, und er erwiderte ihren Blick aus den Augenwinkeln, völlig versunken in die Erinnerung an das Bild, das ihn schlagartig erschüttert hatte. Klar und deutlich sah er die Silhouette eines Kindes, das sich wiegte und kreischte, unter dem Regen lachte, ein Geschöpf, das äußerlich verblödet schien, dessen Augen und Zähne dennoch glänzten, während es heulte; ein unverständliches Wesen, ein Mysterium, wenn auch ein vulgäres Mysterium, wie sie, die jetzt aufgestanden war und, in einer Hand die Bürste, ihren Kopf entblößte, indem sie das weiße Handtuch an einem Zipfel runterriß, so daß es mit einem schweren Platsch auf den Boden fiel. Danach verrückte sie den Hocker, bis sie sich genau in der Mitte des Spiegels sehen konnte, und schaute ihn im Spiegel erneut an.

»Hast du Lust, mich zu kämmen?«

Während er aus der Badewanne stieg und sich rasch abtrocknete, um sie nicht warten zu lassen, fühlte er die Versuchung, sie zu fragen, warum sie ihm etwas Derartiges vorschlug. Aber er stellte sich vor, daß sie ihm antworten würde, sie habe so etwas mal in einem Film gesehen; also sagte er nichts. In aller Eile zog er sich an, nahm die Bürste und begann, sie ganz vorsichtig zu kämmen. Sie saß da, mit erhobenem Kopf, ganz aufrecht, die Augen geschlossen und den Mund halb geöffnet, wie wilde Kinder, wenn sie zufrieden sind. Er konzentrierte sich auf den Haaransatz, fuhr mit der Bürste sanft durch die Wurzeln ihres Haares und umrundete gleichzeitig Haut und Haar mit den weichen, abgerundeten Borsten, bis er es schaffte, sie zum Schnurren zu bringen. Als das Streicheln die Sensibilität dieses Bereiches gesättigt hatte, öffnete sie die Augen und ihre Lippen endlich zu einem bewußten Lächeln.

»Ich lese gerade den *Quijote*.«

»Und, gefällt er dir?«

»Ja, sehr. Aber wahrscheinlich verstehe ich das alles nicht so recht, denn ich muß dauernd lachen...«

Seit einigen Tagen bestand er hartnäckig darauf, sie Victor zu nennen, verzichtete aber schließlich auf das Spiel, von dem sie zu keiner Zeit etwas wissen wollte. Ich finde es nicht mal gut, wenn du mich Manuela nennst, erklärte sie ihm. Er bestand nicht weiter darauf, obwohl er wußte, daß er sie mit der Geschichte fasziniert hatte. Ja, die kenne ich schon, wandte sie zunächst ein, als sie ihn mit dem Buch in der Hand kommen sah. Tarzan und all das. Nein, antwortete er fest, setz dich und hör zu, es ist die wahre Geschichte eines Jungen, der ganz allein und wild in den Wäldern von Aveyron, in Frankreich, aufwuchs. Dort fanden sie ihn 1799. Weder haben sie erfahren, wer seine Eltern waren, noch, wie alt er war, und sie dachten, er sei taubstumm, denn er konnte selbstverständlich nicht sprechen. Da unterbrach sie ihn zum ersten Mal, also, Tarzan konnte sprechen. Natürlich, antwortete er, weil Tarzan niemals existiert hat, es ist bloß ein Roman, diese Geschichte hier ist aber wahr, man hat daraus auch einen Film gemacht, er ist herrlich. Sie nahm diese Nachricht mit einem müden Schnaufen auf, aber er war doch taubstumm? Nein. Warum hat er dann nicht gesprochen? Weil Kinder durch einen Wiederholungsmechanismus sprechen lernen, sie wiederholen, was sie hören, und der da wuchs ganz allein im Wald auf, hatte nie jemanden sprechen gehört, bis sie ihn einfingen, und da war er schon mindestens acht oder neun Jahre alt. Und außerdem wird er ein bißchen blöd gewesen sein, bemerkte sie. Nein, er war nicht blöd, beharrte er, denn er lernte lesen und schreiben, ohne sprechen zu können, und verständigte sich so mit den anderen. Dieser letzte Punkt schien sie zu überzeugen, denn sie schwieg, schaute ihn an, und ihre Augen wurden immer größer. Er wußte, daß sie immer größer wurden, wenn ihre Aufmerksamkeit geweckt war, und er erzählte ihr die wunderbare Geschichte des wilden Kindes, als wäre es ein Märchen. Dabei ging er sparsam mit Emotionen um, ließ sie in seiner Kehle auf- und absteigen, geleitet durch den Kompaß ihrer unterschiedlich heftigen Reaktionen auf seine Worte, und er erlaubte ihr, seine Erzählung durch immer wütende, extreme und aufrichtige Beschimpfungen, Belobigungen, Seufzer und Bewunderungen zu benoten. Und er beneidete sie um ihre Leidenschaft und um ihre Fähigkeit, die Welt in zwei, drei einfachen und schier unerschöpflichen Ideen zusammenzufassen, die sich trotz ihrer geringen Anzahl unendlich untereinander kombinieren ließen, um alles klarzumachen. Mehr brauchte sie nicht, und auch darum beneidete er sie; aber er konnte ihr nicht folgen, sich ihr Bild von der Wirklichkeit nicht zu eigen machen, vielleicht war es rein und wahr, jedenfalls aber unerreichbar für ihn. Und er hörte ihr zu, wenn sie laut rekapitulierte, sich selbst die Geschichte erzählte, die sie von ihm gehört hatte, fast dieselbe Geschichte; mit stets fragendem Blick, ob er ihrer Auslegung zustimmte oder sie bestritt, als ginge es ihr darum, sie für immer in ihr Gedächtnis einzugravieren. Mitten in einer längeren Ausführung unterbrach er sie plötzlich und fragte sie, ob sie an Gott glaube. Sie antwortete nicht und fuhr fort, mögliche Gründe für die Opferbereitschaft des Doktors Itard auszuführen, der jung, begabt und brillant war, aber trotzdem fast sein ganzes Leben in einem Landhaus eingeschlossen verbracht und es nicht einmal erreicht hatte, daß Victor auch nur klar seinen Namen aussprechen konnte. Er hörte ihr nicht zu und fragte noch einmal, glaubst du an Gott? Schließlich erhielt er eine scharfe, anmaßende und trokkene Verneinung von ihr, und er hatte Mitleid mit ihr, mit ihrer Scham, denn sie ertrug diesen abrupten Wechsel nicht. Wahrscheinlich liebte sie ihn schon viel zu sehr, mehr als sich selbst, denn sie zwang sich dazu, sich mit seinen müden Augen zu sehen, und es gefiel ihr gar nicht, was sie da sah. Und deshalb gefiel auch ihm, der er sich zutiefst liebte, nicht, was von ihm selbst in dem trotzigen

Blick der Frau lag. Er fragte sie noch einmal mit ruhiger Stimme, sag mir die Wahrheit, glaubst du an Gott? Er war bereit, die Frage über Stunden, Tage, ganze Wochen hinweg zu wiederholen, aber das war nicht notwendig. Sie senkte den Blick und sagte, also, in gewisser Weise ja. Sie wüßte es nicht, aber sie meinte, wohl schon, und sah ihn erst nach einer ganzen Weile wieder an. Er fühlte sich ganz schlecht dabei, das wurde ihm klar, und deshalb enthüllte er ihr schließlich den Sinn der ganzen Geschichte und den Grund für seinen Drang, sie Victor zu nennen. Du ahnst nicht, was er gern mochte, die einzigen drei Dinge, die ihn in gute Laune versetzen konnten? Sie schüttelte den Kopf. Er hielt einen Augenblick die Spitze seines rechten Zeigefingers an den kleinen Finger seiner linken Hand, dann an den Ringfinger und zuletzt an den Mittelfinger, während er langsam aufzählte, Milch trinken, bei starkem Regen über die Felder gehen und in warmem Wasser baden. Diese Offenbarung brachte sie wieder zum Lachen, und er freute sich darüber, wenn auch die allerletzte Nuance ihrer Wiederherstellung aus der lästigen Frage bestand, also, was bin ich nun, eine Sklavin oder eine Wilde? Aber er wußte es auch nicht, und er wollte es auch gar nicht wissen. Deshalb vermied er es, sich zu einem einfachen Urteil zu bekennen. In Ordnung, sagte er, ich werde dich Freitag nennen, das hat von beidem ein bißchen...

Anfangs glaubte er, daß die Dose mit dem blau-weißen Etikett nur ein Gegenstand zur Zerstreuung wäre, ein Trick, um seine Aufmerksamkeit von dem eigentlichen Inhalt der Papiertüte abzulenken, mit der sie am Nachmittag erschienen war, ein paar Stunden früher, als ausgemacht, und ihn aus seiner Siesta geweckt hatte.

»Was ist das?« fragte er gähnend, sobald er sie sah. Ohne sie auch nur zu begrüßen, ließ er sich von ihr auf die Wangen küssen.
»Zwei Bademäntel... Und eine Dose süße Kondensmilch.«
Er brauchte ein paar Sekunden, um die kurze Nachricht völlig zu verstehen. Dann wandte er sich ab, ohne ein weiteres Wort zu sagen; spiegelte eine Wut vor, die er nicht wirklich empfand, vielleicht, weil er immer noch schläfrig war. Sie lief hinter ihm her, griff nach einem seiner Arme und zwang ihn, sich umzudrehen.
»Aber, was ist denn los?«
»Warum hast du zwei Bademäntel gekauft?«
»Na, damit das nächste Mal, wenn es regnet, welche da sind.«
»Und was läßt dich vermuten, daß du das nächste Mal, wenn es regnet, hier sein wirst?«
Sie sah ihn befremdet an.
»Na ja, wir haben Oktober. In dieser Jahreszeit regnet es ziemlich oft.«
Gegen seinen Willen mußte er grinsen, absolut überfahren. Manchmal wußte er sich mit ihr keinen Rat mehr.
»Und wofür ist die Kondensmilch?«
»Na ja, du weißt ja, man nimmt an, daß die Leute sie essen.«
»Willst du eine Torte machen?«
»Nein. Außerdem macht man mit Kondensmilch Karamelpudding und keine Torten.
»Aha... Das wußte ich nicht.«
Sie beugte sich nach vorn, stützte die Ellenbogen auf die Knie und das Gesicht in die Hände.
»In Wahrheit hatte ich daran gedacht, sie aufzuessen.«
»Wie?«
»So, wie sie ist. Mit einem Löffel.«
»Mit einem Löffel? Eine ganze Dose?«
»Ja. Das mache ich von Zeit zu Zeit, es gehört zu den

Dingen, die ich am meisten auf dieser Welt liebe, aber ich traue mich fast nie, wegen des Dickwerdens und so. Heute jedenfalls war ich ganz glücklich, warum, weiß ich nicht. Und da bin ich in einen Laden gegangen und habe sie mir gekauft. Ehrlich gesagt, weiß ich jetzt gar nicht mehr, ob ich mich traue, es wird dir bestimmt lächerlich vorkommen, nicht? Ich meine, eine ganze Dose auszulöffeln ist nicht gerade normal, nicht war?«

In dem Blick eines zum Tode Verurteilten hätte sich kein reineres Ersuchen um Gnade finden lassen, als es jetzt bei ihr zum Vorschein kam. Er fühlte sich großzügig, und nachdem er aufgestanden war, stellte er sich vor den Sessel und streckte ihr eine Hand hin. Sie sah ihn einen Augenblick an, als hätte sie Mühe, sich zu entscheiden, akzeptierte aber schließlich die stumme Einladung in der Geste und ergriff die Hand. Sie erhob sich, ließ sich führen, während sie sich auf die Unterlippe biß, ohne dabei ein nervöses Gekicher unterdrücken zu können. Er führte sie schweigend über den Flur, und als sie in die Küche kamen, rückte er einen Stuhl vor und bedeutete ihr, sich daraufzusetzen. Er öffnete eine Schublade, um einen Dosenöffner herauszunehmen, den er auf dem Deckel befestigte; dann stieß er das runde Gefäß quer über den Tisch, wie man eine Bierdose über eine Theke schiebt.

»›Der Spanische Forscher‹... Man findet sie fast nicht mehr, aber es sind immer die besten gewesen.«

Er saß ihr genau gegenüber, nickte und mußte angesichts ihres Enthusiasmus, ausgelöst durch eine schwachsinnige Blechdose, erneut lächeln, während er überlegte, daß eigentlich er die Dose öffnen sollte, den Deckel anheben, einen Löffel nehmen und sie mit diesem überflüssigen Vergnügen vollstopfen, um in allen Nuancen die Rolle, die er einmal gewählt hatte, darzustellen. Er dachte, er sollte ihr davon zu essen geben, und streckte einen Arm aus. Aber dann zog er ihn sofort wieder zurück, weil er sich zu sehr schämte. Im Grunde war es auch nicht nötig, denn sie hatte bereits den Löffel in den Blechbehälter versenkt und zog ihn langsam wieder heraus. Dabei betrachtete sie aufmerksam die dickflüssige, weiße Creme, die bis zur Mitte des Stiels auf beiden Seiten schmierig heruntertropfte. Sie streckte die Zunge aus, um die Tropfen aufzufangen, und leckte dann gierig, aber langsam beide Seiten des Metalls ab; erst die konkave, dann die konvexe, bis sie nur noch vor Spucke glänzten. Sie wiederholte den Vorgang mehrere Male und gefiel sich darin, nach jeder Etappe innezuhalten, ihn von Zeit zu Zeit anzusehen und mit glänzenden, zuckerglasierten Lippen zu lachen. Er sah ihr zu, ohne zu wissen, was er sagen sollte, obwohl er sich, wie immer, wenn er Zeuge ihrer Verzückungen wurde, die ihr seltsamer Kodex ihr zu verordnen schien, in gewisser Weise in der Lage fühlte, an ihrem Vergnügen teilzuhaben.

»Willst du etwas?«

»Ich? Nein danke.«

»Aber, warum nicht? Es ist himmlisch...«

»Weil es eine Schweinerei ist.«

»Vielleicht ist es eine Schweinerei«, gab sie unter Gelächter zu, »aber sie ist saugut, komm, nimm, probier mal...«

»Nein! Ich will nicht, und du solltest auch aufhören, sonst kriegst du den Hintern voller Würmer.«

»Ja, ja, voller Würmer... Ich werde ihn voller Ladungen weißen, widerlichen Fetts haben, aber heute ist schließlich heute, nicht wahr?«

»Selbstverständlich.«

»Danke.«

»Bitte.« Er sah ihr scharf in die Augen, damit sie aufblickte, bevor er in ernstem Ton fortfuhr. »Kann ich dich um einen Gefallen bitten?«

»Na klar...«

»Hättest du was dagegen, mit den Fingern zu essen?«

»Mit den Fingern?«

Er nickte mehrmals, um sie davon zu überzeugen, daß es ihm ganz ernst war. Sie ließ den Löffel in die Dose fallen, hob beide Hände vor ihr Gesicht und betrachtete ihre Finger, als sähe sie sie zum ersten Mal. Dann sah sie ihn mit einer Verblüffung an, die ihn überraschte; schließlich provozierte er sie ziemlich oft.

»Aber weshalb willst du, daß ich mit den Fingern esse?«

»Nur so. Es würde mir einfach gefallen zuzusehen.«

»Aber warum?«

»Was weiß ich, es würde mir Spaß machen ...«

»Es ist nur ... Kondensmilch läßt sich eigentlich schlecht mit den Fingern essen.«

»Das ist ja gerade der Witz.«

»Gut«, sagte sie schließlich nach einer langen, unentschlossenen Pause, »wenn du Lust darauf hast, für mich ist es ja keine große Arbeit ...«

Sie zog den Löffel aus der Dose, und anstatt ihn auf den Tisch zu legen, ging sie hinüber zum Spülbecken, wusch ihn ab und legte ihn in den Abtropfständer. Dann drehte sie sich unvermittelt um und zeigte mit dem Finger auf ihn, während sie ein triumphierendes Grinsen zur Schau stellte.

»Jetzt weiß ich's! Du willst mich mit den Fingern essen sehen, um dann eine Nummer mit mir zu schieben.«

»Ich?« Er drückte seinen Zeigefinger gegen seine Brust, als könnte er nicht glauben, was er da gerade gehört hatte, bevor er in Gelächter ausbrach, laut und tief genug, um seine Überraschung zu verbergen. »Sehr gut. Willst du mir mal erklären, was es da für eine Beziehung gibt, dich mit den Fingern essen sehen und dann eine Nummer mit dir schieben?«

»Also, ich weiß nicht, das kann ich nicht erklären, aber es muß so was sein. Du heckst immer so etwas aus, das gefällt dir ...«

»Ah, ja?«

»Ja.«

»Dann können wir ja niemals gegrilltes Lamm essen gehen, beispielsweise...«
»Wenn es Lamm wäre, wäre es nicht dasselbe.«
»Nein?«
»Nein.«
»Und warum?«
»Einfach darum, ist doch völlig klar.«
Er lächelte, schon gleichgültig gegenüber ihren Gedanken, und fragte sich, wie es kam, daß er so große Lust hatte, sie mit den Fingern essen zu sehen, wobei er gleichzeitig von ihrer umständlichen Auslegung geschmeichelt war.
»Also gut. Nehmen wir an, du hättest recht. Darf ich dich fragen, was du zu tun gedenkst?«
»Mit den Fingern essen.«
Sie nahm ihren Platz am Tisch wieder ein, zog die Dose zu sich heran, bis sie genau unter ihrem Kinn stand, und steckte die Finger in das Innere. Bevor sie sie wieder herauszog, rührte sie in der Kondensmilch herum, sah ihn amüsiert an und fragte ganz leise:
»Wirst du eine Nummer mit mir schieben oder nicht?«
Er war schon drauf und dran zu antworten, daß er tun würde, was sie wollte, als er sich gerade noch erinnerte, daß dies genau das war, was er niemals sagen durfte, wenn er auch nur die Illusion seiner autoritären Distanz aufrechterhalten wollte, so daß er sich die Frage kurz selbst stellte und schließlich nickte. Erst da zeigte sie ihm ihre schmutzige Hand, mit dem Gebaren von jemandem, der einen Preis verleiht, und leckte sie langsam sauber. Sie fuhr mit der Zunge von den Fingernägeln bis zum Handgelenk, bevor sie ihre Hand eine ganze Skala von Pirouetten drehen ließ, an deren Ende alles verschlungen sein sollte. Sie ergriff die zähe Creme mit geballter Hand, als wäre sie feste Kost, und ließ sie rasch in ihrem geöffneten Mund verschwinden. Sie saß über die Dose gebeugt, die Lippen fast auf dem scharfen Blechrand, den

ganzen Körper angespannt, abhängig von den genauen Bewegungen ihrer Finger, die manchmal danebenfaßten und dünne, süße Rinnsale über ihr Kinn laufen ließen, die sich dann über ihren Hals stürzten, antrockneten und seltsame Spuren hinterließen. Er sah ihr zu, wußte, daß sein Mund offenstand, und machte sich nicht die Mühe, ihn zu schließen. Er sah ihr zu und verstand die elementare Verbindung zwischen Ideen und Farben, der sie zuvor erlegen war. Es war ein Bild, das absolut keine Macht über ihn besaß, denn während er sich auf Manuela konzentrierte und obwohl er alles wußte, alles abschätzte, entschied er, daß er es einfach liebte, ihr zuzusehen.

Schließlich probierte er auch von der Kondensmilch, denn nachdem er sein Wort über der unbeständigen Tischplatte aus Kunststoff gehalten hatte und ihr wenigstens in ihrer Gier, über dem Küchentisch vergewaltigt zu werden, entgegengekommen war – die bescheidene Szenerie, die eine unwiderstehliche Anziehung auf sie ausübte, seitdem sie die darin verborgenen unwahrscheinlichen Möglichkeiten in einem Film schätzengelernt hatte – , nahm er ihre Hand und lutschte an jedem ihrer Finger, leckte anschließend ihr Gesicht und ihren Hals, bis er jede Spur der bereits angetrockneten Süßigkeit ausgelöscht hatte. Sie lächelte, und er nahm an, daß sie das zweifelhafte Resultat seiner Akrobatik befriedigt hatte. Er fühlte sich besser, obwohl ihm die Unterseiten seiner Zehen, die über lange Minuten hinweg sein Gewicht gehalten hatten, schrecklich weh taten. Ein unverwechselbares Knirschen wies sie plötzlich auf das bevorstehende Unglück hin, aber sie hatten keine Zeit mehr zu reagieren. Eines der dünnen Tischbeine war nicht länger fähig, das Gewicht ihrer Körper zu halten, und zerbrach. Manuela fiel auf den Boden und riß ihn in ihre Arme.

Er wollte sich, so schnell er konnte, von ihr losmachen, um den Schmerz der durch seine Unmittelbarkeit nicht minder heftig war, nicht noch durch sein Gewicht zu verstärken, aber sie hielt ihn an sich gedrückt, während sie zu lachen anfing. Er wollte auch lachen, fand aber nicht sonderlich viel Grund dazu, außerdem schmerzte ihn ein Bein zu sehr. Als sie sich schließlich beruhigt hatte, half er ihr auf die Beine und fragte sie, ob sie sich weh getan hätte.

»Ja, wirklich ganz schön.«

»Und warum lachst du dann so?«

»Na ja, wenn mir solche Sachen passieren, muß ich immer lachen. Glaub nicht, weil ich es witzig finde, sondern weil es mir ein bißchen das Gefühl von Würde wiedergibt. Ich meine, bevor die anderen lachen, bin ich die erste.«

»Auch wenn die anderen nur aus mir allein bestehen?«

»Ja, wenn du erst einmal damit anfängst, tust du es später ganz automatisch, verstehst du?«

Er verstand nicht ganz, nickte aber für alle Fälle. Als sie dann den zerbrochenen Tisch und die halbleere Dose, die wunderbarerweise nicht umgekippt war, vom Boden aufhoben, legte er ihr einen Arm um die Schultern und schob sie zum Flur hin.

»Komm, wir gehen«, sagte er, »die Stunde ist gekommen, daß wir unser gesellschaftliches Leben beginnen.«

Sie sah ihn an, um in seinem Gesicht den strahlenden Ausdruck, den sie bereits erwartete, zu finden, denn wenn die Nacht mit ihm zu verbringen mehr bedeutete, als zu vögeln, dann würde gesellschaftliches Leben zweifellos mehr bedeuten, als die Nacht mit ihm zu verbringen.

»Schön! Gehen wir auf eine Party?«

»Nein, wir gehen in eine Bar gleich nebenan. Der Besitzer ist ein Freund von mir.«

»Aha. Gut...«

»Er ist mein bester Freund«, fügte er hinzu, um die Enttäuschung, die in ihrem wehmütigen Ausruf gelegen

hatte, aufzuhalten. »Ich gehe nicht auf Parties, ich mag sie nicht.«
»Na gut. Ich schon. Aber es ist mir völlig egal.«
»Er heißt Polibio. Ich habe dir von ihm erzählt, an dem Tag, als wir uns kennenlernten ...«
»Der Grieche?«
»Ja. Genau. Du hast wirklich ein blendendes Gedächtnis, Mädchen, du vergißt nichts ... Du wirst ihn mögen, ihr habt vieles gemeinsam.«
»Odysseus?«
»Odysseus und die Lust zu kochen und Kondensmilch. Wir könnten ihm die Reste hier schenken, wenn du nichts dagegen hast ...«
Sie schüttelte den Kopf, sie hatte nichts dagegen. Er versuchte abzuschätzen, ob es wirklich so gut war, sie Polibio vorzustellen. Doch einen Augenblick später löste sich der Zweifel in der Gewißheit auf, daß die Sensibilität seines Freundes fein genug war, um in die richtige Richtung zu führen, weg von der monotonen Vulgarität Manuelas, die sich ohne große Anzeichen von Freude trotzdem bei ihm einhängte und neben ihm die Straße entlang ging.
Als sie die Bar betraten, war Paquita ganz allein, hatte den höchsten Hocker erklommen und trank mit schmachtender Miene. Die Hand in der Hüfte, die Schulter in die entgegengesetzte Richtung des Kopfes verdreht, immer dem alten Rat eines Fotografen gehorchend, der ihr eines Tages anvertraut hatte, daß alle Models so verrenkt und steif säßen, bevor er sie erbarmungslos auf drei, vier Stückchen satiniertes Papier gebannt hatte, die sie dann, halb nackt, in anderen bedeutsamen Posen darstellten und ihr trotzdem niemals den Zutritt zu den Seiten des so sehnlich erwünschten Magazins ermöglichen würden. Sie träumte immer noch vom stillen beruflichen Aufstieg, trotz der glühenden Reden, die Polibio von Zeit zu Zeit wiederholte, um sie davon zu überzeugen, daß ihr Platz

auf der Straße sei, wo sie ihre noblen und würdigen Dienste der Gesellschaft zur Verfügung zu stellen habe; und nicht in einem dieser widerwärtigen abgeschlossenen Ghettos, die nur von einer Handvoll eitler und halb impotenter Oligarchen frequentiert wurden, die sie viel tiefer erniedrigten als die voraussehbaren Blicke der gewöhnlichen Passanten. Benito war bei einigen dieser Diskussionen zugegen gewesen. Obwohl er im Grunde fand, daß Polibio recht hatte, übernahm er fast immer ihre Verteidigung aus einer alten Solidarität als fehlgeschlagener Kunde heraus und weil er davon überzeugt war, daß letzten Endes Paquita die schwerere Last trug und folglich eine Meinung über ihre unumkehrbare Zukunft als Nutte äußern sollte, wenn ihr ihre spärliche Schönheit schon keine Entscheidung gestattete. Sie war ihm immer sehr dankbar für sein Einschreiten gewesen, und als sie ihn an dem Nachmittag auftauchen sah, war sie ihm ebenso dankbar für den Rippenstoß, den er dem dicken Mädchen versetzte, das an seinem Arm hing, ihm etwas ins Ohr flüsterte und sie aus tellergroßen Augen ansah.

»Hallo, Schätzchen! Wie lange...«

»Hallo Sami. Wie geht's?«

Benito beugte sich über sie, um ihr einen Kuß zu geben, und konnte aus dem Augenwinkel sehen, daß Polibio, beladen mit Olivenbüchsen, zur Hintertür hereinkam.

»Mann! Das verlorene und im Tempel wiedergefundene Kind...« Und während er Manuela dreist ansah, fuhr er in kläglichem Ton fort. »Ich wüßte allzu gern, wo du immer steckst, mein Alter, nicht nur, daß du dich nicht mehr an deine Freunde erinnerst, man sieht auch nichts mehr von dir...«

Er kapierte sofort den kaschierten Anspruch hinter diesen Worten und nahm, sich etwas nach hinten drehend, seine Begleiterin beim Arm, um sie zu einem Platz zu führen, wo man sie besser sehen konnte; und während er

mit der anderen Hand jeweils zeigte, machte er sie miteinander bekannt.
»Dies ist Manuela, das ist Polibio, und das ist Sami...«
»Samanza«, verbesserte Paquita und streckte graziös und völlig unnötig eine Hand aus, denn die gerade Angekommene hatte sich ohne weiteres über sie gebeugt, um ihr zwei Küßchen auf die Wangen zu setzen.
»Paca«, verbesserte Polibio seinerseits, als er an die Reihe kam. »Sie heißt Paca. Sehr erfreut.«
»Ich heiße Samanza.«
»Du heißt Paca, Paquita, Francisca, all das. Und wenn überhaupt, dann Samanta mit t.«
»Weißt du was, du Blödmann? Ich habe die Schnauze gestrichen voll von dir! Ich heiße Samanza mit z wie die Engländerinnen...«
»Engländerinnen heißen nicht Samanza, sie schreiben es mit th. Außerdem kannst du dich drehen und wenden, wie du willst, du heißt Paca...«
Benito wollte gerade in die Diskussion eingreifen, hatte schon seit einiger Zeit vor, diesem dauernden Versuch, eine Kurzform einzuführen, die keinen Anklang fand, ein für allemal ein Ende zu setzen, als Manuela sie unerwartet unterbrach.
»Ich heiße auch nicht Manuela«, sagte sie ganz leise und mied seinen Blick. »In Wirklichkeit heiße ich Iris...«
Daraufhin konnte er sehen, wie Scharfsinn in Polibios Augen aufblitzte, der sich umdrehte, um sie anzusehen, während Paquita der neu Dazugekommenen einen ungewöhnlich warmen Blick schenkte.
»Aha!« murmelte sie und legte ihr eine Hand auf die Schulter. »Du hast also auch einen Künstlernamen...«
»Ja, wenn du so willst... Ja, ich nehme an, das ist es. Ich bin wirklich eine Künstlerin.«
»Sieh an! Wie wir alle...«
Benito beugte sich über die Theke und grinste ohne die geringste Absicht, den Irrtum aufzuklären.

»Und in welcher Branche arbeitest du?« Völlig von der Anwesenheit einer mutmaßlichen Kollegin eingenommen, bewegte sich Paquita bereits mit einer Ungeniertheit, die in radikalem Gegensatz zu den Richtlinien stand, die sie von dem Fotografen erhalten hatte.
»Ich bin Schauspielerin.«
»Aha. Ich tanze.«
»In welcher Kompanie?«
Paquita warf ihr einen verblüfften Blick zu und suchte dann in Benitos vorsätzlich leerem Lächeln nach einer Erklärung. Nach einer Pause entschied sie sich, ihrem Spürsinn zu vertrauen und zu antworten.
»In... der Kompanie eines Mädchens namens Ursula, die besonders als Scheich auftritt.«
»Aha. Seid ihr bloß zu zweit?«
»Ja.«
»Wie interessant!«
»Ja, ich denke schon. Und was machst du? Kabarett?«
»Nein, das habe ich noch nie gemacht, aber wir würden so etwas gern im nächsten Jahr aufführen. Im Augenblick begnügen wir uns mit schlichten Aufführungen mit drei, vier Personen und kurzen Texten von Lorca, Williams, Brecht, so was...«
»Sehr modern«, murmelte Polibio, aber er mußte für sich allein lachen, denn Manuela schien völlig in Paquitas Gesicht versunken, in dem sich rasch Ironie und Mißtrauen miteinander mischten.
»Du bist also Schauspielerin... Aber eine wirkliche Schauspielerin.«
»Klar, das habe ich dir doch gerade gesagt.«
»Deshalb kommst du mir auch gar nicht bekannt vor, Kindchen.«
»Ich mache experimentelles Theater. Wir spielen nur in alternativen Theatern, in Stadtteilen und so, verstehst du?«
»Ja, ja, ich verstehe... Ich dachte anfangs... glaubte...

daß du dasselbe wie ich tätest, tanzen, ohne Tänzerin zu sein. Du verstehst schon, nicht wahr?«

»Nein.«

»Na ja, macht nichts.«

Polibio entschied sich einzugreifen.

»Es soll heißen, daß Paquita eine Nutte ist.«

»Natürlich«, murmelte Manuela für sich. »Darum sieht sie so aus...«

Für einen Augenblick schwiegen alle; sie verdaute die Neuigkeit, die anderen warteten auf eine Reaktion, die zwar eine Weile auf sich warten ließ, dann aber auch nicht enttäuschte. Manuela trat entschieden an die Theke heran, holte mit der rechten Hand aus und scheuerte Polibio eine Ohrfeige, die wie ein Peitschenknall in der leeren Bar nachhallte.

»Also, was?« schrie sie unmittelbar danach, ungerührt von der allgemeinen Verblüffung, auch seitens des Geschlagenen, der sie, die Hand an der Wange, mit hervortretenden Augen ansah. »Sie ist eine Nutte. Also? Wer glaubst denn du, wer du bist, das hier zu sagen? Es ist zum Kotzen, Scheiße, daß die Arme bei allem, was sie schon zu ertragen hat, wenn sie dann hierherkommt, um ein Gläschen zu trinken, sich das auch noch anhören muß. Also, hast du begriffen? Aber jetzt ist Schluß damit.« Und während sie sich zu Paquita umdrehte und den Zeigefinger auf sie richtete: »Du kommst zu mir nach Hause arbeiten, wir haben Platz für dich, also, jetzt ist Schluß mit...«

Sie unterbrach ihre Rede genauso unvermittelt, wie sie begonnen hatte, als sie Benitos Gelächter wahrnahm. Er konnte das komische Bild – Paquita in einem bedruckten Baumwollrock und in der Fuencarral an Kinoausgängen Ohrringe verkaufend – nicht länger ertragen.

»Und was ist mit dir los?« putzte sie ihn nach einer Weile herunter, als er mit dem Lachen überhaupt nicht aufhören wollte.

Er umarmte sie von hinten, hielt ihre Handgelenke fest, so

daß sie sich nicht bewegen konnte, und flüsterte ihr, aber laut genug, daß die anderen es auch hören konnten, ins Ohr.
»Du liegst völlig schief, Victor.«
»Nenn mich nicht Victor.«
»Gut. Aber auf jeden Fall liegst du schief. Es hat Sami nichts ausgemacht, daß Polibio das sagte, und er wollte sie nicht ärgern, sondern dir nur begreiflich machen, was hier vorgeht. Wir drei sind seit vielen Jahren befreundet, und die beiden sind außerdem zusammen. Du hättest dich nicht so aufführen sollen, es gibt gar keinen Grund, sich aufzuregen.«
Da spürte er, daß Manuela in seinen Armen einsackte, als würde sie jeden Moment zu Boden fallen. Paquita mußte etwas Ähnliches befürchten, denn sie faßte ihr mit einem Finger unters Kinn und zwang sie so, den Kopf zu heben.
»Aber, mach dir keine Sorgen, Dummerchen, du warst einfach großartig, im Ernst... Das mit uns ist schon etwas seltsam, weil der da, wie er so als alter Intellektueller durchs Leben geht, also, er liebt es zu sagen, daß ich auf den Strich gehe und daß es ihm gar nichts ausmacht, weil wir vom Strich das Reinste sind, was es in dieser Scheißgesellschaft gibt, und lauter so Sachen... Er ist so, und mir ist es wurscht, es gefällt mir sogar. Stell dir vor, am Anfang nannte er mich Augenbraue...«
»Schläfe«, verbesserte Polibio.
»Ach ja, Schläfe, ich wußte doch, daß es etwas aus dem Gesicht war. Immer vergesse ich's. Also er nannte mich Schläfe, so wie Picasso...«
»Van Gogh.«
»Also gut, van Gogh, wo ist da der Unterschied, und hör jetzt auf, mich zu unterbrechen, du Dreckskerl... Was wollte ich sagen? Ach ja, daß der Wie-heißt-er-noch eine Hure zur Frau hatte, die so hieß, verstehst du? So berühmt war er, daß er durchgedreht ist. Und Hörner hat er aufgesetzt bekommen, daß er nirgends zur Tür hinein-

paßte... deshalb sagt Polibio allen, daß ich eine Hure bin, weil nichts dabei ist, es ist eine Tätigkeit wie jede andere, meint er. Natürlich, deshalb sage ich dir, das zwischen uns ist etwas seltsam, du konntest das nicht wissen. Jede andere hätte es dir von Herzen gedankt, bestimmt...«

»Es tut mir leid.« Manuela wandte sich mit einer gebrochenen Stimme, die einer Sterbenden würdig gewesen wäre, an Polibio. Er antwortete ihr, indem er eine Hand nach ihrem Gesicht ausstreckte und kurz eine ihrer Wangen streichelte, eine Geste, die Benito bis dato noch nicht zu sehen bekommen hatte.

»Das macht nichts«, sagte er dann und vervollständigte die angedeutete Zärtlichkeit seiner Finger mit einem Ton, in dem man ein kleines Kind beruhigt. »Was willst du trinken?«

»Äh, irgend etwas... Was du willst.«

»Aber... Was heißt hier irgendwas?« Paquita ergriff aufs neue die Initiative. »Wer wird es denn trinken, du oder Poli? Himmel, was für ein schüchternes Ding! Bestell, was du willst, und gut. Ich lade genauso ein wie er...«

Manuela bestellte einen Cuba Libre, ohne dabei ihre Gesprächspartnerin anzusehen, die gerade ihren letzten Satz näher erklärte.

»Du wirst doch nicht etwa glauben, daß der hier mein Loddel ist, he?« stellte sie energisch klar. »Nur, wenn er auf die Kasse angewiesen wäre, hätte er das Lokal zehn Tage nach der Eröffnung schließen müssen. Und was sollte ich dann tun? Wohin sollten wir jeden Abend gehen? Wir würden ein Vermögen für Drinks ausgeben, außerdem würde er unerträglich werden. Also, wenn er Geld braucht, fragt er mich ganz einfach, und ich gebe es ihm dann, aber nur, weil ich Bock dazu habe, daß das klar ist, he? Wir sind Partner; sollten eines schönen Tages mal alle Bars in der Umgebung abbrennen, und diese hier bliebe zufällig stehen und brächte Kohle, würde ich meinen Anteil einstecken, verstehst du? Also, er ist so was wie mein Mann, was soll ich machen... Und von welcher Arbeit hast du mir vorhin was erzählt?«

»Also, neben dem Theater stelle ich Schmuck her.« Manuelas Stimme zeigte an, daß sie sich wieder völlig gefangen hatte. Benito beschloß, sie in Ruhe zu lassen.

»Schmuck mit Juwelen?«

»Na ja, so gut wie... Ohrgehänge aus Metall, vor allem aus Kupfer, Halsbänder, manchmal auch Broschen...«

»Aha! Diesen Billigschmuck, den man auf der Straße kaufen kann...«

»Genau.«

»Wie entsetzlich, armes Kind!«

»Na ja, als Arbeit ist es nicht schlecht.«

»Nein, jetzt hör aber auf... Ich gebe immer viel aus... Du mußt mich irgendwann, wenn du auftrittst, unbedingt anrufen, auch wenn ihr über Las Musas hinausgehen solltet. Ich komme dann, wohin auch immer, mit drei, vier Mädchen und mache ein bißchen Stimmung, damit man etwas mehr Applaus hört, ganz im Ernst...«

»Genau, und ich werde Benito sagen, daß er mich mitnehmen soll, dich tanzen zu sehen.«

»Nein, schau mal, ich glaube, besser nicht, es würde dir bestimmt nicht gefallen.«

In dem Augenblick, als die monotone Normalität wiederhergestellt war, zog Polibio das Schachbrett hervor und stellte mit der krankhaften Genauigkeit des Besessenen alle Figuren auf. Benito winkte ab.

»Aber, warum willst du nicht spielen? Gleich werden sie anfangen, von Fummeln zu reden, du wirst schon sehen.«

»Worüber ich mir ganz sicher bin, ist, daß dir meine Kostüme gefallen würden«, bestätigte Paquita in diesem Moment, als hätte sie das Flüstern auf der anderen Seite der Theke mitgehört. »Den ganzen Bauch frei, viele Tüllröcke, und das Oberteil mit farbigen Pailletten bestickt, wunderschön, sag ich dir...«

Benito drehte sich um und setzte den Bauern des Königs vor. Polibio erwiderte mit einem Springer.
»Nein, nein, nein.« Der Spieler mit den weißen Figuren äußerte seinen Unwillen, indem er mit der Faust auf die Marmortheke schlug. »Bloß das nicht, sonst machst du mich gleich fertig.«
»Oh, doch, weil wir so schön dabei sind!« Der Spieler mit den schwarzen Figuren zog den Springer zurück und setzte seinen eigenen Königs-Bauern vor. Sein Gegenspieler antwortete ganz mechanisch, indem er seinen mit einem Springer deckte.
Solange sie sich innerhalb der theoretischen Grenzen der Eröffnung bewegten, die Benito inzwischen auswendig gelernt hatte, ging alles gut, aber dann machte die Unlust des Spielers mit den weißen Figuren die ganze Partie unmöglich. Polibio hatte bereits genug davon, die Züge seines Kumpels immer wieder zu korrigieren, um ein schnelles Schachmatt zu vermeiden, als ein unerwarteter weiblicher Vorschlag beide aufhorchen ließ.
»Wenn ihr wollt, spiele ich.«
Beide drehten sich um. Manuela stand, das leere Glas in der Hand, mit ernster Miene direkt neben ihnen.
»Aber, kannst du denn spielen?« Die Ungläubigkeit, die aus diesen Worten klang, beruhigte Benito, der bereits begann, sich selbst wegen seiner Unkonzentriertheit Vorwürfe zu machen.
»Klar, Mann. Wenn ich nicht spielen könnte, würde ich mich kaum anbieten.«
Polibio sah Benito an, aber der zog sich gleich von der Theke zurück, stubste zart Manuelas Schulter zu dem Platz, den er gerade verlassen hatte, und setzte sich seinerseits auf ihren freigewordenen Hocker neben Paquita.
»Wenn ich spielen soll, hätte ich gern noch einen Drink, und wenn du nichts dagegen hast, ich kenne dich ja noch nicht, würde ich lieber die Weißen nehmen.«

Polibio schaute sie mit einem rätselhaften Lächeln an, während er langsam nickte.
»Also gut, ich lasse dir die Weißen, unter einer Bedingung.«
»Welcher?«
»Daß du mit dem Königs-Bauern eröffnest, indem du ihn nur ein Feld vorziehst.«
»Aber warum? Glaub nicht, daß ich Angst vor dir habe...«
»Es ist nicht deswegen, sondern weil ich ein paar Sachen ausprobieren will, wenn du nichts dagegen hast. Paquita hat sich geweigert, auch nur zu lernen, wie sich die Figuren setzen lassen. Sie vertut sich immer mit dem Springer, und Benito spielt fatal, deswegen sage ich dir das...«
Manuela bewegte den Königs-Bauern, während ihr Gegner ihr einen Drink machte.
»Das gibt's doch nicht!« rief sie aus, als sie den ersten Zug der Schwarzen sah, und heftete ihren Blick auf Polibio, der sie ansah und lachte. Benito, der wirklich an der Partie interessiert war, wandte für einen Moment seine Augen vom Schachbrett und schenkte Paquita, die ihn wie wahnsinnig am Ärmel zog, seine Aufmerksamkeit.
»Wo hast du denn diese seltsame Tante aufgegabelt?« fragte sie ihn flüsternd, sobald er ihr sein Gesicht zugewandt hatte.
»Auf der Straße.«
»Ach, hör doch auf!«
»Ich hab sie auf der Straße gefunden, im Ernst... Es gelang mir nicht, ihr Gesicht zu sehen, und so bin ich ihr bis zum Botanischen Garten nachgegangen. Sie bat mich um Kleingeld für den Eintritt, und ich gab es ihr; so haben wir uns kennengelernt.«
»Sie ist in Ordnung«, murmelte Paquita und nickte anerkennend. »Sie gefällt mir, sie ist... etwas sonderbar, aber sie gefällt mir.«
Manuela, die jetzt dem zweiten Zug ihres Gegners trotzte,

starrte die Schachfiguren an, als könnte das, was sie da sah, gar nicht sein.
»Sag mal, was hast du denn gedacht, Alter? Daß ich vollkommen blöd bin?«
Polibio, der in schallendes Gelächter ausgebrochen war, machte den nächsten Zug; sie reagierte sehr schnell; und wieder war er am Zug.
»Bestens, du hast es so gewollt. Schachmatt! Und es gibt keine Revanche, die hast du nicht verdient, weil du dachtest, du könntest dich so leicht über mich lustig machen.«
Benito, völlig perplex, kam zur Theke, um sich die Sache aus der Nähe anzusehen, den schwarzen König, eingeschlossen von seinen eigenen Figuren, der weißen Dame und einigen weißen Läufern, die ihm jeden nur erdenklichen Ausweg versperrten. Er versuchte, eine Lösung zu finden, aber das Matt stand unwiderruflich fest. Manuela hatte in vier oder fünf Zügen gewonnen. Polibio krümmte sich vor Lachen, und auch sie lachte los, kaum daß sie ihn gesehen hatte.
»Was ist passiert?«
»Nichts», antwortete Polibio. »Höchstens, daß ich ein Idiot bin ...«
Manuela bedachte ihren Gegner mit einem frechen Blick. »Erzählst du es, oder erzähle ich es?« Die Antwort des Besiegten war ein neuerliches Gelächter, das sie als Aufforderung deutete. »Gut. Also, dieses Matt heißt das Matt des Hirten und ist das erste, das man kleinen Kindern beibringt; ich kann nicht älter als sieben oder acht gewesen sein, als man es mir erklärte. Es heißt so wegen einer sehr alten Geschichte ... Dir kann ich sie erzählen, dir gefallen diese Geschichten. Also, es war einmal vor vielen Jahren ein Hirte, der war mit seiner Herde draußen, und da kam ein Auto an, voller Tölpel aus der Stadt, die einen Ausflug machten. Sie holten eine Tischdecke und einen Freßkorb hervor und ließen sich mitten auf einer Wiese

nieder. Der Hirte, der sich langweilte, kam näher und sah, daß sie auch ein Schachbrett bei sich hatten. Da beschloß er, sich ihnen vorzustellen; er begrüßte sie, sagte ihnen seinen Namen und erklärte, indem er auf das Spielbrett wies, er könne auch spielen. Als er das hörte, dachte der Obertrottel aller Trottel, die da saßen, daß sie sich bestens eine Weile auf Kosten dieses Einfaltspinsels amüsieren könnten, und fragte ihn, während er schon die Figuren aufstellte, ob er eine Partie spielen wolle. Der Hirte sagte ja, setzte sich hin und eröffnete mit dem Königs-Bauern, weil sie ihm die Weißen gegeben hatten. Der andere, statt das ernst zu nehmen, begann Dummheiten zu machen und mir nichts dir nichts zu setzen; er war einfach überzeugt davon, daß er auf jeden Fall gewinnen würde. Und plötzlich, ohne daß er darauf achtete, hatte er eine Lücke, genau hier...« zeigte sie mit ihrer eigenen Dame auf dem Brett, »und verlor, klar. Er brauchte nichts zu tun. Das ist das schnellste Matt von allen. Dein Freund dachte, ich würde es nicht kennen...«

»Weil er dich nicht kennt«, erklärte er und fügte, zu Polibio gewandt, hinzu: »Sie kennt alle Geschichten.«

»Ich sehe schon, und es tut mir leid. Ich hoffe, du bist nicht böse, ich wollte dich nur ein bißchen ärgern. Du siehst nicht aus wie eine gute Spielerin, weißt du?«

»Das kann ich mir vorstellen, aber es macht nichts.« Manuela lächelte, befriedigt durch das stillschweigende Anerkennen ihrer Qualitäten als Schachspielerin. »Wir können noch eine Partie spielen.«

»Ja«, sagte Polibio und räumte die wenigen Figuren, die bewegt worden waren, in ihre Ausgangsposition.

»Nein«, kam Benito dazwischen und zog sie am Arm. »Davon kann keine Rede sein. Jetzt werden wir zu Abend essen, ich sterbe vor Hunger. Anschließend spielt ihr, soviel ihr wollt.«

»Aber ich kann nicht so einfach weg hier. Ich kann die Bar nicht um diese Uhrzeit schließen.«

»Das wirst du gar nicht müssen; sie ist doch sowieso immer leer!« Paquita war aufgestanden und strich mit der Hand über ihren Minirock, was ein untrügliches Zeichen dafür war, daß sie beschlossen hatte, auf die Straße hinauszugehen.

»Also, wenn ihr mir so kommt...« Er sammelte die Gläser, die auf dem Tresen standen, ein, nahm seine Schürze ab, klappte das eine Ende der Theke hoch, um zu ihnen auf die andere Seite zu gelangen. Bevor sie hinausgingen, blickte er Manuela eine Weile an und kratzte sich am Kopf. »Macht es dir was aus, wenn ich dich ein paar Dinge frage?«

»Mir? Nein...«

»Wie ging es mit dem Kopfrechnen bei dir, als du klein warst?«

»Ja, also... ganz normal, wie bei jedem.«

»Aha. Das heißt zum Beipiel, daß du nie fähig warst, fünfzig arithmetische Schritte durchzuführen, ohne die Zahlen vorher zu notieren, nicht?«

»Nein, natürlich nicht. Aber... Ich verstehe nicht. Warum fragst du das?«

»Meine Angelegenheit... Hast du schon irgendwann einmal ein großes, kompliziertes Bild gemalt, ohne zu wissen, warum oder was es bedeutet?«

»Nein.«

»Gut, dann laß uns essen gehen.«

»Gott sei's gelobt.«

Paquitas Ausruf verhinderte, daß sie nun ihrerseits ein paar Fragen stellte. Sie nahm sie einfach am Arm und führte sie zur Tür. Benito dagegen konnte es sich nicht verkneifen. Als er sich erinnerte, die Dose mit der Kondensmilch bei der Ankunft auf einem Tisch abgestellt zu haben, gab er den Frauen ein Zeichen, sie sollten schon vorgehen, und ging zu seinem Freund, der die Lichter ausschaltete.

»Hier, das haben wir dir mitgebracht. Ein Geschenk.«

Polibio griff nach der Dose, schüttelte sie ein wenig und gab sie ihm verblüfft zurück.
»Soll das heißen, daß ich keine volle Dose verdient habe?«
»Den Rest hat sie aufgegessen.«
»Wie?«
»Löffelweise.«
»Was?«
»Eine Manie von ihr, nichts Besonderes.«
»Wenn du es sagst.«
»Na ja, so eine trifft man nicht alle Tage.«
»Das ist mir schon klar.«
»Aber warum hast du sie das alles gefragt?«
»Tja ... Ich weiß nicht, weil ich ein Trottel bin, habe ich dir ja schon gesagt. Ich war ganz überrascht, daß sie spielen konnte, und in Wirklichkeit ist es blödsinnig, denn sie hat ganz recht, das Hirten-Matt ist das erste, was man lernt, das weiß jeder, bestimmt. Und trotzdem, ich weiß nicht, etwas an ihr fand ich seltsam. Es ist vielleicht dumm, aber plötzlich mußte ich daran denken, daß es sich bei ihr um einen Fall von automatischer Intelligenz handelt.«
»Was?«
»Automatische Intelligenz. Hast du niemals von außerordentlichen Rechnern gehört?«
»Nein.»
»Es sind Personen, manchmal Kinder, die ohne partielle oder völlig ohne Unterweisung und bei durchschnittlichem Intelligenzquotienten eine mysteriöse Fähigkeit fürs Kopfrechnen besitzen, die es ihnen erlaubt, irrsinnig lange Sequenzen arithmetischer Operationen im Handumdrehen auszuführen. Sie irren sich nie, und niemand ist fähig, ihnen zu folgen. Man weiß nicht, warum sie so sind, aber man hat die Hypothese aufgestellt, daß sie von höheren Wesen besessen sind. Vielleicht sogar von Bewohnern anderer Planeten. Ihr Fall erinnert mich an andere, die plötzlich im Alter von fünfzig Jahren, ohne je zuvor gezeichnet zu haben, zu malen oder zu bildhauern

beginnen. Riesige Werke, oftmals abstrakt, sehr kompliziert und technisch perfekt, die sie nicht erklären können, nicht einmal verstehen. Sie sagen, daß sie aus einer inneren Notwendigkeit heraus malen mußten, als hätte eine innere Stimme ihnen befohlen, es zu tun. Aber in einigen Fällen hören sie genauso plötzlich wieder auf und werden wieder unfähig, bis drei zu zählen.«

»Und obwohl jeder, bis auf mich natürlich, dieses Matt kennt, hast du gedacht, daß Manuelas Fähigkeit, Schach zu spielen, sich auf diese Art erklären ließe...«

»Ja.«

»Aber es gibt viele Leute, die ganz gut Schach spielen, ohne notwendigerweise genial zu sein.«

»Natürlich. Es war eine Sinnestäuschung, das habe ich dir schon gesagt. Es stimmt, ich habe nicht so rasch geschaltet.«

Paquita steckte den Kopf zur Tür herein und bewegte energisch ihre Hand, um sie zur Eile anzutreiben. Sie gehorchten, ohne sich dessen bewußt zu sein, und machten sich langsam auf den Weg.

»Und was denkst du jetzt?«

Polibio wandte den Kopf, um ihn anzusehen, und ohne stehenzubleiben, legte er er ihm einen Arm um die Schultern und grinste.

»Sie ist eine Prinzessin.« Benito schüttelte den Kopf, aber er bestand darauf. »Aber selbstverständlich. Glaub nicht an das Äußerliche. Sie ist eine Prinzessin, ich bin mir da sicher. Manchmal sind sie häßlich, ungezogen oder sogar ein bißchen wild, wie diese hier. Aber sie finden schließlich doch immer die Erbse unter der Matratze, daran gibt es keinen Zweifel...«

Seine Mutter hockte vor dem Schrank, machte hastige Handbewegungen und drehte von Zeit zu Zeit ihren Kopf, um einen nervösen Blick in seine Richtung zu werfen. Er lehnte an der Türangel und konnte den Blick nicht von ihr wenden, obwohl er ganz genau wußte, daß seine Aufgabe darin bestand, den Flur zu überwachen. Nähere Erklärungen hatte er nicht erhalten, dabei hätte er sie schon nötig gehabt; denn es gefiel ihm gar nicht, was er sah, dieses elende Abenteuer, auf das er sich eingelassen hatte, einfach nur, weil sie ihn gefragt hatte, wie schon andere Male zuvor. Jetzt verging die Zeit viel zu langsam, und die schlichte Aufgabe, einen so kleinen Raum zu überblicken, schien nach und nach zu einer übermenschlichen Leistung zu werden, eine nicht zu bewältigende Strecke. Es war eine weitere Albernheit gewesen, daß seine Mutter Merche in dem neutralen Ton der sympathischen Frau, den sie immer annahm, wenn sie log, damit beauftragt hatte, einen weiteren Faden der Schnur um das Huhn zu binden und einen Liter Weißwein zum Kochen zu besorgen. Dann, endlich wieder aufrichtig, hatte sie ihn gerufen, um sich im Zimmer der Abwesenden einzuschließen, wo sie eine ganze Weile verbrachte und ihre Arme in zunehmend wahnsinnigerem Rhythmus bewegte. Ihre Füße waren mit Kleidern, Röcken, Blusen und Pullovern bedeckt, die aus den Schubladen auf den Boden gefallen waren. Aber sie fand nicht, was sie suchte. Und er überwachte den Flur und fühlte sich immer schlechter. Merche war ein liebes Mädchen, lustig und zärtlich, sogar ein bißchen verrückt, und sie gefiel ihm gut, so gut, daß er Plácida fast gar nicht mehr vermißte, wenn auch seine Mutter dauernd dagegen protestierte, daß sie über Stunden am Telefon hing. Außerdem durchsuchte man fremde Schränke nicht, das wußte er und sie auch, sie mußte es einfach wissen, trotz der Sicherheit, mit der sie handelte; ohne eine Erklärung, ohne einen Moment zu zweifeln, ohne je in ihrer Suche einzuhalten.

Der Türriegel knarrte gerade schwerfällig, als sich der spitze Triumphschrei vernehmen ließ. Er hörte zu seiner Linken das Klappern von sich entfernenden Absätzen und schloß daraus, daß Merche zuerst in die Küche ging, um die Sachen abzustellen, bevor sie ihr Zimmer aufsuchte. Aber diese Zeitverzögerung war nichts mehr wert, denn seine Mutter hatte den versteckten Schatz gefunden. Halb lächelnd stand sie da, die Arme verschränkt, rhythmisch auf den Fußspitzen wippend, und hielt in den Händen ein weißes Formular mit mehreren Spalten voller Ziffern und einer Unterschrift. Er konnte lesen, daß auf dem Kopfteil Ärztliche Untersuchung stand, auch wenn er es nicht verstand.
Merche ließ sich Zeit, sicherlich trank sie erst eine kalte Coca-Cola. Es war eine dieser unvermittelten Abwesenheiten, die seine Mutter so sehr irritierten. Ganz ruhig und schreckenerregend, war sie kurz davor zu schreien, sie zu rufen, als einige Schritte ihr unmittelbar bevorstehendes Erscheinen ankündigten. Er drehte den Kopf und sah, wie sie mit einem vertrauensvollen Lächeln näher kam und es gar nicht seltsam fand, ihn dort, an der Schwelle ihres Zimmers, stehen zu sehen. Er wußte einen Augenblick lang nicht, ob er ihr Lächeln erwidern oder einen strengen Ausdruck annehmen sollte, der besser zu der voraussichtlich bevorstehenden Szene passen würde. Schließlich aber entschied er sich dafür, den Kopf zu senken und seinen Blick auf den Boden zu heften. Er nahm wahr, daß sie neben ihn trat, denn ihr flatternder Rock hinterließ einen Luftzug, aber er erwiderte ihren Gruß nicht. Er hörte den überraschten, fast erschrockenen Ausruf, den der Anblick seiner Mutter ihr entlockte, hörte den immer hysterischer werdenden klappernden Rhythmus ihrer Schuhe auf dem Boden und dann ein Schluchzen. Da trat er, ohne genau zu wissen, warum, zur Tür, schloß sie und machte sich davon.
Trotzdem wußte er ein paar Stunden später über alles

Bescheid. Merche war schwanger, und seine Mutter hatte sie entlassen. Er hörte es, als sie es seinem Vater erzählte, in jenem gleichermaßen empörten und schmerzerfüllten Ton, in dem sich die Ereignisse eines eigenen Unglücks rekapitulieren lassen, als ob das Ereignis keine andere Dimension hätte als die der Illoyalität ihr gegenüber. Und dazu noch gerade ein paar Monate vor den Sommerferien, das war das Schlimmste. Er, noch auf dem Flur versteckt, reagierte anfangs gar nicht, war völlig erschüttert von der Erkenntnis, daß ein Mädchen ohne Ehemann ein Kind bekommen konnte. Doch dann erinnerte er sich an Adela und die Party, von der sie mit Carlos zurückkam, in jener Nacht, als sie ihn auf dem Treppenabsatz vorfanden. Doña Elisa hatte sie eingeladen, weil sie ein Kind bekommen hatte. Da beschloß er, daß, ungeachtet des Unbehagens, das die Neuigkeit unter den Bewohnern des Hauses ausgelöst zu haben schien, wenigstens er etwas tun sollte. Also trollte er sich und lehnte sich erneut gegen die Türangel. Merche packte ihre Koffer und weinte ununterbrochen, schien sein Kommen überhaupt nicht bemerkt zu haben. Vergebens wartete er darauf, daß sie ihn ansehen würde, und hüstelte etwas, bevor er ihr sagte, er freue sich sehr über ihre Schwangerschaft. Schreiend verwies sie ihn ihres Zimmers, ohne auch nur die Augen von ihren Kleidern zu heben. Er blieb mitten in der Tür stehen, als hätte er nicht richtig verstanden, bis ihn das wütende Zuschlagen der Tür völlig verstörte, nachdem er bereits erfahren hatte, daß seine Mutter sich schlecht betragen konnte.

Merche verabschiedete sich an jenem Abend nur von ihm, bevor sie das Haus verließ. Ihre Küßchen ließen ihn jedoch völlig ungerührt. Nachdem er alles noch einmal im Zusammenhang bedacht und das Für und Wider erwogen hatte, hatte er beschlossen, die Schränkeschnüfflerin auch weiterhin bedingungslos zu lieben.

Wenn er beim Nachhausekommen irgendein Indiz für ihre Anwesenheit entdeckt hätte, wäre vielleicht alles weniger gewaltsam abgelaufen, aber in der Diele wies nichts auf sie hin. Er ging den Flur entlang zum Bad, schaute in die Küche, ohne daß eine leere Plastiktüte, ein zerknittertes Papiertaschentuch, ein schmutziges Glas im Abwasch oder irgend etwas Neues, nicht an seinem Platz Stehendes, ihm erlaubt hätte anzunehmen, sie wäre da und wartete auf ihn.

Sie hatte keinen Schlüssel, wenigstens hatte er ihr nie einen gegeben, zumindest darin hielt er Wort. Und dennoch war sie in seine Wohnung gekommen, saß auf dem Boden des Wohnzimmers, in sich zusammengekauert, das Kinn auf die Brust gelegt, den Oberkörper an die angewinkelten Beine gepreßt und die Arme um die Knie geschlungen. Ihr schwarzes Haar bedeckte alles bis auf das Glitzern irgendeiner Paillette und die steifen Falten ihres gelben Tüllrocks. Er erschrak furchtbar, als er sie sah, denn im ersten Moment war er unfähig, sie unter all dem Haar zu erkennen, das Stoff und Fleisch bis zur Undeutlichkeit verschleierte. Aber er hatte sie bereits identifiziert, als sie den Kopf hob und ihn ansah, so gut es eben ging unter den großen Scheiben aus vergoldetem Plastik an dieser lächerlichen Kette, die ihre Stirn von einer Seite zur anderen überzog.

»Setz dich.«

Er bewegte sich nicht, völlig versunken in sein Nachdenken über den Sinn dieser Verkleidung.

»Setz dich, bitte, los, mach.«

Als er ihr schließlich den Gefallen tun wollte, streckte sie einen Arm nach hinten, und nach einem Klick vernahm er eine absurde Musik, die er schon einmal und seitdem nie wieder gehört hatte. Es war die extravagante Abmischung von Ravels Bolero im Funk-Rhythmus, die Paquita jede Nacht als Background für ihre elende Strip-Show benutzte. Als er die Musik erkannt hatte, versuchte er,

Manuela nicht anzusehen, die ihm die Arme entgegenstreckte und sich vergebens bemühte aufzustehen, ohne die Hände auf den Boden zu stützen. Er hätte es vorgezogen, sie niemals mehr ansehen zu müssen, denn schon bei den ersten Takten des schrillen musikalischen Vorspiels fühlte er sich imstande, die vollständige Abfolge der kommenden Ereignisse vorauszuahnen. Aber die halbnackte, in eine falsche Wolke gelben Tülls gehüllte Figur, die auf ihn zukam, schien gänzlich den verfügbaren Raum auszufüllen und besetzte sein gesamtes Blickfeld. Während sie steif ihr Gewicht auf das rechte Bein verlagerte, ließ sie gewaltig ihre Ketten aufblitzen und lächelte, ohne daß es ihr gelang, ihn mit ihrem Enthusiasmus anzustecken. Dennoch sah er sie, sah die dicken, schwarzen Gummistränge, die ihr jemand, sicherlich Paquita, in den oberen Teil des Rockes, genau über jedem Oberschenkel, eingesetzt hatte, damit sie genug von sich zeigte, selbst um den Preis, daß sie sich unbarmherzig in ein Fleisch schnürten, das entsetzt fliehen zu wollen schien und sich in zitternden Anhäufungen ober- und unterhalb der dunklen Gummigrenze staute; ebenso, wie ihre Brüste dem lächerlichen, mit billigen Glitzersteinen bedeckten Metallgerüst, auf das sich der obere Teil ihres Kostüms beschränkte, zu entkommen trachteten und, in sich zusammengepreßt, einen unwahrscheinlichen Berg auftürmten, der sogar den Schatten des Schlüsselbeins aufhob. Sie trug Ringe an den Zehen und hatte geschwollene Knöchel. Die Zartheit der Kette, die um ihre Taille geschlungen war, betonte die Schwergewichtigkeit ihres vollen, faltigen Bauchs, dem der große, vor Schweiß glitzernde Nabel vorstand. Sie tanzte, bewegte sich kaum, aber doch im Rhythmus der unverständlichen Melodie, mit steifen Armen und plumpen Beinen; der Rest zitterte beängstigend wie ein Schloß aus Gelatine.

Da berief er sich auf die freiwillige Blindheit, die ihn schon so oft gerettet hatte, als er noch ein Kind gewesen war, und danach auf die Illusion des Unbewußten, die in seiner ständigen Liebe für Teresa pochte, auf die Überzeugung des unschuldigen Zeitvertreibs, die er vor sich selbst, vor seiner eigenen Klarheit bewahrt hatte; auf die wirre Übereinstimmung, die er früher aufrechterhalten hatte, den falschen Gleichmut, übertüncht von einer dürftigen Klassensolidarität, die es ihm ermöglicht hatte, seine Mutter weiterhin zu lieben, als sie Merche entließ, weil sie gerade zwei Monate vor den Sommerferien schwanger geworden war. Während er ihr beim Tanzen zusah und sich zwang, nicht die Nerven zu verlieren, wollte er sie retten, bei ihr bleiben, aber er war gealtert, und die Kälte, die ihn dazu veranlaßte, sie wiederzugewinnen, wurde immer intensiver, und er hatte keinen Spielraum mehr für eine vernünftige Kapitulation.

Seine Augen schlossen sich nicht, seine Lider rissen sein Bewußtsein nicht mit sich fort. Er hatte verschiedene Möglichkeiten zur Auswahl, und er wählte die schlimmste, weil es die beste für sie war. Als er sie auf den Teppich niederzwang, war er sich nicht sicher, besaß nicht genügend Garantien dafür, daß er seine Rolle elegant spielen würde. Aber während er ihren Körper von Gummi und Trägern befreite, die tiefen, roten Male, die sie durchfurchten, freilegte, fühlte er sich besser und konnte aufhören, an sie zu denken. Er schaffte es, den Plattenspieler mit der Fingerspitze zum Schweigen zu bringen, drang in sie ein, und alles ging zum letzten Mal gut.

Manuela schnarchte laut. Er hatte sie bislang nie schnarchen gehört, aber es erschien ihm natürlich, daß sie es in dieser Nacht tat. Er konnte nicht schlafen und täuschte es auch gar nicht vor. Die Spitze eines kleinen, krummen Messers mit gezackter Kante und Holzgriff, das je gekauft zu haben, er sich nicht erinnern konnte, zeichnete kleine dunkle Punkte auf die Haut seines Unterarms. Er nahm an, daß es irgendein Werbegeschenk war, an eine Milchpackung geheftet oder an eine Flasche Olivenöl, zusammen mit einem Etikett, auf dem irgendein schriller Spruch stand, wie nützliches Geschenk, eine Belohnung für dein Vertrauen, wir verfeinern deine Küche, oder etwas in der Art. Vorsichtig ließ er es über seinen Arm gleiten, von der Schulter bis zum Handgelenk, um sich selbst wohlige Schauer zu verschaffen. Der Tag brach langsam an, und er fragte sich, was er mit ihr machen sollte. Er betrachtete sie, wie sie schlief, mit offenem Mund, die Arme anmutig zu beiden Seiten des Körpers ausgestreckt, die Beine leicht gespreizt – als wäre sie darauf konzentriert, alle Sonne des ersten Sommertages in sich aufzunehmen. Seine Augen wanderten langsam über ihren Körper und ermaßen die Tiefe seines Profils, das mit einer so kleinen Messerklinge wie der, die er gerade auf seiner Hand tanzen ließ, niemals durchstoßen werden könnte. Ihm schoß der Gedanke durch den Kopf, daß es in seinem ganzen Leben keine bessere Gelegenheit geben würde zu sehen, was passiert, wenn sich eine Klinge langsam in die Haut eines lebendigen Wesens versenkt. Ihre Familie kannte ihn nicht, und in der Bar unter ihrer Wohnung wußten sie auch nicht, wer er war, denn er hatte immer nur als Aristarchos Nachrichten hinterlassen. Polibio konnte er trauen, er gehörte nicht zu der Art von Leuten, die einen Freund an die Polizei verraten, egal, ob unschuldig oder nicht. Sicherlich würde er dahinterkommen, sobald er die Notiz in den Zeitungen gelesen hatte, aber obwohl er es verachten und in seinem Innersten verurteilen würde, obwohl er nie wieder ein Wort mit ihm sprechen, ihm höchstens jeden Morgen sein Verbrechen ins Gesicht schleudern würde, Polibio würde ihn schützen, ganz sicher. Was Paquita betraf, war er sich weniger sicher, den Fall ausgenom-

men, daß sie erst nach einigen Tagen davon erführe, denn ihn dann auszuliefern würde auch ihren eigenen Freund als Mitwisser mit einschließen. Nie würde sie den klassischen Verrat einer soliden Frau begehen. Außerdem, mit einem bißchen Glück würde nie jemand die Leiche finden. Wenn er eine in irgendeinem Kaff auf dem Lande gestohlene Motorsäge kaufte und Manuela vorsichtig in der Badewanne zerlegte, konnte er die Teile leicht in sechs oder sieben Müllbeutel aus schwarzem Plastik packen und an einem einzigen Abend auf dem Weg zur Plaza einzeln in jeweils verschiedene Müllcontainer fallen lassen. Er würde die Säge am nächsten Tag auf dem gleichen Flohmarkt wieder verkaufen können oder ganz einfach wie aus Vergeßlichkeit neben einem Posten ebenfalls gestohlener Schraubenzieher oder Autoradios auf dem Boden liegenlassen. Das Würstchen von Ordnungshüter würde der Versuchung, sie gratis einzuheimsen, nicht widerstehen können. Das Blut wäre kein Problem, denn wenn er den Stöpsel reinsteckte und dann den Kaltwasserhahn solange aufdrehte, bis die Badewanne fast überlief, wäre das, was da aus dem Abfluß käme, eine hellrosa Flüssigkeit, die ihn nicht kompromittierte und einfach abzuwaschen wäre. Schlecht wäre bloß, wenn der städtische Müllzerkleinerer den Schädel nicht schaffte und der ganze Mechanismus sich festfraß, solange das Gesicht noch zu identifizieren war. Letztlich wäre es sicherer, den Kopf mit einem Klotz zu zertrümmern und danach vielleicht auch die Arme und Beine, die so lange Knochen hatten, zu brechen. Selbstverständlich würde es keine sonderlich angenehme Aufgabe sein, aber es würde auch nicht allzu viel Zeit in Anspruch nehmen.
Manuela drehte sich auf die Seite, das Gesicht dem Sessel neben dem Fenster, in dem er saß, zugewandt. Sie lächelte. Wenn sie schlief, war sie viel hübscher. Er empfand ein dummes Bedürfnis, sich ihr zu nähern, um ihr Haar zu riechen oder sie auf die Stirn zu küssen, ohne

daß sie es merkte. Er stand auf, aber da bemerkte er den unbekannten Kontakt mit etwas Feuchtem und Warmem, das langsam seinen Arm hinunterfloß. Neugierig geworden, verließ er das Zimmer und drehte das Licht im Flur an. Ein plötzliches Würgen im Hals verhinderte, daß er einen Schrei ausstieß, als er sein eigenes Blut sah, diese zwei, drei dünnen roten Rinnsale, die gleichzeitig aus einer klaffenden Wunde herausliefen. Sie war ziemlich groß, offensichtlich nicht tief und befand sich nahe am Handgelenk, das Ergebnis seiner vorausgegangenen Versunkenheit in ein Verbrechen, das er niemals begehen könnte, selbst dann nicht, wenn er es ernsthaft versuchen sollte. Er lief ins Badezimmer und erbrach sich. Er hatte das Gefühl, sein Innerstes zu leeren, aber da hörte er das Plätschern des Blutes, das bereits auf den Boden tropfte und seine Hausschuhe mit kleinen roten Flecken bespritzte. Ernstlich alarmiert, versuchte er seinen Ekel zu bekämpfen, und wusch vorsichtig die Wunde, bevor er sie unter mit Jodtinktur getränktem Mull verbarg, den er mit zwei extrem langen Heftpflasterstreifen auf der Haut befestigte.

Er ging in sein Zimmer zurück und zog sich an, ohne recht zu wissen, warum. Es war bereits Tag. Als er das Licht in der Küche andrehte, um sich das Frühstück zu bereiten, bemerkte er, daß ein kleiner granatroter Fleck an die Oberfläche des Verbands gedrungen war. Er erwog die Möglichkeit, sofort den Notdienst eines großen Krankenhauses aufzusuchen, bevor ihm aufging, daß er möglicherweise bloß zuviel Jodtinktur verwendet hatte. Wie auch immer, der Fleck schien nicht größer zu werden, und er trank langsam einen Kaffee, dann einen weiteren, zusammen mit ein paar Keksen, die schließlich seinen Verdauungsapparat wieder in Gang brachten. Er berechnete das Datum – es war Sonnabend, Dienstag würde er wieder arbeiten – und beschloß wegzugehen. Er kramte tief aus dem Kleiderschrank ein Wolljackett hervor und schrieb vier oder fünf fast zufällig ausgewählte Sätze auf ein Blatt weißes Papier, das er mit Klebeband auf den Spiegel des Badezimmers klebte; das, letzte Nacht, war zuviel, wir verstehen uns nicht, und niemand hat schuld, wir werden uns nicht mehr wiedersehen, tut mir leid. Er unterschrieb nicht, weil er es für unnötig hielt; Mädchen vom Lande glauben nicht an Gespenster.

Die illusorische Motorsäge, die er hätte kaufen müssen, um Manuela zu zerlegen, nachdem er sie erstochen hatte, gab ihm die einzige Route vor, der in der schlafenden, beinahe ausgestorbenen Stadt zu folgen ihm möglich war. Die Zeitungsstände waren noch geschlossen; die Metro fuhr zwar, aber die Ketten leerer Waggons, die an seinen Augen vorbeizogen, kamen ihm vor wie das armselige Skelett der sonst immer vollgestopften Züge. Als er in Tirso de Molina ans Tageslicht zurückkehrte, hörte er die Glocken, es war acht Uhr. Er schlug den Weg zur Plaza ein und freute sich auf die kostenlose Vorstellung, die ihn bisher noch nie gelangweilt hatte, auch dann nicht, als es ihm schließlich gelungen war, die absurde Manie, Spielzeug zu sammeln, zu überwinden. Über lange Zeit hatte er fast sein ganzes Gehalt dafür investiert, von dem Tag an, als er das väterliche Haus verlassen hatte, bis zu seinem dreißigsten Geburtstag, als er begann, sich alt zu fühlen, und folglich einsah, daß die mühevolle Art der Zerstreuung, auf die er sich da eingelassen hatte, absolut sinnlos war.
An einem unfreundlichen, bleiernen Morgen fielen seine Augen auf ein vollständiges Farbalbum der Ligaspielzeit 1961–62, ein genaues Duplikat jenes Sammelbandes, den er selbst vollgeklebt und dann verloren hatte. Zu einer Zeit, als der Name jedes einzelnen Spielers – die Porträts kaufte er in einer Papiertüte verpackt am Zeitungskiosk – noch eine genaue Bedeutung für ihn gehabt hatte. Er hob es vom Boden auf und versuchte, das starke Kribbeln, das

in seinem Innern ausgelöst worden war, nachdem er schon so lange danach gesucht hatte, unter einem gleichmütigen Gesichtsausdruck zu verbergen. Er blätterte nervös darin herum, um dann festzustellen, daß er fast keinen jener jungen Männer mit den vergilbten Gesichtern und den von der Zeit ausgeblichenen Hemden mehr kannte, die ihn da mit gefrorenem, leerem Lächeln ansahen. Er folgte einem spontanen Impuls und fragte nach dem Preis, während er das Album Seite für Seite nochmals durchblätterte, auf der Suche nach einer Beschädigung, einem zerrissenen, schlecht gedruckten oder doppelten Bild, das er als Grund für eine Preisminderung angeben konnte, wenn ihm das Verlangte auch durchaus vernünftig erschien. Dennoch kaufte er das Album nicht. Noch bevor der Morgen vergangen war, hatte er entschieden, für immer die Suche nach Objekten, die mit denen, die er seine ganze Kindheit hindurch besessen hatte, identisch waren, aufzugeben, weil sie ihm nicht das Geringste zurückgaben und dazu nicht einmal die echten waren. Das Sammeln gebrauchten, aber gut erhaltenen Spielzeugs, diese hehre Pflicht, die dick unterstrichen auf Flugblättern und Plakaten proklamiert wurde, stellte die einzige pfarramtliche Aktivität dar, an der seine Mutter sich beteiligte. Jedes Jahr Mitte Dezember kam sie wie gewohnt in sein Zimmer, wenn er gerade nicht da war, um, ohne sich weiter Gedanken zu machen, die Geschenke des vorausgegangenen Jahres einzusammeln. Welche er behalten durfte, wurde nach ihren eigenen Kriterien entschieden, und die waren oft sehr verschieden von dem, was er selbst, wenn er nach Hause kam und die Raubbeute aus seinen Kartons und Regalen betrachtete, heulend von sich gab. Nachdem sie gegangen war, nahm ihre Schwägerin dieselbe Gewohnheit an, ihre Auswahl traf sie nach ähnlichen Kriterien, alle Spiele mit kleinen Karten oder vielen Stücken, die er dann wieder aus dem Dreck des Kehrrichts hervorsuchte, waren ganz besonders brauchbar für arme Kinder, dagegen konnte das kompakte Spielzeug an seinem Platz bleiben. Als er von zu Hause wegging und eine Aufstellung seiner Habseligkeiten machte, zeigte sich, daß die einzigen materiellen Spuren seiner Kindheit, die ihm geblieben waren, aus ein paar Autos, ein paar Spielbällen und einem Tennisschläger, den er nie eingeweiht hatte, bestanden. Damals war er viel zu aufgeregt gewesen, wegen seines Aufbruchs und wegen des anstehenden Abenteuers, in einem Appartement zu wohnen, das er ungesehen per Telefon gemietet hatte. Er maß all den fehlenden Dingen keine große Bedeutung bei und wollte nicht einmal das wenige, das er hätte zusammenpacken können, mitnehmen. Aber ein paar Wochen später, als er durch die billigsten Tischlergeschäfte von Cascorro streifte, auf der Suche nach einem Tisch und ein paar Stühlen aus Kiefernholz, mit denen er die leere Wohnung möblieren wollte, erkannte er sofort eine grelle Zeichnung wieder, die mit Klebestreifen an allen vier Ecken auf dem Deckel einer Pappschachtel befestigt war, und er konnte der Versuchung nicht widerstehen, näher an den Stand heranzutreten und die vier, fünf völlig verschiedenen Objekte zu betrachten, die auf der Decke ausgebreitet waren – von einer kleinen Maschine aus Plastik, mit der man Krümel von der Tischdecke beseitigen konnte, bis zu einigen Kristallstöpseln, die von einem vor Zeiten zerbrochenen Lüster stammten –, um dann auf die »Vuelta Ciclista de España« zu stoßen, die ihm einmal gehört hatte. Das Spiel war vollständig, jeder Radfahrer auf seiner Spur, die Autos der Trainer in der Mitte, Plakate, Verkehrssignale und Ersatzfahrräder. Er war ein wenig erschrocken über den Preis, kaufte es dann aber doch. Seine Wohnung blieb noch einige Zeit leer, während er einen Mechano-Bausatz und einen Chemiekasten aufstöberte – und genau so ein Tischfußballspiel, wie er es mit acht Jahren zum Dreikönigstag bekommen hatte.

Jetzt waren all die Spielsachen verwahrt und waren nichts weiter als ein weiteres weißes, sauberes, leeres Loch an einer unsichtbaren vergilbten Wand. Während er die ganze Gegend nach einer Bar absuchte, wo er zum zweiten Mal frühstücken wollte, stellte er fest, daß sich nur wenig geändert hatte. Er erkannte zwei oder drei Spielzeugsammler wieder, gegen die er einmal konkurriert hatte, grüßte einige seiner ehemaligen Lieferanten, die ihm den enthusiastischen Empfang bereiteten, der einem dicken Schaf zuteil wird, das zur Herde zurückgefunden hat. Sie waren erstaunt und froh, ihn an diesem Ort, zu früher Stunde, zu sehen, dem alten Treffpunkt treu, der ihn jahrelang jeden Samstag und jeden Sonntag aus dem Bett gerissen hatte, früher sogar als an den übrigen Tagen der Woche, wenn er zur Arbeit mußte. Aber an diesem Morgen kaufte er kein Spielzeug. So gut er konnte, hielt er sie sich vom Hals und fand schließlich in einer günstig gelegenen Bar einen freien Tisch am Fenster. Er ließ sich nieder, blieb mehr als eine Stunde dort sitzen und beobachtete, wie der Wochenmarkt aufgebaut wurde, bis sich die Sonne bemerkbar machte und sich die Straßen mit Menschen zu füllen begannen. Als er ausgerechnet hatte, daß Manuela bereits wach sein müßte, verließ er die Bar und begann, auch ein wenig zu flanieren.

Er war erstaunt über die riesige Auswahl an Gegenständen, die er vor sich auf dem Bürgersteig sah und von deren Existenz er über all die Jahre hinweg, blind durch seine ausschließliche Sammlerleidenschaft, nichts gewußt hatte. In einem Laden, der völlig verwaist wirkte, klaute er, einfach einem Impuls folgend, einen Aluminium-Schneebesen, der mit anderen zusammen in einem Tontopf steckte. Und er kaufte viele andere unnötige Dinge, einen alten, völlig verrosteten Bleistiftanspitzer mit Kurbel, einen Türknauf in Form einer Meerjungfrau, einen Kugelschreiber mit einem bekleideten Mädchen, das sich langsam auszog, wenn man den Stift umdrehte, eine Kugel, die aus Elfenbein zu sein schien und von der niemand wußte, woher sie stammte, und eine Platte aus Weißblech. Darauf bot eine Gestalt in jugendlicher Kleidung, blaß und zart wie eine präraffaelitische Jungfrau, angetan mit Schlittschuhen und einer Baskenmütze, die ihr über das unmögliche, zitronengelbe Haar ins Gesicht fiel, eine bestimmte Schokoladenmarke aus Valladolid feil, indem sie mit der linken Hand anmutig eine dampfende Tasse balancierte. Hingerissen von ihrer seltsamen Schönheit, die gleichzeitig kühl, warm und neutral war, hatte er sich gerade entschieden, nach Hause zu gehen, als er laute Schreie aus einer Gruppe Frauen vernahm. Es kostete ihn Mühe herauszufinden, woher die Stimmen kamen, aber die ansteigende Lautstärke dessen, was bald in einen handfesten Streit umschlug, und der wachsende Zustrom Schaulustiger, führten ihn schließlich zu einem Stand in einer kleinen Seitenstraße. Ein Mann verkaufte dort ein halbes Dutzend junger Hunde von undefinierbarer Rasse, die schläfrig in einem großen Karton lagen. Drei Frauen mittleren Alters beschimpften den Mann giftig und verlangten Lizenzen, Impf- und andere Bescheinigungen, die ihm ganz offensichtlich fehlten. Sie waren aufrichtig um die kleinen Welpen besorgt, die kurz nach ihrer Geburt von der Mutter weggerissen worden sein mußten. Nach und nach entstand ein kleiner Tumult, und andere Stimmen mischten sich zu den ersten, um einen ganzen Sturzbach an Beschimpfungen über den völlig gleichgültigen Typen auszuschütten, der schließlich seine Stummheit nur unterbrach, um ihnen die Welpen als Geschenk anzubieten. Da herrschte mit einem Schlage völlige Stille, denn niemand wollte eins der Tiere mitnehmen. Er wies darauf hin, daß er sie nicht behalten könnte und daß er sie, wenn er sie nicht lebend loswürde, töten müßte. Aber als er aufhörte zu reden, hatte sich die Menschenmenge längst verlaufen.

Er hatte die ganze Szene vom gegenüberliegenden Bürgersteig aus beobachtet, trat ein paar Schritte näher heran und fragte, ob eines der Tiere krank sei. Der Verkäufer antwortete, nein, sie seien nur etwas mager. Daraufhin verkündete er, er wolle den größten mitnehmen. Der Mann hob die Augen, um ihn anzusehen, und packte das Tier in einen Karton, den er auf allen Seiten mit der Mine eines Kugelschreibers durchbohrte, um Luft eindringen zu lassen. Er bat ihn, er möge den Karton oben verschnüren, denn er wollte das Tier nicht sehen. Dann ging er eilig, lief fast, auf die Straße, wo der Verkehr rollte, und hatte Glück, das Taxi, das an der Ampel hielt, war frei. Dem Fahrer war es völlig egal, was sein Kunde da in den Armen trug, solange der Bezug der Rückbank keiner Gefahr ausgesetzt war. Der Hund benahm sich jedenfalls gut, bewegte sich kaum, und kurze Zeit später gelangten sie nach Hause. Er blieb einen Moment vor dem Portal stehen, um die kalte Feuchtigkeit tief einzuatmen, als suchte er eine Art Beruhigung. Langsam stieg er die Treppen hinauf, immer auf der Lauer nach nicht anwesenden, vielleicht schlafenden oder toten Kakerlaken, und fürchtete das Zusammentreffen mit Manuela, die oben ebenfalls schlief oder aufwachte und völlig klar war, weinte oder noch immer lächelte. Er war sich fast sicher, sie vorzufinden, während er den Schlüssel herumdrehte und die Tür aufstieß. Aber die Wohnung war leer. Er durchsuchte, nachdem er vorsichtig den Karton in der Diele abgesetzt hatte, gründlich Zimmer für Zimmer, Winkel für Winkel. Auf dem Haken hinter der Badezimmertür hing nur noch ein Bademantel. Er nahm ihn mit einem tiefen Seufzer der Erleichterung herunter, während der Druck auf seinem Zwerchfell nachließ. Er war versucht, den jungen Hund zu befreien, ihn auf dem Treppenabsatz auszusetzen und einfach die Tür zu schließen oder ihn vielleicht auf die Straße hinunterzubringen oder ihn, allein und lebendig, auf der Plaza zu lassen. Da warf er einen kurzen Blick auf den Spiegel und sah dort, wo er vorher die Nachricht hinterlassen hatte, nichts weiter als einen Fetzen Klebeband. Der Hund würde auf jeden Fall sterben, er war verurteilt. Seine Geschwister hatten sicher schon den Geist aufgegeben, waren in dem engen Raum einer Plastiktüte erstickt, deren Ränder vom Besitzer ihrer Mutter fest verschweißt worden waren. Denn ihre Mutter war eine Hündin und hatte nirgends einen Platz für sie. Den Bademantel über dem Arm, kehrte er ins Schlafzimmer zurück und nahm das kleine Messer mit der gebogenen, gezackten Klinge, das je gekauft zu haben, er sich nicht erinnern konnte, von dem Sessel neben dem Fenster. Er fragte sich, ob sie es gesehen hatte, als sie erwachte, aber er kam nicht dazu, eine Antwort auf diese Frage zu finden, denn seine Hand zitterte. Die Waffe in den Fingern – am besten wäre es, möglichst bald damit fertig zu sein –, eilte er in die Diele zurück und drehte sich nach allen Seiten um, denn der leere Flur war voll von Leuten, normalen, ruhigen, gesunden, die ihn beobachteten. Er hob den Karton auf, stürzte damit, dem brutalen und beruhigenden Mittagslicht folgend, auf den Balkon am Wohnzimmer, kniete sich auf den Boden und konnte sich nicht dazu durchringen. Auch die Hühnchen, die Kinder so gern essen, werden getötet, und die Kühe in den Schlachthöfen, und die Fische werden in Netzen als Opfer dargebracht, und die Salatköpfe werden aus dem Boden der sanften, feuchten Gärten gerissen. Bevor er das dunkle Kreppapier von dem Karton entfernte, schloß er die Augen, und die erste blinde Träne rann über seine linke Wange. Er kam nicht dazu, ins Leere zu tasten; seine Hand stieß sofort gegen das kurze, kuschlige Fell des kleinen, warmen Körpers; heftig schlug das Herz gegen die weiche Oberfläche des Bauchs. Ich bin nicht dazu fähig, sagte er sich, öffnete die Augen und sah nach oben. Er weinte, die Sonnenblumen verursachten ihm Übelkeit, der kleine Hund war zum Tode verurteilt, auf irgendeine Weise wäre er sowieso gestorben, denn seine Mutter war nur eine Hündin und hatte keinen Platz für ihn. Er schloß die Augen wieder und wickelte ihn, so fest er konnte, in den weichen Bademantel ein, vielleicht, weil er darauf vertraute, daß er erstikken würde genau wie seine Geschwister, ersticken, bevor die Zeit gekommen war, ihn hinzurichten. Aber das Tier begann zu jaulen und sich zu winden. Er spürte seine verzweifelten Bewegungen; die Pfoten zerissen den Stoff, und sein Atem brannte auf der Männerhaut. Er drückte ihn mit dem linken Arm fest gegen seinen Bauch und umklammerte mit der rechten Hand das Messer. Er schwankte ein letztes Mal unschlüssig, sein ganzer Körper zitterte, und erhob seinen Arm in die Luft. Er sah sich, ohne wirklich sehen zu können, widerwärtig wie ein blutrünstiger, dummer Priester, und versetzte ihm den ersten Messerstich. Er empfand nichts. Das Tier jaulte und wand sich, aber seine Hand hielt nicht ein. Er stach wieder zu und wieder und wieder, ohne etwas zu empfinden, bis er keinen Widerstand mehr spürte. Man hörte nur noch das Blut, das Geräusch eines toten Körpers, der sich entleerte. Zum letzten Mal versenkte er das Messer in den Kadaver des Straßenköters, prüfte den Widerstand des Fells, prüfte, wie tief die Klinge in das weiche Fleisch eingedrungen war, das immer noch zitterte im Rhythmus des Todes, den er verachtete – und empfand nichts. Er weinte wie ein verlorenes Kind und konnte absolut nichts empfinden.

Dann handelte er überstürzt, ohne zu überlegen, was er tat. Er legte den immer noch in den Bademantel gewickelten Kadaver seines Opfers, das Messer und seine gesamte Kleidung auf den Boden des Kartons. Völlig nackt lief er in die Küche, füllte den Scheuereimer in der Spüle, griff nach ein paar Lappen und ging zurück ins Wohnzimmer. Gewissenhaft schrubbte er den Holzboden, auf dem sich kaum ein paar dunkle Tropfen entdecken ließen, weil er selbst, sein Hemd und seine Jeans, fast das ganze Blut aufgesaugt hatten. Dann zerriß er eine alte Zeitung, um eine Unterlage aus Papier zu errichten, auf die er den Karton vorsichtshalber stellte, weil er befürchtete, daß die rote Flüssigkeit, die noch in den Adern des geopferten Welpen verblieben war, durch den Karton dringen und auf den Fußboden gelangen könnte. Er wollte später auf keinen Fall auf Spuren vom Leben oder vom Tod des Hundes stoßen. Als er sicher war, daß dies nicht passieren würde, stieg er schließlich in die Badewanne, drehte die Brause auf und blieb unter dem Wasserstrahl stehen, bis er merkte, daß seine Haut sich zu runzeln begann. Danach zog er sich in aller Eile an und lief direkt auf die Straße, ohne auch nur ein einziges Mal durch die offene Wohnzimmertür geschaut zu haben. Auf dem Treppenabsatz des ersten Stocks gelang es ihm, mit dem Weinen aufzuhören.

Er vertrödelte den Rest des Morgens, indem er ziellos durch die Straßen streifte und vor jedem Verkaufsstand, auf den er traf, stehenblieb, um sich etwas zu essen zu kaufen, bis ihm schlecht wurde, ohne daß er jedoch das Gefühl von Leere in seinem Bauch verloren hätte, das zumindest teilweise dem von Hunger glich. Um halb fünf ging er in ein Kino auf der Gran Vía, ohne auch nur einen Blick auf den Titel des Films zu werfen, und fand sich in einer amerikanischen Komödie wieder. Um sieben wollte er in das benachbarte Kino gehen, aber es war Samstag, und eine lange Warteschlange hatte sich gebildet. Er mußte ein ganzes Stück laufen, bis er einen halbwegs verwaisten Kartenschalter fand, und er ging noch einmal ins Kino, um eine weitere amerikanische Komödie zu sehen, die fast noch schlechter war als die erste. Als er herauskam, ging er in eine Bar und trank Bier, während die Bürgersteige sich leerten und erneut bevölkerten. Um zehn Uhr hatte er keine Lust mehr, seinen ursprünglichen Plan zu verfolgen und einen dritten Film anzusehen. Trotzdem überquerte er die Avenida und verlor sich in einer Seitenstraße, bis er ein Kinocenter mit Sexfilmen fand. Diesmal sah er sich die Plakate aufmerksam an, bis er sich davon überzeugt hatte, daß keine der Frauen, die in den Filmen vorkamen, ihm gefiel. Er wählte aufs Geratewohl einen Saal, war aber durch die ewige Wiederholung der immer gleichen Situation in dem immer gleichen weißen Cabriolet bald so erschöpft, daß es ihm unmöglich war, den Film noch eine halbe Stunde länger zu ertragen. Er ging zu Fuß nach Hause und begann, sich gerade besser zu fühlen, als er feststellte, daß die Restaurationsarbeiten an dem Gebäude Ecke Palma und San Bernardo nicht beendet waren. Der schwere, grau bemalte Eisencontainer war erst zur Hälfte mit Schutt und Sand gefüllt und stand immer noch auf dem Bürgersteig, weder nahe noch weit entfernt von seiner Wohnung. Trotzdem kostete es ihn Mühe, ihn zu erreichen, denn wenn auch der Karton nicht sehr schwer war, so war er doch zu voluminös, um bequem getragen werden zu können, und er stolperte ein paarmal auf der Treppe. Langsam ging er die kurze Strecke, schaute sich nach allen Seiten um, sah aber keinen Wächter und entledigte sich ohne Schwierigkeiten des Pakets. Als er nach Hause zurückkam, rief er seinen Vater an, um sich für den nächsten Tag zum Essen einladen zu lassen. Er zwang sich dazu, normal auf die ängstlichen Fragen des Alten zu antworten, der ihn nur ein paar Male im Jahr zu Gesicht bekam, Weihnachten eingeschlossen, und der durch seinen Anruf aufrichtig alarmiert war. Dieser Sohn war so anders geraten als die Mädchen, so seltsam. Jeden Sonntag kamen sie zum Essen zu ihm und brachten seine beiden Schwiegersöhne und fünf Enkel mit. Deshalb sagte er ihm auch klipp und klar, daß er kein Geld hätte, für seine Töchter vielleicht, aber nicht für ihn, der ihn da in der dunklen Wohnung ganz allein gelassen hatte und lebte, wie es ihm paßte, gleichgültig gegenüber dem Asthma und der schon nicht mehr zu besiegenden Langeweile seines alten Vaters. Er hörte sich geduldig die abgenutzten Erklärungen an, die sich seit Jahren nicht in einer Silbe geändert hatten, und wiederholte seinerseits, er habe seine Stellung nicht verloren und kein Mädchen geschwängert, keine Mafia verfolge ihn, er brauche kein Geld, und er wolle auch nicht über Mama sprechen; er wolle mit ihm essen, einfach seine Neffen sehen. Diese Version erhielt er standhaft aufrecht, bis sein Vater, etwas enttäuscht von der Banalität dieser Mitteilung, sich beruhigte und ihn darauf hinwies, daß sie, wenn er nicht Punkt zwei bei ihm am Tisch säße, ohne ihn anfangen würden; eine Androhung, die gleichbedeutend war mit der üblichen Verabschiedung.

Als er aufhängte, hatte er noch ebensowenig Lust auf ein Familienessen wie beim Wählen der Nummer, aber nicht einmal dann fand er eine bequemere und sicherere Möglichkeit, den nächsten Tag zu vertrödeln. Er würde um Viertel vor zwei kommen, aber sie würden mit dem Essen nicht vor halb vier beginnen. Während des Nachtischs würde Belén sich mit ihrem Mann in der Wolle liegen, weil der sie fragen würde, wozu die Diät die ganze Woche über gut sei, wenn sie sich an den Sonntagen nur so mit Kuchen vollstopfte. Eines der Kinder würde kotzen, und Gonzalo, Silvias ältester Sohn, ein schlauer Bursche und der einzige, der ihn etwas zu mögen schien, würde den Fernseher anstellen und ihn rufen. Zusammen würden sie sich dann Basket- oder Fußball ansehen oder irgend etwas anderes. Und ehe er sich versah, würde es neun oder zehn Uhr abends sein.

Die losen Zeitungsseiten lagen noch gestapelt auf dem Fußboden. Als er sich bückte, um sie aufzuheben, fiel sein Blick auf zwei, drei Überschriften. Obwohl der Satz: »Sie kochte Liebesbriefe und trank die Brühe« seine Aufmerksamkeit weckte, wollte er sich nicht damit aufhalten, die ganze Spalte zu lesen, und warf das gesamte Papier in den Müll, ohne je zu erfahren, wie der Leichnam einer siebenundfünfzigjährigen schizophrenen Frau gefunden worden war, die, durch einen Herzinfarkt zu Tode gekommen, mehrere Tage tot in ihrer Wohnung gelegen hatte. Die Nachbarn in dem Wohnhaus im Campamento-Viertel hatten die Polizei benachrichtigt, als sie den Gestank wahrnahmen. Als sie die Tür aufbrachen, fanden die Beamten María G. R. auf dem Boden ausgestreckt, mitten in einem unbeschreiblichen Durcheinander. Die Verstorbene, die mehrmals in psychiatrischer Behandlung gewesen war, hatte sich ihren Unterhalt gelegentlich mit dem Straßenverkauf von Blumen verdient, die sie wiederum von einer anderen Blumenverkäuferin aufkaufte. Ein Nachbar erklärte, er habe sie immer freitags und samstags am frühen Nachmittag mit ein paar halbleeren Plastikeimern in unmittelbarer Nähe der Plaza de España gesehen. In der Wohnung wurden Hunderte von Zeitschriften und Groschenromanen gefunden, die an der Wand aufgestapelt waren. In einem verschlossenen Schränkchen befanden sich Schachteln mit zahlreichen Liebesbriefen, aus denen die Polizei schloß, daß María G. R. Briefkontakt mit verschiedenen Männern aller Altersgruppen und sozialen Schichten unterhalten hatte, die sie durch Kontaktanzeigen einiger Zeitschriften mit kostenlosem Anzeigenteil kennengelernt hatte. Auf ihrer Zunge fanden sich Reste von Tinte, und in einem Suppentopf auf dem Herd schwammen einige Briefbögen, was Anlaß zu der Annahme gab, daß die Verstorbene Liebesbriefe und -bücher in Wasser kochte und anschließend die Brühe trank, als beabsichtigte sie, auf diese Art das Wesen der Texte in sich aufzunehmen. Einige dazu befragte Psychiater zeigten sich angesichts einer solchen Praktik nicht sonderlich überrascht.

Der Pförtner am Haupteingang begrüßte ihn herzlich und vertrödelte soviel Zeit mit ihm, wie er nur konnte, indem er nach der Bilanz seiner Ferien fragte, ohne zu bemerken, daß sie noch gar nicht zu Ende waren. Seine Kollegen in der Abteilung nahmen seine Anwesenheit mit der voraussehbaren Befremdung auf, es war ein Tag vor seinem pflichtgemäßen Arbeitsbeginn. Er erklärte ihnen vage, der Gedanke, zu Hause zu sitzen und Minute für Minute die freie Zeit verstreichen zu sehen, habe ihn dermaßen beängstigt, daß er sich entschieden habe, schon gleich am Montag zu kommen. Sie schienen ihm zu glauben, und schließlich und endlich waren sie ihm alle unterstellt. In den Jahren, die sie in dieser Abteilung zusammen arbeiteten, hatte er sich bereits einen gewissen Ruf als Exzentriker gemacht.

Als er sein Büro betrat, stellte er fest, daß an Marisas Tisch ein anderes Mädchen saß. Da erinnerte er sich, daß seine Sekretärin zum dritten und, wie sie ihm, die Spitze ihres Daumens küssend, geschworen hatte, letzten Mal schwanger war. Vor Monaten schon hatte sie um Beurlaubung gebeten, und er war beim letzten Mal, als er sie sprach, nicht sicher gewesen, ob man sie ihr gewähren würde. Das schüchterne Klopfen an der Tür, nachdem er gerade genug Zeit gehabt hatte, sich zu setzen, ließ vermuten, daß Marisa bereits zu Hause war.

»Guten Tag. Ich möchte mich vorstellen. Ich bin Ihre neue Sekretärin ...«

Sie sieht aus, als hieße sie Sonsoles, dachte er, während er sich erhob und ihre Hand schüttelte. Ihr Alter war schwer zu schätzen, so um die Dreißig, sie trug gespraytes Haar mit blonden Strähnen, das Gesicht war diskret geschminkt, mehrere Goldkettchen lagen um ihren Hals, dazu trug sie Schuhe mit halbhohen Absätzen, die wohl elegant sein sollten, in einem hellen Braun, das genau zu ihrem Ledergürtel und zu ihrer Ledertasche, die sie aus einem unerfindlichen Grund mit sich herumtrug, paßte.

»Sehr erfreut. Ich heiße Benito Marín, wie Sie wohl bereits wissen... Ich nehme an, daß Sie in den letzten Tagen genug über mich erfahren haben. Ich stelle wirklich keine großen Anforderungen. Haben Sie mit Marisa gesprochen, bevor Sie hier begonnen haben?«
»Ich war ein paar Tage mit ihr zusammen, sie hat mir alles erklärt.«
»Sehr gut. Wie heißen Sie?«
»Wer?«
»Sie. Das haben Sie mir noch nicht gesagt.«
Sie erstickte ein nervöses Kichern, indem sie die Lippen mit den Fingern und nicht mit der Handfläche verdeckte.
»Es stimmt, wie zerstreut... Ich heiße Aurea.«
»Wie der Durchschnitt...«, murmelte er instinktiv und wurde einen Augenblick später gnadenlos rot, während er im Gesicht seiner Gesprächspartnerin nach einem Anzeichen für Entrüstung suchte, die sie nach einer solchen Taktlosigkeit mit Sicherheit empfinden mußte.
»Ja...«, bestätigte sie dagegen, ohne auf dieses kleine Lächeln, das eher Verlegenheit als Freude ausdrückte, zu verzichten. »Aber ich lasse mich lieber Auri nennen.«
»In Ordnung, Auri.«
»... und es würde mir gefallen, wenn Sie mich duzen. Ich fühle mich dann wohler.«
»Also wissen Sie, ich sieze alle hier.«
»Marisa nicht.«
»Marisa und ich haben fast zehn Jahre zusammen gearbeitet.«
»Na gut, dann siezen Sie mich ruhig, aber haben Sie bitte ein bißchen Geduld mit mir während der ersten Tage, ich bin noch ein wenig unsicher...«
»Machen Sie sich keine Sorgen. Alles wird gutgehen, ganz sicher.«
»Vielen Dank. Wenn Sie etwas brauchen, wissen Sie ja, wo ich zu finden bin...«
Sie schenkte ihm ein letztes Lächeln, jetzt völlig unter

Kontrolle, und ging hinaus. Während er ihr nachsah, dachte er, daß er bereits über genügend Informationen verfügte, um sie einordnen zu können. Sie verstand seine Wortspiele nicht und hatte was von einer Krähe, dünne Beine und einen dicken Po.

Die monotone Routine während der Arbeitszeit wirkte auf sein Bewußtsein wie eine sanfte Betäubung, die die dunkelsten Schatten der dummen, außergewöhnlichen Ereignisse der letzten Zeit in eine Zwischenzone seines Gedächtnisses verbannte, der er leicht ausweichen konnte, sobald er wach war. Eine Zeitlang, etwas mehr als einen Monat, wartete er starrköpfig auf Manuelas Rückkehr wie auf die Erfüllung eines Versprechen oder eines Fluchs, ohne sich selbst um eine eindeutige Haltung zu bemühen. Bisweilen sehnte er sich schrecklich nach ihr; immer fürchtete er sie, bevor er imaginäre Skalpelle von Präparatoren in sie stieß, mit denen er dann nach und nach dem erinnerten Körper die Haut abzog, das Fleisch von ihren Knochen und die Nägel von ihren Fingern riß. Dann schuf er sie sich neu, besser und ungefährlicher, bis sie keine lebendige Frau mehr war, sondern die schemenhafte Silhouette einer feinen, zarten und glatten Phantasiegestalt, sanft und gefügig, tauglich und dauerhaft. Dann langweilte er sich wieder.
Er bedauerte zutiefst, die Spur der Hauswartstochter von Nummer 9 verloren zu haben, deren flüchtige Vision früher wenigstens zwei obligatorische Termine pro Tag gerechtfertigt hatte. Noch viel mehr bereute er, es zugelassen zu haben, daß Polibio Manuela kennengelernt hatte und daß er sie nach dem ersten Abend noch zweimal zum »Unbeirrbaren« mitgenommen hatte. Sein Freund hatte erklärt, endlich habe er einen Rivalen gefunden, der seiner auf dem Spielbrett würdig sei, und hatte sie im Laufe von drei, vier langen Partien sehr liebgewonnen. Es kostete ihn jetzt Mühe, mit Polibio zu sprechen, und

Paquita schien nicht willig, ihm das einschneidende Mißlingen jener Vorstellung zu verzeihen, bei der sie sicherlich aus der Entfernung als Autorin und Regisseurin fungiert hatte. Deshalb kam er lange Zeit nur sporadisch in die Bar, obwohl er vorausahnte, daß die Situation sich irgendwann lockern würde. Auch sie würden nicht auf ihn verzichten können, sie waren alle einfach zu alt, um sich noch neue Freunde zu suchen, und viel zu vernünftig, als daß sie nicht um jeden Preis versucht hätten, die zu behalten, die sie bereits hatten.

Die Tage vergingen sehr langsam, starben schließlich jeden Abend, und es ging auf Weihnachten zu, ohne daß sich das Geringste ereignet hätte. Eines Nachmittags beschloß er – um der unerträglichen Stickigkeit der allgemeinen Glückseligkeit zu entfliehen, die plötzlich und unbestimmt in seiner ganzen Umgebung in der Luft zu liegen schien, zäh und widerwärtig angefüllt mit Gesang und Gelächter –, die Möbel umzustellen. Für Stunden war er schwer damit beschäftigt, das Wohnzimmer völlig leerzuräumen, Ecken und Fenster des Schlafzimmers gründlich zu reinigen und die Dinge neu zu ordnen, sie in eine systematische Ordnung zu bringen, die ganz im Gegensatz zur bisherigen stand. Als er schließlich zufrieden war, schaute er sich um und stellte fest, daß nur die Plakatfrau an ihrem alten Platz geblieben war, mit ihren vergoldeten Hängern im Ohr und den von der Zeit ermüdeten Gesichtszügen. Er ging zu ihr hin und befreite sie von dem Gewicht des billigen Metalls. Dann löste er, ohne sie anzusehen, die vier Reißzwecken, die sie hielten, eine nach der anderen, rollte sie ganz vorsichtig ein und verwahrte sie mitsamt ihrem Schmuck in einer Schublade; er konnte sie nicht mehr sehen. Er hatte nicht daran gedacht, sie zu ersetzen, aber als er sich erneut sein ganzes Werk ansah, entdeckte er, daß dort, wo sie all die Jahre gewohnt hatte, jetzt ein neuer weißer, sauberer Fleck zu bewundern war, dessen Farbe sich sehr von der übrigen gelblichen Masse unterschied. Zwei unechte Fenster an derselben Wand erschienen ihm wirklich zuviel. Er dachte einen Augenblick nach, bevor er aus der Rumpelkammer das Weißblechschild mit der blonden Schlittschuhläuferin und der Schokolade aus Valladolid holte, das Bild, das ihn sofort fasziniert hatte, als er es auf dem Bürgersteig liegen sah, das er aber seitdem nie mehr angesehen hatte; vielleicht, weil er es zusammen mit jenem Hund, dessen Tod ihm immer noch auf der Seele lag, nach Hause gebracht hatte. Trotz allem machte sie sich perfekt an der Wand. Sie hatte die gleiche Größe wie ihre Vorgängerin und war wunderschön. Er betrachtete sie aufmerksam. Trotz ihres unverschämt trivialen Aussehens strahlte ihr Gesicht die Sicherheit derjenigen aus, die schlau zu leben wissen, ohne sich je das Leben zu verkomplizieren. Ihr Gesicht war vollkommen rund, ein Pfannkuchengesicht mit einem gewissen Ausdruck, als hieße sie Sonsoles.

Er brauchte fast eine halbe Stunde, um sein Notizbuch, das er in dem Durcheinander der Regale und Kartons verlegt hatte, wiederzufinden. Als er das Rufzeichen hörte, fiel ihm ein, daß er nicht wußte, ob sie ledig oder verheiratet war. Er hatte sie nie gefragt und fürchtete nun, auf eine männliche Stimme zu stoßen. Die Stimme, die dann antwortete, hatte fast den eindeutigen Ton einer reifen Mutter.
»Auri?«
»Ja.«
»Hallo, ich bin es, Benito.«
»Ja. Ich habe Sie schon erkannt.«
»Also... Ich dachte mir, vielleicht hast du mal Lust, irgendwann dieser Tage mit mir zu Abend zu essen.«
»Nun... Warum duzen Sie mich auf einmal?«
»Ich weiß nicht, das habe ich gar nicht bemerkt, entschuldige.«

»Nein, so ist es viel besser. Ich duze dich auch, in Ordnung?«
»In Ordnung.«
»Also, ja klar, ich meine, daß es mir schon gefallen würde, zum Abendessen auszugehen... Wann denn?«
»Zum Beispiel heute.«
»Heute?« Die Stimme seiner Sekretärin schien vor Verwunderung noch tiefer geworden zu sein.
»Ja«, beharrte er. »Warum nicht?«
»Weil heute Silvester ist.«
»Ach, natürlich!» Er stellte mit großer Befriedigung fest, daß er nicht einmal dabei nervös geworden war. »Na ja... Ich verstehe schon. Tut mir leid, es ist, weil Silvester auf einen Samstag gefallen ist, deshalb... Ich habe es nicht einmal bemerkt. Wir können es ein andermal machen. Für heute abend hast du wahrscheinlich schon diverse Verabredungen...«
»Und du?«
»Ich, was?«
»Was machst du?«
»Ah! Nichts Besonderes, ich feiere solche Dinge nie...«
»Wirst du allein zu Abend essen?«
»Also, sieh mal, wenn ich dich nicht angerufen hätte, wahrscheinlich wohl, weil ich bei meiner Schwester erwartet werde, und ich hätte überhaupt nicht daran gedacht. Aber da du mich an das Datum erinnert hast, werde ich sicherlich hingehen. Wenn ich Glück habe, gibt es frische Jungaale.«
»Ich werde hier mit meinen Eltern essen. Hol mich nach dem Anstoßen ab.«
»Nein, ich will dir nicht den Abend verderben, im Ernst, wir können uns ein andermal sehen. Ich stelle mich auf Parties immer als sehr langweilig heraus...«
»Wir müssen doch nicht auf eine Party gehen. Hol mich ab. Ich habe große Lust, mit dir das neue Jahr zu beginnen.«

Ihre spitze, etwas schrille Stimme drang durch die dünne Holztür, die Bad und Schlafzimmer voneinander trennte, deutlich an seine Ohren.
»Ich wollte immer im Frühling heiraten, weißt du?«
Er hatte sich völlig bekleidet aufs Bett geworfen und blieb dort liegen, erschöpft von der gesamten Zeremonie, dem Festessen, den Familien und der bedrückenden Verachtung sich selbst gegenüber, die er hartnäckig und mit ureigenster Befriedigung in seinem Inneren bekämpfte, seit er an diesem Morgen aufgestanden war.
»Und weißt du auch, warum?«
»Nein.«
»Na ja, damit ich mir so etwas wie dies hier anziehen kann.«
»Wie was?«
»Wie das, was ich hier trage. Du wirst es gleich sehen. Aber versprich mir, daß du nicht lachst.«
»Ich werde nicht lachen.«
Die Badezimmertür ging auf, und Auri zeigte sich im Rahmen.
»Es ist vielleicht ein bißchen wie bei 'ner Nutte?«
Er nickte langsam, während er seine Frau ansah. Sie war nicht sonderlich vorteilhaft mit einem ultrakurzen Hemdchen aus dunkelviolettem Tüll bekleidet, das ein tiefes Dekolleté und sehr dünne Träger hatte und überreichlich mit Spitzen im selben Farbton besetzt war.
»Ich nehme an, ich kenne mich da nicht so aus.«
»Ich liebe es…«
Auri kam ganz langsam näher, ohne daß sie es jedoch wagte, sich in den Hüften zu wiegen, um ihrem Gang etwas Laszives zu geben, worauf sie sicherlich nicht verzichtet hätte, wenn sich ihr flammender Ehemann auf ihre Frage hin etwas enthusiastischer gezeigt hätte. Aber er fühlte sich nicht imstande, diese Vorstellung gutwillig aufzunehmen. In fast sechs Monaten hatten sie gerade ein Dutzend Male miteinander geschlafen, und dieser Rhyth-

mus schien für beide mehr als ausreichend zu sein. Sie blieb einen Augenblick unbeweglich neben dem Bett stehen, als wartete sie auf Anweisungen, und legte sich dann weich neben ihn. Er wollte bloß ihre Zärtlichkeiten vermeiden.
»Erzähl mir eine Geschichte.«
»Was?«
»Erzähl mir eine Geschichte, ein Märchen...«
»Jetzt?«
»Ja.«
»Aber warum willst du, daß ich dir eine Geschichte erzähle?«
»Nur so. Ich mag Geschichten.«
»Junge, was du für seltsame Anwandlungen hast...«
»Mag sein, aber ich will nur, daß du mir eine Geschichte erzählst, irgendeine, ganz egal, deine Lieblingsgeschichte aus der Zeit, als du klein warst...«
»Mir waren alle gleich.«
»Na gut, dann die, die du am besten kennst, die erstbeste, die dir in den Sinn kommt, einfach eine Geschichte. Man hat dir bestimmt Hunderte erzählt, genau wie jedem Kind.«
Auri verharrte schweigend, als wäre sie außerstande, eine endgültige Entschuldigung zu finden. Er rückte etwas von ihr ab, streckte sich mit offenem Mund aus und betrachtete die Decke. Nach ein paar Sekunden hörte er ein schallendes Gelächter, drehte sich um und sah ein befriedigtes Lächeln, das er nicht zu deuten wußte.
»Ich verstehe schon, endlich verstehe ich dich, eine Geschichte... Ist Rotkäppchen in Ordnung?«
»Zum Beispiel.«
»Na gut, du wirst schon sehen... Es war einmal ein Häuschen am Waldesrand, in dem wohnte ein Mädchen, das alle Rotkäppchen nannten, weil es immer einen Umhang mit einer roten Kapuze trug. Was aber niemand wußte, war, daß es bereits achtzehn Jahre alt und ziem-

lich heiß war. Unter ihrem Umhang trug sie nichts, denn sie liebte es, durch den Wald zu streifen und den Wolf zu treffen, der einen riesigen Schwanz hatte und sie immer erwischte, wenn sie auf einem Felsen in der Sonne lag. Als der Wolf sie traf, sagte er, hallo, Rotkäppchen, was machst du hier so allein? Und sie antwortete, ich nehme ein Sonnenbad, Blödmann. Nach einer Weile sah sie ihn an und fragte, hör mal, was versteckst du da in deiner Hose? Und der Wolf zog sich aus, und sie sah ihn an und sagte, hey, was du für einen großen Schwanz hast! Und er antwortete, damit ich dich besser vögeln kann! Und da... Aber, was ist los, Benito? Habe ich was falsch gemacht? Ich muß sagen, ich verstehe dich nicht, Alter, du bist seltsamer als ein grüner Hund... Wolltest du nicht, daß ich dir eine Geschichte erzähle? Antworte, wenn ich mit dir spreche. Benito, bitte, was ist los mit dir? Hör auf zu weinen, um Gottes willen, du machst mich ganz nervös...«

3
Manuela

Nein, diejenige, die sich daneben benommen hat, war ich. Die Wahrheit ist, daß ihn überhaupt keine Schuld trifft, ich habe alles kaputtgemacht, ich allein. Denn ich hätte niemals auf Samanta hören sollen, niemals, das habe ich gleich gewußt, man brauchte mich ja nur in dieser Aufmachung zu sehen; sie war mir viel zu klein und sah entsetzlich, schauderhaft aus. Da mochte sie noch so oft sagen, ich sähe darin sexy aus und solche Sachen machten die Männer im Grunde verrückt. Ich habe mich wirklich wie eine Idiotin aufgeführt. Immer geht es mir so; ich bin unfähig, mich gegen die Meinung anderer zu wehren, wenn jemand mir das Gegenteil einredet, mache ich nie das, von dem ich glaube, ich sollte es tun; und dieses Mal hatte ich recht und nicht Sami... Also, ich weiß nicht, da er immer mit diesem Quatsch von der Sklavin ankam und der Autorität und all diesem Unsinn, also, da dachte ich, das von Samanta hätte eigentlich einige Ähnlichkeit mit unserer Geschichte, nicht? Denn schließlich und endlich tauchen in den amerikanischen Filmen, sogar in denen über die Römer, immer jede Menge Sklavinnen auf, die so gekleidet sind. Aber nein, es ging nicht gut, und ihm kann ich das nicht vorwerfen, es ist alles meine Schuld. Er war ein ganz besonderer Typ, und damit meine ich nicht, daß er wundervoll war, er verhielt sich so sonderbar und brauchte es, daß man ihn hegte und pflegte, ihn nicht erdrückte, daß man ihm die Sachen schon vorgekaut vorsetzte. Das habe ich vom ersten Tag an gemerkt, und trotzdem habe ich nicht damit aufgehört, mich die ganze Zeit wie ein Tölpel zu benehmen. In Wirklichkeit habe ich nie richtig begriffen, was ihm durch den Kopf ging. Manchmal hatte ich das Gefühl, daß er unentwegt spielte, daß er immer etwas vortäuschte in dem, was er tat und sagte, jedes einzelne Wort, und das kann nicht wahr sein, denn niemand könnte zu so etwas fähig sein, das ist viel zu ermüdend, erschöpfend, sich die ganze Zeit über bis in die Fingerspitzen zu kontrollieren; aber wenn es sich nicht so verhielt, dann begreife ich seine jähen Stimmungswechsel nicht... Auf jeden Fall fühlte ich mich wohl, das ist das Lustigste, na ja, lustig nicht, sagen wir, das Seltsamste, daß ich mich mit ihm oft wohl fühlte, denn ich bin ziemlich roh und einfältig, wirklich. Aber er folgte mir aufmerksam, beinahe bewundernd, und das, wo er so klug war, viel intelligenter als ich, zumindest kam es mir so vor, auch wenn er herzhaft lachte, als ich ihm das einmal sagte. Ich habe ihm Sachen erzählt, die ich nie zuvor jemandem erzählt habe, vielleicht auch nur, weil er mir gern zuhörte und ich mich anders wahrnahm, wenn ich ihm etwas erzählte. Ich kam mir weder dumm noch gewöhnlich vor, und er vermittelte mir auch nicht das Gefühl, verrückt zu sein oder zumindest ein bißchen abgedreht, was mir häufig passiert, gerade jetzt geht es mir so. Aber damals nicht, denn damals erzählte ich ihm, daß die gelben Lichter so trist sind, und ich erklärte ihm, daß ich mir als kleines Kind jeden Nachmittag ein Haus gebaut habe, ich vertraute ihm an, daß ich immer noch viel mit mir selbst spreche. Und er lächelte, und alles klang so gut, auch wenn ich manchmal das Gefühl hatte, daß er es war, der dachte, ich sei merkwürdig, und nicht umgekehrt, aber im Grunde ist das jetzt egal, ist das alles egal... Einmal sah ich einen Film im Fernsehen. Niemand fand ihn gut, mich aber faszinierte er. Der Held war ein Typ von ungefähr vierzig Jahren, ein französischer oder italienischer Comiczeichner, das war nicht so ganz klar. Er lebte auf einer winzig kleinen Insel im Mittelmeer. Er hatte kein Haus, er hauste in einer Art steinernem Iglu, ohne Fenster, nur mit einer ganz niedrigen Tür. Während des Zweiten Weltkrieges hatte es irgendeine Armee als Schutz vor den Bombardierungen errichtet. Gut, also der lebte dort allein, nur mit einem Hund namens Melampo. Eines Tages machte eine Luxusjacht am Strand fest und schiffte ein blondes, sehr hübsches Mädchen aus, das allem Anschein nach die Geliebte des Schiffbesitzers, der Millionär oder so etwas in der Art sein mußte, gewesen war. Sie hatte genug von diesem Leben, es wurde nicht klar, ob sie auf eigene Faust gegangen war oder ob sie rausgeworfen wurde, aber ich glaube, daß sie schon, bevor sie den Zeichner traf, genug davon hatte. Deshalb kam sie wohl auf den Gedanken zu bleiben. Aber er sagte, nein, auf keinen Fall, er sei vor allem geflohen, um dort zu arbeiten, ganz allein, und er wolle niemanden um sich haben, nicht einmal als Nachbarn. Sie kamen überein, daß er ihr für eine Nacht Bleibe gewährte, da er nun einmal der einzige Inselbewohner war. Aber er beharrte darauf, sie am nächsten Tag mit dem Motorboot ans Festland zu bringen. Sie machte sich in jener Nacht zurecht, als wolle sie zu einem Fest gehen, sie zog sich ein langes Kleid an, ich glaube, es war weiß, und der Typ... Klar, der lebte schon so lange Zeit allein auf der winzig kleinen Insel, kurz und gut, er konnte nicht widerstehen und schlief mit ihr. Und am nächsten Morgen brachte er sie natürlich nicht an Land, auch wenn er ihr zu verstehen gab, daß es der letzte Tag sein würde. Und am nächsten Morgen dasselbe, und so verging die Zeit. Sie ließ ihn allein, wenn er arbeitete, manchmal gingen sie zusammen schwimmen und spielten am Strand mit Melampo. Er warf immer Stöcke für ihn, und das Tier suchte nach ihnen und brachte sie zurück. Eines Tages war sie es, die anfing, so mit dem Hund zu spielen. Sie führte ihn weit weg, tief ins Meer hinein, und er, der am Strand saß, erschrak, weil er sie miteinander ringen sah, als kämpften sie, als befänden sie sich in Gefahr. Dann wurden sie ruhig, und sie kehrte allein an den

Strand zurück. Sie war sehr aufgeregt und trug das Halsband von Melampo um den Hals. Der Hund war nicht bei ihr, sie hatte ihn ertränkt. Sie hatte ihn getötet, um seinen Platz einzunehmen, und als sie auf den Mann zuging, bellte sie. Da lachten alle, aber ich begann zu weinen, ich … Also, offensichtlich weine ich immer, wenn es unpassend ist, aber jenes Mal, also, es war ein so entsetzlicher Anblick. Nicht, weil der Hund tot war, der war mir egal; sie war es, die mich so beeindruckte, wie sie aus dem Wasser kam, das Halsband mit den Fingern berührte, das Gesicht so ernst, nicht ruhig, sondern friedlich und erhitzt zugleich, die Augen fest auf das Gesicht des Mannes gerichtet. Er blickte sie stumm an, denn er hatte Angst. Sie machte ihm angst und provozierte dennoch ein grenzenloses Mitleid, weil sie verschreckt wie ein kleines Mädchen war und nicht mehr zurück konnte. Die Zurückweisung des Zeichners bedeutete den Tod, den Tod einer Frau, die dazu verurteilt war, zumindest so lange weiterzuleben, bis sie mit dem Boot ans Festland gebracht wurde, um dann am Hafen ausgesetzt zu werden. Dort würde sie ein Haufen braungebrannter Idioten anglotzen und über das Hundehalsband lachen, so, wie meine Freunde über ihr Gebell lachten. Jenes Mal machte es mir nichts aus, allein zu sein, kümmerte es mich nicht, anders als die anderen zu sein, die Dinge anders zu betrachten, jenes Mal nicht. Bei anderen Gelegenheiten gelang es mir, mich zu beherrschen, mit ihnen zu lachen, lustlos zu lachen und dabei die Tränen zu unterdrücken, den Zeitungskritikern zu gehorchen, die am selben Morgen ein miserables Filmsternchen als Traum bezeichnet hatten. Ich verstand etwas anderes und glaubte, endlich einmal richtig begriffen zu haben. Er hatte sie auch verstanden. Sieh mich an, gab sie ihm wortlos zu verstehen, ich habe ein lebendiges Wesen für dich geopfert. Ich bin Melampo, und ich bin dieses Halsband, weder mein Körper noch mein Gesicht noch meine menschliche

Natur, nur mein Name zählt. Ich heiße Melampo und belle, ich belle, weil ich bellen will, und jetzt bist du Gott, der einzige Gott in dieser kleinen Welt, der Herr über mein Schicksal, über mein Leben und meinen Tod. Ich habe dich umgebracht und dich auf Wolken erhoben, ich habe dich zu einem Gott gemacht, weil ich es so wollte. Ich wollte es, um mich in den Winternächten zu deinen Füßen zu legen, damit du mir den Rücken kraulst und mir einen Klaps auf den Kopf gibst, wenn ich mich gut betrage... Ich weiß nicht, ich erkläre das so genau, weil ich mich in jener Nacht mit allen streiten mußte. Als der Film zu Ende war, begann ich mit lauter Stimme zu reden, ohne daß mich jemand darum gebeten hatte. Eine Freundin von Nico, die zum Abendessen gekommen war, lachte über mich und meinte, ich vögele zu wenig, das sei alles, ich sei einfach läufig, und deshalb sähe ich Rauch, wo gar kein Feuer sei. Ich glaube, so in etwa sagte sie, ein reichlich absurder Satz; und sie sagte außerdem, daß das, was wir gesehen hätten, eine schlechte Allegorie über die Macht sei. Darüber wurde ich richtig wütend, ich diskutierte mit ihr und dann mit allen, stundenlang. Aber ich weiß, daß sich nichts anderes als eine unbegreifliche Mischung aus Mitleid und Entsetzen in dem Mann abspielte, der sich dann nach einem Stock am Strand bückte und ihn weit wegwarf, und ich weiß, daß die Frau, die auf allen vieren zu laufen anfing, um ihn mit den Zähnen aufzunehmen, niemals so sehr sie selbst gewesen war wie in diesem Augenblick. In all dem gibt es nichts Widersprüchliches, denn die Menschen können ohne Gott leben, aber Gott wäre niemals geboren, wenn die Menschen nicht existierten. Dieser Film beeindruckte mich stark, monatelang schwirrte er mir in irgendeinem Teil meines Kopfes herum, als hätten sich mir einige Bilder ins Gehirn tätowiert. Er ließ sie stundenlang am Strand rennen, sah ihr in aller Ruhe zu, während sie sich Hände und Füße an den Kieselsteinen aufschürfte. Später pflegte er ihre Wunden mit in Jod getränkter Watte, hinterließ gelbe Flecken auf ihren Armen, auf ihren Knien und ihrem Rücken. Sie lebten. Vielleicht waren sie glücklich, vielleicht nicht, aber sie lebten, sie waren lebendig, und sie mochten einander, sie mochten einander, weil ihnen kein Ausweg blieb, denn ohne Liebe wären sie hoffnungslos dem Tode ausgeliefert gewesen auf jener kleinen Insel, die man leicht bei einem Spaziergang einmal umrunden konnte. Die Insel war der Schlüssel. Einmal verließ er sie, als er das Buch, an dem er arbeitete, beendet hatte. Für ein paar Tage fuhr er nach Paris und kehrte zu seinem Heim, zu seiner Frau und seinen Kindern zurück. Die Wohnung war stockdunkel, als öffneten sie niemals die Fenster. Dort nahm er seinen Platz ein, saß am Kopfende des Tisches, spielte mit den Kindern, trug eine Krawatte und ging mit seinem Verleger spazieren. Sie folgte ihm. In alte Sachen gekleidet, Melampos Hundeband um den Hals, fuhr sie ihm bis Paris hinterher und landete schließlich vor seiner Haustür. Ich erinnere mich nicht genau, wie sie hineinkam, wer ihr die Tür öffnete, jedenfalls aß die Familie gerade zu Abend, die Frau des Zeichners sprach sie mit Fräulein an, und die Kinder erkannten das Halsband wieder. Sie wollte sich nicht setzen, sie sprach nicht, schnüffelte in der Luft, schleckte einen Teller Suppe mit der Zunge leer, und als sie fertig war, näherte sie sich ihm und leckte seine Hand. Dann das zweite fürchterliche Bild, der zweite Tränenausbruch. Die Frau des Zeichners nahm ihn beiseite und fragte ihn, wer jenes Hundemädchen sei, woher sie käme, wie er sie kennengelernt habe, warum er sie niemals vorher erwähnt habe, wer sie sei, wer sei sie, sie fragte unentwegt, und er antwortete nicht, er konnte nicht antworten. Da kletterte diese dicke, auf einmal verzweifelte Vierzigjährige auf ein Bett, hockte sich auf alle viere, hob den Rock und fragte ihn, ob es das sei, was ihm gefalle, denn auch sie könne bellen. Ihr Anblick war so schrecklich wie der der blonden, erschöpften Priesterin, als sie mit verlorenem Blick aus dem Wasser kam, ihr Anblick war genauso entsetzlich, wenn auch nicht so schön wie der der anderen. Er sah sie an und weinte, na ja, vielleicht weinte er nicht, aber er hätte es tun können. Ich tat es. Er tat mir so leid, denn diese Frau war weitaus ärmer dran als die, die das Hundeleben gewählt hatte, weil sie es eben nicht aus Überzeugung tat und ihre Verzweiflung viel zu unbedeutend war, um daraus einen Gott zu gebären. Es gibt Augenblicke im Leben der Menschen, in denen das einzige, was zählt, das Licht ist, dem Licht zu folgen, es zu erobern, sich ein bißchen Licht zu stehlen, um darin zu leben. Den Rest der Zeit kannst du dir Fragen stellen, an die Schönheit glauben, an die Liebe, an den Erfolg, an den Frieden, an eine weltliche Mission oder an deine Selbstbefriedigung, und du kannst deine Rettung erwarten oder die Hoffnung darauf aufgeben, arbeiten oder schlafen, das ist einerlei, aber wenn alles sich schließt, wenn die Fenster sich ein wenig öffnen, damit du den angesammelten Staub auf den Möbeln siehst, dann ist das einzige, was zählt, das Licht, das die Wirklichkeit verbirgt, um sie zu erleuchten, und es ist umsonst und unerreichbar zugleich. Er hatte ein Zipfelchen Licht erhascht und hatte darin eine Frau aufgenommen, deshalb konnte er seiner anderen Frau in jenem dunklen Paris nicht antworten. Es war zwecklos, schmerzlich. Also nahm er seine Sachen und Melampo und kehrte auf die Insel zurück. Der Rest des Films war sehr traurig, denn sie hatten den Zauber zerstört. Ein grausamer und absurder Tod erwartete sie. Sie starben vor Hunger und Durst, in einem alten Flugzeug, das sich seit der Zeit des Krieges auf der Insel befand. Es gelang ihnen nicht, es startklar zu machen, und sie versuchten auch nicht, auf andere Weise an die Küste zu gelangen. Es ist nicht ganz klar, was mit dem Motorboot geschah. Sie hätten Zeichen senden, ein SOS auf den Boden malen können, all diese Dinge, die passiert wären, wenn es ein amerikanischer Film gewesen wäre, aber sie taten nichts dergleichen. Sie gaben sich dem Tod hin, und auch das verstand niemand, nur ich, weil sie eben den Zauber durchbrochen hatten und dafür bezahlen mußten. Paradiese währen nicht ewig, die Inseln sind grausam, das Licht ist vergänglich und schwach, bald aufgebraucht. Die lustigsten Spiele sind immer die gefährlichsten, das weiß jedes kleine Kind, auch daß die Menschen geboren werden und später sterben, immer ist es dasselbe... Benito habe ich diese Geschichte nie erzählt, und dennoch dachte ich ständig an sie, als wir zusammen waren. Uns fehlte die Insel. Vielleicht war es das, daß wir nicht auf einer Insel lebten und daß ich dumm bin und alles, aber auch alles kaputtgemacht habe... Manchmal spürte ich Melampors Halsband um den Hals, und andere Male sah ich mich als eine arme, dicke Frau auf allen vieren auf einem Bett. Er verspürte Angst, wenn er mit mir zusammen war, ich machte ihm angst, und sicherlich bemitleidete er mich auch auf seine Weise, aber sein Mitleid war nicht ausreichend, oder seine Angst war zu stark, oder mir ist es nicht gelungen, das genaue Verhältnis zwischen beiden Gefühlen auszuloten, oder vielleicht wußte nicht einmal er, was eigentlich vor sich ging, was weiß ich denn. Vielleicht war ich ihm schlicht und einfach nicht genug, war nicht klug genug oder nicht hübsch genug oder nicht brauchbar genug, ich weiß es nicht. Es ist auch nicht so, daß er wundervoll gewesen wäre, aber ich mochte ihn trotzdem. Ich bin vierunddreißig Jahre alt und habe in meinem Leben nichts gemacht, nicht einmal ein Kind, was immer als so einfach hingestellt wird, nur schlechtes und zukunftsloses Theater, Avantgardetheater, das sich nie jemand ansehen wird, Stücke, die schon lange, bevor sie geschrieben werden, aus der Mode sind. Das ist alles. Ich bin eine schlechte Schauspielerin, und auf meinen Möbeln liegt eine vier Zentimeter dicke

Schicht Staub, und trotzem behaupte ich, daß ich ihn mochte. Das ist die Wahrheit. Ich könnte ihn nicht als zu kompliziert beschreiben, das wäre eine zu einfache Lösung. Vielleicht mochte ich ihn nicht genug, er ließ mich nicht, und trotzdem passierten so seltsame Dinge... Ich ahnte es, schon im Museum am ersten Tag, ich spürte, wie er zeitweise in Unruhe geriet, es schien, als atme er stoßweise, er war nervös, ich las es an seinen Augen, an seinen immer barscher werdenden Gesten ab. Er packte mich am Haar und tat noch viel mehr. Ich spürte es, ich merkte alles, und es gefiel mir. Als er mich umarmte, fühlte ich mich gut, fühlte ich mich wohl, irgend etwas kribbelte in mir, aber das war kein unangenehmes Gefühl, sondern der Reflex auf seine eigene Unruhe, ein Zittern, das ich vorausahnen konnte, auch wenn ich es nicht begriff. Und ich spürte seinen Atem in meinem Nacken, die immer heißer werdende Luft, sein Herz schlug an meinem Rücken, das Echo immer stärker klopfender Schläge; und ich spürte, wie er einen hoch bekam, ich spürte es ganz genau, ich rührte mich nicht, ich wollte mich nicht bewegen. Trotzdem zwang ich mich nach ein paar Minuten zum Denken, und da blamierte ich mich das erste Mal, denn noch heute begreife ich nicht, warum ich aufstand und zu kreischen anfing wie eine Idiotin, wo es mich doch nicht im geringsten störte, wo es mir doch gut erging. Keine Ahnung, ich dachte wohl, daß es einen schlechten Eindruck machen würde, wenn ich nicht reagiere, alles war so merkwürdig, der Ort, die Uhrzeit, die Art und Weise, wie wir uns kennengelernt hatten, meine Verwirrung... Kurz und gut, es war das alte Lied, daß er bloß nicht auf den Gedanken kam, ich sei verdorben, bloß das nicht, immer ist es dasselbe, wie schrecklich, wie leid ich all das, was man mir beigebracht hat, habe. Und trotzdem kam ich quietschvergnügt zu Hause an, auch das habe ich ihm nie erzählt, aber es stimmt, ich habe mir sofort eine Wohnung für mich allein gesucht, denn auf einmal hatte ich von allem genug, von der Wohnung, den Leuten, meinen Freunden, einfach von allem. Denn der Verdacht, daß er mir bis zum Botanischen Garten gefolgt war, der Glanz in seinen Augen, als er mir zuhörte, seine Schwärmerei für Odysseus bis hin zu dieser merkwürdigen Art und Weise, einen hoch zu bekommen, all das hatte gereicht, daß ich mich an einem einzigen Morgen mehr liebte, als ich es in meinem ganzen Leben jemals getan hatte. Sogar nachdem ich mich so lächerlich gemacht hatte, als ich den Casón del Buen Retiro mit dem Prado verwechselte, aber schließlich begriff ich selbst das, spät wie immer, aber ich begriff. Ich glaube, ich werde ihn nie wiedersehen. Noch heute kann ich es mir nicht erklären, daß wir uns in einer so riesigen Stadt kurze Zeit später wiederbegegneten, was für ein Zufall; die Blumen, diese Blumen, die er in den Papierkorb warf, und diese Alte, die hinter seinem Rücken grinste und sich von ihm verabschiedete, indem sie einen Arm, den er gar nicht sehen konnte, in der Luft schwenkte; sie sah aus wie eine Verrückte, diese Alte. Keine Ahnung, für wen die Blumen waren, ich habe ihn nie danach gefragt. Ich war so überrascht, ihn zu treffen, daß ich mich von dem Moment an ausschließlich der Interpretation all dessen, was ich sah, widmete, sozusagen als eine Aneinanderreihung guter oder schlechter Omen. Das mache ich immer, ich achte auf die Namen der Straßen, die Titel der Bücher, die in den Schaufenstern liegen, die Nummern der Busse, ich addiere die Zahlen in den Nummernschildern der Autos und suche dabei nach Dreien, die Glück bringen. Später dann behaupte ich natürlich, ich sei ganz und gar nicht abergläubisch, aber ich bestehe darauf, das Schicksal zu umschmeicheln, was fast noch schlimmer ist, als überall Treppen und schwarzen Katzen aus dem Weg zu gehen, aber wir hatten ein derartiges Glück... Schade, daß es in Madrid keine Krähen gibt, hier, auf dem Dorf, ist es viel einfacher, Krähe von links, schlecht, Krähe von rechts, gut, das hat mir mein Großvater beigebracht, und es stimmt immer, ein ausgezeichneter Trick. An jenem Nachmittag ging alles gut, ich hatte ein wenig Angst vor der Enttäuschung-Straße, die ganz dicht war, aber die nahmen wir nicht, wir gingen San Bernardo hinunter, der Name eines weisen Heiligen, und als wir an der Tür einer Kneipe vorbeikamen, hörte ich mein Lieblingslied, in seiner Hausnummer kam eine Drei vor, der Name seiner Straße hatte zwölf Buchstaben; alles verlief so gut, darum beschloß ich, meinem Glück einen Schubs zu versetzen, und zog mich aus, als er ein Bier holen ging. Ich würde schon gern wissen, warum mir immer solche Sachen einfallen, das wüßte ich wirklich zu gern. Natürlich weiß ich nur zu gut, daß ich es nicht tun sollte, daß mein Körper nicht soviel hermacht und daß ich mich später wie die Frau des Zeichners fühle, dick und ekelhaft, ohnmächtig und lächerlich, aber ich bin wohl sehr langsam, so langsam von Begriff, daß ich Stunden, manchmal Tage brauche, um eine Situation genau zu analysieren. Als er nein sagte, starb ich beinahe, ernsthaft, nur selten in meinem Leben habe ich mich so klein gefühlt, denn nur wenige Male zuvor hatte ich geglaubt, die Situation richtig einzuschätzen. Darum fing ich zu singen an, ich singe immer, wenn ich Angst habe, wenn mir etwas weh tut, wenn ich nachts nicht einschlafen kann; ich singe leise, nur für mich, die Lieder, die meine Mutter singt, denn das sind die einzigen, die ich kann. Englisch verstehe ich nicht, und die Texte der modernen Lieder sind nicht schön, ganz witzig zwar, aber ziemlich häßlich, zumindest gefallen sie mir nicht, nicht so wie *Tätowierung* und all diese Lieder, Geschichten von unergründlichen Blicken und olivfarbenen Gesichtern, von Dolchen, traurigen Augen, von Schmerz, Tod und Reue, Lieder von Gottfrauen und Hundefrauen, Frauen mit rosiger Haut, Lieder von Schurken und Helden, von großen Lieben und Tragödien,

Glück und Unglück, das erste geizig, das zweite unermeßlich groß ... Der Schlechte ist immer Marquis, weder Graf noch Herzog noch Prinz, sondern Marquis, das reimt sich wohl besser, und der Gute ist immer wunderschön und arm, bettelarm, weil das Leben eben so ist, und wenn nicht, ist es auch egal. Das sind die schönsten Lieder, und wenn sie lügen, um so besser, denn so etwas fehlt uns, mir vor allem und vor allem jetzt. Ich erinnere mich nicht mehr, mit welchem ich anfing, aber ich erinnere mich genau, was ich gerade sang, als er sich auf mich warf, ich stand kurz vor dem Refrain, du aus dem Gebirge, für ein Kleid will ich dich verschenken, ich sagte dir, du bist erledigt, du brauchst mir nichts mehr zu geben, du schwangst dich auf das Pferd, gingst fort von mir, und nie wieder habe ich so eine wundervolle Maiennacht erlebt, das sang ich, *Grüne Augen*, zum Weinen hervorragend geeignet, immer kommen mir dabei die Tränen. Ich dachte, wie soll ich da nur herauskommen, woher soll ich die Kraft nehmen, um aufzustehen, mich anzuziehen und bis zur Tür zu gelangen, aber da warf er sich schon auf mich. Mir blieb kaum Zeit zu reagieren, ich konnte kaum das Funkeln in seinen Augen sehen, die Lippen verzerrt, schief und dunkel. Er machte mir angst, denn manchmal hatte auch ich Angst vor ihm, dann, wenn er nicht log, wenn seine Schultern sich entspannten und schlaff herunterhingen, wenn seine Hände ruhig waren und sein Gesicht weich wurde und das Doppelkinn verschwand; dann machte er mir angst, denn dann fürchtete er mich nicht mehr, und ich wußte nicht, welche Rolle ich spielen sollte. In jener Situation empfand ich es das erste Mal so, trotz seiner gewaltsamen Umarmung und der Brutalität seines Angriffs. Er war nackt und völlig verwirrt, er schien etwas in mir zerstören zu wollen, was nicht ich war, etwas, das weit weg war, und dann plötzlich gab er sich vollkommen hin, scheu und still, fügte sich darein, mich zu lieben. Nie habe ich es mit einem Typen im Bett so genossen, aber auch nie habe ich so gelitten, und damit meine ich nicht diese absurden Drohungen des perversen bösen Sadisten, die er von Zeit zu Zeit von sich gab und von denen ich nicht wußte, woher er die hatte, obwohl sie gut zu ihm paßten. Er sah fast hübsch aus, die Beine ausgestreckt, die Füße verschränkt, seine Arme steif auf den Armlehnen des Sessels, und dabei gab er pausenlos dieses großkotzige Geschwätz von sich. Ich hörte ihm gern zu, das stimmt, auch wenn ich nicht ein Wort davon glaubte. Und auch er glaubte im Grunde nicht daran, es war eine gemäßigte, unschuldige Farce, ein Kinderspiel, das in sich selbst versiegte. Ich vermute, es gefiel ihm, sich selbst reden zu hören, sich davon zu überzeugen, daß er die Situation im Griff habe. In Wirklichkeit war es nichts anderes als eine andere Art, sich vor mir zu verteidigen, wir beide wußten es, da bin ich sicher. Nein, damals litt ich nicht, erst später, als ich merkte, wie er sich, ohne es zu wollen, verlor, wie er sich in ein kleines Kind verwandelte, ein zufriedenes Wesen, das er verfluchte, wenn er wach war; wie er sich einer Macht unterordnete, von der ich nie geglaubt hatte, sie zu besitzen; aber weit davon entfernt, ihn zu befreien, fesselte sie ihn nur noch stärker an sich selbst, an den unmittelbaren Prozeß der Rückeroberung, den er so mühsam in Angriff nahm, sobald sein Körper zu zittern aufhörte. Einmal sagte er mir, daß er die Spontaneität verachte, weil sie gefährlich sei, und es stimmt, er verachtete sie. Wenn er konnte, machte er niemals einen Schritt, ohne ihn vorher genau abzuwägen, aber manchmal gelang es ihm nicht. Dann machte er mir angst, und trotz alledem mochte ich ihn dann noch mehr. Ich hegte sogar irgendwelche Hoffnungen in dieser Geschichte, die zwecklosesten, die aussichtslosesten zwar, und auch deshalb dachte ich laut und sagte Sachen, die ihm nicht gefielen, wie beispielsweise, daß wir uns geliebt hätten statt vögeln und solche Dinge. Wahrscheinlich ist das albern, aber was weiß ich denn, ich meinte, sie sagen zu müssen, und hinterher war es immer um so schlimmer. Für mich ist es fast immer besser zu schweigen, auch wenn ihn später meine verrückten Einfälle eher entzückten. Im Grunde verstehe ich ihn nicht, nicht einmal heute, wo ich so viel Zeit zum Nachdenken habe, verstehe ich, was in diesem Typen vorging. Klar, nun ist es egal, jetzt gibt es nichts mehr zu tun, also ... Am letzten Tag, als ich aufwachte, ihn nackt neben dem Fenster sitzen sah und beobachtete, wie er sich mit einem Küchenmesser kleine Wunden am Arm zufügte, da wußte ich, daß alles zu Ende war. Keine Ahnung, warum, aber ich wußte es, lange bevor ich die am Badezimmerspiegel angeklebte Nachricht sah. In dem Moment habe ich mich erschrocken, es war entsetzlich zu sehen, wie er auf meinen Bauch starrte. Darum tat ich so, als schliefe ich noch; ich tat so, als drehte ich mich um, blieb dann ganz ruhig liegen und sah zu, daß mein Atem tief klang wie im Schlaf. Seitdem er mir erzählt hatte, wie er zufällig mit seiner Mutter im Casa de Campo zusammengestoßen war, hatte ich das Gefühl, daß er grundsätzlich allen Frauen mißtraute, aber damals, noch halb im Schlaf, befürchtete ich weitaus Schlimmeres, befürchtete ich, daß er im schlimmsten Fall Rachegedanken hegte, und an jenem Tag war ich die Frau, die er zur Hand hatte. Eine Weile erging es mir ziemlich schlecht, ich dachte an all seine Eigenheiten, strengte mich an, mich selbst davon zu überzeugen, daß es sich bei ihm um einen Psychopathen handeln könnte, wie entsetzlich, was für eine Angst. Dann aber stand er auf und ging aus dem Zimmer. Ich hörte das Wasser im Badezimmer laufen und dann das Pfeifen des Wasserkessels, schließlich wurde ich ruhiger, so ruhig, daß ich wieder einschlief. Ich wußte, daß es aus war zwischen uns, deshalb nahm ich alles mit, früher hatte ich wie unabsichtlich einige Sachen dagelassen, ein Paar Ohrringe, ein Tuch. Er hatte es bestimmt bemerkt, auch wenn er nie etwas sagte. Es schien schlichte Nachlässigkeit zu sein, aber es war ein überlegtes Vergessen, hatte etwas mit meiner Manie zu tun, sich vor dem Schicksal in acht zu nehmen. Ich habe das Gefühl, etwas an einem Ort zurückzulassen ist so ähnlich, als säe man einen Samen aus, den man früher oder später wieder einsammeln muß. Aber an jenem Morgen hatte es keinen Sinn, etwas in der Art zu tun, also sammelte ich all meine Sachen zusammen und ging, nur seinen Bademantel ließ ich ihm als Erinnerung zurück, keine Ahnung, was er damit gemacht hat... Als ich auf die Straße trat, fühlte ich mich besser, der Schreck war gewichen, trotzdem war ich immer noch unruhig. Es ist dumm, denn er hätte mich niemals umbringen können, nicht einmal, wenn er gewollt hätte, dazu taugte er nicht; um vier Tage lang eine Bronchitis vorzutäuschen, dazu ja, und um mit bösen Worten zu drohen, auch, aber nicht, um zu töten, weder mich noch sonst jemanden, nicht einmal sich selbst, er war viel zu feige. Damit meine ich nicht, daß das schlecht ist, aber gut finde ich es ebensowenig. Manchmal denke ich, daß er nichts weiter als ein armseliger Mensch war, auch wenn uns vielleicht einfach die Insel fehlte, eine kleine Insel, die man mit einem Spaziergang umrunden kann, ein Stück Licht, wo ich mich vielleicht Freitag hätte nennen können...

Der Fußboden knarrte, gab unter dem Gewicht eines Körpers nach, der sich langsam bewegte, heimliche Schritte, die in ihrer Absicht, nicht bemerkt zu werden, scheiterten. Sie wandte den Kopf zur Tür, auf der das nervöse Echo einiger Fingerknöchel widerhallte. Die Stimme erklang gestochen klar von der anderen Seite der dünnen Holzgrenze.

»Manoli, mein Kind... Ist alles in Ordnung?«

»Ja, Mama. Mach dir keine Sorgen.«

»Ist Papa dort bei dir?«

»Nein, er ist nicht hier.«

»Und … Mit wem sprichst du, mein Kind?«
»Mit niemandem, Mama. Ich spreche mit mir selbst.«

4
Noch drei Tage, bis dieser Bau fertiggestellt ist

Er trat vom Balkon zurück und wandte dabei den Blick von dem ernüchternden Urteil, das den angestrichenen Metallzaun verdunkelte, leuchtendes Gelb, das jeden Morgen ein wenig grauer wurde. Die wahnwitzige Idee, geboren aus der Verwirrung des noch halb schlafenden Mannes, den beim Erwachen die unbegreifliche Neuigkeit seiner nicht mehr gleich langen Arme demütigte, weigerte sich, das Bewußtsein des wachen Mannes zu verlassen, indem sie Namen und Adressen, Gefälligkeiten und Bitten, alte und neue Schulden, Fallen und Lösungen in sein Gedächtnis säte.

Er schüttelte ein paarmal den Kopf, als könnte er durch dieses unbeholfene Handeln die Versuchung vertreiben. Er blickte auf die Uhr. Wenn er nicht liefe, käme er zu spät zur Arbeit, aber noch mußte er einen ebenso unumgänglichen Ritus wie sein allmorgendliches methodisches Lächeln vollziehen. Er griff zum Telefon und wählte auswendig eine Nummer. Die Hälfte der Sprechmuschel deckte er mit der Hand ab, bevor er zu sprechen begann.

»Auri? Ja, ich bin es. Ich höre dich ganz schlecht. Nein, alles läuft gut. In zwei oder drei Tagen bin ich zurück… Ja, ich weiß, aber morgen kann ich nicht kommen, diese Sache ist reichlich verzwickt, ich werde es dir später erklären. Es tut mir leid, daß ich dich geweckt habe… Nein, wirklich, aber ich habe sonst den ganzen Vormittag keine Zeit zum Anrufen. Schlaf weiter, Kuß.«

Er sammelte seine Sachen zusammen und ging zur Tür. Vor der Plakatfrau blieb er kurz stehen, wie er es immer tat, seitdem sie beide ihr altes Territorium wieder in Besitz genommen hatten; sie ein Stück von der Wand, er die alte Wohnung, von der aus jetzt ein nagelneues Gebäude zu sehen war, beinahe fertig, schon mit Glasscheiben in den Fensterlöchern und einer Vertiefung in dem steinernen Türsturz für den automatischen Türöffner. Einen Augenblick streichelte er die Ohrringe, das dunkel angelaufene Metall. Die schon rötlich oxidierten Haken hatten das Papier verfärbt. Wieder einmal dachte er daran, daß sie ihm nie den Schlüssel zurückgegeben hatte. Einmal hatte sie ihm erzählt, daß es ihr gefiel, an die Macht der Dinge zu glauben, irgendeinen kleinen Gegenstand an einem Ort zurückzulassen, um sich zu vergewissern, daß sie eines Tages zurückkehren würde, als könnte sie so ihre Anwesenheit auch aus der Distanz bewahren. Die Ohrringe gehörten ihr nicht mehr, sie hatte sie ihnen geschenkt, vorher hatten sie ihr jedoch einmal gehört, und trotzdem blieben nur vier Tage, eine erbärmliche Frist.

Als er sich an seinen Schreibtisch setzte, war er fest dazu entschlossen, Vernunft zu wahren. Trotzdem bat er um die Akte und studierte sie sorgfältig. Dabei stellte er fest, daß die Unterschriften des zuständigen Geschäftsführers der Gesellschaft auf zwei der vorliegenden Formulare nicht miteinander identisch waren. Er ging einen Kaffee trinken, um von seinem absurden Vorhaben Abstand zu nehmen, aber keine fünfzehn Minuten später rief er einen Rechtsanwalt zu sich, den er selbst auf Bitten seines Schwagers, Silvias Manns, empfohlen hatte und der ihm deshalb seine Anstellung in der Rechtsabteilung verdankte. Er reichte ihm die Akte und bat ihn, sie sorgfältig auf irgendwelche Unstimmigkeiten hin zu lesen und ihm noch vor Mittag einen vollständigen Bericht zu liefern. In der Zwischenzeit verabredete er sich mit einem Polier, der sich dem dogmatischsten Flügel einer links stehenden Gewerkschaft verschrieben hatte, zum Essen. Auch er stand in seiner Schuld, da er dank seiner Vermittlung erst vor ein paar Monaten außerhalb der normalen Fristen die Schulstipendien für seine Kinder erhalten hatte. Um zwei Uhr berichtete ihm der Rechtsanwalt, daß in den von der Immobiliengesellschaft beigefügten Unterlagen ein paar formale Fehler steckten, keine besonders schwerwiegenden aber auf jeden Fall ausreichend, um etwas zu unternehmen. Vorausgesetzt, ein Einschreiten erschiene ihm angemessen. Um halb drei verließ er sein Arbeitszimmer, in seiner Tasche die Akte und den Bericht der Rechtsabteilung; noch vor drei Uhr legte er beide Mappen auf das karierte Tischtuch, genau zwischen den Eintopf und die Kichererbsen. Dem Polier erklärte er, die Anwälte hätten in dieser Untersuchung, deren Quelle er nicht kenne, Hinweise auf illegales Handeln entdeckt. Darüber hinaus sei er ganz besonders glücklich, diesen Typen, die marokkanische Arbeiter anstellten und sie zwangen, weitaus mehr als acht Stunden täglich zu arbeiten, ein Bein zu stellen. Zumindest haben sie es bislang so betrieben, fügte er hinzu. An manchen Abenden habe ich sie erst um zehn oder gar um elf Uhr gehen sehen, bestätigte er dann, ich habe einen Freund, der genau gegenüber wohnt, sicher haben sie sie nicht einmal bei der Sozialversicherung gemeldet, und wahrscheinlich zahlen sie ihnen einen Hungerlohn, aber was erzähle ich dir, du kennst diese Geschichten ja zur Genüge... Sein Gesprächspartner, der sich bis dahin auf ein stummes Nicken beschränkt hatte, haute mit der Faust auf den Tisch, riß alle Papiere an sich und bat ihn, sich nur ja keine Sorgen zu machen. Einige Stunden später, gegen Arbeitsschluß, rief er ihn an und informierte ihn darüber, daß er im Begriff sei, einen Polizeiwagen loszuschicken, mit dem Befehl, den Bau zu stoppen. Er bedankte sich stürmisch und verließ sein Arbeitszimmer, ohne seinen Tisch aufzuräumen. Er wollte vor ihnen im Viertel sein. Er parkte in der ersten Reihe und begab sich unverzüglich zur Bar. Polibio freute sich außerordentlich, ihn zu sehen,

aber er wollte nicht einmal eine Minute damit verlieren, ihm die Neuigkeiten seines neuen Lebens als technischer Berater in einer Schlafstadt an der Peripherie zu erzählen, die Laufbahn seines unaufhaltsamen Aufstiegs, der letztes Jahr einen Umzug notwendig gemacht hatte; diese lange und verwickelte Geschichte, die er sich speziell für ihn, dem die Wahrheit zu erzählen er nie gewagt hatte, ausgedacht hatte.
Gegen seinen Willen zog er ihn mit auf die Straße, und gegen seinen Willen zwang er ihn, ein kurzes Stück zu laufen, wobei er ihm ein spektakuläres Schauspiel versprach. Er wollte nicht, daß ihn irgendein Polizist erkannte. Zu zweit, so glaubte er, würden sie in der kleinen Ansammlung Neugieriger, die sich schon vor dem Zaun zusammenrottete, weniger auffallen.
Die Arbeiter waren gerade dabei, nach Hause zu gehen. An der Tür diskutierte der Vorarbeiter heftig mit zwei Polizisten, während ein dritter ein Plakat an die Wand heftete. Oben am Zaun tauschte ein Junge das Schild aus. Er löste die Pappe mit der Nummer Vier von der Tafel, um sie durch die entsprechende mit der Nummer Drei zu ersetzen. Als der Tumult nachließ und der Wagen, der vor der mit einem dicken Schloß versehenen Tür gestanden hatte, wegfuhr, brach er in ein Gelächter aus, das eine weitere nervöse Erklärung erforderlich machen würde. Indem er Polibio an der Schulter packte, zog er ihn mit sich fort und dachte sich irgendein dummes Zeug aus, um dann in sorglosem Tonfall eine gleichermaßen notwendige und belanglose Unterhaltung zu beginnen, so wie früher.
»Weißt du, wie ich mich heute fühle?« vertraute er ihm an. »Ich könnte die ganze Welt austrinken.«
Die Antwort bestand aus einem schrillen Lachen, das sogleich sein lautstarkes Echo auf der anderen Seite der Theke fand. Aber Polibio lachte, weil sie beide bereits vollkommen betrunken waren. Er hingegen kostete sein

Vergnügen aus, seinen Sieg über die exakte Stunde, die Zerstörung des bösen Zaubers, denn die letzte Frist war niedergeschmettert worden. Immer noch verfügte er über drei ewige Tage, Wochen, Monate, vielleicht ein Jahr, die Zeit, bis sie wiederkäme.
Da vergaß er für einen Augenblick, daß seine Arme nicht mehr gleich lang waren.

Almudena Grandes

Lulú

Die Geschichte einer Frau

Roman

Aus dem Spanischen von Christiane Rasche
gebunden, 265 Seiten
ISBN 3-925387-73-0

»Die 30jährige Autorin, im Nebenleben Hausfrau und Mutter, will weit mehr als eine Übertretung bürgerlicher Konventionen und eine Reizung der subkutanen Prüderien – sie möchte gleichsam de Sades ›Philosophie im Boudoir‹ in die Gegenwart forttreiben.« *Basler Zeitung*

»Lulú ist die provokante Abrechnung mit dem Mythos des Kuschelweibchens.« *Viva*

»Auf den 265 lebensstrotzenden Seiten, in denen Almudena Grandes ihre ›Beobachtungen als neugierige und nachtschwärmerische Frau‹ verarbeitet hat und spektakuläre Einblicke in die Madrider Szene der Sexbesessenen, Homosexuellen und Abartigen gibt, ist Lulú, die Ich-Erzählerin des Romans, jedoch nicht nur Voyeurin. Sie mischt kräftig mit, auch in streng tabuisierten Grenzbereichen der Sexualität.« *Cosmopolitan*

Pierre Bourgeade

Die Frau des Buchhändlers

Roman

Aus dem Französischen von Harald Riemann

gebunden, 232 Seiten

ISBN 3-87058-101-8

Pierre Bourgeade schafft zwei Reiche, die sich zunächst feindselig, weil scheinbar einander ausschließend, gegenüberstehen: das Reich der Bücher und das Reich der Sinne. Mademoiselle Matena d' Urruty führt in Paris ein ausschweifendes Leben und sucht den äußersten erotischen Exzeß. Ihre Sehnsucht bleibt unbefriedigt, und so beschließt sie, endgültig zu den Büchern, die ihr früher alles bedeuteten, zurückzukehren. Sie wird "Die Frau des Buchhändlers" von Bayonne. Monsieur Dufourcq ist ein einsamer alter Mann, dessen Sohn Vincent im fernen Buenos Aires das Trauma seiner Kindheit aufarbeitet. Systematisch setzt er sämtliche Buchhandlungen und Bibliotheken in Brand. Ohne Vorwarnung verschwindet Maitena aus Monsieur Dufourcqs Leben, sie tritt eine neue Reise ins Reich der Sinne an. Wird sie sich jemals entscheiden; muß sie es?